贾植芳 ◎ 著

陈思和 ◎ 主编

卷八·

翻译卷

上

贾植芳 全集

山西出版传媒集团

北岳文艺出版社

图书在版编目（CIP）数据

贾植芳全集 / 贾植芳著；陈思和主编 . — 太原：
北岳文艺出版社，2020.1
ISBN 978-7-5378-4988-3

Ⅰ.①贾… Ⅱ.①贾… ②陈… Ⅲ.①贾植芳（
1916—2008）—全集 Ⅳ.① C52

中国版本图书馆 CIP 数据核字（2017）第 253948 号

贾植芳全集·翻译卷（上）

贾植芳◎著　　陈思和◎主编

选题策划

续小强
刘文飞
范戈

项目负责人

范戈

责任编辑

范戈

书籍设计

张永文

印装监制

巩璠

出版发行：山西出版传媒集团·北岳文艺出版社

地址：山西省太原市并州南路 57 号　邮编：030012

电话：0351-5628696（发行部）　0351-5628688（总编室）

传真：0351-5628680

网址：http://www.bywy.com　E-mail：bywycbs@163.com

经销商：新华书店

印刷装订：山西人民印刷有限责任公司

开本：710mm×1000mm　　1/16

总字数：4850 千字

总印张：297.5

版次：2020 年 1 月第 1 版

印次：2020 年 1 月山西第 1 次印刷

书号：ISBN 978-7-5378-4988-3

总定价：498.00 元（全 10 卷）

贾植芳先生，摄于 1950 年

1951 年贾植芳、任
敏夫妇在苏州

　　1985 年 5 月，日本人今富正巳来沪时，贾植芳夫妇与王元化夫妇合影。左起：今富正巳、任敏、贾植芳、王元化、张柯

2002 年，贾植芳在上海开胡风学术会时与梅志（左二）、晓风（左一）

编者说明

————————

一、本卷为卷八《翻译卷（上）》，收贾植芳先生翻译的《契诃夫的戏剧艺术》《契诃夫手记》《论报告文学》《俄国文学研究》四种。

二、《契诃夫的戏剧艺术》，巴鲁哈蒂著，贾植芳译。由上海文化工作社 1951 年出版，1953 年再版。本卷据初版收入。

三、《契诃夫手记》，契诃夫著，贾植芳译。由上海文化工作社 1953 年出版，1983 年由浙江文艺出版社出版增订本，此后修订本又先后由百花文艺出版社、湖南文艺出版社印行。本卷据 1983 年增订本收入，删去了其中非先生翻译的《补遗》部分；增加两文：《我的三个朋友》是百花文艺版的后记，《译者新序》是湖南文艺版的序言。

四、《论报告文学》，基希著，贾植芳译。由上海泥土社 1953 年出版，本卷据此版本收入，删去了非先生所译的附录部分和出版社的后记。

五、《俄国文学研究》，谢尔宾娜等著，贾植芳辑译。由上海泥土社 1954 年 8 月出版。

目 录

契诃夫的戏剧艺术

第一章 契诃夫所走的道路

契诃夫的现代意义。他的作品的诸特征、契诃夫作品的价值。他与时代的关系。契诃夫所走的道路。他对于文学的态度。与托尔斯泰等人的交游。作为契诃夫诸小说的根本主题的知识分子。论《决斗》《恐怖》《套中人》《杨梅》《带着狗的太太》《主教》《新娘》《在谷间》及其他小说。契诃夫之对社会的关心。

在我们所占有着的过去的巨大文化遗产中,是不能疏忽我国近代的非凡风俗志作家契诃夫的创造力的。我们自进入新文化时代以来,为新的人类而斗争,把旧的生活和旧的心理及其基础予以决定性的打倒以来,首先,契诃夫的文学创作是合乎新的文化之各种课题这一事实,完全是合乎法则的。到了最近,他的完整的全集开始被出版了。他的作品,不论是一卷的创作集,或短篇集,都以各种印刷形式,成千累万地被印出了。契诃夫的短篇小说或是戏剧甚至都加到学校的课程中去了。而他的各种剧作,在许多有指导性的剧院中再度地被上演了。他的许多中篇小说,都被改编成剧本或电影了。在我国报纸的副刊上,从契诃夫的作品中借用了适切的语录、艺术的细节、形象等。这证明了:今天的读者、观众,对契诃夫的丰富的文学遗产的广泛的注意，契诃夫在现代的特出地"复活"的情形。

这些现象的原因，首先是在于契诃夫的艺术形象的巨大的认识力之中，把观察具体的、生活上的真理，借着典型的形象和明确的描写及综合的场景结合于它所形成的那些观察之巨大的概括中。——这就是包括在他的作品中的特性。这诚如高尔基所说："在契诃夫的短篇小说中，他的才能的骇人的力量正就是在于他从来不自己杜撰，从来不描写这个世界上所没有的东西。"作为契诃夫的创作在现代之高贵的意义，就是最近的历史的过去——沙皇时代——的苛酷的现实之真实，包含在这个作家借着极为浮雕的特质的形象所描写出来的生活之伟大的真实之客观的艺术描写中。

因为，契诃夫描写了市民、小资产阶级、渐次贫困化的贵族、农村和都市中的知识分子的职员等等，社会现实的中间层、该"中间的"之文化层。契诃夫以这种"中间的"诸要素、他们的体验、命运为基础，描写出了在异常痛苦的现实（革命前的时代之精神的、社会的氛围气便是这个样子的）中的"平凡"生活之基本轮廓。契诃夫把这种平凡的生活惊人地完全描写出来了。在这个悲惨的反动时代，和契诃夫同时代的个人生活，是可惊的思想上的贫弱，社会上的混乱，个人的堕落，所以他的作品，也像当时所表现那样，激动着绝望的真理。契诃夫从心底里感到了琐细生活的悲剧性。正是这样，他才能达到了如高尔基所说的，"正确地描写出了深入每人心坎的，小市民的日常茶饭事中昏暗的混沌中的生活，可耻而忧郁的生活。"

然而，我们之对契诃夫的兴趣，和这样的予以高贵的评价，并非只是简单地由于现在所说的在客观写实上的正确的描写，而是他的创作的魅力——贯穿在他的创作的道路中根本的倾向。这种倾向，最切要的是，这个作家，在凭借了可惊的正确的场景和形象，描写着当时的灰色现实的时候，并没有使我们和这种现实相妥协，而是使我们相信另外的生活形态，另外的人类诸关系和它的必要和可能性这一点。契诃夫并不是只是消极地描写生活的。我们在他的艺术描写的背后，是可以轻而易举地把作为这个作家经常在内面所看见的积极的规范的社会制度推测出来。契诃夫曾要求作家要做一个写实主义者。即是，要求忠实地描绘人生。不过，在那种场合是要求他的文章要像液汁似的渗透着对目的的自觉。更进一步地他还要求除过生活的原来样子外，应该感觉到应该怎样的生活。俄罗斯历史的重压下的反动时代的人，风俗志家的契诃夫，并未陷入知识分子之间所存在的特质现象在世界观上的厌世主义，或是社会的厌世主义，亦不是像多数的同伴们那样的在笔上向"纯艺术"世界的逃避，而是经常地关心着世间的事，忍受着反动的八十年代走向意义深刻的一九〇〇年代初头的时代，带着对于为了较好的人类较好的生活是可能性的坚强的信念。这种大胆的声调，随着年月的增进在契诃夫的创作中愈来愈强烈，他用短篇小说、中篇小说、杂文、戏剧、论文、速写多样地予以再现了，把那种过去生活的灰色背景，在我们的知觉之中照明了出来。我对于这个作家创作道路和社会道路的速写，虽然是短短的东西，但他所具的这个特征却成了我能做较佳的说明的原因。

安东·巴夫罗维契·契诃夫，——农奴的孙子，杂货商人的儿子——是在一八六〇年一月二十九日（十七日），生于亚速海沿岸的一个港市大冈罗格。契诃夫的幼年时代和中学时代，是在这个城中度过的，而这个城市，此后在他的文学作品中演着重大的角色。我们是无从详细知道契诃夫的幼年时代是在怎样的状态中度过的。然而，在后来，契诃夫说，"我的生长、学习、和创作开始的环境，金钱是表现着万能的魔力的。"（一八八一年）回想到在幼年时代所受的"唱赞美歌，读使徒传或诗篇，听母亲的话去做早礼拜在祭坛上帮忙，敲钟，这样的教育。"于是追想到"这到底怎样？现在我想起幼年时代的情形，想到那时的自己是一个极为阴郁的人。现在，我已经不信宗教了。"（一八九二年）

契诃夫在大冈罗格观察了各式各样住民的典型，丑恶的小市民的环境，庞杂的资产阶级的、商人阶层和知识层——而在这里，对于文学和演剧的关心，在这个未来的作家中已开始闪烁着了。即是，开始读着艺术文学，写着俨然是人道主义的最初的作品，热心地跑戏院。住民们的生活呀，这个城的各个场所的印象呀，都成了后来的契诃夫许多作品像《火》《约内支》等的材料。契诃夫曾不断地访问过的大冈罗格周围的旷野地方，也在《幸福》《旷野》《芦笛》等作品的主题上、题材上反映出来。

契诃夫还在中学的高年级的当时，由于这个城市的商业衰退的结果，贫穷下去的家庭移住到莫斯科去了，不过契诃夫却为了谋得衣食，做了三年教员，一个人留在大冈罗格。在这个时代的独立生活中，形成了初期的契诃夫的内心修养。契诃夫还在中学五年级的时候在某封信（一八七六年）中，写着他所读的关于塞万提斯、莎士比亚、屠格涅夫、冈察洛夫，以及斯通①的批评文等等。在这封信中，他忠告他的收信人（表兄弟），不要把自己的个性认为卑下，认为自己是块"废料"。"人知道自己的价值是必要的。你要不是流氓，不就是正直的人吗？请尊敬自己所具有的正直的少年吧！那么，就该知道了正直的少年并不是废料这回事了。"

一八七九年契诃夫在中学毕了业去到莫斯科进了医科大学。在这以后的时代里，契诃夫除过医科大学所必要予以严肃的注意的工作，便是和成了他的全家族的生存的唯一的泉源的极为多样和广泛的文学上的工作之结合。契诃夫为当时几乎所有的滑稽杂志执笔，在这些杂志所允许的主题和文体的工作上努力干着。

在政治压迫激烈，检查上的弹压异常严厉的八十年代，"小形式的定期出版物"，即采取周刊的出版物形式的俄罗斯的杂志业，进入了"娱乐的"文学，俏皮的幽默，世态人物和状态之滑稽描写等等道路，而不是政治性的讽刺和广泛的社会性的讽刺的东西。这种杂志业的倾向，在《蜻蜓》《晨钟》《鳞爪》及其他的杂志上，初期的契诃夫在创作上所热心地提供的形式和主题都花样百出的各式各样的作品上也表现了出来。这里有短篇小说、逸事、笑话、杂感、论评、世态的速写、插图的文章等等。总而言之，契诃夫的"说笑话"的工作，在社会上，并没有具有高贵的意义的。因为这些作品，是在资本主义热病地发展的八十年代、政治的以及社会的反动时代，不能够广泛地灵活运用自己的活动，而且不能将自己的社会的地位和社会的任务清晰地做出规定的，盖在小资产阶级知识分子的天才的代表者契诃夫身上的难以抹掉的烙印。

处在这样的社会的政治的状态下，契诃夫着眼于描写平凡的、沉滞的生活的琐碎事，市民的、资产阶级的世界之多数代表者们的特性。不过，这个作家的锐利的智性，惯于在这种生活之世俗的、日常的表现中探求社会的矛盾（据他的意见，这些矛盾妨害了正当的社会的生活形态，妨害了创造调和的人类形象）。契诃夫在他所观察到的社会的诸现象中，试着深刻地展览各式各样俗恶的东西、市民的东西、虚伪的东西、自高自大的东西、卑屈的东西、二重性的东西、没有正义感的东西。表明了他对人生的最高要求的，是努力把同时代的人，从各式各样的个人的、世俗的污秽中予以净化，同时契诃夫不倦地暴露着那些小人物，他们会妨碍他变成单纯的和内心自由的人。契诃夫通过他初期短篇小说在表面上的喜剧的结构和幽默的基础，使我们看到他常常地对于同时代的日常生活和心理的黑暗"基础"的暴露，常感到他的对于可厌的人生的尖锐的憎恶，和他的执拗地揭发的倾向。正是这样，契诃夫在这以后的创作之社会的、伦理的倾向，是早在他的文学活动的初期"说笑话"的时代就发端了的。

在同时，一八八四年毕业医科大学后，契诃夫开业行医，虽然打算写《论俄国的医业》这本科学的著作，但只是止于材料的搜集。还有，就是在这以后，契诃夫也并未纯粹地放弃对科学工作的兴趣。这之后（一八九〇年）他所计划的在库页岛（萨哈连岛）研究囚徒的生活——这就是明白的例证。

科学的趣味和艺术的趣味之统一，在契诃夫说来，在完成他的写实的艺术方法上有着重大的意义，而深值注意。契诃夫自己，关于这种动机曾说道："医学的研究，在我的文学活动上有着严肃的影响这是事实。这种研究，显著地扩大了我的观察的分野，丰富了我的知识。而在作为作家的我说来，这些知识到底有着怎样的真实价值呢？要理解这一情形，那只有本人是医生的作家才能理解。这些知识有着指导的影响。恐怕我之能避开许多错误，就是有着医学的知识呵！对于自然科学和科学的方法的知识，常常给我以警戒，我在可能的地方，就努力用科学的材料来考察，而在不可能的地方——则就宁可什么也不写。"（一八九九年）

契诃夫对于市民的日常生活不绝地发达起来的观察，对于人的各种性格，和在彼此社会环境中表现这些性格的诸条件的注意，对于精细的心理之考察的工作等等，在契诃夫之场合，作家、幽默家的他，在主题和文体方面，已不能和被限制的实践相妥协了。因此，契诃夫为了自己的世态的、心理的短篇小说，发现了新的读者层。从一八八五年起，他在《彼得堡新闻》上执笔，而这是当时发行最广的一份报纸。契诃夫虽然在后来把这个时期的短篇小说归入"杂式短篇小说"（一八八六年）之中，但是它们对于作者，却获得了充满好意的广泛的批评。

八十年代的中叶，契诃夫成了文学界的名人。而这个年轻的作家又成为当时最保守反动的报纸《新时代》的共同编辑者。一开始（一八八六——一八八七年），契诃夫便在这个报纸上，登载了正确的心理描写的、写实的、倾向于世态的短篇小说，而且这些短篇小说引起了当代最有名的作家

（葛利高罗维契②、柯洛连科、普列施契耶夫③、波朗斯基④等）的注意，他们和他或通讯或结交，称赞着他的才能。在他在《新时代》的工作中，契诃夫和当时拥有势力的保守反动的报纸记者、政论家、而且是编辑人兼出版发行人的苏沃林相亲近，就文学或社会上的种种问题交换意见，这些在他们的长时间的来往信札中反映着。

那时，契诃夫认为自己的初期工作是"在文学上没有劲儿的"东西。据他自己说他是"什么也没搞成的"，"随随便便的"，"像记录员记火警事件那样子的，机械地、无意识地、读者总是给弄得莫名其妙地，写着自己的短篇小说。"（一八八六年）不过，在艺术作品中适合地选择形象这点上也罢，或在用书简体所写的他的端正的意见之中也罢，契诃夫的批判的、暴露的声调，总是愈来愈加强烈。在那个时代，契诃夫是站在艺术的客观主义的立场，对于事物放弃了主观的世俗的见解，描写着赤裸裸的人生的本来姿态。

"艺术文学，只有把人生实际地予以原原本本的描写，才算是艺术文学。艺术文学的使命，就是无条件的诚实的真理。"契诃夫这样说。然而，契诃夫并不是把客观主义和普通的经验论等量齐观的。客观主义，既不是意味了作者的缺乏选择典型现象的东西，也不是否定浮雕的文字形式或否定作者感情上所生的燃烧起来的形象的东西。契诃夫反对那种"在精神和生活中冷酷的嘲笑的"作家们，反对利己主义者和对社会生活漠不关心的空虚的人们。而文学的使命，则是把激动着社会的问题，就是达不到解决，也必须正确地予以提出，契诃夫再三地这么断言说。"艺术家，要观察、选择、推测，然后再把它们结合起来。——如此以后，再来预想其次的问题。若是首先从开始不赋给自己以问题，那就什么也推测不出来，什么也选择不出来了。"（一八八八年）在这个时代，契诃夫把对于周围社会的、日常的现实他所完成的见解，作为自己的艺术描写上的客体和主题之选择上的预定的见解。所以，他再三地这样说："我们理解的事物的秩序是人生只是由恐怖、琐碎、庸俗构成的，这些是互相混杂，彼此交替的。"（一八八六年）他再三地这样说。而现代人则是"被命运支配，愚蠢地被钉住了。"（一八九一年）"没有比饮酒、大吃大喝、说糊涂话、伪善的小市民生活更俗恶的东西了。"（一八九二年）"（文学的）范围把神经质的人勒紧了，拔掉了他们的翅膀。"（一八九九年）因此，他对于文学界、读者大众、搞党派的知识分子的评价，是非常地否定的，他在他所置身其中的社会的阴暗中看不见光亮。没有感受到控制在顽固之中的八十年代的社会的活着的生活跃动的契诃夫，在那个时代，提出了自己的社会的、伦理的纲领，在其中，是把对于个性的尊敬，和为优秀的人类而战斗当作第一要项。他这样说道："在行为之间探求倾向的人们常常把我算作自由主义者或保守派，对于这样的人们，我真害怕。我既不是自由主义者，也不是保守派；既不是渐进主义者，也不是修道的和尚，更不是骑墙派。我只希望做一个自由的艺术家，——正是这个，才使我感到上帝没把力量给我的悲哀。我憎恶一切的虚伪和暴力。伪善、愚昧、轻浮所支配的地方，并非单只是商人的家庭和看守所。我甚至在科学、文学、青年们当中也看见这些。因此，我对宪兵也好，青年也好，都同样地感不到爱着。我以为商号也好，牌号也好，都是偏见。我的神圣的东西，是：人的肉体、健康、智性、才能、灵感、爱、离开暴力和虚伪的绝对自由；在这里，是不许暴力和虚伪来乱动的。这些是我认为做一个大艺术家所应遵守的纲领。"（一八八一年）

作为作家的契诃夫的成功，是他的每一篇作品都强烈地惹起世间的注意，许多短篇小说集的广泛地被普及（《黄昏》一八八七年、《短篇小说集》一八八八年、《阴郁的人们》一八九〇年）益加和有地位的作家的交游——正为了这些，到此时为止所写的只是小型的短篇小说——在这个时代已达到完成的领域——的契诃夫，从此才渐渐写起大东西来了，而且不和"大部头"的杂志合作也不行了。当时，在诗人普列施契耶夫主编的《北方通讯》上，以中篇小说《旷野》为始，登载了许多大作品（《火》，这以后是《无聊的故事》《妻》及其他），更从一八九三年起，移到自由主义者们的机关志《俄国思想》上去了。（《六号室》《陌生人的故事》《三年》及其他）

处理了普通的和重要的心理上的问题或是社会问题的这些小说，发生了形形色色的有时是极端的有时是反对的对于契诃夫文才的批评。

和文学上的技术长成相并的，在契诃夫的内部，对于社会的趣味也发生了变化。次第地离开了共事的反动报纸《新时代》的契诃夫，到了九十年代的初头，移到自由主义的报纸《俄国新闻》去工作，从此，和已被极端地否定性地评价了的《俄国思想》完全相结合了。

对于幽默杂志工作的契诃夫之否定，采取重要主题的大作品之执笔，对于他的创作之批评界之广泛的注目，这一切，在契诃夫，是把它作为在他的文学道路和个人道路上的严肃的阶段而理解的。契诃夫把自己认为是个有着一定的使命为了社会而创作的职业作家。作家的天禀的长成，是和个人的长成密切地联结着的。正因如此，这个时代的契诃夫才能把自己个人的解放赋以这样的特征的：

"农奴的儿子、从前的小商人、唱歌者、在僧侣的手上接吻、受过在他人的思想上低头的教育的学生、给一片面包就感谢、连靴子也没得穿就跑学校、吵架、苛待动物、喜欢在富裕的亲戚家吃饭、单只以自己的胡闹为意识、什么必要也没有地对神或人欺骗，——请把这个青年的情形写成小说！这个青年，一滴滴地从自身中榨出奴隶根性来，而在某个美丽的早晨，突然睁开眼，发现自己血管中流的早已不是奴隶的血而是真的人血了。"（一八八九年）

一八八八年，契诃夫在科学院的审查下，在优秀的文学作品上获得了普希金奖金。契诃夫把这个奖金并不以为是有着个人的意义的现象，而是作为具有原则性的、文学的、社会的意义的现象来评价的。从报纸工作踏出第一步的这个作家，"渐渐走向大部头杂志的道路"。关于这个动机据他所说的信念是："到此为止我所写的一切作品，在经过五年、十年之中，也许要被忘光了吧！但是，我在继续着的道路，却是完善的，无害的呵！这里才是我所有的唯一的功绩。"（一八八八年）

契诃夫的社会良心，在这个时代，教给他去做有意义有责任的工作。一八九○年，契诃夫抱着研究囚徒生活的目的到库页岛（萨哈连岛）去了。契诃夫研究了徒刑囚的移民生活，而认为认识"只有具才能的自由的人和被束缚的人可以去的地方，便是难以忍受痛苦的场所"的库页岛，这事，是对于俄罗斯文化社会所必要的。他这样说："……我们胡乱地想也不想地野蛮地把几百万囚人糟蹋了。我们把他们带上镣铐，几千里地地放逐到寒冷之中，使他们感染了梅毒、堕落，繁殖了犯罪者，而这都是监狱的酒糟鼻子的看守们努力下的结果。现在我们知道，在有教养的全欧洲，已没有了这种坏看守，而我们所有的看守都还是这样的可恶，明白了这，便不会认为那样的事是天然造成的了。"（一八九○年）因为西伯利亚没有铁道，在难以置信的困难条件下，用马赶路的这个旅行的结果，是经过两个月调查了库页岛全部住民之后，契诃夫所写的研究著作《萨哈连岛》，这在我国关于徒刑的文献上，是一种很好的贡献。

至于契诃夫从这个旅行所得到的个别的主题，则描写在《顾赛夫》（一八九〇年），《徒刑》（一八九二年），《杀人》（一八九五年）等短篇小说中。在《顾赛夫》中描写了政府对于没有了权利的人（在限期前被用轮船送到家去的兵士），"没有良心与博爱心"的政府的残酷的态度。它这样描写着兵士的境遇："中尉画着设计图，你却整天蹲在厨房里，想家想得要命，……设计图……问题不是什么设计图，要紧的是人的生活啊！生活不是像驴子推磨似的东西，生活是要郑重地过着才成。"还有，在另外的地方，有着这样暴露性的话说："我不抢劫国库，不剥削别国的人，不走私，不把人打得半死……。""揭发者"的巴维尔·伊凡诺夫对顾赛夫说："你们不懂事，所以只有挨揍的份儿，你们根本没见过什么，就是见过，你们也懂不得……我是个抗议的化身。我一看到专断的东西，就抗议。一看见虚伪、伪善，就抗议。一看见肮脏的家伙自鸣得意，就抗议！""暴露两脚兽吧！"就是这篇小说的一般地暴露思想。

从库页岛归来后（一八九〇年），契诃夫初次地访问了南欧（奥大利、意大利、法国）。而且自此以后，他屡次地计划去这些国家旅行。契诃夫在这些旅行上所得到的是以对于西欧文化的反对，为其特质。他虽然欢喜西欧艺术建筑的壮丽和纪念碑，以及资产阶级表面上的自由，当看到他在下面的说话你就明白了："贫穷的低级的俄国人若来到这个美丽、富足和自由的世界，就会糊涂的高兴吧！"与这同时，他对西欧资产阶级文化"精神"这个东西，提出极为否定的评价。"……有着朝鲜蓟呀、棕榈呀、橙子的香气呀等等的这种生活，是多么可卑的东西啊！我是爱好豪华和丰盛的，可是在这里（蒙的卡罗）我所得到的印象，是奢豪的赌场的阔气的厕所。在空中，你们伤害了你们的整然的秩序；自然呀、海的骚动呀、月亮呀，都俗恶化了。"（一八九一年）

一八九二年，契诃夫买了在莫斯科郊外的叫作梅里荷勿的庄园，移到那里作为久居之地。移到这个乡间居住，契诃夫是有着内面的原因的。社会应酬趋于频繁的莫斯科生活啦，随着在增大的一般对于这个作家本人的注意啦——都是使契诃夫不胜其烦的。不只如此，作为医生的契诃夫，考虑到在乡间的各种条件中去实现其意图，是从事广泛的社会事业所必要的再好也没有的可能手段。在梅里荷勿七个年头的生活中，契诃夫曾为农民的贫困而尽力，为改良农民的生活做了许多种的活动。即，他常常作为医生而工作，兴建了许多学校，管理学校，开修道路，作为陪审员出席裁判。一八九二年的大饥饿中，契诃夫去了灾情最重的县份去旅行，曾为饥饿地方的农民买马而募集捐款。在霍乱流行的地方，他设立了对霍乱治疗的设施。这以后，——一八九七年——契诃夫参加了首次的全人口调查工作。

在梅里荷勿时代，是契诃夫文学活动的"中间"时期，他写了为读书界最熟知的作品（《六号室》《黑衣僧》《罗得西尔德的提琴》《有阁楼的房子》《货车上》《套中人》《约内支》及其他）。梅里荷勿的农民生活，表现在《农夫》《杀人》《在谷间》这些作品中，给予了契诃夫以描写乡间生活的材料。他在这些作品中，对于关于农村之民粹派的、观念论的见解，给了非常否定的批判。

在一八八九——一八九三这三年间，契诃夫的社会的路线，是作为政论家，作为关于种种社会问题的评论的作者，表现在报纸工作上。

终其一生期间，契诃夫都积极地参加着社会性的工作，这是可以断然地加以确认的。在他的信札中，当面的社会问题，不论什么时候都在他的注意中，就是证明。契诃夫对于同时代所生的关心和他个人的努力，是促进了国家和民众明显的进步的东西，这是可以深信的。

在文学活动和社会活动的初期，契诃夫面对着反动而茫然自失了，和八十年代的小资产阶级知识分子的代表者一样地，肯定着这些事情："在俄国不会有革命。"（一八八八年）"我国无所谓政治，我们不相信革命。"（一八九二年）把自己的全部精力和社会的素质都奉献于文化的"小工作"。然而，自从九十年代的末叶起，受到了资本主义的长成的明显的影响，他又说在俄国"不久就要产生宪法了吧？没有宪法是不行的"。论到学生的无秩序，契诃夫在一八九九年所说的下面的话也是改良主义的口气。"请给出版自由和良心自由吧！这么办，大家渴望的安静才会莅临啊！那种安静，事实上，即或不能特别长期的延续下去，在我们目前有就已足够了。"

在这个作家晚年的作品中，却已加进了下列那样的很急进的社会要求了。即："把生活翻过来，才是重要的。其他的事，都不是必要的。"（《新娘》——一九〇三年）或是："时代已经变了，有什么像山一样大的东西掉下来压在我们身上。健全有力的暴风雨迫近了，从我们社会中，把怠惰、对劳动的偏见、腐败了的倦怠一下都吹得无影无踪了。我要劳动了。从现在起，过上二十五年或三十年，不论什么人就都是劳动的人了。是的，不论什么人！"（《三姊妹》——一九〇一年）

这样见解的说述，要之，不仅证明了契诃夫是自由主义的文化人，中庸的进步主义者，而且由此证明了，晚年的契诃夫的意识形态是带着"民主主义的思想和原始的、社会主义的思想之无意识的混合"（这种混合，据列宁所指出的，是和革命前的时代的杂阶级的知识分子的"完全未被确定的世界观"共同存在的）的特征的。

关于他的艺术活动，九十年代的契诃夫，特别集中注意的是：当时地方的在生活条件上的知识分子层的风俗志、他们的主观的自己感觉，和周围环境的相互关系等等。这就顺便可以明白了契诃夫在这些作品中，是要究明重要的社会主题，和鲜明复杂的心理课题。

契诃夫采为典型的，九十年代的思想的、心理的内容的作品，虽则是少数，但都是不绝地在发掘的主题。

我们回想一下这个时代的某几篇小说。

在《决斗》（一八九一年）中，契诃夫取了拉亦夫斯基这形象，对知识分子的自由主义者的思考和行为，给了辛辣的暴露的分析，显示了对知识分子的生活的空虚与庸俗、虚伪、自我崩溃等的认识。拉亦夫斯基的极度地放荡和丑恶的原因，据契诃夫的意见，是"并不在其自身内的，而是在外部，在空间的什么地方。""他的堕落、无教养、龌龊，是由必然所造成的，是自然的历史现象，在这里，有着世界性的不可抗拒的原因。"更进一层的一般性的暴露特性的描写，这篇小说用着下面的言语："经过十代被鞭子和拳头镇压而产生的狡猾的奴隶种族。这个种族，只有在暴力之前才卑躬屈节、被感动，害怕得浑身发抖……""乱肆批评——这就是奴隶的特征！请听明白，世上的人们，把从事自由职业的人，骂得比恶人还坏。这是因为社会的四分之三是由奴隶或猿猴构成的啊。奴隶把手伸出来，对你给他干的活，毫无谢意。"契诃夫在小说中说了这种思想：对拉亦夫斯基那样的个性，应该用暴力或直接性的根绝法来扑灭；必须给社会说明拉亦夫斯基辈的存在所给予后代的"可怖的毒害"。据契诃夫的看法，知识分子是把自己的生活建筑在不断的虚伪上的。博爱也好，大学也好，为社会服务也好，都是欺骗。"这也是欺骗：说得头头是道，却什么不干，只知捞钱。而他所干的是——是不受裁判的虚耗公币而已。""真实在他是不必要的。所以他并不寻求真实。被罪恶和虚伪所迷的他的良心，不是睡着了，就是沉默了。他像一件从别人那里借来的东西似的，从不参加人间一般的生活，对于他们的苦恼啦、思想啦、宗教啦、知识啦、探求啦、斗争啦，他从不关心；纵使向人说一句帮忙人的话他也不肯，就是写一行有益的不俗恶的文章他也不干，一个铜板也不舍，而却吃他们的面包，喝他们的葡萄酒，吊他们老婆的膀子，动他们的脑筋。而且把自己可耻的寄生生活，为求其对人对己都赋以正当化起见，时常把自己抬得比别人高尚，像煞有介事似的说着满嘴的漂亮话，欺骗，欺骗，欺骗……。"这篇小说指摘了"无知、冷酷、在一片面包的事情上都咬文嚼字的那种程度的贪欲、以胡说乱动对付人、在地板上吐痰、吃饭或祈祷时打嗝儿"的人们。"难道这种只在表面上讲体面的人，在世上是少数吗？"

在《恐怖》（一八九二年）这篇小说中，描写了主人公对人生的恐怖。

人生是可怖的。没有比现实还可怖的东西。而这篇小说的主人公则患着人生病。主要是所谓平凡的可怖。而从那种平凡中，"谁也没有隐藏的能力。""在我的行为之中，我辨别不出来什么是真实的，什么是虚伪的。因此，这使我不安。我明白生活条件和教养把我夹在当中，虚伪的世界包围着我，我的全部生活是自欺欺人的，我装作若无其事的样子活着，一边日日担心着，所以我一想到恐怕到死也逃不脱这种虚伪，就恐怖了。""我知道，因为我们自己没有太多的知识，所以每日犯着过失。不务正业，中伤别人，捣乱别人的生活，不必要地在妨碍我们生活的琐事上用尽所有力气，这些使我恐怖。说到为什么呢，则是因为我不懂得是为了什么和为了谁这些才成了必要的。""我看到农夫们就恐怖。我不懂得他们是为着什么高尚的目的而受苦，为了什么而生。若是人生就是享乐，那他们就成了不必要的多余的人了。若是人生的目的和意义，就是贫困和绝望性的无知，那么，是为了谁，为了什么，宗教审判所才成了必要呢？我不懂。"

对于人生同样的恐怖，是借《套中人》（一八九八年）的形象而予以象征化的短篇小说。“套中人”是契诃夫把同时代的社会的现实用综合的形象而普遍化了的东西。“我们在都市、薅热、夹缝之中讨生活，写着没有必要的书籍，玩着牌，到底是怎么回事？——这些不都是形式上的吗？我们游手好闲、说长道短、糊里糊涂、和懒惰的女人们混在一起生活，嘴里说混账话，耳朵里听混账话——不也都是形式上的吗？”

专制的、官僚的俄罗斯的社会现实的可惊姿态，如众所周知的，契诃夫把它在中篇小说《六号室》中表露了出来。据乌里雅诺娃·爱列扎罗娃[⑤]称，列宁初次读这篇小说时，曾这么说：“昨夜，读完这篇小说时，我觉得极不愉快，无法再在屋子里待下去，于是站起来跑了出去。我简直觉得连自己也像被关在六号室中似的。”

契诃夫在《杨梅》中，描写了俄国的庸俗的根性和恶劣的无知无识的情景。“请看看这种生活吧！无耻、强者的懒惰和弱者的无知与动物性、无与伦比的周围的贫困、气闷、堕落、泥醉、伪善……”。契诃夫抱着对进步的方法之合目的性的怀疑，用抗议的声调吆喝着道：“我说过自由是幸福的，没有自由，就像没有空气，是不行的，然而，却必须等待。我确然这么说过。不过，现在我却要发这样的质问：为什么要等待呢？究竟为什么要等待呢？我请问你？这该怎么想法呢？有人向我这么说，不论什么事都不是马上能弄成的，一切的观念，都是在人生中慢慢才能被实现出来的，是时间问题。然而，谁能这么说？那种正确的证据，在什么地方呢？你虽然以事物的自然秩序或现象的合法性为盾牌，比方生活着而有思想的我站在一个壕沟边上要过去，是等壕沟自己合拢呢，还是用土一块一块地来把壕沟填满呢？或是跳过壕沟，或者搭一座桥呢？是不是也要有秩序或是合法性呢？再说，为什么要等待呢？难道要等到无力生活的时候吗？然而我们必须生活不可。需要活下去！”这篇小说的一般思想，是这样：“人所必需的不是三阿尔申土地，也不是庭园，而是全地球全自然，在它的广漠浩瀚之中，他能表现自己的自由精神的各种特性和特殊性。”

在短篇小说《关于爱情》中，说明了资产阶级社会的条件性：缺乏有趣味而优美的个人生活、普通意义上的犯罪及善行、从平凡状态中跳出之不可能、说谎，把爱情的直接感情压在身上之得不到宽恕等等。“……我向她坦白了我是爱她的。我感到我的心燃烧得很痛苦，我明白了妨碍我们相爱的一切，都是不必要的、不足道的、充满了欺骗的东西。"

《带着狗的太太》（一八九九年）中，描写了无力从资产阶级的见解的一般条件中逃开的结婚——想念较好的个人生活的忧愁和为了建造这种个人生活的结婚。安娜·塞尔格亦维娜就是满身都是毛病的资产阶级的道德的牺牲品。顾洛夫则是一个俗恶的资产阶级社会的典型代表。"怎样野蛮的风习啊！怎样可厌的人啊！多么无聊的夜间啊！毫无趣味的，过了一天又一天的日子啊，发疯的赌博、胡吃乱喝、说来说去的那几句老话。不必要的事务，老套的混账话，把宝贵的时间和宝贵的精力就这么零碎地消耗掉了。这样过下去的结果，剩下来的东西可说是浅薄而拔去翅膀的人生，无意义的东西。简直和被关在疯人院里或监牢里一样，别想走出去或逃出来！"契诃夫在这篇小说中描写了资产阶级社会的人们所过的二重生活。形成"人生的谷粒"的重要的、趣味深的、必要的事情，就悄悄地发生了。"他的虚伪、有着外皮的一切"都明白了。"像隐藏在黑夜的覆物下似的，隐藏在秘密的覆物中的每个人，通过了真实的和最富于兴味的生活"。看见了大自然，"顾洛夫想着当我们忘却了人生的最高目的和人的价值的时候，把我们的所想所做放在一边，那么，这世界上的一切就都是美好的了。"

在中篇小说《在谷间》（一九〇〇年）中，表露了连表面性的事件也没有的生活的停滞，有着惊人的阴惨内容的生活。描写了重压下的黑暗的农村生活，赤裸裸的贪婪、欺骗、侮辱，富农的要素，依靠了农村行政的高度的剥削，等等。

连在心理小说《主教》（一九〇二年）中，契诃夫也广播了他的社会性的暴露的主题。他拿住在外国的主教作题材，在这位主教想来，俄国的民众都是粗野的，女请愿者们，都是无聊而愚蠢的东西，神学校的学生们，和他们的先生们，则都是无教育的有时发蛮性的人。在主教想来人都是"渺小的、缩头缩脑的、犯了罪的东西"。非独立的人们的奴隶心理，不体面的日常生活场面，都一一闪在我们眼前。

契诃夫在未完成的小说《赔偿的纠纷》中，说明了主人公每日的生活毫无欢乐或自由可言，每天照例地从早到晚所忙的都是"没出息"的、无兴味的事情。"连一天像样的日子也没有过过。""他想，恐怕一直到死，都要像这种方式继续和反复地过下去了。"到这里，就不能不生出就是一时也好的，把这个坚固的壳子打破，"哪怕就是停止一个钟头的蜗牛式的情况也好"的，望着另外的世界，从这种生活逃开的欲望。

契诃夫的最后的短篇小说《新娘》（一九〇三年）的女主人公，也是逃出了这种俗物的、恶俗的生活的。契诃夫洞悉了这种生活的不变和灰色，罪恶和无益，没出息和无意义，而把它用明了的形容语句暴露了出来，在这篇小说中出现的沙夏身上，作者执拗地说出了自己的思想："当你的生活改变的时候，一切都要变了。"契诃夫在完成自己的高度性质的文化技术的同时，也实现了说明巨大的社会性的主题。与具备了质素的同时，最大限度的表现性的文字手段、最最单纯的言语、纤细的心理的描绘、故事的抒情的形成法等等的探求都成熟了。在这个时代，契诃夫的现实描写之艺术方法，被巩固起来了，这种方法可以规定为批判的写实主义方法。契诃夫所观察和描写的，和把它用艺术的形象予以概括的东西，是面向着同时代的否定的侧面、和在读者中所发生的受压迫的、无意义的、看不到底的生活感这种侧面的描写。契诃夫的创作方法，从他所使用的文字的特征来判断，可以作为清醒的客观主义的特征，所以在批评家之间，发生了把契诃夫和他作品中的知识人一视同仁的通弊。因此，批评家们，把由艺术家所作的忠实的现实反映和阶级的利害混同了，他们认为契诃夫，开头就受到了专制的急袭，后来又受到了渐次成长的资本主义的压迫而茫然自失，而他所描写的又是八十至九十年代的知识分子的被打碎的希望、不明了的感觉、模糊的体验，所以批评家们才认为这些是意味了契诃夫所描写的是失掉翅膀的他自己阶级的观念形态。批评家们对于下列的情形没有考虑到，即：对于契诃夫的为了客观的、写实的方法的性质，而在艺术形象上的没有意识的、主观的色彩这一情形；对于契诃夫借着形形色色的职业和命运的、同时代的小资产阶级的、市民的知识分子的真实的体验和气氛做了非常正确的描写的情形；以及作为作家把对这些材料的态度，根据他的个别的作品和全部的作品共通的思想倾向，不着痕迹的从内部表现出来的情形。契诃夫在他的写实方法的特性上，虽然对于自己作品中的主人公没有直率地说出他的评价，但是在他的书简中，从他那许多直率的意见中，是可以判断出来他对他作品中的主人公的评价的。契诃夫在他的书简中，带着对同时代的知识分子的严厉的暴露的特征，表现了对于不能把国家引导走向广阔的自由发展道路的文化工作者的激烈的"灵魂的抗议"。契诃夫轻蔑那种对社会漠不关心的态度，人世的个人的弱点和精神麻木的动作；他把知识分子叫作"软体动物、孱头"。据他再三再四地所下的定义，知识分子"有着麻木不仁的灵魂和不活泼的筋肉，缺乏运动，思想动摇。""没有生气、无感觉、讲话头头是道的冷淡的知识分子。"（一八八九年）"俄罗斯的知识分子，是多么的单纯、迷信、知识少得可怜。"（一八九四年）"不是知识，而是寡廉鲜耻和自吹自捧，不是劳动，而是懒惰和卑劣，无正义感！关于名义的概念，不超过所谓'制服的名誉'，这个制服是作为我们的被告席的日常装饰的。"（一八九〇年）契诃夫是这么想的："在我国没有政策，连社会生活、团体生活、城市生活都没有。我们的都市生活，是可怜的、单调的、拖拖曳曳的，没有兴味的。"（一八九六年）契诃夫对于知识阶级，和对于"私人医生和别墅的所有者、贪婪无厌的官吏、把偷窃当作工作做的技师"一样，采取着轻蔑的态度，然而当他说到在舆论上可以说是社会的优秀的构成部分的演员、画家、文学工作者的时候，却这样说："它的优秀的部分，并不因为预料、欲望、计划、趣味、美丽的女人，创意性的不足，而便把社会变好这一工作，使有所差别。"（一八九八年）到了他的社会的以及文学的道路的最后时期，契诃夫把知识分子给予了这样普遍的和明晰的否定特征："我不相信我国的伪善的、虚伪的、歇斯底里的、无教育的，懒惰的知识分子，我甚至连他们苦痛的时候、控诉的时候，也不相信他们。这是因为他的迫害者，是从他的内部发生出来的。"（一八九九年）契诃夫把在资本主义体系上被压倒了的俄罗斯的知识分子的极大多数的思想颓废和道德崩溃正确地描写了。——当时，在九十年代的末叶，契诃夫把自己的"进步的"计划，对于文化上的各个工作者的信仰，曾经一度用下列的文字赋以定义："我信仰每个个人。我在全俄罗斯的土地上，从散在这里那里的每个个性中看见了救星——他们是知识阶级，也是农民——他们当中虽然有力量，但是这样的人还不够多。他们是自己祖国的预言者，心地公正的人。而我所谈的每个个性，在社会上是不显著的，他们不占支配的地位，但是他们的工作却是明显的。例如，无论怎样，常使科学不断进步，社会的自觉性增大，在道德上的问题，开始发生不安的性质——所有这一切，都是和检察官、技师、家庭教师，或作为全体的知识分子无关，而不被注意的。"

对于和他同时代的社会的知识阶层的否定性的本性，契诃夫的深厚的、内面的确信，描写在《决斗》（一八九一年）、《陌生人的故事》（一八九三年）、《我的生活》（一八九六年）这些作品中，这不能不说是和对这个社会的尖锐的揭发情况相结合的。但是，对于社会现实，作者的观点，并不是绝望的怀疑的。他从心里相信肯定的未来之可能性和必然性，所以才否定现在。而因为从最深的信仰生出对人的信心，所以他才没有抱着世俗的错误判断（关于这种判断，他在《老园丁的故事》〔一八九四年〕中谈到）。仅是这种高尚的人道主义，就可以答复了契诃夫的哲学的伦理的见解了。而且契诃夫自己是一个乐观的人，在工作的时候，情绪都是挺好的，"自己的主人公们虽然是阴惨惨的，但这是不知不觉地写成这个样子的，提笔的时候，我并不是想写成阴惨惨的。"（一八九七年）因为他有着这种肯定，所以对于所谓非难他陷入悲观主义的说法，是那样竭力地抗议。看到同时代的资产阶级社会的败德和脱节，契诃夫一面暴露着专制社会所生的社会的、伦理的疾患，一面呼吁在人间的生活中用文化的方法来根绝这些恶德。为什么他在攻击"无能的、干燥无味的"团体精神，和非难着"自由泛滥和规模广泛"的疾患的社会的时候，要求这个社会的指导者，首先是作家，要把"使人泥醉成为奴隶化的酒精"中所有的"磷质"变为"铁质"，这就不难明白上述的那点了。对于这个问题："现在，俄国人应该希望的是什么呢？"契诃夫是这么答复的："所谓希望本身，就是我的回答。在俄国人中，第一必要的就是希望和气质。麻木不仁得太久了。"（一八九三年）而且在旁的地方他又这么说："只有那种青春才可称为健康，那是和旧秩序不妥协的，不论愚蠢的或聪明的，和它们斗争。这是自然的希望，进步的立脚点。"（一八九〇年）在今后不是有着明白而大家都能了解的目的么："啊，自由，自由！就连对自由的可能性的暗示，哪怕是模糊的希望，都会给灵魂添上翅膀呵。不是这样吗？"（《套中人》，一八九八年）

文化的"小工作"每天不干不行的信仰，对于国家文化进步的信仰，契诃夫一直坚持到最后。因此，他在九十年代末叶就这么说："要是说到在这两者之间——有名气的六十年代的理想和现代的最为恶劣的地方医院——选择哪一种的话，那我是毫不踌躇地选择后一种的。"（一八九〇年）在他的艺术作品中，说到进步的定式，他这样说："在探求真理的时候，人们是进两步退一步的。苦恼、谬误，人生的倦怠使人们后退，但是对于真理的渴望和执拗的意志却驱使他们前进，前进。谁知道这个呢？那恐怕就是游泳到真正的真理为止的人了吧。……"（《决斗》）

而且，在九十年代的末期，当契诃夫观察到随着俄国资本主义发展而长成的文化政策的时候，曾这么说："倘现在不好，不行，那么过去的简直就是应该完全唾弃。"（一八九九年）据他的意见："今日的文化——我想那是为了伟大的未来而工作的，这工作恐怕还要继续几万年。"（一九〇二年）

在这个时代，契诃夫和文学工作者们（阿尔吉尔⑥、托尔斯泰、高尔基等）的交际范围更广。和这些人的交际，还有就与文学有关系的诸问题的谈话中，契诃夫曾深刻地检讨了作为作家、社会人，职业的文学工作者的自己的立场。在一八九五年，契诃夫在雅斯那亚·波列耶娜，和托尔斯泰相识，从此以后，他们彼此不断地互相访问，并就种种问题上交换意见。

契诃夫和托尔斯泰的思想的相互关系，有几年的时间曾受到了本质的变化。托尔斯泰的道德哲学，在八十年代的初头，影响了契诃夫，他的一连串作品（《好人们》《途上》，一八八六年；《火》《鞋匠和不纯洁的力量》，一八八八年；《森林的精灵》，一八八九年），都是在托尔斯泰的强烈的影响下写的东西。然而，这以后，当契诃夫完成了自己的世界观的时候，他对托尔斯泰的道德的教义取了批判的态度，从托尔斯泰解放了，甚至创造了对托尔斯泰的社会的、伦理的观念提出批判的作品（《陌生人的故事》，一八九三年；《老园丁的故事》，一八九四年；《三年》，一八九五年；《我的生活》，一八九六年）。一八九四年，契诃夫曾这么说道："托尔斯泰的道德，已经不能感动我了。我从心底里对他的道德采取了不可通融的态度。……因为在我的身体内流着农民的血液，托尔斯泰所用的人民的美德是并不足以使我吃惊的。我从幼年时代起就相信进步，而也不能不相信，这就是为什么在我受刺激的时代和刺激对我消失了的时代之间的差异之可怖的理由。……不过，托尔斯泰的哲学，激烈地打动了我，有六七年的工夫俘虏了我。而它之对我发生了作用的，并不是在这以前我早就知道了的根本的命题，而是托尔斯泰所有的那套表现法、思虑的深湛、像催眠术的那些东西。现在，在我的精神内部抗议着。慎重和正义告诉我，对人类的爱，在电气和蒸气中所有的，比在纯洁和肉食抑制中所含的多……对于我，托尔斯泰已经消失了。所以他已不存在于我的心中了。他一边说，你老是把家弄得空洞而阴暗，我却早已不把它放在心上，我已从它解放了。"

一八九八年，在法国的德雷福斯事件上⑦，反动的《新时代》报纸在这个问题上的态度，使契诃夫对这个报纸大为反感，而断绝了一直保持到现在的和该报的编辑人苏沃林的亲密关系。这以后的契诃夫，一直到他的文学活动的最后为止，都把他的作品刊载在《俄国思想》（他在晚年，成了这个杂志的文学部的编辑人）《俄国新闻》《尼瓦》《万人杂志》等大众杂志上。一九〇〇年，由高尔基介绍，他开始在马克思主义杂志《生活》上发表作品。

契诃夫——他到了九十年代末叶已被众所周知，他的短篇小说集被大量地出版着——它的文学的价值，甚至到了连官方也得承认的程度了。在一九〇〇年，他被选为科学院的名誉会员，但在一九〇二年，因为高尔基被开除了会员名籍，他也就辞退了这个头衔。

到了九十年代中叶，契诃夫的健康状态非常恶劣，开始发现了结核的征候。还在一八八四年的时候，当时，契诃夫对病况并未认真地请求治疗办法。他为了病体，把一八九四年的春天在克里米亚度过，到了秋天，就不能不去南法的尼斯去养病了，从一八九七年以后，由于健康的愈趋恶化，契诃夫常常变更住地，甚至不能不考虑到向南方克里米亚转移的问题。这在一八九八年实现了。而时去莫斯科住住有时又上外国走走的他，把他的晚年在雅尔达的别墅度着。这样，在那里，他和住在克里米亚的作家们往还着，这其中有托尔斯泰、高尔基等人。

这个时代的契诃夫的文学工作，是在极端困难的条件下的。继续在恶化的健康，不允许他专心一志地去搞文学活动。但是契诃夫在他自己的全集编纂工作上，给予了最大的注意，他一方面从自己的数目庞大的作品中选择着，一方面又修订着这些作品的文句，这种细密的工作，全是他亲自动手干了的。

一九〇四年的中叶，为了非常痛苦的健康状态，契诃夫接受了医生的劝告，离开了雅尔达，非去德国的疗养地巴登维劳不行了。而在那里，于一九〇四年七月十五（二）日，他离去了人间。

一八八○— 一九○○年代的小资产阶级知识分子的最显著的代表人，又是最伟大的作家的安东·巴夫罗维契·契诃夫的生活的、文学的以及社会的道路，即如上述。

契诃夫，在经过政府的反动和社会的压迫非常厉害的时代的时候，没有在政治上失一下脚，也没有屈服于颓废的社会；从他的文学的、社会的活动的第一步起，都是依靠了艺术的言语和具体的社会性的工作，对反动的气息和行为毫无倦态地抗战着，他具有把人从各式各样社会的以及个人的恶德里解放这种远大而模糊的目的，屹立于改革国家文化的困难而悠长的道路上，这些，是在他的生涯和活动中值得注目的所在。他对于这种遥远的目的的必要和达到的可能，抱着热情的确信。在工作上，契诃夫的那种执拗地为了自由、美丽的人和真实的人性，而毫无倦态地揭发着同时代的丑恶的人类、资产阶级社会的形形色色的"不纯洁、不道德、蹭蹭摸摸的生活"的态度，对我们是非常高价的东西。

契诃夫所走的道路，在他的活动中，并不是依靠着集团的力量意识地和专制制度战斗的革命家的道路，而是个人主义者、教化主义者、进步主义者的道路；他的旗帜上所标记的，并不是政治的作战，也不是迅速地把旧社会的社会基础予以推翻，而是和这个社会以及它的庇护者的政治制度所产生的生活的、道德的、心理的歪曲作战。自己阶级的儿子、杂阶级的知识阶级人、资产阶级社会的小市民层的代表者的契诃夫，在他的活动当中，当和这些阶级的同类一齐进化的时候，是停留在自己阶级的感觉之限界内的。——正因为这样，他的世界观，依然是被预定了的。在走着知识阶级的道路的时候，契诃夫甚至在工人运动抬头了的九十年代中，也没有和社会上的进步的民主主义范围去接触。不过，究极说来，他们所抱的目的，则是共通的。那就是，为了自由的新的人类而战斗。这种目的，在契诃夫的方向上表示得非常明白，在他的一般作品中，对于这个目的赋给了那么简纯而清晰的定义。而且，在对于现在的否定性的侧面上，他所带着的特征，是那样的鲜明而且充满了愤怒的东西，仅在他已然创作了的这一面上，就使我们有契诃夫是我们的同时代人之感。

我们是以从契诃夫的时代难以测知的程度走到前头了。社会革命把政治的各种条件、专制制度，抑压个性的旧制度都消灭了，所谓创造自由的新的人类这事，已然在我们眼前出现，成了我们今日的第一个课题了。根据这个课题，契诃夫创作的社会的、伦理的倾向，在我们特别明了和亲切，而且成了有价值的东西。我们把他的艺术作品，就当作革命前的时代的噩梦的天才的绘幅那样接受下来吧！我们在他的形象中，看到那种没有翅膀的生活的巨大而可怖的真实，这种生活，在后世的生活上和心理上必须完全加以铲除的。我们在契诃夫那里，看见了我们的明朗的同伴，他坚信活生生的、美好的人，愉快而明朗的生活，而且他抱着社会性的乐观主义，为了这种理由，我们是爱他的啊！

注：

① 斯通（Mrs.Harriet Stowe 1811—1896）美国女作家，她的有名的反对奴隶制度的小说《黑奴吁天录》曾轰传一时，而促进了美国的黑奴解放运动。她是一个资产阶级的人道主义作家。——译者

② 葛利高罗维契（1822—1899）俄国作家。——译者

③ 普列施契耶夫（1825—1893）俄国诗人。——译者

④ 波朗斯基（1819—1898）俄国抒情诗人。——译者

⑤ 即列宁的妹妹。——译者

⑥ 阿尔吉尔（1855—1908）俄国作家。——译者

⑦ 德雷福斯事件（1898—1899）为有名的法国德雷福斯上尉的冤狱事件，法国作家左拉，曾为此事发出"我控诉……"的文章因而受迫害亡命英伦。——译者

第二章 契诃夫的诸戏剧

在戏剧及演剧史上契诃夫戏剧的意义。契诃夫的戏剧之路。它的诸特征。未发表的戏剧《母鸡有目的地叫着》和《无父儿》。契诃夫的戏剧活动。初期的戏剧——通俗笑剧（Vaudeville）。他的通俗笑剧的两种倾向：暴露的倾向（《加尔赫斯》《关系烟草之害》《结婚》《周年纪念》）和消遣的倾向（《熊》）。他的通俗笑剧的特殊性。论《伊凡诺夫》。作为它的主题的知识分子。它的社会背景。《伊凡诺夫》的戏剧构成和它的独自性以及特殊性。第二部戏剧《森林之精灵》和它的根本主旨。托尔斯泰的影响。《森林之精灵》的形式之特殊性。在《海鸥》中契诃夫之形式的意图和改革的特殊性。在亚历山大林斯基剧场中《海鸥》失败的原因。莫斯科艺术剧院之诞生的必然性。《万尼亚舅舅》和它的时代背景。在九十年代中契诃夫的进化和向他的作品的反映。《万尼亚舅舅》的主题。对于这个剧本之一般评价。《三姊妹》的主题。作者之从现实生活的游离和观客对此之否定的评价。契诃夫对于《三姊妹》的剧评之态度。

契诃夫的各种戏剧，展开了戏剧和演剧史的新页，是众所周知的。戏剧构造、舞台性质、对话等之独自的构成，是和契诃夫的名字相联结的；他的各种剧作，是在原则上，立脚于新的基础之上把演剧组织和艺术形象之演员的表现法予以根本的再检讨所产生的。关系于此后四十年间的演剧生活之形式的这种"契诃夫剧"，那些结合的影响，是极为伟大的，远远超过了俄国演剧的历史限界。

然而，作为剧作家的契诃夫，是在具体的历史条件中产生出来的。所以，走向新的戏剧艺术之创造的他的道路，——也就是在他的戏剧的性质、倾向、主题，构造上所必然反映的，是通过了一定的社会形态的。理解契诃夫戏剧的特性和探求他的艺术形象之关键，是存在于产生契诃夫的、预定了他的阶级意识的社会环境和历史时代之中。

契诃夫的文学活动，是产生于前世纪的八十年代和九十年代之社会的，政治的构造以及从这个构造所生的他和同时代的社会的阶级构成关系之中。契诃夫不过是那个时代的一个社会层——小资产阶级知识分子的表现者而已。正因为由于这个理由，所以在把契诃夫的戏剧作品做历史性的研究这一课题上，可以这么设定：和国家之一般的社会侧面之变化相共的，是小市民的知识分子的状态也跟着有所变化，而契诃夫的意识形态的组织和从那个组织所产生的他的创作上的样式的倾向，也就跟着变化。因之就可以设定：他的戏剧的主题的侧面和构成的侧面，是依存于十九世纪末叶的帝俄之社会的、政治的构造关系的。

在契诃夫的戏剧道路上，有两种特质的特征。即：借用了戏剧这一种形式来表现时代的巨大的社会内容，依照着这个作家生活着的现实而做出自己的批判的、创造社会性的戏剧这一志向，和把自己观察到的素材，再现在真正的形象和正确的写实的艺术之中的志向。契诃夫创造了一系列的八十年代的反动黑暗时代和九十年代的革命前的黎明时代的正确的社会的、历史的绘幅的戏剧作品，为了这种综合的绘幅的创造而发现了他的文学的艺术手法。而这种手法，是使这些绘幅有着异常的说明性的影响力的东西。契诃夫这种批判的写实主义的两方面的表示，产生了就是在现在说也是有着伟大的认识意义和文化意义的作品。

解明契诃夫戏剧所有的意义，表示出被他的时代之社会的，政治的目标之一般的变化所制约的这个新人剧作家的社会主题和戏剧样式的出现、变化之具体过程，——这就是我们的课题。

我在这里只把契诃夫所走的戏剧道路，予以简单的一般性的速写；尤其要考察的是关于他的最后的作品《樱桃园》。

契诃夫从很早就对演剧感到兴趣。在中学生时代，他就搞家庭剧，亲自做即兴的演出；和古典的演剧节目相并的，翻译过来的法国传奇剧、通俗笑剧，他都感兴趣，不断地跑大岗洛格的戏院。至于戏剧形式，在他的初期文学作品中，有着怎样程度的影响，那只要一看他的最初的文学经验就不难明白。据契诃夫的传记作家们证明，现在已无留存的通俗笑剧《母鸡有目的地叫着》和戏剧《无父儿》，就是他最早的文学作品。

这个戏剧（《无父儿》）的根本主题——有着固有的生活的以及心理的组织的两代人，两个时代的交代——是这位初步的剧作家深刻的创造意向的极端的表示，他是企图在广泛的描绘中把和他同时代的社会构造的根本线索加以确证。在贵族的组织崩溃，资产阶级取而代之的交替时代，这个戏剧的意图（它在根本的轮廓上，也贯穿在契诃夫以后所走的道路中），在这个青年作家说是重要的，这证明了他的清醒的社会感觉。不过，因为这个初步的作家在文学上还欠缺经验，所以这种意图，在当时，还不能获得有力的艺术形式。所以这个契诃夫的最初的戏剧，他并未加以出版，也没有予以上演。

契诃夫公开进行戏剧活动的开始，如众所周知的，是从写滑稽的一幕剧，通俗笑剧，或借用当时的言语说来——"笑剧""舞台剧"——开始的。这种"小形式"的戏剧作品，是和当时契诃夫的数目众多的短篇小说、速写有密切关系的。

契诃夫所作的通俗笑剧，在演剧中并非是开创了独自的、革新的道路的。他的通俗笑剧，不论是在主题这一点上，或构成这一点上，都是适合于八十年代剧场内非常被爱好的体裁的、传统性的构造主题和典型的。不过契诃夫却完全占有通俗笑剧的体裁之美学的、技术的规范，艺术地给予了印象性的范本。而这些范本，是在既往的五十年间已极为一般化的。

在契诃夫的通俗笑剧的遗产中，可以区别为两个趋向。其一是：

暴露的趋向，在这里，他和他的大部分的短篇小说一样地，借用了活生生的形象，把卑劣的庸俗根性，极为辛辣地暴露着。《加尔赫斯》《关于烟草之害》《结婚》《周年纪念》等都属于这一类。另一个趋向，是不带恶意的，消遣的倾向，契诃夫在这里追踪了法国的通俗笑剧的传统，完成了喜剧境遇和性格之明确的文学的、舞台的发掘工作。这第二类最为典型的作品，便是《熊》。在契诃夫的通俗笑剧的构造中，常常存在着托尔斯泰在谈及关于《求婚》的意见时所说的"条件性的滑稽"那种真实的世俗之各种关系和人物的行为的动机。所以从这种特征去判断，契诃夫的大多数通俗笑剧，是和他初期的描写世态的短篇小说的诗学完全相一致的。

因之，契诃夫的通俗笑剧的主题，并没有任何思想的、普遍的根源，也没有把同时代予以广泛的社会性把握，——可以这么断定。那些全是把小市民、小地方的知识阶级、乡下人的体验和生活，在轶闻题材的图式范围内予以再现，作为自己的课题的。——所以一般说来，契诃夫是并未超越过那个时代所创造的散文作品的主题的、样式的范围的。

在长久时间内，在八十年代的剧场的舞台上不断被上演的这些通俗笑剧的获得极为初期的成功，那原因是可以这么说明的：在政治运动被剥夺，政治上的苦闷时代中，资产阶级世界在追求大规模的"娱乐的"文学。

八十年代的末叶，即在人民意志派遭失败、专制制度愈趋强化，和由此所产生的社会压迫激烈的时代中，契诃夫的戏剧《伊凡诺夫》登场了。

在这个时代，长时期内的世态的短篇小说的作者契诃夫，在读书界已很知名，在文学界也已建筑了明确的地位。经过了八十年代的十年间，他观察了社会险恶的种种表现，一方面——在描写不断渐渐长成起来的资本主义时代的世态的短篇小说中——描写了作为阶级的贵族阶级的崩溃，另一方面，毫不放松地注意了和他自己有机地被连结在一起的杂阶级的知识分子的命运。

地方的贵族阶级，尤其是不能把自己的力量广泛地发挥的资产阶级知识分子阶层的没有出路的状态和被压迫着的心理状态之描写，已经成了八十年代的作家们的普通的主题。然而契诃夫在他的新戏剧中，按照他自己所下的定义——是把在政治组织的重压下在各种条件上被压迫的知识阶级的形象，以"总结"的工作为课题，而提了出来。

根据契诃夫的意图，戏剧《伊凡诺夫》的读者和观客的注意力应该集中在当时的杂阶级的心理状态和思想体验上，和"无精打采"的忧郁的知识阶级的普遍的形象上，和由于隐蔽的政治原因所产生的形象上。契诃夫以处理这种深刻的心理状态的方法作为自己戏剧的基础，借着主要登场人物的言语和体验，描写了在极端麻木、迫害的政治组织中和被这种组织所制约的生活组织和它的各种条件中，委身于服务社会的自治会员的精神内面的破裂。契诃夫用在他的戏剧中所描写说明的当时的职员层的知识分子的很快地感到疲劳、力气衰弱、早衰、精神脆弱、幻灭、"倦怠"等的样子，来衬托出他所提出的思想课题。

因之，把在一定期间内的社会的、生活的条件中的知识分子劳动者的体验用总计的形象来处理——这个戏中的伊凡诺夫——契诃夫是根据了使容易推测出来的养成个人的意识形态的社会根源的那种心理的图境来描写的。这种心理图境，是用下列的形式开展着的。即将人物的现在的颓废状态和他积极的过去相对比的办法。伊凡诺夫在谈到自己的过去时说："我以前也年轻过，我曾经是一个热烈、真诚、有作为的男子。没有人像我那样的爱过，憎过，信仰过。那时，无论在工作上，在保持希望上，我简直能顶十个人，我敢和风车打仗，对一切都敢碰它一碰。""……我健康，充满了力气，不知道什么叫疲倦，用这双手热心地工作，就连毫无知识的人听到我的话都会感动得流泪哭泣。看到别人的不幸，我能恸哭，碰到不义，我就气愤填胸。""我冒冒失失，一任自己的年轻浪费着自己。我陶醉、兴奋、工作，不知道边际。不过，不这样能成吗？我们的人数是这样少，而工作又是这样的多，太多了啊！"等等。

真的伊凡诺夫却和这个过去正相反。作为八十年代一切社会的、政治的组织和生活条件，就全体上说来，在社会发展上，是没有发生作用的。同时，在国家社会的文化生活和社会活动中，也没有能使这种个体的个人以实质性的显现形式在个体的个人的创造成长上发生作用。这种情形，在前进的知识阶级的自觉上必定要不可避免地反映出曲折性，而另一方面，必定要使这种知识阶级趋于没落，拒绝大的创造的思想意图，而生出对"小差事"的崇拜。按照契诃夫的意图，一方面是要用伊凡诺夫自身中所具的特性，说明这种现象的社会性的第一原因，一方面在自己的个人转变上加以心理的说明。照他的定义说，这种转变的根本原因，是在他"疲劳困顿""已经弄疲倦了"这点上。"我们在二十岁的时候还是伟大的自负英雄，敢和一切战斗，敢干一切，但是到了靠近三十岁，那就疲倦了，成了百无一用的人了。""不问自己力气如何，也不瞻前顾后，把千斤重担都挑在肩膀上，这样，背脊折断了，筋肉松弛下来了。"

"弄得头昏脑涨""生活的残酷的报复""生活力永远没有了"，这些是劳动所造成的头昏脑涨的结果。所以伊凡诺夫这么想："劳动也没有意思，美丽的歌声和热烈的言论，我也觉得俗恶不堪。所以不论走到那里，我都觉得忧愁，冷淡的倦怠、不满，对于生活的嫌恶……"，感到自己的"早衰""空虚""孤独""自己不理解自己"。伊凡诺夫"抱着沉重的头和倦怠的心，疲惫和破伤，没有信仰，没有爱，也没有目的，影子似的浮沉在世间。连自己是什么人，为什么活着，希望什么也不知道。"他"已经成了自己的薄弱的意志的俘虏，可诅咒的忧郁捆住了我。"但是"生活"，要求解决当面的实际问题，伊凡诺夫背弃了任何广泛的创造意图，而创造了新的活动纲领，他关于生活说："什么都是普普通通，灰色的，没有鲜明的色彩，没有多余的声音，总之一切生活都成为刻板，愈单调，就愈好。……决不要想凭着自己一个人和千万人对抗，不要和风车打仗；不要拿自己的头去碰墙壁去。……""把自己关在自己的小甲壳里，干点老天爷赏给的小差事算了。"而这并不只是伊凡诺夫的"孤独"，这是"生活和活动的纲领"——是把八十年代一切小资产阶级知识分子所津津乐道的对于"小差事"的说教，借着他的言语而定式化罢了。

像以上那样，借着主要人物的言语来明晰地表现，用他的行为来显示，而由契诃夫所提出的这种作为根本的、直接的、艺术的课题的心理的主题，仍是像我们所看到的，这戏剧的巨大的社会意义是对于那些贵族的自由主义的代表者的孤立无援和政治上无权利的杂阶级的知识分子姿态，给予一般的、典型的、异常明显的画面。

契诃夫一边在思考着把握同时代的有意义的主题的戏剧，同时在心里却打算着和世态的戏剧的传统的手法绝缘，把自己的意图填入独自的舞台形式之中。他在研究着在戏剧的形式上极为政论性的主题，努力要把这种主题用适切的、泼辣的、浮雕的，而且在舞台上丰满的表现形式来包容的时候，契诃夫痛感到他所看到的八十年代的演剧的那种平凡的戏剧手法之无力和艺术上的无效力，而着手讲求新的舞台的手段。而且他努力于描写在舞台上还未被利用到的不是陈腐的性格，和展开新的演剧上的处女题材。契诃夫在论及戏剧时曾不断地说过："未曾有的题材"，"题材新颖，性格凸出"。"用复杂的题材，是聪明的。我把各幕像短篇小说般的结束。不论哪一幕都是安静地、稳妥地进行，在最后给予观众以生活面貌。"

"可以看到我不存偏心，所以，绝不使一个人是坏家伙，一个人是天使（虽然不能节制戏谑）般的去登场。不非难任何人，也不替任何人辩护。"

不过，根据契诃夫的话说，他在以"有文学意义的典型的创造"作为自己中心课题的时候，在《伊凡诺夫》的制作上，还并未走进根本检讨社会的、世态的戏剧艺术的构成原理，和对戏剧文学的原理做广大改良的道路。契诃夫在《伊凡诺夫》的创造上，还停留在这以前以及同时代的戏剧范本所继承的基础上。因之，这个剧作，是在一个人的性格所支配的动静上，而被构成了"主人公"的。其次的舞台的诸性格，不管它是有着怎样明了的世态色彩和舞台的新鲜感，他还不脱传统的演员的"角色"的体系。这个戏剧的脉络，虽则是明了的，有益于舞台的，但在同时，却是借用了普通的一般性轮廓来描写的。所以戏剧的构成，在种种方面，都反映出通俗笑剧的舞台的、效果的影响。

另一方面，契诃夫在世态的戏剧之舞台行动的平凡的图面上也带来了部分的变化，成为契诃夫的革新的意图在此后长成上的根本的东西，而这在当时则属创举。这就是，契诃夫对于登场人物的行为的动机，竭力用直率的言语表达出来，以强调他们内面的心理动静。每个场面都带着人物的行动的内在动机；契诃夫采入了生活的组织和状况的细小的然而都是必需的特质的详细部分，开创了丰富的而且在舞台上说来是新鲜的世态戏剧的基础。他用了那种特殊的表现手法，开头试用了广泛地利用间憩（Pause）的效果，和抒情地把握言语主题的手法。

所以，在他最初的戏剧的伟大的尝试上，契诃夫，和思想上的课题相并地向自己提出了样式上的课题。即是，在还未用决定性的方法从他所继承的传统的戏剧构成法脱离以前，他对于舞台上的人物及其心理在艺术的描写上给予了若干手法上的改革。

这样的尝试，并没有根本改革的意义。这种尝试，毋宁说是"为了自己"占有剧作的、舞台的技术，作家之最初的独立性的深刻的经验。所以这种尝试，可以说是作为剧作家的契诃夫在其所追求的艺术方法上所觊觎的东西。在试作《伊凡诺夫》中，这种方法，是用自己的"消极的"特征来很好地规定了的。即是，契诃夫没有否定写实的风俗描写，没有否定同时代的社会的、心理的描写，没有否定在奥斯特洛夫斯基的演剧里所创始的艺术传统，但是作为剧作家的契诃夫，开始在八十年代的演剧中登场时，对于业已形成的没有生命力、向职业的印记退化的、在舞台上衰老了的、完全是条件性的演剧这种形式加以排斥。

把握了时代的中心主题的这个剧作，为了被上演于莫斯科的舞台（科尔修剧场），造成了同时代批评家们的异常有活气的激烈论战的动机。这个戏剧，先就不被国家政治的先导者的出版机关（《莫斯科消息》《俄国快讯》）所欢迎。他们把这个作品当作"是对近代生活和近代人之嘲笑的造谣"，而评价为是由于"作家对于生活及其最根本的表现的无知"而起的对俄罗斯的"知识阶级的中伤"，作者被谥为"对于时代的理想胡乱的中伤者"。

和这种批评反对的，则是自由主义的阵营（《莫斯科新闻》《新闻日报》及其他）的批评家们，评价这个剧作是"很好地表现了支配着我们之间的精神"，至于契诃夫自身则被列入"能把握并描写交替时代的内面的特征"的作家内。

在一八八九年的戏剧季节，《伊凡诺夫》被上演于彼得堡的亚历山大林斯基剧场的舞台上，而收得了非常的成功。

契诃夫在舞台上的第一次成功，鼓舞他接着第一个剧而写了《森林之精灵》。契诃夫的新的剧作，提出了另外的课题。即是，把从知识分子生活的一般的、世态的图景所产生的道德的主题提到了前面。依照契诃夫的意图，是在于说明道德规范的破坏，是社会生活的矛盾和人类的相互关系的各种困难。

契诃夫在所观察的社会现象上出现了他的那种角度的观点，是绝非偶然的。契诃夫在努力从这个时代的社会矛盾中求出路，和去发现社会崩溃的根因的时候，而确认了道德的原理。契诃夫之所以持有那种原理，不能不承认是托尔斯泰的教义对于资产阶级社会的各式阶层在那个时代中给予了强烈的影响之结果。而这个戏剧就是契诃夫对托尔斯泰主义的明显的贡献。"世界不是由于掠夺，盗窃而毁灭，而是由于潜伏的憎恨，由于良善人之间的敌意，由于那些把我们的家称为知识分子的巢的人们所看不见的所有的细小的争吵。"——这就是这个戏剧的根本的主旨。"若是我们自己所从事的工作不是为怜悯人类着想"，那么，不论是做了教授干着科学工作也好，植树培林也好，从事医术也好，都是白费。"谁都没有赤诚的心"，人类是"善良是由于漠不关心的结果。"理性、知识，是"损人不利己""不是创造而是破坏"的力量。"人类本来和平敦睦的共同生活，但却是彼此互抢互杀，……森林尚且救助森林的精灵，但是人类却不能伸出救助别人的手。"人类像胡乱地砍光了森林一样的，甚至同样胡乱地灭绝着人类。所以"很快地，真诚、纯洁，牺牲的精神都在地上消失了"。

这个戏剧的根本倾向——是对于人类的"深的怀疑的态度"，是对人类的贴着各种商标的欲望的抗议，是对于在每一个人之中，"搜寻着人民派也好，变态心理者也好，吹牛皮者也好，但在这些征候中，在其间决看不见人"的这种环境的抗议。这种思想，被呼为"森林之精灵"——这是借主要人物赫鲁西秋夫的口，而做出了下面那样悲怆的定式的。他是在干着救助被人类破坏了的森林的工作。"那种样子的生活是坏的！啊，我真盼望不论是谁，能毫无成见地更清楚地看见我的样子。首先从我之中搜寻出人性。否则，你对于人的态度，决然得不到和平的啊。"

这种样式的，在托尔斯泰式的解释上的人的"人道的"观念，就是这个剧作的根本主题。人类的精神，部分之社会的、政治社会的无秩序，都借这种观念说明了。根据作者的意图，若是人要变好了，则"一切东西都变化"了。在自责的激动中，赫鲁西秋夫把自己及自己同时代的人当中的缺乏思想上的人道主义的意义，做了下列的概括。"在我身中藏着森林之精灵。我是浅薄的、无能的、盲目的……"，"没有真正的英雄，没有才能，没有人把我们从这个漆黑的森林中引出来，把我们的创伤治愈……"契诃夫所处理的赫鲁西秋夫的周围环境，和这里所具的特性是完全一致的。在这个戏剧中，描写了许多"无聊的、插话式的人"和"瞌睡的神气和无聊的可厌的会话"，在这里，显示出赫鲁西秋夫每日所感到的"越来越多的糊涂、浅薄、无能"的环境。契诃夫把自己的消极的纲领和下面那样积极的纲领相对立。那就是，为了"创造"生活，而设定了人类之间的"和平和一致"，信仰创造性的"善的力量"来"救助人"，而且做着这种有益的"小差事"，是为了即使不是现在的幸福，也是未来的幸福。这在他关于赫鲁西秋夫种植白桦树所说的言语中反映着。

借着托尔斯泰的思想精神，评价了同时代的社会诸现象，而且必须解决这个时代面前所有的社会诸课题的那种人道的、道德的道路，就是这个戏剧的主题方向。

《森林之精灵》是反映了面对社会现实感到严厉压迫的八十年代末叶

的杂阶级的知识分子的生活特质的茫然自失，和从这种现实找不到任何出路的动摇样子，以及把生活所趋向的基本方向予以正确规定之无能。

然而，这个新戏剧之值得注目，并非单是由于这以前的戏剧所缺乏的那样的主题。契诃夫在耽于创作《森林之精灵》的时候，也把完成改革戏剧的形式作为自己的课题。假如契诃夫的《伊凡诺夫》一剧，只是最初的并不太深刻的试作，还没有从自己所继承的戏剧构成的形式中决定性地脱离出来，只是更新了舞台的人物，向演剧中导入了凸出性的世态背景，"新鲜性"的人物，那么，在契诃夫写作《森林之精灵》时，他自己从事了更根本的课题。条件性的写实样式和在戏剧上强调着的条件的、舞台的境遇，不能使他满足。而他所想望的在舞台上应该描写出来的"是原来的生活，是原来的人，而不是夸张。"在执笔写这个戏剧时他所说的下面的话，在关于回忆契诃夫的文献中已公诸世人了。

"要求主人公和女主人公们要有舞台上的效果。但是，在人生中不是常有斗殴、上吊，花言巧语吗？那么，就不能光捡堂皇的写了。还不如写他们吃、喝、说蠢话为好。因之，在舞台上应该看到这些就是必要的了。人间的熙攘往来，吃饭、聊天、玩牌——创作这样的戏剧就是必要的了。这并不是非要这么办不行，而是因为在现实上是这么样的缘故。"契诃夫在批评观众的习惯和衰老了的形式时这么说。更在另外的地方这么说过："在舞台上，一切的情形，应该如在人生中那样复杂的同时，应该像在人生中那样的单纯才好。人吃饭，单就是吃饭。在形成了幸福的同时，打碎了生活。……"

因之，《森林之精灵》是作者对于戏剧创作方法和演剧的现存形态明显地感到不满的时代由契诃夫所创造出来的东西。根据这个新戏剧的作者的意图，是必须要在演剧的舞台表现上和戏剧的构造上表示出其独创的方法才行。《森林之精灵》的构成，是一种尝试，要克服那些世俗戏剧的成规，就是退化到这个时代的，停止艺术作用的条件形式的成规。还不能脱出舞台人物在被限定的范围内的这种戏剧人物的千篇一律的特性描写，是和近代的剧作法的那种世态的体裁密切联结的。契诃夫在剧作法中是要把那种新的、写实的方法，用给以真实的生活的幻想那样的世态背景的创造来表现的。正因为如此，他才广泛地利用着平凡性的世态的主题和言语的表现形式，导入了崭新的世态性格，在平凡的世态背景之诸条件中，以这些诸性格的内面的动作为基础，而组成了戏剧的题材。

戏剧的世态的主题，它的最为单纯的生活图面，平凡的戏剧性的"行动"之否定——就是契诃夫所探求的戏剧精神的新的表现形式。那即是，契诃夫代替了明确性的舞台行动和题材的力学的表示，把题材性的线索变弱，把平凡的世态诸关系，来表现在舞台之上。在这种场合，他把登场诸人物的戏剧体验和这个戏剧之最高的戏剧契机，借着这些人物的明了的、情绪的言语，或抒情的言语而显示了出来。帮助着戏剧的抒情的"气氛"的表现，要之，使戏剧的行动的进行延缓的那种间憩（Pause）的频用，就是戏剧言语和戏剧构造的新的组织之特殊性之一。

和八十年代占支配地位的戏剧形式有着明显差异的，有着这种戏剧的特殊性的这个戏剧，在私人性的舞台上被上演了。

契诃夫的改革探求，被演剧批评以酷烈的否定态度所迎接。批评家们，指摘了契诃夫的否定平凡的"舞台的诸条件"，普通一般的戏剧形式，"正派的"，在舞台上明了性的脉络之发展等等。据他们断言，契诃夫所创造出来的东西，并不能叫作戏剧，或是喜剧，而只是那种行动不足的，或是合乎戏剧形式的中篇小说、长篇小说的"舞台化"而已。借用批评家的话来说，作者所贡献的是"被戏剧化了的小说"，"不过是从舞台上向我们读小说而已。"不认为在描写人物和现象上作者明确地表现态度和那种艺术的综合，而认为是错误的"人生的照相""人生的记录"才是作者的根本意图。

众口一声排斥了《森林之精灵》的新被组织的戏剧构造的那个时代的演剧批评，是把发生和刺激美的感情的戏剧构造，几乎当作唯一的关于戏剧批评的旨趣的。戏剧的形式，以及契诃夫对于这个形式所要破坏的程度，关于这种原则性的研究，是不被注意的；这个戏剧的意识形态的倾向，在那种批评中则还谈不到批判；还是未评价的部分哩。

因之，在《森林之精灵》中契诃夫的改革尝试，被站在演剧立场上还抱着十年以前的美学见解的公众用批评明白的排斥了。

从一般的艺术手法看来，也许可称之为写实主义，但就内容的图面看来——被八十年代之世态演剧和演剧节目所教育的演剧公众（"观客"）和报纸、杂志的演剧观察家（"批评家"），他们习惯于这种写实性的戏剧创作法之被完成了的、反复性的、千篇一律的方法，在反应上只是肯定这种方法，这是最重要的一点。继续着奥斯特洛夫斯基所特具的有着生活的、心理的主题和丰富的独自性格与圆润而明了的言语的世态报告之高尚的艺术典范的，是向舞台的、世态的自然主义之退化，产生了大量实在地具有戏剧性的风俗志作风的、反复卖弄小聪明的特征的戏剧。奥斯特洛夫斯基的惑星（皮谢姆斯基、斯霍渥·科毕林、波切沁），在八十年代，由另一些人（西巴琴斯基、库尔依罗夫、波波黎金、尼琴、亚历山大洛夫、契姆科夫斯基等等）所代替了。这些大多数的剧作家们，引起了观众的注意的，并不是由于这些剧作家们的优秀，而是由于他们的噱头。他们一味迎合观众的欲求，把捉了他们所熟悉的当面问题，用了那套丰富而简单的老经验，卖弄着素朴的常能获得舞台效果的戏剧形式。这些大多数的剧作家们，已经惯于用演剧来刺激观众个人的美的情绪，而且只有把这种刺激性在一定的形式和手段上去反映才为观众所欢迎。观众是只鼓励那种合于他的口味的演剧的。

正因为这个缘故，契诃夫的改革意图，才招来某些批评家们对他的"独创的态度"的愤慨；而另一帮批评家们，则对于作者的违反演剧和戏剧的艺术本性的那种美的原理，用原则上不理睬的态度来对付他。

契诃夫为了自己的失败，在很久的期间离开了戏剧。

契诃夫之对演剧有了新的关心——这是《海鸥》的制作所表现的——，是在新的潮流从种种方面浸透于演剧之中，而且在那里生了根的九十年代中期的事。在这个时代，演剧是和产业进步的发展、资本主义制度的危机与社会的自觉这些变化一同地，在反映着资产阶级的领导权是占支配地位的时候，移向新的艺术和演剧的自决。社会的这种进步性的资产阶级范畴，一方面在政论和文学方面，对于日常生活的其他的侧面，对于被革除了的文化形式，做自我批评；一方面，以不可避免的方法，转到演剧文化的批评上去。那种并不是依据旧体系的方法，而是依据接触当面的生活现实致使新鲜了的新方法，和用这种独自的方法来反映这个新事物的演剧，当然是适应了在这个时代占支配地位的资产阶级的范围的新的要求的。正是这样，旧的演剧形式的危机，在资本主义发展高度飞跃的时代，由表现着社会的自由主义气氛的演剧界所感到了，而"新演剧"的要求，愈来愈明确地以至被执拗地确认了。

直到这个时代，和占支配地位的实写性的戏剧形式对立，凭借了心理的、自然主义的戏剧定式，最为明了地而且早就表现了演剧界所要求的东西的，就是契诃夫的《海鸥》。

这个剧作的题材的和主题的基本中心，并不是和契诃夫在这以前的诸戏剧中所要究明的社会问题或道德问题的真相那种意义相联结的。然而不管怎样，这个戏剧的主导的主题，还是描写了在知识分子从积极性的社会生活离开走向"纯艺术"的领域的时候，个人崩溃的知识分子的代表者们的庸俗的变形。

在这个戏剧的根底上，有最素朴的"恋爱"的主题和"被压碎的生活"的"悲惨的故事"。——而戏剧和它的独自之艺术的特殊性和它的巨大的兴味，被集中在这个戏剧的诸人物的复杂而洗练了的体验的新的样式的表现之上。在这个戏剧中契诃夫的改革思想，假借了托列卜列夫①对于旧式演剧所说的关于道白（他在道白中认为"下劣的场面和道白"，是"很小而易懂的，仅在日常茶饭事上有益的道德"，带着否定最初的戏剧的特征）是"千篇一律"、在演剧上不过是偏见的那种话说作为定式。在谈到文学的新艺术作风的时候，托列卜列夫肯定了"新形式是必要的。"——所以，《海鸥》之一切构成的、样式的构造，契诃夫都采取了他独自的创作方法的新颖的——《森林之精灵》以后的——样式，正是阐明了托列卜列夫所肯定的东西的。

在制作《海鸥》上，契诃夫有着广大的而且是独创的被改革了的言语方法和舞台方法，以日常生活作为背景，把创作复杂性的心理戏剧作为自己的任务。戏剧艺术的方法之这种改革，不论是"舞台上的生活"的传达手段，或活生生的日常生活的舞台的表现手段，以至戏剧中登场诸人物的心理表现手段，——都接触到了。在基本的特征上，这个戏剧改革之特殊性如下：

不管怎样，在戏剧之基本的动静上，绝不容许多余的要素参加存在，要以最单纯的情节为舞台之图式。

戏剧之题材以及它的戏剧的力线，要在被广泛地展开的世态背景中来表示出来。

戏剧之诸人物性格，是依靠仅是强调其内面的性质的个人特征而描写出来。

戏剧的情节，依靠多样的手段来表示剧中诸人物的心理的内容而表现出来。

频繁的自我描写和自我吐露，表现性的道白，对话，声调的抑扬，动作之独自的方法，间憩之活泼的作用，"生活的"琐节之明了的利用；不嫌贫乏，但必须是"特质的"动作。

戏剧的各种表现性的样式的、抒情的而不是戏剧的性质，是和剧中诸人物的自我吐露的受动的调子相一致的。

写作《海鸥》时契诃夫的真实的意见，在当时的书信中散见的意见中，是像下述那样的，说述了在戏剧中他的独自的戏剧方法的定义。"和舞台的条件相反的，我喋喋不休地说许多可怕的话。"——"关于文学的会话虽然多极了，但是行动绝无仅有，恋爱则就有五蒲特。"②

因之，《海鸥》的意义，不在于不超越一般的、登场人物知识分子范围之平凡的日常生活的诸条件中的狭窄的"恋爱的"主题之发展限界的、主题的素材之中，而是存在于它的各种构成的（composition），样式的构造之中。依照作者的意图所在，这个戏剧必须是新的文学原理之具体的表现形式才行。显明地确定了其心理的、世态的戏剧之独自性方法的这个戏剧，就这样地产生了。——而契诃夫之关于演剧的"革命的"见解，就包含在那些方法的表示和把那些和演剧相结合的努力之中。

作者的革新的尝试，却被旧的"帝室"剧场的活动家，贵族文化之传统的继承者，结合贵族的右翼资产阶级集团的顽固的观念和美学的表现者，和到此时还是专一把演剧节目建筑在旧的戏剧基础上的戏剧的剧院——这些等等的力量和手段，在亚历山大林斯基剧场的舞台上在艺术上被歪曲了。

如众所周知，这个戏剧，终于决定性的失败了。而最初的公演，则是被作为巨大的演剧的文学的事件而受了注目的。

在亚历山大林斯基剧场的舞台上这个戏剧的以失败而终虽则是不足道哉的一般演剧的偶然事件，但却可以肯定这个失败是注定的。这是因为演剧理论已然牢固的，适合于陈腐的形式的这个剧场的艺术手段的所有坚固的体系，和新的戏剧之艺术的倾向与题材，并无有机地关系的缘故。何况剧场对于这个戏剧所具有的新的心理的、社会的、世态的素材，在舞台的表现上，不能让导演把他所发现的正确形式运用自如地下手呢？

这个戏剧在舞台上的失败，并不是意味着作者的创造的失败。他曾提出警告：新的戏剧艺术只有在新的演剧条件中才可以在舞台上具象化。因之，在这个戏剧上所表现的契诃夫，若是肯定了自己是九十年代中期的资产阶级的最前进的集团的代表者，那么这个进步的集团，为了把"自己的"戏剧艺术在舞台上具象化就非创造新的演剧条件不为功。

这种可能性，是由莫斯科艺术剧院的产生而实现了。这个新剧院，是和旧的贵族的知觉相对立，加强了对于现实的美的知觉在艺术中的实现，是产业资产阶级努力的结果所创立的。像我在前文所述的，新的支配阶级的意识形态，就是在艺术的领域中，也必须要把贵族的过去文化加以尖锐的批评，究明新美学思维的生成问题，创造艺术的新形式不可。

在九十年代的末叶，完全答应了这种任务的，就是在它的活动的开初，把《海鸥》排入剧目的年轻的艺术剧院。艺术剧院的创立者史坦尼斯拉夫斯基和坦兼诃的天才的舞台上的深刻而新鲜的领导和演员们年轻集团中之演技和演剧的洗练的表示方法，是有目共睹的；这些方法把这个戏剧的艺术价值证明了，而且对于观众创造了使人信服的舞台形象。

契诃夫在九十年代中期写了《万尼亚舅舅》——作为八十年代小资产阶级知识分子前进层的"思想和探求"之表现者的契诃夫的艺术地位，已决定性的被确定，他的艺术样式之形式已被完成了。然而，在这个时代，是和九十年代中资产阶级组织的巩固和一般性的产业的抬头相关联，知识分子的状态已见佳，他们的社会作用重大了。而在这以前的过去十年间的沉滞时代的知识分子的意识形态，已在渐渐变化着，这是以上述的理由为依归的。

契诃夫也体验着进化。在这个时代中，他扬弃了在这个十年间的作品中不断再现的八十年代的气氛和意识形态倾向，再评价了"托尔斯泰主义"，（《陌生人的故事》《三年》《我的生活》《杨梅》）暴露了专制的官僚的制度（《六号室》《套中人》），以尖锐的批判评价了贵族阶级的日常生活和心理状态（《我的生活》《决斗》《在地主的庭园》），和狭义的人民主义作战（《命名日》），和自由主义的思想的领导者和机关杂志（《俄国新闻》《俄国思想》）有决定性的接近，从地主的、农村的、贵族的、农民的俄罗斯移到都会的、工业的、资本主义的俄罗斯的主题上渐渐站定了（《邻人》《女人的天下》《在庄园里》《三年》《我的生活》《在故乡的一隅》 《实际的机会》），而化作新的支配阶级——资产阶级的批判的风俗志作家了。

渐次在崩溃的地方贵族的生活组织，地方的知识分子的日常生活和体验，都广泛地被描写在《万尼亚舅舅》中。同时，在《森林之精灵》（《万尼亚舅舅》就是这个剧本的改作）中所描写的旧的伦理基础，在《万尼亚舅舅》中却已不多了。阿斯特罗夫③曾说："对人对自然，都已再没有直接清净自由的关系了。"叶琳娜·安特列叶夫娜④在对伏尼次基⑤的道白中说："同样，你们也拼命地破坏着人类，现在，沾了你们大家的光，眼看着地上的贞节啦，纯洁啦，牺牲精神啦都没有了。"苏尼亚⑥则要用怜悯提醒人类。

这个戏剧的其他的所有的世态的素材和道白的素材，几乎全是用否定的怀疑的态度所描写的对于地方生活之社会图境的批判的评价。

在这个戏剧中所具现的作者对于描写县城的凡俗生活的评价，是借用医生阿斯特罗夫，当他把这种生活赋以"无聊、无价值，污秽的生活"作为其特征的时候，一边轻蔑着。阿斯特罗夫在自己周围看不见"真的"生活。而"变了另一个人"的他，对伏尼次基说："庸俗琐碎的生活，已经把我们拖到泥坑里啦。生活的臭汗，已然把我们的血液搞污秽啦。所以我们也已经变得和别人一模一样的渺不足道了。"阿斯特罗夫是理解尚未波及已开始在工厂的中心地展开的解放运动的、当时立身于地方生活条件中的知识阶级的绝望状态的。阿斯特罗夫和伏尼次基的命运，契诃夫把他们作为被推到庸俗的变质阶段的小资产阶级范围的、劳动的地方知识阶级的典型的代表者。阿斯特罗夫认为自己"随着年月，在过度的工作中，变得庸俗不堪了。"不断地说自己是"感情已经麻木了。"而且，他说着下面那样的话完全是很自然的："我什么也不需要，什么也不在乎，觉得谁也不可爱。"伏尼次基向叶琳娜·安特列叶夫娜也说着同样的话："这就是我的生活和我的爱情！可是，我拿它们做什么用呢？"伏尼次基和阿斯特罗夫一样，不知道"怎么活下去才好呢？"

失去思想的社会生活，对于将来又失去远见的知识分子，是只在所谓以正直来实行自己可以办得到的"小差事"（在阿斯特罗夫的场合就是医术）中，求得自己的活动正当化的。所以结局知识分子是把这些"小差事"的存在和实行的可能性，和"为人类而工作"这一般性的工作结合起来。因此，阿斯特罗夫在谈到自己所种的白杨的时候，是说得这样有劲："当我听着我所手植的那些小白杨树沙沙地响着的时候，我可真以为连气候在某种程度内我也可以控制的。而千百年以后，如果人类变得幸福了，那么，我想，我也总算不无微劳吧。"

然而，这种意识并不能长久地支持着知识分子的生活的。所以当地方上的生活上的倦怠"把你吞了下去"，感情"变得麻木"了的时候，还有，激起人生无常这种感觉的时候，——这种确信，依然还不过是海市蜃楼而已。

仅只是表露了登场人物知识阶级的生活上的相互关系和世态组织的《万尼亚舅舅》，既不是在本质上以把握全面的地方生活为目的的，也不是描写了其他的社会集团的状态的作品。而且，作者借了第三幕中阿斯特罗夫说给叶琳娜·安特列叶夫娜的道白，给九十年代中期以前的社会的、世态之现实的一般的构造上也投射了阴暗。作者从"吃力的生存斗争"的结果，说明了"逐渐地发生的明显起来的颓废"情况。——"这种颓废，都是从惰性、无智、极端的无自觉所产生的，尤其是当一个人饥寒交迫，疾病纠缠的时候，为了苟延自己的残喘，度活自己的妻儿，他就本能地，不自觉地不顾一切来抓住眼前的东西疗饥保暖，把什么都下手破坏，顾不到什么明天了。……这样，几乎所有的东西都给破坏殆尽了。可是直到此刻还没有看见创造出什么来，来代替那些已经被破坏了的东西。"

因之，契诃夫在《万尼亚舅舅》中是描写了小资产阶级知识分子社会的政治的存在之客观的状况的。经过了长期的检讨和确认自己戏剧样式的各个要素的这个作家的技术，在此得到了完善的调和的解决。小资产阶级知识分子对自己的朦胧的存在加以总结，而契诃夫的戏剧就是把这种总结艺术地形象化了的东西。

这个戏剧，好像是违禁品似的，是在事先没向人公布，甚至和作家有亲切关系的人们也毫无所知的情况中，由契诃夫来创造，写出，接着出版了的。而且，初次上演这个戏的，是地方的戏院，在那里获得了有着先次两个戏剧（《森林之精灵》和《海鸥》）的失败经验的作者所意想不到的成功。

《万尼亚舅舅》在地方上的成功，才使契诃夫答应了它在首都的戏院上演。这个戏，莫斯科艺术剧院上演以来，惹起了出版物，尤其是自由主义的出版物的强烈的注意。而这种注意，把这个戏剧和艺术剧院在舞台上的处理上所触及的若干部分问题都开始在活泼的争论和详尽的批评论文中显示了出来。

这个戏剧在全体上被肯定的接受下来了，而且观众和批评家把它作为是把使人实在的而且生动的感到的现实，容纳在生活的、世态的、社会的背景中，深刻的艺术的形象化了的作品而接受下来了。批评家——有着把日常现实概括地予以思索的倾向的知识阶级的看客——在这个戏剧中看到了同时代的知识阶级的生活的明了的画幅，在自己的评价中努力于把握这个作家所描写的情况之根本的特性和特殊性。

从接近契诃夫的某种意识形态的阵营中所产生的戏剧论的广泛流行中，艺术剧院，由于和在当时还不过是迈上改革的第一步的自然主义的、心理的演剧的非常的表现体系之舞台手段的结合，而创造了"有着惊人的兴味的节目"，这个剧院上演了的戏剧，被评为"是我们的演剧生活中的好现象"。在对这个戏剧的一般评价中，有着"生活的可怖散文化而为诗的杰作"，"灰色的日常的核心那种东西，以罕有的明确给描写出来了""《万尼亚舅舅》是病痛的气氛之健康的戏剧，是最大的散文之最为诗之再现"这些评语；而且，还有人认为这个戏剧应该获得"俄国生活的舞台"这一名称。

带着这种半抒情调子特性的详尽的论文，明白地分析出了这个戏剧的根本性的意识形态之主题（"朦胧的俄国现实""知识分子之没有希望的存在"）。这个戏剧之世态的图面，被评价为并不是清醒性的现象和形象的描写，而是"把握了普通的人物和普通的事实，最为真实的人类生活"的描写。

《北方新闻》的批评家，则这样的解明这个戏剧的社会意义："契诃夫的戏剧，是柔美的戏剧，是现代的病态的人类的戏剧。现代人在病着，这种所谓道德上的病，是在现代人求生的时候，却乏求生之术的缘故。"而根据这个批评家所带着的这种特性，契诃夫的柔美的戏剧，在向社会的戏剧变化。为什么呢，这是因为"一般的气氛，是在较为神经质的病态上的敏感的主观来观察的，而这个主观的悲剧的命运，则是意味了时代所特别赋给社会的热度的缘故。"

总之，《万尼亚舅舅》是受到了肯定的、热烈的批评。它的思想的图景，完全被接受了，作者在这里所述的对于社会现实的评价，被认为是没有议论余地的，在客观上是正确的，在艺术上是异常地表现了的东西。年轻的艺术剧院的可惊的有效力的舞台体系，完全使观众屈服了。虽然观众还不能做到较明了地分析自己的印象和体验。这个戏剧，作为契诃夫以同一的主题所写的散文的综合，和作为知识分子在社会状态的下降阶段的历史中的忠实绘幅而被接受了。九十年代的资产阶级的读者和观众，当他们被同时代的零碎的社会现象所左右，而自己的态度对于同时代还没有积极对立的时候，看到在艺术的镜子上所反映的自己的姿态而满足了。因之，《万尼亚舅舅》是由同时代的观众无条件地接受了的。

《三姊妹》，由它的主题看来，可以想到是描写了同一地方的俄国知识阶层的命运，是《万尼亚舅舅》的继续。在我们眼前走过的，是现在过着没有理性的生活，对于将来又失掉思想上的洞彻力的资产阶级的军人的知识阶级，他们在一时之间虽然坚持着像在拯救自己，像为了工作（娥塞巴哈），满嘴里说着好听的为了未来牺牲自己的话语（娥尔西宁），但是并不满足于具体的劳动，也从不参加为了未来的现实的积极的战斗。

以写实的心理的手法巧妙完成的这个戏剧之主题的内容，明确地被它所表现的悲观的抒情性所贯穿着。即是，三姊妹的没有出路的境遇，安得烈·蒲罗梭洛夫的小市民气的家庭，娥尔西宁个人的"戏剧"，屠塞巴哈之死等等。这个戏剧的那种根本的短音调子，由于像娥尔西宁和屠塞巴哈这些人物的道白在主题上的优美，所以有点被削弱了。

这个戏剧，在一九〇一年的一月，由莫斯科艺术剧院所上演，在莫斯科的出版物上，就它处理社会的、世态的主题的方法，它的若干演剧理论上的特殊性，众口一声地给予了作者以意想以外的否定的评价。由于长期间离开了大的中心地的生活（住在梅里荷勿的庄园上），对于在那里所发生的社会运动未能直接观察，对于新的生活的鼓动未能亲自感受，使契诃夫于一时之间失去了借着自己的艺术的技术来解明时代之主导的社会方向的关键。契诃夫的"落在时代后边"，使他和读者与观众之间发生了纠葛。

资产阶级力量的长成与知识阶级的强化相关联，同时代人——契诃夫戏剧从来是观客的，批评家的——对于这个戏剧的悲观的个性明显地改变了自己的态度。他们已然开始在扬弃自己之社会评价的短音的性质，而到达了肯定的、积极的自觉。这是必然地要表现在观众和批评家对契诃夫的新剧的态度上的。

事实上，属于各式阵营的批评家们，对于在描写世态的特征之场合这个作家的高尚的样式的技术和戏剧的巧妙的对话，是给予了应该给予的东西的，但是对于作者从观察同时代的生活所引申出来的一般的结论则断然拒绝接受，执拗地反对作者在自己戏剧的社会的、世态的，以及心理的主题上所咬定的情绪。在这样的意味上，这个戏剧迎面来的是批评家们的激烈的否定态度。

这个戏剧，它的主题之——"灰色的""无聊的"描写，以及作者所强调的九十年代末期地方的知识阶级之日常生活图景和心理体验，那种"成为苛责的写实主义"，受到批评家的一致非难。在《海鸥》和《万尼亚舅舅》的经验上，以及《三姊妹》上演前的数年间内，由莫斯科艺术剧院所造成的对于这些戏剧的舞台上的解释被观客所欢喜的那各种特性——在带上《三姊妹》的特性的时候被断然地否定了。观众已经和那种"沉重的感情"呀，相应着的忧郁呀、贯穿于《三姊妹》的舞台上的"没有希望的悲观主义"呀等等不能取得和解。这个戏剧是契诃夫在这以前的戏剧经验的舞台状态和特质的反复物，不过是"旧主题的新调子"而已，这种情形也不能蒙蔽读者的。而观众之对于"契诃夫的精神"和契诃夫的主题的抗议，是不要他的对生活的、世态的规范之"否定"，而是要求代替"否定"而做"肯定"的表现。契诃夫的技术，他的写实的描写法，毫无议论余地的，被认为在客观上是艺术的东西。然而，这个方法所产生的，最后的情绪的效果和"无希望和没有光明的沉滞及沉重的感染了的执拗的感情"——作者的目的（同时代的人都这么以为）——明显地受到观众的反对。读者观客和批评家观客提出了新的主题，呼吁作家艺术地表现新情绪的调子。

到了一九〇〇年代的初头，前进的杂阶级的以及小资产阶级的知识分子（契诃夫至该时为止还是他们的表现者），搜集了批评的材料，变成了官吏的帝制制度的抗议者，从这时起他们从卑下的立场移到战斗的立场，支持自己的新立场，在艺术上反映自己的希望，把自己的感觉积极化起来，决定地认清自己的批评主义——把这些都当作必要的了。《三姊妹》却没有回答这个任务。那是因为这个戏剧不论如何并不是表现了从专制的，官僚的制度的"死之王国"要求出路的小资产阶级知识分子的前进的、在思想上的进步性的要素的意识形态，而是表现了这个集团的、其他一切的，多少是落后的大众的意识形态的。

契诃夫怎样接受《三姊妹》的不成功，读者的新精神，批评家的新要求的呢？

关于这点，契诃夫的意见，可以在他和克宜碧尔的通讯中看到。

关于《三姊妹》的剧评，如前所引述，对于这种明显地否定的，有时是极为辛辣的剧评，契诃夫的最初的直接的反驳，是用下列这样的言语说的：

"我个人完全放弃戏剧了。已然不打算再执笔写戏剧了。为演剧而写作在德国、瑞典、西班牙才行；对于脚本作者毫不尊敬，把他们用脚去踢，不管成功不成功都得不到原谅的俄国，是不能写的。……"（一九〇一年三月一日）

然而，不久，契诃夫就改变了他的最初的意图。而对于观众的新的要求，他的真实的态度，则在《三姊妹》以后的戏剧作品中表明了。契诃夫不迟疑地而且牢固地变更了他的剧作上的意图。在完全写心理的、自然主义的图景，而且一贯用短音调子写的《三姊妹》之后——契诃夫把注意转向纯粹的喜剧性的体裁（Genre），通俗笑剧的体裁的方向。这情形从契诃夫的信札中所谈的许多意见中以及在《樱桃园》创作前的两年间不断地谈到的意见中很明白地可以看到，这些意见最初的陈述，是在彼得堡上演《三姊妹》的时候。在一九〇一年三月七日的信札中，契诃夫曾这么说过："我写的下一个戏剧，至少从它的意图中稍加判断，必定是滑稽的啊。"更在下一封信札中说："想为剧院写一个四幕的通俗笑剧或是喜剧所唤起的强烈的欲望，不断地侵扰着我。所以要没有什么骚扰我就把它写出来送给剧院，但是这怕要在一九〇三末能开始就算不错。"（一九〇一年四月二十二日）——"我像着魔那样地想写滑稽的戏剧，一个劲儿地空想着它。"（一九〇一年十二月十八日）——"这几年简直不能写剧本，心怎么也放不下。所以若是写出来的东西能算是戏剧的话，恐怕也只能是独幕的通俗笑剧吧！"（一九〇二年八月二十七日）——"昨天我把一个旧的通俗笑剧改作完了。今天誊清，送给马克斯⑦"。（一九〇二年九月三十日）——"虽然老想写通俗笑剧，不过无论怎样总是不行……"（一九〇二年十二月十二日）——"我不很想写通俗笑剧。只是没有工夫，而且手总是不听使唤。

我好像有着预感，就是通俗笑剧很快地又要流行了。"（一九〇二年十二月二十二日）——"我早已想把通俗笑剧写得更愚蠢一些。"（一九〇三年十月二十一日）契诃夫，作为自己新的文学意图，几度地表示了的打算写喜剧或是通俗笑剧，是对于有着新的精神和新的音色的时代——就文学体裁的用语来说——他的特性之直接的描写。

注：

① 托列卜列夫是《海鸥》中的主人公，一位失败了的诗人。——译者

② 蒲特（pud）俄国重量名，约合四十俄斤。——译者

③《万尼亚舅舅》中的人物，是一个医生。——译者

④《万尼亚舅舅》中的人物，退职大学教授夫人。——译者

⑤《万尼亚舅舅》中的人物，枢密顾问官之子。——译者

⑥《万尼亚舅舅》中的人物，大学教授赛布雅可夫前妻所生之女。——译者

⑦ 马克斯，犹太籍的旧俄时代的大出版商，《契诃夫全集》即出版于此，高尔基因看不过契诃夫受那样残酷的剥削，曾提议契诃夫抽回版权，但终未果。——译者

第三章　论《樱桃园》

　　《樱桃园》的意义。契诃夫对于《樱桃园》的创作态度。《樱桃园》的戏剧的构成、它的喜剧的要素。《樱桃园》的主题。一九〇〇年代的契诃夫。在《樱桃园》中契诃夫的社会的、思想的立场和它的艺术的反映。《樱桃园》所描写的社会的诸势力。形式的诸特征和它的缺陷。莫斯科艺术剧院对于《樱桃园》的解释。契诃夫是怎样写《樱桃园》的？（给克宜碧尔、聂米诺维契·坦兼诃诸人的信札）。作者对于配角的顾虑。在《樱桃园》的编写和上演前后契诃夫和莫斯科艺术剧院的关系。在《樱桃园》的上演中当事者们的感想、解释及对于演出的设计、舞台装置的见解。莫斯科艺术剧院的演出的分析。契诃夫对于上演的不满。梅依爱尔霍列托的批评。象征主义者们对于契诃夫的解释。各种阵营对于契诃夫的批判。契诃夫的根本缺陷。

　　契诃夫所称的未来的"滑稽的"戏剧，把在革命以前极为重要的时代中之知识阶级的进步的、自由主义的、急进的部分之社会的体验，作为在艺术中所反映的性质而予以规定了。契诃夫把这样的时代感觉，试行借《樱桃园》传达了出来。

在契诃夫的最后的戏剧中，存在着新的体裁之课题，即是决定了和这以前的他的剧作的音色相异的音色的课题。

在构思新戏剧，创造它的诸性格的时候，契诃夫不断地这么说："若是我的戏剧，和我所想的脱了样，那么用拳头揍我的额部吧！史坦尼斯拉夫斯基要被当作喜剧的角色，你也一样。"（一九〇三年三月五日）"最后一幕将是明朗的，戏剧全体也就都变成明朗的，轻快的。"（一九〇三年九月二十一日）关于喜剧地被处理的角色夏洛达·伊凡诺夫娜，他说："呃，我想你要扮演我的戏剧中的家庭教师，那是一个非常好的角色。其他的角色，我都不中意。"（九月二十九日）

谈到这个整个的戏剧所具的特征的时候，他这样写道："好像在我的老是烦闷的戏剧中，有一点新的东西，开枪什么的那一套是连一处也没有的。"（九月二十二日）"我要把这个戏叫作喜剧。"（一九〇三年九月二日——致坦兼诃信）"我的戏不是正戏（Drama），而是喜剧，有几处地方甚至有趣剧（Farce）的味儿。"（一九〇三年九月十五日——致丽丽娜·亚历克赛叶娃的信）

根据作者的意图所在，契诃夫是向《樱桃园》的喜剧的构图中，插入了与他这以前的戏剧有着区别的、构成的、音调的原理。

若把这个戏剧加以构成的、样式的分析，即可明了它的明了的喜剧的构图和其独自的喜剧手法的体系。这些手法，是描写在多数的喜剧的人物（西棉奥诺夫·毕希戚克、夏洛达·伊凡诺夫娜、叶琶霍独夫、董㪍沙、雅沙、流浪者、邮政局职员），喜剧的布局（上述那些人物，以及戛耶夫、陆伯兴、特罗菲莫夫、费尔司的部分动作），喜剧的、趣剧的场面，插话（叶琶霍独夫和夏洛达·伊凡诺夫娜的场面〔玩把戏〕、毕希戚克〔吃丸药〕陆伯兴的某部分动作〔拿棍子打娃尼〕、特罗菲莫夫〔找套鞋〕等等插话）之中。这个戏剧的轻快的、明了的调子，是用陆伯兴和特罗菲莫夫的对白的乐天的主题，特罗菲莫夫和安㪍的轻快的对白的长音的音色来维持的。

然而，这个戏剧的样式，则是和戏剧地处理个别的个人（朗涅夫丝加亚和戛耶夫）的情绪的方法来结合的。——而这个戏剧之独自的戏剧构成，也是以喜剧的插话在有组织地破坏抒情的主题之对照的动作中来实现的。

这个戏剧的新的被组织起来的构造，必须是以所体验的时代，尤其是当面的，尖锐的主题的表现为任务不可。这个主题就是：社会的伟大前进，保持着坚固而且模范的生活的社会之贵族的体制之变化，以及渐次退化的地主的、贵族的经济组织和资产阶级的、资本主义的组织之交叠。

这个戏剧的主题，并不是契诃夫创作中的新主题，在某种意味上，可以说是契诃夫全部创作的一贯之主题。我们在契诃夫的最早的戏剧作品或一般的文学试作中，都可以看到他描写的在八十年代开始的贵族的、地主的崩溃过程。其后，与俄国的资本主义发展以及大地方的所有者的渐进的死灭相关联，契诃夫描写了贵族的巢穴的崩溃，贵族的没落心理，作为新的主人的资产阶级的到来等情状。在下述的一连串作品中，都可以看到他所把握的主题：《决斗》（一八九一年），《邻人》（一八九二年），《女人的天下》（一八九四年），《在庄园里》（一八九四年），《三年》（一八九五年），《我的生活》（一八九六年），《在故乡的一隅》（一八九七年），《实际的机会》（一八九八年）。

然而，契诃夫在《樱桃园》中，不仅描写了带着历史的命运的贵族阶级代表者之形象，同时，还为了其他的把脚踏入积极生活的社会集团，显示了社会的前进。这种最先的状态，要是和他以前的戏剧作品相比较，不论如何，在原则上则是新的东西。而且他把这种新的东西，用所谓社会的乐天主义这种概念规定了出来。而且，若把在这同一年（一九○三年）所写的短篇小说《新娘》不计算在内，那么，契诃夫好像从官僚专制的压榨中解放出来，而指示着广泛的将来的状态。

这样，契诃夫受到了在一九○○年代当初的社会诸势力之新的相互关系和在部分上是崭新的渐渐在勃兴的社会的、政治的远景及其影响，他的意识形态的内部可以看到了社会的前进。这种转换，使契诃夫重又评价了作为艺术家的自己（"我的那一套已经衰老不堪了""作为文学者的我是业已老衰不堪了"），而且引起了他回答在革命前的时代中之阶级诸势力的真正的相互关系，去处理大的社会主题，写新鲜样式的作品这些欲望。

契诃夫在他的最后的戏剧中对于社会现实的真相做了客观的分析没有呢？他对于在资产阶级革命的前夜的阶级战中决定的相对立的最为主要的社会集团，清楚地表明了自己态度没有呢？他发现出了可以说服当时的自由主义的、进步的读者和观众，而且适合于被表现出的思想的艺术形式没有呢？他对于创作有效的新形式是否达到新的自觉及对社会、政治现象是新的评价的效果？——我们恐怕要发生这些疑问吧？总计看来，《樱桃园》之主题的以及样式的材料，对于这些问题，是必须回答"否"才行的。

契诃夫在《樱桃园》中，是明了地捧着他所表现了的对民主主义的同情而登场这事，是无任何怀疑的余地的。然而他的那种民主主义，既不是决定性的，也不是充满愤怒的东西，而且也不是急进的。因为他的那种民主主义是以资产阶级为基础，所以他在戏剧中并没有把所出现的对立的阶级势力予以尖锐化和积极化。所以对于真正的民主主义的阶级敌人不能予以尖锐的非难，对于民主主义的朋友也不能衷心地给以喝彩。契诃夫在写这个戏剧的老早以前，业已看到了渐次在崩溃的贵族阶级，老衰了的《樱桃园》，是走向资产阶级民主主义的领导权之途上的障害。——所以他预定了这个贵族阶级之灭亡。可是同时他对于贵族阶级的灭亡也寄予同情，对于贵族阶级从不说过分残酷的话，而是用凄凉的抒情的调子和颜悦色地谈着。这种情形，是可以用契诃夫——而且也是没有自己的文化积蓄的资产阶级知识分子的代表者——是长期间在文化上是和巨大的贵族遗产结合在一块这种理由来说明的。业已逢到了贵族文化的最后的衰退阶段，在自己的全部文学活动期间已清楚地看到了贵族文化崩溃的征兆，并且也敏感地把握到了它的疾患的侧面，就是在这个时候，契诃夫还是依然如故地处在它的显著影响之下。而他把那种影响在其最后的作品中也显现了出来。虽然，在《樱桃园》中，也看不到贵族阶级的理想化的影子，——这是因为这种理想，不是这样一个作家——他在许多作品中用民主性来表示，对劳动呀，人的独立呀，从大量的阶级偏见出发的个人的解放呀等等大肆辩护——所能具有的。但是，这个戏剧中登场的贵族阶级之艺术形象的整个体系，正是契诃夫不能把自己从渐趋死灭的自己的文化的美的魅力中完全解放出来的故事。

另一方面，是借了陆伯兴，在创造着得到发展和胜利的资本主义，新的在历史上不可避免的力量的代表者，还没有积蓄了自己的文化价值的人生之新的主人公的形象的时候——契诃夫并没有表示出资本主义的真实的相貌，也没有描写它的否定性的侧面。而这两个对立的社会力量之斗争之尖锐性是并不温和的。在这里，资本主义的进步的创造者们（他们一定要给资产阶级的知识阶级带来坚固的社会地位和成长的可能性与将来的）被说成是走向资产阶级民主主义的牵引。这个新的领导者，契诃夫虽然把他作为贵族的、地主的俄罗斯的进步的现象正确地理解了，但究极说来，它的反动的本质，契诃夫是还未能明了的。

然而，在这个戏剧之中，却描写了陆伯兴、戛耶夫、朗涅夫丝加亚和其他的社会层——以特罗菲莫夫为代表的杂阶级的进步青年之对立。学生特罗菲莫夫——从契诃夫的告白来判断，是作为年轻的革命家的形象而且是作为社会的积极性的表现者来看的。在给克宜碧尔的信札中，契诃夫曾这样写道："我常常担忧，主要地使我吃惊的是学生特罗菲莫夫多少有点不像。像特罗菲莫夫这等人，不是常在被流放，或从大学中被开除吗？你以为这个人物应该怎样来描写呢？"（一九〇三年十月十九日）可是，在这个戏剧的艺术形象的体系中极关重要，而且在革命前的时代的阶级之诸势力的配置中有着异常重要的特罗菲莫夫的形象，却没有活泼地被描写出来。所以他的根本的社会性质就不能明白地凸出。我们在特罗菲莫夫的言语那里，看不出使言语向积极的实践而变化的可能性和行动。契诃夫没有能表示出真的发展的力量，也未创造出可以叹服的形象。这是因为他在晚年远离了社会运动的巨浪业已抬头的首都和大工业中心地而生活，这个作家对于社会的进步阶层难怪就不很清楚了。

这样，因为站在贵族阶级和大资产阶级与工人阶级之间的中间地位作为资产阶级民主主义集团的代表者的契诃夫之阶级立场，他在这个戏剧中，当然不能从急进的政治立场出发对同时代抱着最大限度的明了的思想评价而登场了。通过《樱桃园》的社会的表象，可以看出契诃夫的创作，透过了作者模糊的评价，完全反映了他的思想的表现者之集团的动摇着的阶级立场。

这个戏剧的那种不明了的思想图面，不用说，是不能不和他所采取的与此相适应的样式上的形式有关的。事实上，创造《樱桃园》的时候，契诃夫所走入的那种创作道路，是自然的，而且也是不可避免的。在选择自己所熟知的主题的时候，他按照着这以前自己的艺术的描写特性，在他所知道的人物的相关关系中，来表现了主题。并且，由契诃夫所完成了的那些人物的模型的方法，在新的剧作的篇幅中，以不变的形式而发挥着。即：戏剧之图式主义的否定。在描写之一般的、柔和的方法中，根据第二义的、世态的细节，人物之诸特征的多方面的包括。有条件的说来，是突起的，对于片面的、个人的性质没有"压迫"，人物之"积极的"以及"否定的诸特征之均等化"。被个人化了的人物之道白、思维和行为的方法。所有特征性的"表面的"材料，在本质上，为了这个戏剧无题材性之根本的线索的运动而被集中了起来，缺乏强烈的力学的结合注目点，构造非常之塑像性。——尤其是契诃夫在其以前的戏剧之诸特性上所反复不已的他的戏剧构造之诸特征。

根据作者的意图所在，这个戏剧的根本的长调的调子，在和旧的要素结合，克服旧的要素的时候，是把那种结合的东西，在必须变化为新的样式之性质的地方，附以新的（和他的诸戏剧比较说来）要素的。这种调子，在"年轻的"戏剧的线索的运动中，是伴随着主导的诸人物——陆伯兴、安叟、特罗菲莫夫的道白之主题的。这种长调的调子，在这个戏剧中为了表现的明了，是用插入非常多的世态性的喜剧人物和个人的境遇而被强调了的。

作者的主意，就是这样。然而，这个戏剧中矛盾的，相互排除而合一的诸要素之结合——和戛耶夫和朗涅夫丝加亚的无力的主题一同地，长调性的调子和精力性的主题（陆伯兴、安叟、特罗菲莫夫）与包括他们的情绪的短调的结合——并没有能清楚地克服了必要的调子。而由契诃夫详细地完成了的借着台词的意见来表示诸人物的体验和思索的方法，和一般的抒情调子，并没有把积极性的线索予以尖锐的旋律的排出作用，而是不可避免地做了把这些使之冲淡的作用。严密地说来，这个戏剧并不算是作者新写的东西。在这个戏剧中契诃夫虽然把它当作有别于他的一般的艺术作风，然而这个戏剧的各个部分，都是机械地从其他的短篇小说（《在相识者的家中》）和其他的戏剧（请把第一幕的最后和《万尼亚舅舅》的第四幕，第四幕的最后和最初编的《森林之精灵》的第四幕的最后，个个的境遇和《三姊妹》都比较对照一下）移来的东西。艺术家的旧作风，使作者的新意图服从于它，使新的形式之活动受到了抑制。在《樱桃园》中，契诃夫把他所常用的艺术方法之诸要素溶解于新的样式之性质中是失败了。具有着这样的主题的、样式的相伴随的这个戏剧，受到了当时舆论的审判。在契诃夫和公众之间，在这个时代中已然出现了当然的中介人——莫斯科艺术剧院。这之后，去看以这个戏剧的上演为契机所出现的评价，我们必须存这种念头：这个戏剧的主题、调子、样式等等，只是由于这个剧院所创造了的舞台形式而使当时的观众去接受。我们在前边，对于这个最后的戏剧，曾发过这些问题：这个契诃夫的诸形象的解说者，取着怎样的态度？艺术剧院，是作者的意图的直接的引导者吗？是他的主观性的说明者吗？

艺术剧院，对于这个戏剧的样式上的特殊性之作者的解释，以及在它的相互关系上，即或完全同意了作者，也不能算作理由，这是可以断定的。契诃夫的这个最后的戏剧被上演的当时，艺术戏院，已借着短调音被彩色化了的契诃夫的抒情戏剧的材料，而完成了它的舞台的上演法（《海鸥》《万尼亚舅舅》《三姊妹》）。正因为这样，用别的调子被计划，而且在大体上是用别的喜剧的构图而写的这个最后的戏剧，也是被艺术戏院的领导者们，在舞台上差不多是依照了它的从前的原理和雏形而被解释了的。

以下，引用一下记录性的，其中大部分是还未发表的资料吧。这些说明了：这个戏剧是在怎样的条件下写作的，艺术剧院的领导者们以及它的集团，是在怎样的情况下接受了的？

关于契诃夫在困苦的末期所写的戏剧，他常常通知克宜碧尔，同时说出了自己戏剧的特殊性，理会了自己的疑问。

"……戏剧虽然渐渐写了点，但一想到我的调子一般的是衰老不堪这一点，就发闷。"（一九〇三年四月十七日，致克宜碧尔信）

"……请你告诉关于剧院的详情。说我意气愈来愈沮丧这全是一派谰言。作为文学者的我，已经被认为老衰不堪了。而我写的每一篇文章，则被认为若是毫不能有任何作用，就毫无必要。"（九月二十日）

"……我的戏剧的第四幕，与其他幕比较，虽然内容上似乎贫弱，然而是有效果的。"（九月二十二日）

"……在我的戏剧之中，好像是没有趣味，但是有一点新鲜的东西。顺便奉告一声：通过我的全部戏剧，开枪什么的却一处也没有。"（九月二十五日）

"……请不要为戏剧的事情发火。……慢慢在誊清着。因为我不能写得很快。有几处我写得不满意，这还要重写一遍，再去誊清。"（十月三日）

"……不过，我的戏剧还不能一下誊清。我好容易拉到了第三幕的中

央。这样拉呀拉呀的，我着急的是我的戏剧膨大到不可测知的程度了。对于我的这个戏剧，简直使我把食欲都失掉了。"（十月七日）

"……誊清得太慢了，而通常地在誊清的时候加以改作。"（十月九日）

"……即属有改作必要，我想也是很少的。这个戏剧最头痛的地方是不能一气呵成，而必须延长时间来写。而这又多少使人有延展之感。"（十月十二日）

"……要我写戏剧这回事，是多么困难的一件事呵！"（十月十二日）

"……我不相信，我已不会再去写戏剧了，你相信吗，这个戏剧我整个地改过两次了！"（十月十四日）

"……在这个戏剧中，还有必须要改作和完成的东西。我想这工作十五分钟就够了。第四幕还未完工，而第二幕则需要稍有什么改动，第三幕的结尾处，则必须把言语更改二三处，否则，难免和《万尼亚舅舅》的最后相似了。"

"现在，即或这个戏剧没有用处，也不要意气沮丧……请不要灰心。再过一个月，我就要改作，你是不知道的，我不是在长期的疲乏地间歇、而又胃痛咳嗽的时候，写着戏剧吗？"（十月十七日）

还有，在给坦兼诃的信中，这么写着：

"每天写四行，虽然感到痛苦难耐，但我却在写着。"

在握笔写这个戏剧的时候，契诃夫对于把自己所创造的艺术形象正确地予以演员的解释上极端地感到头痛。关于这一点，在这个戏剧的执笔中，他写给艺术剧院的演员的信札中曾经谈到过。

这就是在这个执笔中的一九〇三年的秋夏之间，契诃夫写给史坦尼斯拉夫斯基的信中所说的：

"我的戏剧，没去用心，迟迟地在进行着，这是因为我的怠惰，天气太好，和题材困难的缘故。……你的角色是什么，还不能符合期待，我不能一下断定。这是因为，在大体上，戏剧中所有的东西，读起来不能遽得了然的缘故。"（七月二十八日）

在把这个戏剧刚写毕的时候，契诃夫写给丽丽娜说：

"我的戏剧不算是'正戏'，是喜剧，有些地方甚至有趣剧的味儿。所以我真害怕会不会受到聂米诺维契·坦兼诃的非难。康士坦丁·司尔盖耶维契（史坦尼斯拉夫斯基）是重要的角色。大体上，角色不太多。"（九月十五日）

契诃夫开始为微西奈夫斯基而写戛耶夫的角色时，在给克宜碧尔的信中这样说：

"请转告微西奈夫斯基：他以为我是处在消费者的地位的人。我为他写了一个角色，虽然在安东尼①之后，这个由安东所创造的角色，我担心对他是不是不优雅些或太突出些，会不会被认为是丑的东西。然而，他将要演贵族。你的角色，只在第三幕和第一幕出场，在其他幕中，是不上场的。"（十月十二日）

契诃夫开始想教朗涅夫丝加亚老太太登场的时候写道："这个戏的中心的角色——就是老太太"，这是他在一九〇三年一月二十七日发给科美萨尔吉夫斯卡亚的信中的话。这之后，更在给克宜碧尔的信中写道："我不想为你的戏院写什么，——主要地，是因为你的剧院中并没有老太太这个缘故。"（四月十五日）

契诃夫在答复克宜碧尔所指摘的以为把朗涅夫丝加亚写成了温顺的女人是一个难演的角色时写给她道：

"不是这么回事，我毫没想到朗涅夫丝加亚是温顺的女人。要是把这个女人弄成温顺的境地，那只有使她一死。然而，我不知道我是否明白了你所说的。演朗涅夫丝加亚并无困难。只要在一开始把握忠实的调子就行。她的微笑和微笑的态度可要去考究，衣服的穿法也须顾虑。"（十月二十五日）

契诃夫在写给克宜碧尔的某封信中，曾就各个人物所应具有的特征，对于角色做了如下的分配：

（一）您去演柳薄夫·安德列夫娜吧，这是因为再也没有别人比您还合适的缘故。她穿的东西，并不华丽，但保持着洗练的趣味。是聪明的，非常善良的，不在意的。对任何人都相亲相爱，常常浮着微笑。

（二）安裊则必须是年轻的女演员去演才行。

（三）娃略——恐怕演这个角色，要派到马利亚·比托罗夫娜（丽丽娜）吧。

（四）戛耶夫——这是微西奈夫斯基的职务。要注意打台球的方法，最好记下打台球的用语，并请您拜托微西奈夫斯基。我是不玩台球的。不，玩是玩过，却忘光了。我的戏剧中所写的，全是偶尔一知半解的东西。几时能和微西奈夫斯基谈谈，容再补正一下吧。

（五）陆伯兴——史坦尼斯拉夫斯基。

（六）学生特罗菲莫夫——卡契亚罗夫。

（七）西棉奥诺夫·毕希戚克——顾列蒲宁。

（八）夏洛达——这还是疑问号。在第四幕中，我本打算还插入她的言语，昨日誊清第四幕时，肚子痛了起来，所以不能加进什么了。夏洛达在第四幕中，拿特罗菲莫夫的套鞋变戏法，拉叶夫斯加亚是不能扮演的，那必须要会滑稽的女演员去演才行。

（九）叶琶霍独夫——鲁日斯基大概不会拒绝吧？

（十）费尔司——阿尔吉姆。

（十一）雅沙——莫斯克文。

再者，在进行这个戏剧的时候，请转告一下这是全盘改作过的，而为了遵守舞台上的约束，什么是必要的呢？请告诉我。我虽然有时间，但不瞒你说，这个戏真使我饱而又饱了。若是这个戏剧中有什么暧昧不清的地方，也请告诉我。

是古老的贵族之家里，在那里过的是非常丰富的生活，所以在舞台装置上必须要使人感到这点才行。

要使人能很好地感到丰富。

娃略赋性粗野，虽然有点愚蠢的地方，但非常善良。（十月十四日）。

在十月十九日发的信中，这么写着：

"是谁演夏洛达？请写信告诉我。是不是真是拉叶夫斯加亚演？要那样，那就不是夏洛达了，而是没有滑稽味而且是自负的人了。"

这之后，契诃夫更在写给坦兼诃的信中，说述了自己戏剧中的诸人物的补足的特征，在若干变更上分配了角色。

（一）安袅——谁演都行。就是名不见于经传的女演员，只要是年轻像个女孩子样子的就行。而且要能用年轻脆亮的声音说话才好。这个角色，关系并不重要。

（二）娃略——若是由马利亚·比托罗夫娜（即丽丽娜）演是合宜的，因为这是一个非常重要的角色。若没有马利亚·比托罗夫娜来演，怕要把这个角色弄成一个平板而粗杂的女人，而非把这个角色改作成不关重要的角色不行。马利亚·比托罗夫娜不能有两个。第一，她是一个有才干的女人；第二，娃略和苏尼亚②或那达霞③都不相似。她穿黑衣，简直像一个尼姑，而且稍有点愚蠢，好哭，等等。

（三）戛耶夫和陆伯兴——这些角色，让康士坦丁·司尔盖耶维契选择好了。若是由他选演陆伯兴而能得到成功，那么全戏也就成功了。若是陆伯兴由一个苍白而衰弱的演员去演，那么连角色带整个戏都会糟糕的。

（四）毕希戚克——顾列蒲宁。由微西奈夫斯基来演最好。

（五）夏洛达——疑问号……当然，由保美罗娃演不行；姆拉托娃也许可以担任，但她没有滑稽。这该是克宜碧尔的职务。

（六）叶琶霍独夫——若是莫斯克文愿演，是合适的。他总能创造出来漂亮的叶琶霍独夫吧！我则预想该由鲁日斯基来扮演。

（七）费尔司——阿尔吉姆。

（八）董枭沙——赫列犹契娜。

（九）雅沙——你来信所提的亚历克山多洛夫，你那里的导演助手的那个人，他要演戏的话，就请他来演雅沙。若是莫斯克文演，该是个再好也没有的雅沙吧？而反对列渥尼多夫也无理由。

（十）行人——顾罗莫夫。

（十一）在第三幕中朗诵《女罪人》④的火车站长，应该是个长于低音的演员。

夏洛达，说话不是破碎支离的，而是说的一口纯粹俄国话。只是有时候把字尾的软音发作硬音，把形容词，不分男性女性的区别混同来说。毕希戚克是一个害关节痛、年老、饱满的俄国老人。因为肥胖，穿着无袖的上衣（西莫夫式的）和没有后跟的长靴。陆伯兴——穿白夹克黄皮鞋，两手摆动，大踏步走路；走的时候谨慎小心，一到该迈出脚步的时候立即就迈出。头发不是短的，这是因为不时地把头部向上扬去的缘故。在耽于深思的时候有摸胡须的毛病——从后面摸向前面，最后，再从颈部摸到口旁。特罗菲莫夫的清楚样子是可以想到的。娃略穿系着宽带子的衣服。

我在三年的期间内，为写《樱桃园》而做了准备，三年之间，曾把招

请演柳薄夫·安德列夫娜的女演员这事和你谈过。那么现在无论如何请把不能再输的"巴西扬斯"⑤玩一下吧。（十一月二日）

尤其使契诃夫关心的——根据作者的意图所在来说，是这个戏剧的中心人物陆伯兴这一角色。

他写给克宜碧尔说：

"只有康士坦丁·司尔盖耶维契来演这个商人才行。这并不只是个卑俗的商人，这是必须要理解的。"（十月二十八日）

还有：

"史坦尼斯拉夫斯基是可以成为非常难得的富于独特性的戛耶夫的。不过，要是这么办，到底由谁演陆伯兴呢？陆伯兴不是造成中心的角色吗？若是这个角色失败了，那么就会形成了整个戏的糟糕。陆伯兴不能叫马马虎虎的人去演。这是不能照商人的样子演的啊，陆伯兴是一个平稳的人物。"（十月三十日）

他写给史坦尼斯拉夫斯基道：

"在写陆伯兴的时候，我曾把这当作你扮演的角色。若是这个角色有什么不能惹起你的兴趣的原因，那就请演戛耶夫吧。事实上，陆伯兴虽则是一个商人，但在某些意味上，却是一个有条不紊的人。他完全是一个礼仪周正，按理性办事，不浅薄，不玩权术的人。我在这里所形成的这个戏剧的中心角色，要是你扮演，想来是能搞得漂亮的。……在选择这个角色的演员时，不能忘了真实的宗教小姐娃略在爱着陆伯兴这件事。她不会只是爱一个有钱的老百姓吧？"（十月三十日）

契诃夫担心着演安袅的角色的演出，写给克宜碧尔道：

"聂米诺维契还没有把参加这个戏剧的演员表送来。他在电报上认为安袅和伊丽娜⑥相似，所以显然要马利亚·比托罗夫娜（安得列叶娃）来演。我则和布尔吉罗夫相同，以为第一，安袅是一个彻底的明朗的小孩子，完全不明白生活，所以除过在第二幕以外，简直没有哭过。就是在第二幕中，也只是眼睛里闪着泪花而已。马利亚·比托罗夫娜没有合适的角色吗？而且，她年龄也大了。谁演夏洛达呢？"（十月二十一日）

关于这一点，写给坦兼诃的信中有云：

"我担心不要把安袅弄成个泪人儿（这是因为你把她看作和伊丽娜相

似的缘故）。我还担心她是否取在年龄上相若的女演员来演。

"我的安宪，一次也没有哭过。而且不论在什么时候都没有用哭声说过话。在第二幕中，眼中虽然浮着泪花，然而声调是明朗的，活泼的。你的电报上说，这个戏哭泣的地方很多，不知何所指而言？理由在哪里呢？只有娃略一人。这是因为娃略生来是个泪人儿的缘故。而她的眼泪，并不是要在观众中唤起郁闷的感情。在我的戏剧中，虽然不断地有所谓'含泪的'这种地方，但这只是用以表示人物的神情，并不是哭。第二幕中并没有墓场的。"（十月二十三日）

坦兼诃在答契诃夫中有云：

"我现在把这个戏已然读了三遍了。安宪类似伊丽娜的那种说法——全盘撤回。你并不像布尔吉罗夫。不过，无论如何有些地方是不禁使人要想到旧的戏剧的场面的。第三幕的最后，安宪的独白是类似的，则不容无视。这些我要加以指摘的话，那么你只消坐在椅子上，有十分钟的工夫就都订正好了呵！

"所谓'粗野'这种非难，希望撤回。虽然所说有二三处不妥处，但加以订正，就是完整的了。

"西莫夫已赴那拉旅行，设计图已搞好。

"他已经连屋子的设计图也完成了。这是个勇敢的，对艺术充满热情的汉子。他渴望全力从事于舞台装置。"（十月）

还在一九〇三年二月，史坦尼斯拉夫斯基在等候契诃夫的新作戏剧，到了七月，他这样写道："我常常地——要请你不要忘记在留声器里加入牧人的芦笛，那么，就可以搞出漂亮的东西来了！"（七月二十二日）

到了十月，在戏院接到戏剧前数日，坦兼诃这样写给契诃夫道：

"我们对你的戏剧的情趣和期待，日渐激化。现在已在每天数着日子。……请加油吧——而最要紧的——请不要想到对你不感兴趣这些吧！"

接到了戏剧，坦兼诃立即发出了如次的批评的电报：

"我个人的感想是这样：作为舞台的作品，这个作品较之过去一切作品都更是戏剧。这是因为题材明显而单纯。全体来看，虽然是调和的，但第二幕的冗长似乎多少破坏了调和。

"人物是新鲜的，极富于兴味。然而作为演员去演则有些吃苦的地方。

不过，是带着丰富的内容的。母亲是好的。安嬴虽近似伊丽娜，但带有更新的东西。娃略虽是从马霞长成起来的，然而她更凌驾于马霞。戛耶夫，虽使人感到有卓越素材，然而和《伊凡诺夫》中的伯爵相同，他的姿态无从把捉。陆伯兴很美，而且新鲜。次要角色，尤其是夏洛达，是成功的。不过，特罗菲莫夫似乎较弱些。

"在所谓气氛和戏剧性最为大胆这一点上，最重要的一幕，是第四幕。而在优美和轻快这一点上，第一幕较佳。明朗，而且较为柔美的演剧——这是你的创作中新鲜的东西。这以前的你的剧作要说是尤其像抒情诗，现在的创作，则是真的戏剧了。而这则是使人只有在《海鸥》和《万尼亚舅舅》的少女中才能感到的。就是在这种意味上，也有着伟大的前进，感动性的描写非常之多。我没有什么不安的地方，只是有几点不大合意。这就是细节稍微粗糙的缘故。太依靠流泪。若从根本的社会观点来看，主题虽然并不新鲜，然而却是以新的诗的和独创的方法来处理的。详情在读过第二遍后当再奉告。不管如何，要向你致谢和热烈地接吻。"（十月十九日）

向全剧院的人们读过以后，坦兼诃二次地打给契诃夫电报道：

"现在，为全戏院的同人朗读过了。大家非常铭感，思想和感情都最为强烈地感动了，群情昂奋，认为愈来愈好。详情后陈。"

接到坦兼诃第一通电报的翌日，在致克宜碧尔的信中有如下一节，明显地表明了契诃夫对这个电报的反响："第二幕，虽然是动作不够，但这连我也感到惊愕的。……"

契诃夫在等候坦兼诃所相约的信札的时候的神情，在给克宜碧尔的信中屡次地提及，坦兼诃是用下列的信札致了契诃夫的：

"我业已奉上电报二通。二次都是出发于我的良心的。我不知是否像康士坦丁·司尔盖耶维契一样，对于这个戏剧梦寐难忘。他认为这个作品是在你到此为止所写的作品之中，充满力量的，天才的东西。不过，即使我不赞成此说的时候，却也想不出反驳。这是因为，在实际上，这是非常有力的，而且是天才的作品的缘故。

"现在，我越发地全心力贯注于这个戏剧之中，舞台模型的工作已开始了。

"……请不要昂奋，这是因为万事都是像你所值的那样的，在美好的进行着的缘故。"

史坦尼斯拉夫斯基在读过这个戏剧后，也立即打电报给契诃夫道：

"现在，读完了戏剧，是感动和茫然自失之态。从未有过如此的欢喜。我以为这是你的作品中最好的东西。衷心地祝福天才的作家。每一言一语都使我从身上感到。感谢这种欢喜和你将来还要赐给的更大的欢喜。"

关于这个电报，契诃夫这样写给克宜碧尔道：

"今日接得从亚历克赛耶夫来的电报。在其中，他说我的戏剧是天才的。这是对这个戏剧过分的赞赏，像在幸福的条件上所能拿到的那般的，这成功的一半应该献给你。"

紧接着电报，史坦尼斯拉夫斯基以下列的感想，给契诃夫写了一通长信。

"亲爱的安东·巴夫罗维契！据我想，《樱桃园》是你的作品中的白眉。我对它比那可爱的《海鸥》还要爱好。这并不是像你所写过的，是喜剧或是趣剧。你在最后那幕虽然开着较好的生活的门扉，但它该是悲剧。虽然受到了伟大的铭感，但是它是使人得到了用半音调和优秀的水彩画的绘具的东西。在其中，有着韵文、抒情诗，和舞台性以上的东西。而包括行人在内的所有角色——都写来传神。若是谈到就嗜好一点上选择哪一个角色的话——那我简直无所措手足了。因为每个人物都吸引着我。我所担心的是，对于公众，它似乎有点过于细密。公众对于各种神妙是一下不能领会的啊。唉，关于戏剧你是不能不听到和读到那全然是混账的话的啊。然而，这个剧本我想必定可以得到好的成功的，那是因为从戏剧的效果上看是这样。这个戏剧中的言语是无从增减那样的完全。这不知是不是我的偏爱——我在这个戏剧中简直找不出缺点。只有一处。那就是，为了表现它所具有的一切的美，绝对优秀的巧夺天工的演员是必要的这一点。我们是不能达到这种期望的。开始读它的时候，这唯一的事情弄得我手足无措。我忽然被捉到，而有了生气。这是不论在《海鸥》或《三姊妹》上所没有的事。我在读你的戏剧的时候，都习以为常地得到了漠然的印象。然而，读过三遍的时候，就担心是否对这个戏剧有不满意之处。然而，这怎么能成！……我像妇人那样的哭泣了。我耐不住了。'唉，那是趣剧'，你要这么说吧……不，在单纯的人看来——这是悲剧。我对这个戏剧感到特别亲切的味道和爱情。演员们虽然好作批评之语，但我却几乎没听到过批评。这次不知是何缘故，他们立刻都服从了。倘若我听到了那种批评，脸上浮起微笑，那么立即就泛起了喊喊喳喳的议论。我则以为所批评的有点不好意思。那就是不论谁，都以为最好的是第四幕，而最不成功的是第二幕这种说法。我虽然以为这是滑稽的，但不予争论。这使我回忆到第二幕的舞台里的场面上的人物有些缺乏条理。第四幕是好的，那是因为第二幕场面伟大，而第四幕则正相反。我宣言说，这个戏剧，是不说废话，没有重复的东西的作品。不懂得这个戏剧的人，是傻瓜。这是我从心里的确信。无论哪一个角色我都喜欢去演的啊。若是可能的话——连可爱的夏洛达在内，我都想演一演的。亲爱的安东·巴夫罗维契，感谢你所赐给的这种大欢喜，和你即将还要赐给的大欢喜。我什么也可以放弃，只是希望从布尔达斯⑦的轭下逃开，每日住在《樱桃园》里，为它去工作。那个可厌的布尔达斯抑压着我，吸取着我的精力。因为可爱的《樱桃园》到了我的手里，他就似乎更加可憎恶了。紧紧地握你的手。请你不要以为我是精神病者。"（十月）

该时，克宜碧尔对于自己以及剧院同仁到底是怎样接受了这个戏剧，也如下的写给了契诃夫一封信。

"前天，盼望着你的戏剧，但是没有来，所以一直放心不下。好容易到了昨天早上，我还在睡着的时候它却到了。我一边振奋着，一边把它收下打开——那情况你是不能想象到的。我划了三次十字。这样把它一气读完，这之间连床都没有离一下。我贪婪地把它吞下去了。读到第四幕，我哭了。第四幕，实在是好。这个戏剧的全体，对我非常合意。虽然可以说是平凡的。对于你的戏剧，美好而典雅的言语是必要的。

"自然，我不是你的戏剧的审判官。我读毕以后，完全从心里感到满意。好像住在朗涅夫丝加亚的家中似的，感到和他们在一起，一块痛苦，一块生活。你所写过的戏剧毫没有和这相似的地方。而且沓杂的地方一点也没有。总是轻快的，优美的。第四幕，是非常之戏剧的。戏剧全体，使人感到它和往常不同，天衣无缝，富于力量和明朗。

"我读毕以后，就跑到剧院里。幸好在练习的休息时候。佛拉契米尔·聂米诺维契（即坦兼诃——读者注）也是对这个戏剧梦寐而思的。卡契亚罗夫、鲁日斯基、莫斯克文都来了。大家还未被允许'摸一下'戏剧。我想要是你能看到在《樱桃园》上所映照的大家的脸相那才好。在读的地方，并未召集全体。关了门，下了锁，才开始读起来的。听的人，有鲁日斯基、莫斯克文、卡契亚罗夫、阿达西叶夫、微西奈夫斯基，还有我。读的人是佛拉契米尔·聂米诺维契。快读完的时候，康士坦丁·司尔盖耶维契来了。他和我都没有顾得问候，就向我拿着戏剧的方向伸出手。紧接着，莫罗索夫®也来了。答应了把戏剧借给他一晚的要求。大家都抱着虔敬的精神，凝神而听。朗读是在笑声和肯定的领首中继读着的。今天早上，康士坦丁·司尔盖耶维契在读它。明天全剧院同仁一齐来听朗读。

"聂米诺维契的电报收到了吧？我想他写的一定很妙。只有第二幕不延长是不对的，但他不愿这么说，我想你从他的信中会明白的。第一幕是惊人的优美和轻快——我想本来是如此的。在大体上，你决不是偶然地捉着浮光掠影的作家。而是相反地，有着非常深刻而有力量的东西的作家。熟练是必要的。如此，才会无可非议的。啊，一切都多么好呵！不论是戛耶夫，陆伯兴，写的真是好。特罗菲莫夫，就演员的工作上的意义说来，不知魅力是否不够，和是否是千篇一律的。柳薄夫·安德列夫娜虽然是可惊的'轻妙'，然而我想却是地狱般的困难。是难演的角色。夏洛达和娃略充满了浓厚的兴味，是崭新的；毕希戚克——是体面的。这些都会在演员之间收得了成功的。只是微西奈夫斯基有负你的期望，不能演戛耶夫。佛拉契米尔·聂米诺维契一来就这么说过的。演戛耶夫的或是史坦尼斯拉夫斯基，或是鲁日斯基。余当另详。请你保重身体！"（十月十九日）

更在次一封信中这样写着：

"今天在剧院朗读《樱桃园》。我虽然想去却决定不去。到底去不去还不一定。康士坦丁·司尔盖耶维契对那个戏剧可以说是发狂了。他说，第一幕，读着好像喜剧，第二幕，被深深地捉住了，第三幕，我流着汗，到第四幕，是不间断的怒号。他还说，你从没有写过这样强有力的作品。大家都很兴奋。"（十月二十日）

更在十月二十一日的信里说：

"……你真的要一开始就把朗涅夫丝加亚弄成一个温顺的女人吗？你觉不觉得——在第二幕中，我所看到的她的道白就是这个意思？演这个女人，是多么的难呵！要轻妙，要典雅，而又要有能力。昨天，大家都读过了。在听的时候，每听完一言一句，都鼓掌。……大家都中意。据说，无论哪一个角色，大家都认为是好的。怎么一回事呢，那就不明白了。朗读的时候，佛拉契米尔·聂米诺维契是很兴奋的。据他说，在朗读之前，他自己读不出来，只能传达戏剧。反复地诵读以后，这真是可惊的戏剧。你是多么出色的作家呵！安东！我想，真是无以类比的。你——就是美的化身。

"……现在，收到了你十月十七日所发的信。你问，在这个戏剧中还有什么该做的，有什么非改不行的。我虽然不知道你为什么做如此想，但连我在内，我们大家都以为这已经够得上使人吃惊，够得上是炉火纯青之作，毫无瑕疵可言了。你要是到得这儿——那你就会亲眼看见的……"

在这以后致契诃夫的书札中，在十月和十一月间，史坦尼斯拉夫斯基曾不断地写给契诃夫关于这个戏剧的价值，（"我以为这个戏剧是最伟大的杰作。甚至它的一言一句，对话，连句读点都是可爱的。"）每个角色的演出问题，背景，排练的进行状态，等等。至于关于戛耶夫或陆伯兴他自己的角色工作，曾如下地写着：

"……终于从明日起，着手你的戏剧。我们整整白忙了一个星期。一直到现在，关于角色问题，还可以说是混乱的。我决定自己在学习戛耶夫和陆伯兴这两个角色，而且去准备。至于说到愿演哪一个，则还不敢说。我演不来商人，更正确地说——只能演得戏剧的、想象的，大家都这么说。整个的陆伯兴，是个好人——出色的男子汉，强者。他无端偶然买了樱桃园，到了后来，却是有失面子的。不过，是否如此呢？戛耶夫，和他的妹子一样，必须是轻快的角色才行，我想。他在说话的时候，毫不在意，当他留意的时候，话已经说完了。戛耶夫的调子我想应该是这样的。要是由我演他，恐怕要弄成一个贵族，多少有些变了一个人吧？"（十月三十一日）

在下一通信中，这么写着：

"戏剧的全体，想来是应该用和到此为止的一切戏剧的调子不同的调子来进行的。比较的要泼辣，轻快吧？……总之，可以说是要利用水彩画的色彩的。正是这样！"（十一月）

这个戏剧的演出，以及演员的工作在开始了的时候，坦兼诃写给契诃夫道：

"昨日……戏剧动手了。这是很容易理解的。实在说，那就是我们

（导演）和演员，已经成长了。而且是向好的方向长成了。造成了对于单纯和诗的敏感。"

更在另外的信中说：

"作为导演的康士坦丁·司尔盖耶维契，在《樱桃园》里，必须给他更多的意志的，这是因为，第一，他已经有一年以上，没有导演什么，同时，他在导演上可以说积蓄的精力和空想非常之多；第二，他对于你理解得很透彻。"

艺术剧院的领导者们，对于这个戏剧的舞台装置，是付了周到的考虑这一点，在史坦尼斯拉夫斯基致契诃夫的信札中，表现得很显然。

"在导演上还有一个问题。虽然是什么原因还不知道——我把第三幕和第四幕看作是相同的舞台装置。在最后的那幕中，应该使其有被破坏和出发的用意。这并非是从恶劣的伤感性而来的。我想，要使这个戏剧使观众感到如家般的亲切，应该造成是一种更快活的东西才行吧？再则，那个大客厅，似乎带来了某种混乱。这在你，或许以为是为了更进一步地强调过去的豪富而认为有此必要，也未可知。但是，用这样的方式是也可以表现出那样的意向的。把两幕取相同的舞台装置——不至于单调，虽然使人感到了家的荒凉的，而第三幕则气氛完全为之一变。我们向完成装置模型进行了。这样来办，不知会造成什么情形，请你指示！"（十一月五日）

更在次一通信中写道：

"靠老天爷，舞台装置搞成功了。小礼拜堂，峡谷，位居原野上的小森林中的空地的墓场。舞台的左手和没有背景的中央——相同的地平线和远境。同样连绵不绝的半圆形的后景，还有，表示它的在远处的附加物。在远处，在相同的场所的发光的河，能看得见的居位丘上的庄园。电线杆子和铁桥。在某种间憩间，则显出冒着烟的火车所通过的地方，这还算美妙吧？在日落之前，可以顷刻间看到的城市。到幕快落的时候，雾出。——这将从特别浓厚的前景的沟中发出来。在左手——在幕落以前，蛙的鸣奏和秧鸡的声音。在前舞台——是割草场和禾草堆，在那里散步的一队在做着戏。这大约对演员们在表演上是有用的吧？舞台装置的全体的调子——是列耶达诺夫斯基的。自然界——是在沃尔罗夫县或不比库尔斯库县更南边的地方。……关于第三幕和第四幕的舞台装置——还是搞不清的。……好像有什么声音向我低语：要是和第四幕是相同的话——演起来

是比较容易而且合适。不过，最近必须要解决才行。"（十一月十九日）

关于史坦尼斯拉夫斯基和画家西莫夫所创造的这种设计，坦兼诃报告给契诃夫道：

"这个戏剧的课题，在他们看来是困难的。为了使观众可以看到从樱桃园走到屋子里边，那就必须在观众之前有一个窗子才行。所以要有三个门。而且，安裒的房间，是必须要像一个古旧的阀阅之家才行，这不在话下，而且无论哪里都必须要使人感到它是孩子的房间才行。

"课题好像已趋完成。

"所有的家具，是要由乡下送来吧。"（十一月）

契诃夫对于这个戏剧的意图和一切艺术上的设计，他的回答的办法，就是要请注意恰如其分的正确的舞台装置的形式，还有，在工作进行期间，他给坦兼诃这样写道：

"我把这个戏剧的外观上的部分已削去到最少限度，不需要特别的舞台装置，而在小的地方，不必多下工夫。……第二幕中，已然把河换成小礼拜堂和井了。是比较安静些。只是请将第二幕中原来的绿的原野和道路在舞台上做成异常的远境。"（九月二十二日）

契诃夫对于史坦尼斯拉夫斯基的疑问和质问也做了回答，关于舞台的设计，他这样写道：

"屋子，必须要大而坚固。是木的（莫罗索夫应该知道，是像那个阿库萨科夫家那个样子的）或是石的，都没关系。屋子是非常老旧而堂皇的，住别墅的人们是不配借居这样的屋子的。这样的房屋，即使朽坏了，但作为普通的材料，还可以用在建筑别墅上的。家具是古老的，合时的，坚固的。不要在道具类上表示荒废和借钱。

"买这样的房子，要使人想到：'较之修缮这样的屋子，还不如建筑一座虽然窄小然而却是新的房子的经济实惠。'

"你的牧人，演得很妙，真的要这样才行。"（十一月五日）

给史坦尼斯拉夫斯基的其他的信上说：

"当然，为了在第三幕和第四幕可以有相同的门口和台阶的舞台装置。"

还这样写着：

"收到了第一幕的设计图。屋子是二层的。如图:

"不过,这个屋子所连的院子,阳光很少,樱树长不起来。"

在这封信中,关于各个角色的演出,曾写着:

"董袤沙、叶琶霍独夫,是正站在陆伯兴前面,并不是坐着。陆伯兴是自由自在的像主人一样的行为,他称仆役为你,仆役称他为您。"

他关于设计更写道:

"割草场,普通是在七月的二十日至二十五日的时光。在这个时光,秧鸡好像还没有叫,蛙也是沉默的。只有白头鸟的叫声。没有墓场,不过以前是有过的。只有几块大石头四散地放着——这就是剩下的东西。桥——这是非常好的。若是没有音响,只是听到一次的火车叫声,要是能弄得看到那叫的火车——试试看怎样。第三幕和第四幕用同样的舞台装置,我并不反对。只是在第四幕中,出入方面,要好好安排。"(十一月二十三日)

在给克宜碧尔的信中,这样写着:

"《樱桃园》第二幕和第四幕的音响,要短而促,必须要使人感到听来是从远处发出的才行,请这样告诉聂米诺维契。真是糟糕,这些音响的小事,不能做到好处,尤其是这种事情,在戏剧中是说得很明白的。"

其后,从这个戏剧试演起,契诃夫对于每个演员的演技都一一地加以订正。这样,在最初那一年,演安袤的丽丽娜,在一九○四年的二月,给他这样写道:

"今天晚上,想和你谈谈安袤的事情。你虽然告诉我,叫的声音要那样才好,但是我不是要说'再见,我的屋子,再见,旧的生活'吗?

"我那是带着泪声说的。虽然试过两次用充满精神的声音说的,但是并不见佳。请你把你的意见告诉我!"

契诃夫是这样回答的:

"……再见,我的屋子,再见,旧的生活——你就照需要的样子说。"

直到初次的公演的前一刻，在对于《樱桃园》的剧院工作上，不论是在导演一点上，或本文上，都伴随着很大的困难。在彩排以后，坦兼诃写给契诃夫道：

"今天，第一幕，是没有缺点，没有毛病地弄成了。第二幕，则还需要下列各事：（一）舞台装置，这在十七日的早晨总可弄就吧。（二）灯光——这也要在那个时候。（三）配音——这也要在那个时候。（四）开端地方的删除，明晨大概可以好。

"第三幕的后半——是成功了。列渥尼多夫非常成功。这个陆伯兴的复杂的姿态，实在叫好。渥列迦·列渥娜尔多夫娜，演来巧妙。前半虽然因为出场关系没搞好，但在明天早上总可以弄好吧！

"第四幕——实在演得出色极了。文句也没有拖泥带水的毛病。

"情形就是如此！

"我完全安心了。"（一九〇四年一月）

艺术剧院，对于契诃夫的这个戏剧，一般的是用怎样的方式舞台地接受下来的呢？二重性的，有时是互相矛盾的，每个人物在性格上都具有特征，从各种样式的构造和牧歌式的哀愁，忽然转到明朗乐观的发作，带着断续的音调的构图——这个戏剧的复杂的、绘画性的体系，在剧院看来，可以断定是最为困难的任务。

从《樱桃园》初演以后，差不多经过了二十年，在他所写的回忆录中，史坦尼斯拉夫斯基正确地说，这个戏之所以难以获得美满的成功，主要地是在导演的处理方法上和演员的演技上都存在着非常的困难。他并且认为"我的内面的技术和演员们的创造性的精神所作用的能力，还是一成不变地原始性的。作品的深奥的玄妙处，我们还不能正确地理解。"尤其是《樱桃园》的正确的，在演剧上的理解的关键所在，还未被发现。史坦尼斯拉夫斯基这样写道：

"《樱桃园》里的陆伯兴，要有夏里亚平®的宏大，年轻的安裴要具有叶尔莫罗娃®的素质才行。而有着各种力量的陆伯兴，砍去老衰的东西，和彼得·特罗菲莫夫一同地，使预感到新时代的年轻的少女能向全世界呼叫'新生活万岁！'那才好——要是这样，诸君才能理解到《樱桃园》对于我们是有生命的、亲切的、现代的戏剧，契诃夫在这个戏剧中的声音是年轻的，燃烧般地响着的吧？这是因为，他自己并不是向后看，而是向前看的。"

这个戏剧，是并没有被艺术剧院这样的感到的。关于这个戏剧在最初的戏剧节上演中，观众到底是怎样接受的这一点，坦兼诃这样写道：

"这个戏剧在次一个戏剧节的上演变成了大多数观众的东西。精巧细致的文章，连象征都是经过洗练了的写实主义，感情的美——在第一个戏剧节，这些全然没有被认识。"

根据了契诃夫以前的演员扮演目录，而艺术地完成了已为剧院所熟悉的诸人物的演出，这个戏剧的舞台的声音，特别改为抒情地强调剧的个别地方的方法；而且据作家的新的指正，这个戏剧之根本性的绘画的构图和音调的决定作用在某种程度上是被忽视了的时候——艺术剧院不能创造出具有着巨大的感动力量的演剧。

首先，这个演出，并没能使作者满足。

这个戏剧被上演的初头——一九〇四年十一月七日——契诃夫虽然出席了这个初演，但是他这样写过："昨天，我的戏被上演了，不过我的精神总是不安。"（致西契顾罗夫信，一月十八日）更在其他的信上写着："要是过了四旬斋，演员们的精神该好了，《樱桃园》不至于再演得像现在这样子的没精打采了吧？"（致波契约西诃夫——一月十九日）

契诃夫对于这种演出的辛辣的非难，在下面所引的给克宜碧尔的信中可以看得很清楚。

"多么可怕的事情！竭力要在十二分钟内完毕不可的第四幕，不是已费了四十分钟吗？史坦尼斯拉夫斯基把我的戏糟蹋了。我只能这样说。"（一九〇四年三月二十九日）

作为这个戏剧的作者的契诃夫和作为演出的作者的艺术剧院之间，所发生的游离，是契诃夫和艺术剧院之设计的差别，对于把自己作品主观地接受的艺术剧院的设计，这个剧院自己的解释，是为了客观的条件，而把这个戏剧变成了轻淡的东西。据契诃夫的意见，则不过是剧院对于这个戏剧的基本的脉动走向与作者的解释相异的道路而已，是代替了作者所依据的解释，把并不是根本性的主旨的主旨，深深地发掘了而已。

艺术剧院对于这个戏剧所增添的舞台的解释，不仅是没有能满足契诃夫一个人，我们可以从看到这个戏剧的初演的同时代人的意见中，引用一下梅依爱尔霍列托的批评。他在这个时代，已然对艺术剧院之舞台的方法的各个方面采取了批判的态度了。

在契诃夫死前一个月，即在一九〇四年的五月，梅依爱尔霍列托曾就艺术剧院的《樱桃园》写给他下边这样的一封信：

"我对于在莫斯科所演出的这个戏剧，不大有兴味。在大体上，我可以这么说。某个作者，依照自己的天才来创造自己的剧院的时候，那个剧院就是理解他的戏剧的演出的秘密，发现它的关键。……不过，若是作者在开始完成了技术，他的创作上有了成就的话，作为几个创造者们之结合的剧院，因之，较诸有重量的创造者，就开始失去了这个关键。例如，柏林的 'Deutsches Theater'，对霍甫特曼⑪的诸戏剧的演出，就曾失去了关键所在（伟大的悲喜剧《红公鸡》《西里约克与约沃》《贫穷的海立西》的失败）。因此，在着手你的戏剧《樱桃园》的时候，艺术剧院迷失了方向，我想。你的戏剧，一如柴克夫斯基⑫的交响乐，是抽象的。而这里的导演，把必须要把握住听觉才行的第三幕，以混账的'足拍子'为背景。——必须要听这种'足拍子'才行。——结果，人们想不到的恐怖就登场了。'樱桃园卖掉了'。舞蹈，'卖掉了'。舞蹈，像这个样子的一直继续到底。读着这个戏剧，第三幕，使人得到印象的声音，恰如和你的小说《热病》中病人耳畔所响的声音是一样的声音。使人觉得有点发痒的感觉。虽然包含着死亡的声音而却有明朗之感。在这幕中，多少有点梅特林克⑬式的可怖的东西。这种比较，正确的说来，是不够的。在你的伟大的创作中，是没有人可以比拟的。在读外国作家们的戏剧的时候，在独创性上，是没有一个人能赶得及你的。西欧的戏剧，应该向你学习。艺术剧院从第三幕起，并没有给人留下这样的印象。背景虽然有些浓厚，同时，却多少有点分散。因之，打抬球的话说，变把戏，就都显得乱七八糟了。这并不是形成'足拍子'的目的的东西。然而，那不是有'舞蹈'吗？人人从容不迫，感不到不幸。艺术剧院的这一幕的进度，是太过于拉拉扯扯的了。描写了无聊。这是错误。并不能描写出从容不迫，而该有分别的。从容不迫的方法是能动的。在这里，却造成了对这一幕的穷境的加强。"（一九〇四年五月八日）

把契诃夫作为从洗练的写实主义移到神秘的深刻的宗教主义的作家来

处理的，把《樱桃园》作为神秘的戏剧来处理的梅依爱尔霍列托的这个批评，是和当时的象征主义的理论家安得列·别尔的论文中所述的对这个戏剧的评价（《万事杂志》一九〇四年，第二号）是一致的，这是特质的所在。

这种一致性，并不是偶然的。《樱桃园》被上演的那一年，正是作为文学的流派象征主义诞生的时代。在文字上所表现的主题的那方面，新的艺术方法显示了更重要和广大的主题的图景，新旧艺术作品都要被这种新的办法来衡量。契诃夫也被这样的重新估价了。他的晚年的诸作品（以中篇小说《在谷间》为首）作为象征主义的作品被解释了，契诃夫被认为是象征主义的最近的先驱者了。有着业已完成了自然主义的、心理的、世态的方法的艺术剧院，被感到疑问了。在它的艺术的、舞台的体系上，和当时在其他的演剧上所适用的对比，还是不很分明的、并不统一的体系，因之，《樱桃园》成了反对的艺术世界观的代表者们的、在对于舞台的方法上，便造成了在原则上相异的解释的动机。意见冲突的结果，是和作者的解释不一致，对于戏剧所趋向的关键所在生出了新的解释。

从一九〇四年一月起至五月之间，关于艺术剧院所上演的《樱桃园》的批评，兹择要撮及如下：

从这一戏剧现身于舞台的瞬间起，在最初的戏剧节之间，报纸上的批评，无论是关于它的主题，或是人物，以及样式上的特殊性上，议论纷纷，这个作家的最后的戏剧惹起了极为瞩目的注意。要是对这些所有的批评加以总计的话，可归纳于次一事实，即：这个戏剧，并未附合了预期的期望。契诃夫的伟大的文学技术也没有能把同时代人所熟知的社会的，政治的生活面新鲜地反映出来。所以也就没有能把同时代人的紧张的生活气氛表现出来。

新闻是从各式各样的政治阵营中被散布出来的，所以在这些批评的一般流别中，来规定每个意见的社会的基础是件难事。在以专制制度为代表的共同敌人的存在中，和官僚制度斗争，以获得政治的自由而努力的时候——在实践上，不论是在阶级性这一点上，或实行手段这一点上，个别的政治上相异的集团，产生了若干心理的统一。这不仅是认为要反对专制，政治体制的转换为必要的急进集团，或是拥护"国家之自然的长成之自由的道路"的自由主义集团而已。就是在专制的、官僚的制度中看见了对国家的生产力之广泛的发展的障碍的大资产阶级也是这样子的。那结果是，在反对政府上，各种阶级的集团统一起来了。而在这以后，在一九〇五年的革命中，是各种阶级的在政治上的活跃。

最后若能走到政治的死巷才好——这种万人共通的期望和情趣，由于这一种使人人感动的文学的动机而产生了共通的意见，把各式的使自己和唯一的敌人——专制相对立的社会集团，一时地，条件地"统一"起来了。

在对这个戏剧的研究中，批评家的期待，首先是着眼于它的根本之社会的主题。反动的机关志（《莫斯科新闻》《新时代》），认为这个戏剧的主题，在一般文学中，尤其是在契诃夫的创作中，是业已老套的，陈旧的东西。

自由主义的《俄国日报》上，在对于根本的诸人物寄给了同情的时候，接受了这个戏剧的主题。而和这相同的态度，在报纸《俄罗斯》上所揭载的恩菲且阿多罗夫的论文中也可以看到。

"若是艺术剧院，在大门口需要悬挂匾额的话，那么倒不妨介绍中世纪的钟上所写的文字：'Vivos voco，mortuos plango'（向生者致敬，为死者悼念）。mortuos plango 是指契诃夫，而 Vivos voco 则就是高尔基。在《樱桃园》中，虽然是俄罗斯的、智的，但把破落了的贵族阶级埋葬了；虽然是美的，但把无为的、非实际的'向生活离开了的生活'埋葬了，是在怠惰者的墓上建立的在他人的背后发散着兰香的纪念碑……这种铁一般的必然，是当然的，无可愤懑的。生活的轨道，以其必然的和不能更动的重量强压着他们。——不过，不论是悲剧的孤立无援（他们在轨道下这种孤立无援原封不动的横陈着）也好，死气沉沉的服从也好，温良也好，都是以恐怖和怜悯充塞在心中的。……自然，感伤，徒劳，也都是出于无心的本能的怜悯。"（二二〇号）。

对于这个戏剧的根本的主题之被印刷了出来的批评，在检查的报告中，根据官方的评判，而被封禁了。在一九〇六年，《樱桃园》在平民的剧院的舞台上的上演被禁止了。那理由是，根据检查的规定，因为"这个戏剧以明显的色彩描写了贵族阶级之退化"。

实际上，若是谈到这个戏剧的根本主题的时候，批评家们，则是众口一声地以肯定地，虽然有各式各类的标准，来评价这个戏剧的。关于这个戏剧的其他侧面的意见，则还带着谦逊的甚至否定的性质。

首先，是这个戏剧在整个的调子上被感到不满。奈阿多木斯基在《和平之路》上写着，在关于渐次在退场的阶级的代表者的描写中，这个戏剧的判决还不十分严刻。

被契诃夫所描写了的贵族阶级的崩溃状况所压倒了的《新时代》的批评家们，要求从所形成了的状态表示出明确的出路来，在一般上，戏剧中所存在的明朗的从容的调子，感到因缺乏精细而不满。

只有有着教化的倾向的杂志《家族》，拥护这个戏剧中所描写的悲哀的抒情调子，承认在对于过去的文化上，这是作为这个作家的一般性的态度。

假如"过去"，根据批评家一般的意见，在《樱桃园》中已明白地清楚地被描写了，然而"未来"，在反动阵营（《莫斯科新闻》）的批评家看来，依然还是不明白的。

"在契诃夫的场合上，是像往常那般的，虽则看到了照例的未来的光明，——然而却是极端模糊的。"（一九号）。

首先是对未来的具体的表现者的戏剧中的诸人物感到了不满。根据批评家的一般意见，契诃夫在陆伯兴上是失败了。——现存的资产阶级制度，在阶级的诸势力的新的配置之中，是由这个陆伯兴的行为而被决定的。陆伯兴的形象，必须是被探求的新的东西（这虽然尤其被各式各样的规定了，和评价了，然而却是在所有的东西上都被感到了的）的象征才行。正因为如此，陆伯兴的形象之具体的诸特征，才被种种集团的批评家们，各式各别地接受了。

是新的自觉阶级之到来的象征化的这个戏剧中的年轻的一代的人们，也被感到了不满。在急进的各机关杂志上，这个不满，是要从"新的"时代中，看到和过去决定的决裂着的人物这种欲望，所以必然要产生的。奈阿多木斯基写道："《樱桃园》之严肃的艺术缺点（Minus）之一，便是年轻的世代的代表者们"，因此，把安蕘，"被描写成一个太伤感，太不明了的欣喜的女孩子"，特罗菲莫夫亦不过单是被当作"自负的高尚的人"，描写成一个在"不死"等问题上"老是在说教没有完"的男子而已。

稳健的自由主义者，看到了在无学识中的"年轻人"的缺点，从祖先们的罪恶——从无为中脱离开来。渐次在没落的阶级所固有的"无为"，若依照契诃夫所创造的概念，甚至在渐次到来的阶级的代表者的身上，扩大了。——关于这一点，《俄国思想》的批评家这样指摘着。

对于由契诃夫所形成的"未来"的描写的失败，露骨的否定评价，就是要求对于这个"未来"要赋以明白的，几乎是纲领的特征，这可以在"俄国新闻"的批评中看到。

"在《樱桃园》中所住的人们身上，有着关系的一切人们，甚至连盼望着生命的年轻人——都带着不明了，或是无决断，或是无能，或是不必要这种性格。……挟持着'请明白地回答这种可憎的（或者并不算可憎的）质问吧'的要求的接近契诃夫戏剧的人，依然地感到不满。他并不能'明白地'予以解答呵！……"（伊顾那托夫，一九号）

相同的评价，像在《莫斯科新闻》及《新时代》等右翼和大资产阶级所刊行的机关志上也可以看到。尤其是从内面的不安的动机出发，对于生活的，不远的"主人们"的未来的评价。

根据"演剧和艺术"的批评家的定义，契诃夫在这个戏剧中，"并没有歌颂了活动的天性的赞歌"，所以，"我以为契诃夫连特罗菲莫夫那样绝望的人物都不能想到……'没落了的贵族'，在各种意味上都是没落的了……"（库格里，第三号）

最后，这个戏剧，在《新路》的批评中，关于特罗菲莫夫的形象的处理方法，受到了非常辛辣的非难。

在关于特罗菲莫夫的形象上，在引用批评家的批评的时候，必须要考虑到这回事情：契诃夫在写作这个戏剧之时，关于学生的"不自然性"曾感到不安，他害怕会有某几处"由于检查，怕要被抹杀"。像我所已指出的那样，他在给克宜碧尔的信中曾这样写道："特罗菲莫夫不是常被处流刑，被从大学中赶出来吗？这个人物要怎样写法才好呢？"（一九〇三年十月十九日）

而事实是，检查把这个学生的道白的几处地方，给删去了。从第二幕的特罗菲莫夫的道白中，下面所引的言语（有傍点的地方）被弃掉了。

"……大家都很认真，大家都很严肃，他们只拣大题目谈，摆出哲学家的派头，可是在他们的眼前，劳动者们吃着恶心的东西，三四十个人挤在一间小屋里，光身子睡着。到处都是臭虫、恶臭、湿气和精神的不洁……"

在相同的第二幕的特罗菲莫夫的道白中，失去了如此的地方：

"整个俄罗斯是我们的花园。……掌握着活着的灵魂，——一向活着的，现在还活着的你们一切人却都渐次地在改变⑭了。而不论你的母亲，你，你的舅父，已经不注意你们是靠举债呀，别人的钱呀，不能登堂入室的人们的钱来过活的⑮。"

这个戏剧就整个来说，当时，在同时代对于它的批评中，甚至连较之契诃夫有着急进的立场的柯洛连科也无法感到满足。在对《樱桃园》的批评中，他写着："忧郁的意识"占着这个戏剧的大部分。这个批评，虽然由巴秋西科夫在给柯洛连科的信中提出抗议，但柯洛连科却这样回答了他：

"你的那两点非难我提出解释如下：关于契诃夫，我也许写得很少，但是，我的主张是正确的。你在你的论文中，指引着对契诃夫的爱好，小心地探索着最小的粒子——'对于较好的希望'。你甚至在朗涅夫丝加亚之中，看到了已经转变。我则以为，那就是这个戏剧的主要缺点。总之，可以说，它缺乏艺术上的正确的描写，和根本的调子。我的看法，你是错了：朗涅夫丝加亚，是个毫无用处的贵族的歇斯底里的女人，幸福地跑到巴黎的情人那里去了。不过契诃夫把这个女人用某种感觉的云彩包了起来，隐没着了。在我看来，那种脱了毛的'好的未来'——是一种无所适从的，不自然的东西。那种阴影和半音！只有在根本的调子正确，力量强烈的时候，才是好的，生活在叩着门，在把它加以反映的手法上，正确是必要的。'在象征主义之中沸腾的写实主义'（奈阿多木斯基的说法）——难道要把握些什么东西？"（一九〇四年九月二日）

几乎在关于《樱桃园》的一切批评中，都这样的指摘：不管契诃夫在这个戏剧中描写了新的人物，想借这些人物来表现必然要来的未来，这个戏剧，它的各种主题的、音调的材料，根本的心理描写，艺术方法的一般手法，——在这些等等的点上，是照旧的雏形所完成的"旧的"戏剧。

在这种风气中，莫斯科艺术剧院所初演的《樱桃园》的批评，在概观中，这个戏剧，是可以肯定在一般上是被以否定的态度来迎接了的。从它的阶级立场和意识形态的倾向来判断，这个作者则是在其所接近的同时人的意识之中，正确地提出了这个戏剧的主题。契诃夫关于渐次在没落的贵族的领导权和贵族阶级的状态之评价，正是承认了资产阶级抓住了领导权，资本主义获得了权力这一事实。——正和他关于最近的未来的预测凑巧真实一样，是完全被造成了的。然而，这个戏剧之对同时代人在艺术上的明白的积极的性质，不过是被它的主题的限界所决定了的而已。契诃夫凭借了九十年代初头的、社会的力量之相关关系的状况，作为同时代人所知道的，而且是自然的，不可避免的东西所接受的地方，在本质上，不过仍然停留在强调它之作为是构成继续在动着的社会过程的一种基础的东西来接受而已。在这个戏剧之中，社会的现实之中到底是什么？还有，造成了什么样子？这就是他所谈了的。——可是，更要造成什么样子？而且在未来的斗争中，思想的胜利者到底将是谁呢？同时代人——知识阶级、自由主义者、进步主义者、激进主义者——期待着胜利，所要求的是积极的行为，合拍的腔调、鼓舞的精神，刺激的调子。这个戏剧，并没有给予这些。所以它受到了抑制。

那时，其他的主题，浸透了文学、演剧，每日的刊行物之中。所以人们看到了其他的音调。在这个时代，高尔基的戏剧《小市民》及《夜店》的出现促进了异常的成功，在对这些戏剧的无数的批评上，对于固有的英雄性的欢天喜地的评价——文学之向新鲜并且年轻的长调调子的社会的抬头，和它的若合符节的调子，证明了在革命前的时代所实现了的新鲜的样式之形态（而且被抑制被隐晦的抗议性的主题和音调，借着那种形态，以公然而完全的声音鸣响起来了），《樱桃园》则是站在这种合唱之外。契诃夫"从时代落后了"，读者之接待他的晚年作品，——就在这种状态中。

不论在这个戏剧的基础所立脚的社会主题的处理方法上，在戏剧全体的样式上，契诃夫对于和时代共感的，在短促的革命前的瞬间，极端急进的进步知识分子的心理，以至这些知识分子和一切小资产阶级的环境之阶级自决都没有找到答复的形式。其所以找不到它，是因为在这以前由契诃夫所完成的一切样式之体系（就是他晚年的作品，也是以此为依据的）业已不能适合于新鲜的主题的缘故。对于安定化了的样式之诸要，已有的支柱是极合适的。可是，另一方面，新的形态只有在旧的东西的基础上才能浸透。不过，契诃夫在这个体系的范围内却必须把这些要素善作安排，在它们的内部所生的新的性质那样的相关关系中，他对它们必须要去受理。契诃夫对这却是无能为力的。

这是因为：样式的诸要素之新的相关关系，只有作家以新的和有机的被决定了的自意识才可适合的。在契诃夫，即不能产生这种新的东西，所以也就不能内部的服膺"革命"了。所以在对于过去的文化遗产上来考察他的立场时，就可以确定出他的不能追随时代这一事实。从其一般的世界观来判断，契诃夫虽则不是彻底的激进主义者，然而却是执拗的进步主义者，抱有确信的渐进主义者。因此，在拥护继承下来的文化价值上的他的态度，并没有斩钉断铁地拒绝贵族的文化。正是这样，契诃夫在他的艺术的实践上，凭借着他的最后的一个戏剧，并没有赋予以急进的新的形式，而是在结合了多样性的样式的根源的同时，不过是把新的东西堆积在旧的东西之上而已。

注：

① 系莎士比亚的剧作《凯撒大将》(*Julius Caesar*) 中的人物。——译者

② 《万尼亚舅舅》的女主人公。——译者

③ 《三姊妹》的女主人公。——译者

④ 老 A·托尔斯泰的小说。——译者

⑤ 系纸牌之一种。——译者

⑥ 系《三姊妹》中的主人公。——译者

⑦ 布尔达斯 (Brutus) 莎翁剧作《凯撒大帝》中的人物。——译者

⑧ 系一个工厂主人，艺术剧院的支持者。——译者

⑨ 俄国名歌手。——译者

⑩ 俄国名演员。——译者

⑪ Gerhart Hauptmann (1862—1946) 德国剧作家。——译者

⑫ 柴克夫斯基 (1840—1893) 俄国民族音乐的创始人，作曲家，他的作风，糅合了俄国民族所有的一种粗犷性与优和的极端女性性。——译者

⑬ Maurice Maeterlinck (1862—1949) 比利时的象征派作家。——译者

⑭ 在最初的原稿上，虽然写的是"堕落了"，但为了顾忌检查，而加以改订了。——原著者

⑮ 这个地方，由于同一的理由，被改为像下文那样的抒情性的"无内容的"缺乏社会的色调 (Nuance) 的转弯抹角的说法："唉，这真叫可

怕。你们的花园真怕人。在黄昏或者夜间散步于这个园子的时候，樱桃树的破烂树皮发着钝暗的光，它们好像在梦中看见了一百年二百年以前的往事，一种厚重的痛苦幻影压迫着它们。哎呀，真是从何说起呢!"——原著者

第四章 结论

作为剧作家的契诃夫的意义。他的戏剧的特性。契诃夫以前的写实戏剧的特性。契诃夫的演剧观。他所采取的戏剧形式之意义。他的戏剧的素材、主题、人物。契诃夫戏剧的各特征。他的戏剧的原理和技术。契诃夫的性格描写法。契诃夫戏剧之舞台的魅力及舞台的意义。和莫斯科艺术剧院的相关关系。莫斯科艺术剧院的"内面的写实主义"和契诃夫剧。契诃夫剧和艺术剧院中的演出家以及演员的问题。两者的相互影响。契诃夫戏剧之现代的意义和价值。

我把从最初的青年时代的戏剧以迄《樱桃园》为止的作为剧作家的契诃夫的道路做了这一番叙述。契诃夫的这个道路，在其把戏剧艺术的一定原理始终认定这一点上是有意义的。他不倦地发掘那个原理，在自己的整个戏剧活动期间都在追求着。

契诃夫的戏剧艺术，首先，和他的戏剧作风的特殊性密切接合的内容的面，是特质的。

支配着契诃夫以前的写实的戏剧艺术，是有着世态的以及心理的戏剧的形式，在那儿，人生之世态的侧面的描写占着优势，或是叙述在不论是怎样的世态的诸条件中的个人的体验、行为、运命；和周围环境冲突的个别的个人之运命、心理的纠葛和伦理的纠葛，对于典型性带着微小的暗示的个人的戏剧，在同质性的、世态的以及社会的环境中那种现象的反复性——仅只这些，就是这种戏剧所具有的压倒性的情况。

因此之故，戏剧就不能超越了被限定得很狭小的世态的特性描写和个人的心理描写的限界。——而像奥斯特洛夫斯基那样的大戏剧家们，他们的立脚于心理的写实基础所创造的个人形象，在巨大的社会的概括上，也达到了长成。一般微不足道的剧作家们，他们的戏剧艺术的特性，则是不能迈出日常的生活描写，琐碎而细致，写实的作风占着优势。

契诃夫几乎从开始在演剧的领域内工作以来，就表明了对戏剧艺术的个别的要求。在作者采用生动的形象、印象式的演员的演技、以各式各样的舞台的手段给予观众以作用、把观众使之从属于自己所采取的生动的观念的时候，他就把自己的演剧活动，作为有着非常的责任的工作而理解了。在契诃夫看来，演剧——是大众的课室，那里所说的并非是偶然的言语，而是只能说重要的、有重量的、必要的言语才行。

正因为这个缘故，契诃夫所采取的，戏剧形式，是艺术上的"大形式"，那是他长期间内在自己的散文技术中未能发现的。在那个时代，彼此的阶级的集团在思想运动上所用作特质的、富于有意味的内容的作品的形态，以及关于长篇小说的见解，和这个所谓"大形式"的概念的相结合，是普通的。他的戏剧，便是契诃夫的创作中的那种"长篇小说"。

契诃夫戏剧的素材，在一般上是同质的，即是，小资产阶级知识分子的形形色色的同类、贫困化了的小地方的贵族阶级和渐渐抬头的产业部分的代表者们。不过，契诃夫把这些比较贫弱的人物的素材，扩大为巨大的艺术的绘幅，并描写出八十至九十年代的社会的、政治的诸条件中之知识分子的命运。

契诃夫获得了成功的，是对于生动的戏剧的素材所依据的新的态度。所谓作家，是把一定的个人，或被限定着的集团里的人用作戏剧的"主人公"，普通便是如此。而一切戏剧的构成，归结之处，当作性格，或当作个人的单位，而只把这些个人交代明白。世态的背景，只求努力于最善地把这些人物交代便是责任。契诃夫戏剧的基本主题——是社会的主题，是那个社会的集团的生活和状态的一般性的绘画。他的戏剧人物，是用这种方法来描写的，即在他们之上并通过他们而显现出产生他们的社会制度。

契诃夫描写着从周围的现实中采取来的活人。——描写具体的人间所固有的各种习惯、思维和感觉的个人的方法，有着自己的言语的人。——而他的每一句言语，都是活人的言语。从这些诸特征的结合来判断，契诃夫的诸戏剧，都是写实的心理戏剧。然而，生活的内面的面的描写，和在戏剧中登场的诸人物的内面的内容的表露相同，在契诃夫并不以此而自足。他为了使纠葛、人的体验的源泉、日常生活的基础赋以深刻的特征，而把彼此的东西互为利用。他的使戏剧深刻，使戏剧具有特殊的内容，充满意义的东西的地方，常常使我们感到戏剧的思想性的图面——是第二类的图面，同时也是根本的图面。日常生活的素材呀、心理的材料呀，在契诃夫看来，仅就是作为对根本性的思想的摇撼的冲击也是必要的。契诃夫不仅致力于同时代人的外面的形姿，而且也致力于他所观察着的现实社会的形态。契诃夫把自己戏剧之现实的素材，以它们之社会的特性的描写来贯穿之，而且把它们化为一个结节。因之，他的心理的写实性的戏剧，在实际上便成为社会的戏剧。

把戏剧作为所观察到的环境和全时代的生活的、思想的、普遍的特性描写的那种契诃夫的根本志向，使之创造了新的戏剧形式，使之以新的方法构成了戏剧的行动。

我曾指摘出：契诃夫戏剧的中心所在，并不是个别地被分开的个人的命运，而是那些同质的社会群体，某些集团的运命。在《万尼亚舅舅》《三姊妹》《樱桃园》那样地契诃夫后期戏剧的雏形中，并不是只是有着唯一性的主人公，虽则是心理的、世态的，然而在处理戏剧的根本主题上，则是以重要的、类似的、甚至不同的诸特征，从众多的"生活"中来形成的。

在这样的意义上，契诃夫的戏剧，是"无主人公"的，集团的。契诃夫在创造戏剧的时候，他把所提出的每个人物都赋以特征，描写了人和社会的，世态的诸条件的关联，因此，从这些集团的特性描写和关系的结合中，才产生了明了地包容时代社会的面的某种重要层的生活的戏剧。依照契诃夫的想法，深刻的社会的、世态的原因，是引导众多人物到相似的体验和相等的结果的东西。而它则是以最妙的方法被描绘在时代集团的肖像之上。而且在契诃夫的戏剧中，都没有中心人物。所有一切登场人物，和没有具有优美的性格特征的人物相同，大半是同权的。——那是些普通的人，是"中间的"、典型的人物。

契诃夫对于自己戏剧的人物上的素材，是这样的选择人物这一点上，是他的在今天还包含在剧作上的一个原理。即是，戏剧必须要求最大限度的正确这一点。

在自己的散文创作之中，契诃夫安置了批判的写实主义之根源，倾出了异常广泛的日常的蕴蓄，以自己的非常巨大的范围的艺术描写造成了最为精细的观察。他把这同一根源导入了戏剧之中。所谓关于生活所谈的真理，——这是在契诃夫的面前有着责任的目的——为了实现这个目的，模仿人的内面的以及外面的真实是作家的责任。内面的真实就是——对于灵魂的秘密的动静，亲近的体验，微妙的思想等等之完全的和深刻的知识；外面的真实就是——由言语的悠扬，动作来描写人的性格和人的行为，在琐碎的世态的细节中看见决定它们的骨骼的能力。作为经济使用文字的艺术家的契诃夫，占有着最巧妙地描绘外面的人和内面的人的技术。而他的这种特殊性，完全表现在他的戏剧中。契诃夫格外注意的是，他的戏剧中的诸人物要新鲜和多样，那些人物的言语要是性格的，适合深刻的内面性质，而且行为要由性格的本质那种东西用内和外的变化来表现每个侧面。性格的最为纤细的色调，他所选取的诸人物的最为美妙的描写，这些东西是在契诃夫的戏剧艺术中所固有的。他凭借着舞台形象和舞台言语，为了表现最为单纯的人类感情，把它们的音阶予以异常的扩大了。

契诃夫在戏剧艺术中所提出的、新的写实的要求，新的、较为复杂的心理课题，就必然地要使他把和他同时代的写实的戏剧予以批判的再检讨，更进一步地把那种构成的基础来破坏。

在把戏剧之中的现实生活之真实予以肯定的途中，契诃夫脱出了戏剧艺术的条件性手法。生活的素材，受到舞台的特殊条件的影响，要使适应这些条件，需要改作，使之样式化，在每个场合成为舞台的定式。

契诃夫在戏剧的形式上，是使现实生活之基础复活。在究明新鲜的性格的同时，是否定了复杂的戏剧题材，否定了错综复杂的脉络，这些都是基于以上那种结果的东西。契诃夫全部戏剧的题材，是一心一意地"无内容的"，脉络力求其简单的。而在"事件"的进行上，几乎就没有所谓出乎意料的转换和效果性的语句这类东西。契诃夫往往丢开例有的舞台条件，把戏剧的行动转换为向最为单纯的世态现象靠拢。契诃夫否定了被认为所有戏剧作品之构成的决定条件的、外面紧张、题材被分裂的戏剧"行动"的发展。他的戏剧，不带有被浮雕地表现出来的外面的动作。成为戏剧的原动力的线索，是在契诃夫所描写的——向内部的扩充，诸人物的体验，他们被推察的而不常完全地被表现的无限的个人的纠葛，以及情绪的高扬、低下之中。契诃夫的戏剧由于戏剧的内面的力学，内面的、情绪的发展，内面的运动而异常有效力；他的戏剧的外面的、静的进行，表现着庄园的、地方的、知识阶级的、都会的生活所固有的沉滞的、迟缓的、没有"事件"的、和眼能看见的动摇的生活节奏。

被引入戏剧中的诸人物，他们的内面性的、亲近的"戏剧"上的戏剧的构成，带有另外的结果，即是，舞台的道白和对话的研究（在那种研究中，诸人物的道白，常常并非是限于作为整个的性格，或是谈出根本的思想感情，把人物的一定状态之内容完全表现出来的）。和"开门见山的道白"与表示人物所感动的直率的意见相并的，所谈的话，和非谈不可的话并不相一致；在谈着人人都感兴趣的事情中说着另外的事情的时候，这便是"被隐藏了的"道白那种东西；而一边在谈着一件事的时候，一边在想到旁的题目，那个题目，形成了"内面的会话"的时候，便是"间接叙述"的道白那种东西。这种第二种的，借着言语而完全没有说出企图来的对话，在登场人物的对白中常常有。内部性的题目之"潜流"，便是契诃夫戏剧的道白特别复杂的、在舞台上异常性的东西。

性格之外面的表现的不完全，作为人物之内面的状态之标识的个人动作，对于在亲近的东西上作为关键的少许的"偶然的"言语——这些东西，是在契诃夫戏剧的舞台形象上，造成易于变化为次一瞬间，赋给了一种所谓不安定的特征的东西。——而各种形象的中心性的唯一线索，把戏剧的进行，唯一"贯通"的行为，便是人物的那些微小的特征化合而为统一的性格。

依靠了表示和构成性格所具的特殊性，契诃夫干脆地抛开了在他以前的戏剧上所常有的登场人物的特性描写法。

我谈了契诃夫的诸戏剧是在内面的、情绪的发展上被组织的情形。契诃夫认为重要的，是较之任何行动的外面的形式，不如戏剧中登场人物的情绪体验，这些体验之多样的表现形式；把这些体验传达给观众，是有传染的可能性的。正因为这样，所以在契诃夫的场合，进向舞台行动中的情绪紧张的标识，便是依靠在瞬间的纵露中所给予的，明亮的、情绪的道白，个别的感叹，叫声，作为深刻的内面感动的印记的抒情的应答，或是抒情的思索，等等——把这些导入，就是戏剧构成的特质之特殊性。作为人物内部所有的深刻感觉的标识，作为把这些感觉对观众"抑止"的方法，把戏剧中的动着的情绪之直接感觉，作为向观众传达的手段的间憩（Pause），尤其多样地、广泛地被他所研究。戏剧之情绪的构图，则是以世态的，有时是非常自然主义的音响，以及以生活的、闪光的音阶的凸出的表现为基础的丰富的、音的、闪光的诙谐而强化的。契诃夫的诸戏剧，由于它的构成的这种特殊性，而被导入一个音调之中。唯一的表现形式，是把观众在一个情绪的调和上合调，不仅使观众眺望单是在舞台上所表露的生活之外面的材料，而且使观众要直接感到这种生活之通常短调性的"音乐"和"灵魂"。生活的、世态的材料，为了是要通过作者的世界观、感觉和素质而加以过滤，所以在契诃夫的戏剧中，被抒情化，而成了诗的材料。

契诃夫，一似并不明白他以前的演剧的那种被凝缩、有机地被结合、调和地被解决的形式那样的，创造了独自的戏剧形式。这是可以明白地予以肯定的事情。他的戏剧，因为由于是和它的内面的特征是相结合的，所以非常复杂，在体裁的意义上，不易做出规定。若是从它的思想倾向加以判断的话，虽然必须认为是社会剧，但是从材料、构成、主题的薄弱，世态的诸关系最为素朴地被解明这一点来判断的话，则可以被规定为故事剧。而从占支配性的表现形式来看，则可以认为是抒情剧。

契诃夫的戏剧还有一个特征。那就是：与其说是仰赖戏剧的各个侧面所被形成的特征，毋宁说是把戏剧的根底所安置的现实素材，作者之从"人世化"的方法之种种结合所产生的那种特征，也就是我在本书的开头作为社会的乐天主义所规定的、对于某种人生从作者的一般的见解所产生的特征。在契诃夫的诸戏剧中，舞台的"魅惑"、特别的人生牵引力、强烈的精神力，非常之丰富。作为对于契诃夫的创作有着异常深刻的看法的批评家——坦兼诃，在正确地评价了契诃夫的戏剧艺术之舞台的音域的限制性时，对于他的舞台的"魅惑"曾有这样的记叙："契诃夫，在艺术剧院的老观客看来，是富于魅力的舞台作家最为显著的例子。他的那种所谓个人的作家的魅力，是和作为非常坚强的艺术家的个性相结合的东西，例如，和陀思妥耶夫斯基相比较——他有着后者的心理兴味的特色，和托尔斯泰相比较，他有着托氏所仅有的舞台境遇；就是奥斯特洛夫斯基和果戈理的剧作上的技术的卓拔，他也具有着。"史坦尼斯拉夫斯基则就契诃夫的戏剧对未来生活上具有伟大的理想性的空想这一点上，认为契诃夫在"常借了它的根本的、精神的旋律，不仅说出了偶然的东西，部分的东西，尤其是说出了人生"这一点上，是他的魅力所在。被契诃夫所创造的、而且是近代的演剧必须要在舞台上体验不可的戏剧艺术的特殊性，就是以上所叙述的。在别种传统中所培养的有着别种创造概念的旧演剧，凭借了应时对景的舞台形象，不可能将契诃夫戏剧的独自性的构成，他的对于性格的处理办法，他的戏剧艺术的美学的基础予以再现，是昭然若揭的。把契诃夫的戏剧以旧的导演法和旧的演员的演技法在舞台上再现是不可能的。——那结果，是不可避免地，要在舞台上招来失败。不过，到了九十年代的时候，契诃夫把新的戏剧形式，作为表现和这个国家的产业抬头一块成长起来的小资产阶级的思想所用的形式而产生时，——在相同的基础上产生了莫斯科艺术剧院。这个剧院，反映了在夺取了贵族阶级的立场上，强化着自己的统治，在俄罗斯以及欧洲文化的前卫性的素材上，创造着自己的文化价值，凭借着新的艺术形式，来巩固自己的美学思想的产业资产阶级的志向。

剧作家和剧院的思想倾向和艺术倾向的相一致，至而在这以后作为剧作家契诃夫的成长和艺术剧院的发展，也是非常有机地结合着的。这决定了艺术剧院之必须达到决定性地否定表示行动的传统方法和舞台演技的普通方法这种思想不可，必须颠覆旧的演剧规范，发现新的演剧原理和方法。

在剧院发现这种新的东西上起着非常的作用的，就是契诃夫的戏剧艺术。——而在这一点上，契诃夫给予了艺术剧院，一般说来是最近四十年来的俄国的剧院，以及世界的剧院以巨大的影响。

在着手于契诃夫戏剧的工作的时候，艺术剧院的领导者们看到，他的戏剧的素材、形象、主题，并不能用普通的演剧手段，旧的演技法来传达这一情况，要适合于这些戏剧的新的构成的材料，新的艺术的形象性，就必须要研究在演剧上前人未知的，独自的舞台方法不可。剧院学习了：从契诃夫戏剧的独创性的、新鲜的、现实的材料中，借着对于真的生活之真实的观察，以能说服观众那样的手段来描摹。这个场合，剧院并不采用单是依靠自然主义的言语，把现实在舞台上加以故事化那样的方法。而是依据了原来的世态经验，开始为了社会性的意义，追求把它照原样显示出来的世态的诸要素。根据坦兼诃的说法，剧院是把纷繁的世态的细节，单是以理解"构成戏剧的世俗的面的背景，那里的情热，或是情热之表现所由发展的背景"作为自己的任务。剧院理解了：在契诃夫的戏剧中，不能单是表示生活的表面，它的世态的面而已，而是先要明了生活的以及思想的旋律才是重要的事情。剧院学习了：在再现生活的表面性的真实的时候，同时要给予对于参加这个现实的人的内面生活有关的完全的见解，要表露他们的内面的形象。依据史坦尼斯拉夫斯基的规定，这个剧院达到了"内面的写实主义"。

在解决新的戏剧艺术和新的舞台所有的根本课题中，剧院研究了许多独自性的舞台原理，而且付诸实践。因之，契诃夫的没有主人公的戏剧，登场人物立脚于某种集团的戏剧构成，在演剧的构成中演员的结构，在演剧中变成一个音调的意义的调和的、集体的演员的演技这些点上，尤其使导演们烦恼。而导演的问题，就成了根本的问题了。导演一面在考虑着自己的全体所有条件，自己的演技面积的可能性，在总的方面戏剧中所包含着的表现效果等等，是作为指挥者而登场了。一边注意着成为内面的真实的生活的"表面的"真实，艺术剧院的导演们，一边异常新鲜地研究了世态的角色，发现了许多世态的、舞台的细节，大胆地利用了光和音的表现性的面，巩固了多样的演技法。史坦尼斯拉夫斯基以为，"契诃夫无论在生活上和演剧上，给予人的灵魂巨大的影响的，是发掘了我们对于舞台上的事物、音、光的生命的知识，很深刻。黄昏、日落、日出、雷雨、雨、早晨小鸟的最初的啼声、走过桥的马蹄声音、马车出发的声音、钟的鸣声、蟋蟀的叫声、警钟等，在契诃夫看来，并不是为了表面性的舞台效果而有此必要的，而认为是向我们显示人的精神的生命而才有此必要的。"

在契诃夫的演剧中，演员的演技问题，也必须要有新的解决才行。在契诃夫的戏剧中，没有具有着异常明了的感情的优美的人物，缺乏"绰有余裕"的角色，和丰富的"演技的"契机。

"在他的戏剧中，在追从被深刻地置于内部的主要精神动脉而进的时候，必须要是生活的，存在的。"——史坦尼斯拉夫斯基这么确定着。乍一看来虽然是普通的，但在个人的构图上，则是非常戏剧的，在社会的构图上，是——具有着非常有意义的体验的平凡人的平凡生活，为了它的舞台的解释，预想着新的演员心理，深刻的人生自觉，与多样的演员技术。要能把契诃夫戏剧的情绪的音响和意味上的音响传给观众，只有靠演员的教养。关于这一点，史坦尼斯拉夫斯基曾这样说："契诃夫戏剧的演剧魅力，不是用言语就可以传神的，而是在言语的底下，间憩的中间，或是演员的眼神，包含在隐藏于他们的内面的感情的放射之中。而舞台上没有生命的事物呀、音呀、背景呀、演员们所创造的形象呀，戏剧和全部演剧的气氛呀，从这里才会得到甦生。在这里，一切都在创造的直观和艺术家的感情之中。"这样的艺术家的感情所需要的支柱，借了契诃夫戏剧的言语素材可以得到，虽然，那些素材，不管它是明显地如何"贫乏"，要正确地传达出说话的人物的体验的性质，内面的规律，感情的"论理"，为了发展这些情热的主题，正确地说来，只能设定这一种可能的道标。关于这一点，克宜碧尔方面的话可以证明："契诃夫的诸形象，都是被深思熟虑了的，连最琐细的细节都可以被人感觉到。而登场人物的应答，都是被推敲了的，而且是明了的。换了话说不行，多加一句也不行。每一句每一句——都是'极有价值'的。它是最好的保证，是在舞台上的卓拔的自觉的最忠实的担保。"

这样，契诃夫的独自性的戏剧艺术，产生了新的演剧，而新的演剧之产生，使演剧在这以后走向与它相同的方向的发展。这是因为，业已在演剧存在的时代所产生的契诃夫的新的诸戏剧，以更加洗练的戏剧艺术的新模范贡献给了演剧。

然而，这个过程的其他侧面，即：艺术剧院，艺术剧院的导演上的原理和方法的全部体系，艺术剧院的整个艺术家集团的有教养的人物等等，所给予契诃夫所创造的戏剧艺术上的不断的作用，也必须要注意。何况，剧院和这个剧作家意气相投，而且从根本的美学倾向和艺术劳动原理来看，同质的剧院所具有的影响——是毫无疑惑的余地的。这种影响，从《三姊妹》和《樱桃园》中之作者的艺术形象的对于演员的个性"适应"上来看也很明白。而这种"适应"情形，从契诃夫的书简中来推究便可得到。这种影响，由剧院的领导者们对他所提议的角色的改变，作者之屡次地承诺来看更可以首肯了。还有，从契诃夫晚年在戏剧构成上，在那个时代根据剧院所研究的演剧在导演上之解释的舞台方法而加以利用这点来看，更是昭然若揭的。这个剧作家，有了使和自己的艺术的意图合一的舞台的解说者，剧院则发现了"自己的"作者。而且，这个作者的艺术形象，因为认识了新的舞台原理，而产生了最好的素材。——正是这样，一八九〇——一九〇〇年代，以及一直到最近的时代的观众，才得到了有着可惊的感动力的演剧，得到了使他们真正感动的，具有着高度艺术性的剧院。

这个剧作家和剧院的技术，一直流传到今天。就是在今天，我们对于艺术剧院的契诃夫剧的美也不得不加以赞叹，不过，这些演剧之意味上的本质，在其中所有的生活的"真实"，已不复能使我们感动了。生在完全相异的时代的我们现代人，对于过去人的悲哀、苦恼、希望，是不能有动于其中的。

不过，这并不是说，契诃夫戏剧的高尚的价值，有所损减了。而是以新的性质出现在我们的面前了。即是，作为最近的过去的非常正确的纪念碑，作为关于俄罗斯的生活的苦难时代的真实的历史记录，借《万尼亚舅舅》中的阿斯特罗夫的话来说，"把自己的生活，简直是糊糊涂涂地，别别扭扭地度过了"，而且没有"发现获得幸福的方法"的人们，他们所轻蔑的生活，为了将来的人类的较好的生活他们的热烈的希望，关于这些等等，作为敏感的现代人衷心所要的证明而出现在我们面前了。

对于新的读者和观众，契诃夫的戏剧的具有高度的认识力，是没有议论的余地的。而在今日年轻的剧院面前，去发现契诃夫戏剧之中所隐藏的大小思想契机，和它们各种社会意义，则是一种具有巨大意义的有责任的任务。

而在关于这个工作上，本书总算再一次地对契诃夫的优秀的剧作上的技术，——创造了活生生的人，把大的内容包含在小的言语之中，使个人的戏剧变化而为社会的戏剧——他的这些值得注目的技术做了一次剖示。

译后记

本书是根据日本熊泽复六的译本转译的，是第四版本，东京高田书院刊行。译文曾请了懂俄文的友人，校正一过，凡日译本有可疑之处者，悉皆按原本订正。

关于作者巴鲁哈蒂，我对他的了解很少，只知道他是苏联的契诃夫研究家，科学院的通讯院士，他的一篇论文——《论契诃夫的生活和思想》，曾有梁香先生译文，现收光明版《契诃夫小说集》第一卷中。

附录的年谱，是采自 A. 迪尔蒙的《契诃夫传》，依据日本大琢博人的译本所译（东京日下部书店版）。至于巴氏原书所附的年谱，我国亦曾经节译，录在文化生活社出版的《契诃夫独幕剧集》中。

肖像和手迹则采自原文本。

作为附录之二的方典先生的《关于契诃夫与艺术剧院》一文，可以帮助读者深入一步地研究，使我们对问题更加深思。承他的允诺准把他的研究成果附印在这个拙劣译本之后，我是很感谢的。

巴氏的这本书，在分析契诃夫戏剧的思想和技术上，曾负有一时之誉，这个译本，愿贡献给我国研究契诃夫的同好作为参考。译文中不妥之处，并祈读者为之指正！

译者 一九五一年六月十七日，夜记。

契诃夫手记

新版题记

这本《契诃夫手记》是我过去的译品，一九五三年五月曾印过一版。转眼之间，到了一九五五年，我突然地离开了书籍、工作、友谊、家人等等，被送入我在青年时期曾经三度进出过的地方。岁月不居，几经辗转，一晃就是二十多年，当我重新生活在党的阳光下的时候，偶然从图书馆的"内部书"库内找到了这个译本，就像在街头碰到久已失散的亲人一样，我的眼睛里涌出了一个老年人的泪花。我望着译本里印的契诃夫像，想到很久以前读过的这个俄罗斯作家的一段话："一个人没有什么要求，他没有爱，也没有憎，这样的人是成不了一个作家的。"这句简单明白的话，曾被我当作金玉之言，它启发了我，又支持了我，使我从漫长而坎坷的人生道路走了过来，像一个人那样地活了过来，我是多么感激他啊！

在一九五四年，就是这个译本出世的一年多以后，我曾为一家报纸写过一篇短文，谈了我对这本小书的学习心得，这是读书札记一类的东西。在这次修订这个译本的时候，我记起了它，从图书馆尘封的旧报纸堆中找到了它，自己反复看了几遍，觉得还有些意思，就提起笔把它重新抄录了出来：

亚历山大·库普林在他的回忆契诃夫的文章里谈到契诃夫的创作时说：

"他从哪里得到他的印象？他从哪里找到了他的警句和比喻？他根据什么铸造在俄罗斯文学中他那独一无二的精美的语言？他对任何人也不谈，他从来不提他的创作方法。据说他身后留得有许多手记本，也许将来总有一天会在那些手记本里找到解开这些疑团的钥匙。"

库普林所说的这些手记本，终于在契诃夫逝世后，由契诃夫的夫人克宜碧尔加以整理，在一九一四年出版了。这是研究契诃夫的一种财富。

被列夫·托尔斯泰称为"没人能比的艺术家"的契诃夫，首先是一个伟大而纯洁的人。他由于热爱和关心生活，对人生自觉的责任感，有把当时生活"翻过来"的要求和信心，所以他的敏感力是从他的高贵的社会责任心来的，这样他才写了他的手记，进而写了创作，而不是简单地为了创作而去写手记的。或者说，他写手记，是为了对生活认识得更深刻些，清楚些，抓住生活中的突出特征，整理自己的印象，表示自己的态度，正是这些要求，他才勤恳地写下手记。

因此，据库普林说，契诃夫劝告作家不要在创作上光靠手记过活，"要靠记忆和想象"，创作不是照抄生活，当然更不能照抄手记本了。在他的创作里，利用手记上的东西的时候，往往有很大的改变，这就是最好的说明。

契诃夫是一个始终生活在人民当中并自觉地为人民服务的人。他为自己的医生身份自豪。他送给高尔基的一只表上刻着"契诃夫医师赠"。他关心人，和各式各样的人来往，由于在生活中自然地熟悉了人，养成了他的深刻的观察力和概括力，所以一提笔就能简洁有力地深入到人的本质中去，不仅写出人的性格，而且活画出人的灵魂。他写自己的手记，进行得认真而严肃，并不是拿着一个小本子到处跑，不假思索地记一些浮面的东西，马上把它变成"创作成品"；或需要写什么了，才临时东奔西走地找个模特儿来，照抄到作品里去。我想，这是他在艺术上获得辉煌成就的原因。

他的手记，每条都很短，甚至只有一句话，是所谓"比麻雀鼻子还短的东西"，但正如高尔基所形容的，它们是些美丽的精致的花边，是经过深刻地提炼后的产物。

他的手记，只记生活中成为特征和突出的部分，衣服头发之类的细节，按照他自己的说法，则是在进入创作时自己生出来的。

契诃夫在手记里所记的东西，不仅是看到和听到的事物，还有他所感到和思考的东西。就是他所记的属于看到和听到的东西，也是经过他的感受和思考才记下来的。它们又都是一律从所谓生活的密林里提炼出来的。

在他的手记里，另外还有抄自书本里的东西。就是说，有读书杂抄之类的东西。契诃夫有渊博的学识。这说明一个作家不仅要熟悉生活，还要有广博的知识。契诃夫在这方面，也是一个模范。

手记所用的语言，一如他的创作中的语言，是日常的语言，简洁而朴实，富于诗意，如"天下雨了"之类，用得很自然，正像人在生活中所说的那样，他从来不按照修辞学的规律浮夸地去写什么。

契诃夫的手记，正如他的作品，色彩鲜明而简洁。他能用朴素的笔触一针见血地透入到事物的本质中去，无论是对话、记事、人物、情节、警句、题目，都是富有特征又具有高度概括力的东西。它们独立起来可以当社会杂文读。

契诃夫手记，作为杂文来看，它的精神特色，正是契诃夫全部创作的特色：愤怒中的自持和出于纯洁心灵的乐天的幽默。它的重要价值，正如高尔基所说：它们是对生活的鼓舞和热爱。他用人民的强大的道德力量，告发了庸俗和罪恶还在占着胜利的时代，同时也预祝了善和美胜利的时代。

契诃夫对伊凡·蒲宁说："人得不怜恤自己地去劳动。"对于这个用自己的辛勤劳动忠实而正直地完成了自己人生责任的劳动诗人，对于这个要求人要"头脑清楚、心地纯洁、身体干净"的作家，我们是永远敬爱的！

我那个旧译本，主要是根据日本神西清的日译本转译的，它出版于一九三八年，是个订正本。另外也参照了 S.S.Koteliansky 和 L.Woolf 合译的出版于一九二二年的英译本。这次重印时，我原来依据的这两种文字的译本，早已不翼而飞，不知流落何处去了。临时借到 S.S.Koteliansky 和 Leonard Woolf 合译的英文本《契诃夫手记与高尔基的契诃夫回忆录》(*The Note-Book of Anton Tchekhov Together With Reminscences of Tchekhov by Maxim Gorky*, The Hogarth Press , 1921)，我又据此做了一次校改，有些条目并做了较大的改动；由于江礼旸同志热情的努力，又由他找到苏联国家文学出版社一九六一年刊行的《契诃夫全集》第十卷的印文，做了一次校对，并补译了一些注文。由原文校勘的结果表明，日译本较英译本译文严谨和忠实。在两种译文中，有些意义相反的译文，也借此得到了核实。

这本《契诃夫手记》，是契诃夫的文学创作备忘录，契诃夫夫人在一九一四年整理出版的印本，显然是经过严格选择的，它本身有其独特的存在意义和历史价值。此次重印时，我请江礼旸同志选译了收录在《契诃夫全集》本中不见于旧刊本的若干项有文学和社会意义的条目，作为《补遗》，印在书后。这样，这本契诃夫的文学备忘录，内容上就更为丰富，显得更完备了一些，使译本生色不少。为了使译文的风格和语言尽可能求得协调和一致，这部分译文由我做了一些必要的校订工作。

旧译本的两则《附录》——契诃夫妻子奥尔加·克宜碧尔·契诃娃写的《契诃夫的临终》和契诃夫的弟弟米哈伊尔·契诃夫写的《契诃大和他的作品中的题材》二文，也仍然附在书后。我当时是根据英译本转译的，我的藏书早已荡然无存，一时又无处找到原书，只好做了一些必要的文字校改，当作纪念品留在这里。当时为译本写的《译者前记》，那里面也向读者交代了些东西，所以仍然保存下来，也算是敝帚自珍的意思吧。

贾植芳
一九八一年三月中旬在上海

译者前记

　　这本小书是契诃夫死后，由他的夫人、俄国优秀的演剧家奥尔加·克宜碧尔·契诃娃经手整理出版的。无疑地，这本小书的出版，为研究契诃夫的人们贡献了一种财富，因为它是契诃夫创作成熟期的作品的索引，我们从这里可以发现他的许多名作的影子来。另一方面，对于我们练习写作的人，这是一种可贵的帮助，——如何把生活的现实表现为艺术的真实，就是说，作家带着自己的目的意识性，如何认识生活，把握生活，描写生活的过程，从这里可以获得一些借鉴和参考。从这本小书中，我们可以看到契诃夫如何以他的庄严的人格力量和乐观主义，站在十九世纪八十年代的黑暗反动的俄罗斯现实中，坚信着人类美好的明天的形象，——作家的生活态度，和他的片言只语中所闪烁的、根植于崇高的道德心灵散发出来的作家的智慧的光芒，以及那深刻的人生批评和社会批评力量。

　　《手记》，这是契氏在他的严肃正直的生活中随手记下来的瞬间的感触，将来作品的腹稿，速写，也包括了他的读书心得，以及从别的作家的著作中所抄录的拔萃。《手记》的时间，是从一八九二年到一九〇四年，也就是他从库页岛旅行回来的第三年，即写了名作《邻人》《六号病室》等那一年起，到《樱桃园》上演那一年，即他死的那一年为止的期间。这是他在创作上最成熟的时期。

另外，在契氏所遗的手稿中，发现了一包题为《题材·凝想·杂记·断片》的稿子，内容一如《手记》，年代也大致相同。

　　这些笔记式的东西，契氏看得很贵重，他把它当作特殊的笔记本，其中大部分写得都很工整；凡是已在作品中使用过的部分，他都亲手把它涂掉了，至于在作品中变化了样子而使用过的部分，则仍旧保留着。感谢编纂者的周详的努力，使我们今天有机会看到这个笔记的全貌，例如《三姐妹》的台词，从这里我们就可以看到契氏创作过程之一斑。

　　《日记》部分则是从一八九六年到一九〇三年的东西，即是他写了《我的生活》，发表了《海鸥》那年起，到写了《新娘》《樱桃园》那年为止的期间。这里译出的部分只是一个抄本，但是内容和体式和前两部分酷似，联合起来加以研究，更可以较深入地看到契氏的生活和文学风貌。

　　译文所依据的主要是日本神西清氏的日译本（东京，创元社版，一九三八年刊），是个订正本。神西清氏是日本优秀的俄国文学研究者，也是俄国文学的翻译家，他对于屠格涅夫和契氏都有独到的研究著作。一般评价，他的译文还算严谨。另外，也参照了 S.S.Koteliansky 和 L.Woolf 合译的英译本，这两个译者合作所译的英文版俄国文学著作，在我们也不算陌生，但好像是一个人口述一个人执笔那样的合作者，译义和日译本比较起来，不仅在篇幅上少了一些，而且内容上也有些差别。一般地说，英译本不如日译本细致、完整，有的意义则恰巧相反，这两个英译者好像采用的是意译的办法。译者根据自己的理解，凡是两种译本有差异的地方，都反复斟酌，加以取舍，大体上是依据日译本译的。《日记》部分，为英译本所无，完全是根据日译本译的。注释方面，英译本较少，所以大部分是来自日译本，至于译者自己所加的注释，则都加以标明。

　　这本书俄文初版本的出版期间，是一九一四年，即十月革命以前的三年，契氏死后的十年。译者曾到国际书店去找过原文本，但不可得，所以现在只好暂以这个转译本为满足了。

　　关于两个附录，也是为了前述的目的——认识契氏的生活和创作过程，临时译出加进去的，一篇是契氏夫人的著作断片，一篇是契氏的弟弟米哈伊尔·契诃夫（Michael P.Tchekhov）在革命后的一九二三年写的，米哈伊尔写过一本契诃夫事迹，是一本研究契氏的很好的著作。这两篇译文，是根据 S.S.Koteliansky 和 Philip Tomlinson 所辑译的英文版《契诃夫生活和书信》（*The Life and Letters of Anton Tchekhov*, Cassell & Co.Ltd. London 1928）一书译出的。这里面还有米哈伊尔写的另一篇《契诃夫与戏院》，因为怕篇幅太多，所以不加进去了。

这是一本难译的书。对于在翻译过程中为我解决疑难的朋友们，谨在这里致谢。译文中不妥当的地方，还希望读者和专家予以指正。

译者

一九五二年九月末在上海

手 记

人类把历史看成战斗的连续，为什么呢，因为直到今天，他们还以为争斗是人生的主要东西。

所罗门希求智慧，是一个绝大的错误①。

世间普通的伪善者装作鸽子的样子，政界和文学界的伪善者装作鹰鹫的神气。但是，万不可在他们的鹰鹫神气面前惊慌失措。他们并不是鹰鹫，只不过是犬鼠之类罢了。

比我们②愚笨和被蔑视的是所谓老百姓，行政当局的划分是纳税的和免税的两类。可是任何分类法都不妥当，因为我们都是人民，我们所做的最好的工作，就是人民的事业。

只要摩纳哥王（Prince of Monaco）③有着赌盘，那么劳役犯理所当然地可以玩玩纸牌了。

伊凡④虽然能够谈一套恋爱哲学，但不会恋爱。

阿辽沙："妈，疾病把我的头脑弄昏了，现在我好像回到孩提时代：一会儿求神保佑，一会儿哭泣，一会儿高兴……"

哈姆雷特（Hamlet）⑤为什么要为他所梦见的死人的鬼魂而奔忙？闯入生活本身的鬼魂不是更可怕吗？

女儿："毡子的长筒靴可不合适。"
父亲："不错，很不像样，边上不缝是不行的。"
父亲因为害病，不能叫他到西伯利亚去了。
女儿："爸爸，您一点也没有病。哪，您瞧，您不是整齐地穿着外套和长筒靴吗……"
父亲："我真想上西伯利亚去。在那儿，手里拿着钓竿，坐在叶尼塞河或者额比河岸上，渡船上乘着犯人和移民……我看到这里的东西，就会厌烦：那窗外的紫丁香花，铺着砂子的小路……"

卧室。月光从窗口射了进来，甚至可以看到睡衣上的小纽扣。

善良的人，甚至在狗的面前也会感到害羞。

某四等官眺望着美丽的景色说："这是何等绝妙的自然的排泄作用啊！"

摘录自老狗所写的手记："人都不吃女厨子弃掉的汤水和骨头。笨蛋啊！"

他的头脑里除了武备中学生活的那些回忆以外，什么也没有。

法国谚语：Laid comme un chenille⑥。像一只毛虫一般的丑恶（像犯死罪一般的丑恶）。

男子的抱独身主义，女人的成为老处女，是因为彼此对于对方不感到任何兴趣，甚至是肉体的兴趣。

已经长大了的孩子们，在饭桌上谈论宗教，对于禁食和僧侣大加嘲笑。年老的母亲，起先是怒不可遏。到后来，看来她已经听惯了，只是嘻嘻地微笑着；到末了，她竟突然对他们说，他们说服了她，她和他们已经意见一致了。孩子们反倒感到尴尬：他们很难想象，他们没有了宗教信仰的母亲，以后会做出什么事来。

没有所谓国家的科学，正像没有什么国家九九表一样，如果是国家的了，那就已经不是科学了。

小猎狗在街上走着，为自己的罗圈腿感到害羞。

男人和女人区别：女人愈是上了年纪，愈是热衷于女人的事务；男人愈是上了年纪，愈是从女人的事务退却。

这种突如其来的、不合时宜地发生的恋爱，完全和下边的情形一样——
你带着孩子们去某处散步；散步，原来是又愉快又热闹的，这时，忽然有一个孩子把画油画的油彩吃了一肚子。

某个登场人物只要见到人，就说："那个嘛，是你肚子里有了蛔虫！"于是他替自己女儿医治蛔虫，女儿变得面黄肌瘦了。

一个低能而又愚笨的学者，一直工作了二十四年，毫无成就，只是替世上造就了一批和他自己同样见识狭小而又低能的学者。他每天晚上悄悄地装订书籍，这才是他真正的本职，在这方面他是个行家，并从中感到快乐。有个喜欢学问的装订匠来看他，这人每夜悄悄地研究学问。

高加索公爵穿着白色清凉饮料，坐着敞篷的小品文栏去了⑦。

说不定，也许这个宇宙是处在某种怪物的牙齿中间⑧。

"靠右边走！你这个黄眼鬼⑨！"

"想吃吗?"
"不，正好相反⑩。"

臂短颈长的怀孕女人，完全像一只袋鼠。

尊敬人是多么快乐呀！当我读书的时候，我并不关心作者有过怎样的恋爱或是不是爱玩纸牌等等，我看到的只是他的值得称赞的工作。

所谓如果恋爱就一定要选择纯洁的对象，完全是自私自利。向女性要求自己所没有的东西，这便不是求爱而是崇拜了。因为一个人应该爱和他相等的人。

所谓如儿童般的纯真的生活快乐，只能是动物的快乐。

我受不了小孩的哭声，却听不见自己孩子的哭声。

一个中学生请一位太太上饭馆吃饭。他腰包里只有一卢布二十戈比，开来的账单是四卢布三十戈比。他因为没有钱而哭了起来。饭馆老板侧起耳朵听过：他和太太谈论的是阿比西尼亚。

有一个人，从外貌上判断，他除去加卷心菜的腊肠之外，什么都不喜爱。

我们以人们的目的来判断人的活动，目的伟大，活动才可以说是伟大的。

坐着马车在涅夫斯基大街⑪走的时候，请你先眺望一下左边的干草广

101

场：云色如烟，落日如球，其色赤紫，这是但丁的地狱啊！

他每年收入有二万五千到五万卢布，但还是因为穷，想用手枪自杀。

穷透顶了，无路可走。母亲是个寡妇，女儿长得又很丑。后来母亲硬着心肠，怂恿女儿到马路上去。她在年轻的时候，为了获得衣裳钱，曾瞒着丈夫，到街上去过，因此，她有若干经验。她教导了她的女儿。女儿跑到街上，游荡了整夜，没有碰到一个买主，因为她长得难看。过了两天，三个过路的无赖汉照顾了她。她仔细检视带回来的钞票，却是早已过了期的彩票。

两个老婆：一个住在彼得堡，一个住在刻赤⑫。整年不断地争吵、恐吓、打电报。弄得他几乎想自杀。最后他才想出一个法子：把她们两个人搬在一块儿住。她们困惑了，似乎变成化石，沉默了，变得安静了。

一个剧中人物：他是一个极幼稚的人，简直令人难以置信他曾经上过大学。

我做了这样的梦：认为是现实的其实是梦，正像梦就是现实一样。

我注意到了：人们讨了老婆以后，就再没有好奇心了。

要感到幸福，大体上需要和开钟发条相等的时间。

车站旁边的龌龊的小饭馆。在这一类小馆子里，一定有加洋姜的腌白鲟鱼。在俄罗斯，那得腌多少白鲟鱼啊！

Z在星期日到斯哈利夫广场⑬去逛书摊。他看到一本他父亲的著作，上面写着这样的题词："给宝贝儿娜佳，作者赠。"

某官吏，他把省长夫人的相片挂在胸前。他用胡桃喂肥一只火鸡，当作送给她的礼物。

头脑必须清楚，心地必须纯洁，肉体必须干净。

据说某太太经营了一个养猫场，她的情人在那里折磨猫，踩猫的尾巴。

某军官惯于和他的太太一块儿到澡堂去。他们两人都是由一个跟班来替他们搓澡。这很明白：他们并没有把他当人看待。

"那时候他神气活现地带着勋章出现了。"
"他到底有什么勋章呢?"
"是一八九七年有功于人口调查的青铜勋章。"

某官吏把他的儿子打了一顿，因为他儿子在学校里的所有功课都得了五分，他认为这是坏成绩。后来他听到人家告诉他说，五分是顶好的成绩，是他弄错了；他又把儿子打了一顿，这次因为他生了自己的气。

有一个颇为善良的人，他的外貌很容易引起侦探注意；大家都认为偷衬衫上的领扣的就是他。

一个严肃的、矮胖得像只口袋的医生，爱上了一个跳舞跳得很出色的姑娘。为了讨她的喜欢，他开始学习马祖卡⑭舞曲。

在雌麻雀听来，雄麻雀的叫声，并不是喊喊喳喳的乱噪，而是很出色的歌唱。

安然坐在家中过日子，看起来人生并没有什么异样似的；可是一走到街上，用眼睛去观察，例如看到女人们，那就会觉得人生实在是可怕的。巴特里阿尔谢·普鲁都⑮一带看起来虽然平静无事，但实际上那里的生活就是一座地狱。

这些脸色通红的妇人和老太太们，康健得几乎会冒出热气来。

领地眼看着要拍卖了，实在是穷极了，只是仆役们仍然穿着丑角一样的服装。

神经病和神经病患者的数目并没有增加，增加的是对神经病睁大眼睛的医生。

越是有教养，就越是不幸。

人生和哲学是背道而驰的：没有懒惰就没有幸福，只有废物才会得到满足。

家里的人让祖父吃鱼，若是祖父吃了没有中毒，生命依然没有问题的话，那么全家人方才去吃鱼。

通讯。某青年梦想献身文学，每年都把他的这一希望写信告诉他父亲。最后他终于摆脱了差事，跑到彼得堡专心从事文学——他成了一个书报检查官。

头等卧车。第六、七、八、九号旅客，谈话的题材是儿媳妇；老百姓当中，通常是吃婆婆的苦，而我们知识分子却受儿媳妇的气。
"我大儿子的媳妇，是很有教养的，她替星期学校和图书馆帮忙，不过非常任性，脾气暴躁，反复无常，使人看到她就觉得厌烦。在吃饭和干其他什么事情的时候，她会为报上一篇什么文章，歇斯底里大发作，真是一个自以为了不起的女人啊！"
还有一个儿媳妇。——"在场面上倒是很过得去的，可是在家里很不像话，既会抽烟，又很小气，在嚼着方糖喝茶的时候⑯，她老是把糖衔在嘴唇和牙齿之间说东道西。"

Мещанкина.⑰

罗曼明明是个农民出身的禀性淫荡的仆役，却自以为监视女仆的道德上的行为就是他的职责所在。

又高大又肥胖的小饭馆的女招待——猪和白鲟鱼之间的混血儿。

在马拉亚·勃朗挪亚⑱。——有一个从未到过乡间的小姑娘，她想象着乡间，痴心地说着乡间，她想象着林荫路和树梢上的鸟儿，谈论着寒鸦、乌鸦和马驹。

两个装上医疗用的护身甲的青年军官。

某上尉把筑城术⑲教给他的女儿。

文学上出现新动态之后，跟着必然会产生生活上的新动态⑳。这就是为什么它被头脑僵化的人如此反对的原因了。

患了神经衰弱的法律家，回到了偏僻的乡间家里，朗诵着法国戏剧中的独白。——朗诵使他变成一个昏昏沉沉的笨人。

人们都喜欢谈论自己的疾病，但生病明明是他们生活中最乏味的事情。

那个胸前老挂着省长夫人玉照的官员，放债取利，暗中颇发了财。那玉照被挂过十四年的前任省长夫人，现在成了一个穷愁多病的寡妇，住在城外，她的儿子出了事故，需要四千卢布。她去找这位官员，这位官员不耐烦地听完了前省长夫人的话，说："很抱歉，我实在无能为力，夫人。"

不和男人交际的女人渐渐变得憔悴；不和女人交际的男人，渐渐变得迟钝。

一个害病的小旅馆老板要求医生说："你要是听到我生病了，那么不要等去请就来吧。我的妹子吝啬成性，无论怎样也不会去请你的。你出诊一次要三卢布哩。"一两个月以后，医生听说老板病势沉重了，他正收拾着要去看他的当儿，接到老板妹子的来信，说："家兄业已亡故。"过了五天，这位医生凑巧到那个村里去，才知道老板正是这天早晨死的，他不胜愤慨地跑到那个小旅馆去。老板妹子穿着黑色的丧服，正站在屋角里念赞美诗。医生开口责骂她的吝啬残忍，她一边念着赞美词，一边插上两三句回骂："你这种人我见得多了……是魔鬼把你们打发来的！"她是个非常虔敬的旧教徒，怒不可遏，破口大骂。

新上任的省长向他的下属举行了一次演说。把商人传来又演说了一通。在女子中学年度授奖会上，他发表了一篇关于《开化之真谛》的演说。对新闻界代表也演说了一通。他把犹太人传来："犹太人，我把你们请来……"一两个月过去了，他没有办一点事。于是，又把商人传来，演说了一通；又把犹太人传来："犹太人，我把你们请来……"大家都给他弄得烦透了。末后他对上面的大臣说："不行，这个差事太重了，还是让我辞了职吧。"

一个乡下的神学校学生，正在用心学拉丁文。他每过半小时就跑到使女的房间里去，闭着眼睛，去摸她们，搔她们，她们尖声叫着，哧哧地笑着，这以后他才又去读书。他把这叫作"精神振作法"。

省长夫人请一位官员跟她一起喝了杯巧克力茶。这位尖嗓子的男子是她的崇拜者（胸前挂着她的玉照）。从此，他在一个星期里都觉得自己是无上幸福的。他手头有点小积蓄，不要利钱地借给人家。"我不能借给您，您的女婿会拿去打牌输了的，不行，我可不能借给您。"他所说的女婿就是那次围着皮围脖坐在戏院包厢里的省长女儿的丈夫，他打牌输了，挪用了公款。这位官员，向来是用鲱鱼和伏特加酒的，从来没有喝过巧克力茶，所以喝了以后，觉着恶心。省长夫人脸上的表情是这样的："我是不是很可爱?"这位夫人在衣饰上花了很多钱，因此，为了找机会炫耀她的衣饰，时常焦急地盼望举行晚会。

带着太太到巴黎去，等于带着茶炊上图拉㉑。

青年人不到文学界来，是因为其中最优秀的分子现在都到铁路上、工厂里，或者产业机关工作去了。青年完全投身于工业界去了。因此，现在的工业有着异常显著的进步呢。

在妇女染有庸俗化习气的家庭里，最容易培养出骗子、恶棍和不务正业的东西来。

教授的见解：重要的不是莎士比亚，而是对于莎士比亚所加的注释。

让将来的一代得到幸福吧！不过他们一定得问问自己：他们的父辈和祖辈为了什么活着？为了什么受苦？

不论是爱情、友情，或尊敬之心，都不能像对某种事物的共同的仇恨那样，容易把人们团结在一起。

十二月十三日。见到了一个工厂的主人，她已经是一个家庭主妇了，虽然是个富裕的俄国妇女，但据说从来没有在俄国看到过一丛紫丁香花㉒。

来信的一节："在外国的俄国人，如果不是一个奸细，就一定是个昏虫。"邻居男子为了平复爱情的创伤去弗罗伦斯了，但是越是到远方去，他的恋情就越是变得强烈。

雅尔达㉓。一个容易招引人的青年被一个四十岁的女人喜欢上了，他一直冷淡她，躲避她。她痛苦的结果，出于怨恨，拼命给他抹黑，来平息自己的气愤。

彼特鲁沙的母亲，已经到了做祖母的年纪了，还要涂黑眼圈。

邪恶——这是人生来就背着的包袱。

波波黎金㉔很正经地说自己是俄国的莫泊桑㉕。斯鲁契夫斯基㉖也这样说。

犹太人的姓——Чепчик。㉗

那位太太，看去像一条倒立着的鱼，嘴像一个裂缝，使人真想塞一个戈比进去。

住在外国的俄国人——男子热爱着俄国；女人一出国马上就把它忘掉了：她从来不爱它。

药剂师 Проптер。㉘

Роэалия Осиповна Аромат.㉙

求人帮助的时候，求穷人比求富人容易。

她终于操起皮肉生涯来了，现在她以睡在床上为业。她的孤苦的婶娘，在床旁边铺了一块小毡子躺着。嫖客按门铃的时候，就跳起身来；客人走时，她面带愁容，忸怩地说：
"请赏给娘姨几个小钱。"
有时他们给婶娘十五个戈比。

蒙特卡罗的娼妇，她们的情调是地道的卖淫式的；使人感到棕榈也像娼妇，肥壮的母鸡也像娼妇……

一堆废料。在彼得堡产婆传习所毕业取得助产士资格的 H 是个有理想的姑娘，她爱上了教师 X。她以为他是个有理想的人物，是她非常喜爱读的长、短篇小说里的那种热心公益的工作者。后来，她渐渐看出了他是一个酒鬼，混蛋。被学校免职以后，他就靠妻子过活，坐着吃她。他简直是一个肉瘤似的多余的东西，尽情地吮吸她。有一次，她到一家有学问的地主家里看病，每日都去，人家不好意思给她钱，送了她丈夫一套衣服。这使她生气极了。她一看到老在喝着茶的丈夫，就发脾气。和这样的丈夫共同生活，她渐渐消瘦了，也失去了风度，变成了一个脾气很坏的女人。她蹬着脚大声咒骂丈夫："离开我，你这下流坏子！"她对他恨极了。她工作，他接受谢礼。因为她是公家的医务人员，是不能接受谢礼的。更使她恼火的是：相识的人并不明白这一层，依然以为他是个有理想的人物哩。

有一个年轻人，积蓄了一百万马克，他躺在钱堆上，开枪自杀了。

"那个女人"……"我从二十岁上结婚以来，生平从未喝过一杯伏特加，抽过一支烟卷儿。"这样的他，和另一个女人姘居以后，人们反而更加喜欢他，和更加信任他了。当他走在街上，大家对他比从前还要和善和亲热，这使他惊醒了：这是因为他堕落了。

男女结婚，是因为彼此没有了别的办法。

民族的力量和生路放在它的知识分子身上，放在那些肯忠实地思想、感受而且善于工作的知识分子身上。

没有口髭的男子，正像有口髭的女人。

不能用温情征服对方的人，用殴打也征服不了对方。

有一个聪明的人，就有一千个糊涂虫，有一句至理名言，就有一千句蠢话；这个千数压倒了一数，就是都市和农村进步迟缓的原因。大多数，也就是说群众，常常是愚笨的，常常是占多数的。聪明的人应该先抛掉自己那种想把群众教育提高到与自己同样水平的梦想，还不如用物质的力量帮助他们倒好些，建设铁路、电报、电话。这样，他才会取得胜利，才能把生活向前推进啊。

真正正派的人，只有在抱着保守主义或激进主义的明确信念的人们中间方才能够找到。至于所谓稳健派，他们爱的是奖金、年俸、勋章和升官。

"你的叔父为什么死的?"
"医生的药方上要他用十五滴波特金氏泻药⑳，但他用了十六滴。"

年轻的语言学家刚从大学毕业，就回到故乡的小镇上来了。于是，被选为教会的理事。他虽然并不信仰上帝，却也按规矩办事，每次经过大小教堂就划十字，以为做这一类事情对人民是必要的，要拯救俄罗斯，就要依靠这些。不久，他被选为府议会的主席，又被选为名誉治安裁判官，得到了勋章，和一大堆奖状。这样不知不觉地到了四十五岁的时候，他忽然觉得他到现在为止所做的都是装腔作势，恰如在扮演一个丑角。但是，要改变生活已经太晚了。有一夜在睡梦中，他突然听到枪响一般的声音："你在干些什么?"他出了一身大汗，跳了起来。

人不能抵抗恶，但能够抵抗善。

他像一个教士㉛似的向权门献媚。

死人并没有耻辱，然而会散发出很厉害的恶臭。

肮脏的台布代替了床单。

犹太人 Перчик㉜。

在俗人的谈话当中有这样的语言："以及其他等等。"

一般富翁虽然习惯于妄自尊大，但简直像肩负着罪恶似的背着他的财富。如果贵妇人和将军们所主办的慈善事业不来求他捐款，也没有穷学生和乞丐的话，他一定会感到忧郁和孤独的吧。如果乞丐都罢工了，不再向他要求一切施舍了，他无疑会亲自去求他们的。

丈夫把朋友们请到他的克里米亚的别墅去；过后，妻子瞒着丈夫，给客人开出账单，收了房钱和饭钱。

波达巴夫和一个做哥哥的要好起来，那是为了和那个人的妹子谈恋爱。他和妻子离了婚。不久之后，他的儿子送给他一张兔子窝的设计图。

"我在自己的家园里种了些蚕豆和燕麦。"
"你这就不对了，种苜蓿多么好啊。"
"因为我已经开始养猪了。"
"这多么没意思，划算不来，养匹小马多好。"

一个很重友谊的女郎，在非常善良的动机下，为一个并不困难的好友X到处募捐。

为什么常常要描写君士坦丁堡的狗呢㉝？

疾病：他得了水疗法㉞。

我到一个朋友家里去，恰巧他正在吃晚饭，有好些客人，非常热闹。我跟四周的女人们说些闲话，喝着葡萄酒，感到很愉快。心情非常舒适。突然，N站起来，面色庄重得像个检察官似的，他为我举杯致敬："言语的魔术家啊！……理想……在我们这个理想变得黯然无光的时代……你播种了智慧，不朽的事业啊……"到这时为止，我觉得我本来是盖着什么东西的，现在却被揭去了，被人用手枪瞄准着。演讲完毕，碰过杯子，沉默了下来。全座哑然若失。"那么，该轮到你说几句了。"邻座的女人说。但是我说什么才好呢？我很想把酒瓶扔到那个演说的人的身上去。可是，我胸中好像长着一个疙瘩似的上了床："瞧吧，瞧吧，诸位，在这个席面上坐着一个怎样的傻瓜哪！"

111

女用人每次铺床的时候，总是把拖鞋丢进床下靠墙的地方去。肥胖的主人终于生了气，想要撵走女用人。结果才明白了：为了治愈主人的肥胖病，医生吩咐她把拖鞋尽可能地丢进床底深处去。

某俱乐部，只因为全体会员心绪欠佳，致使一个很体面的人落了选，这样，他的前途就完了。

一个大工厂。年轻的厂长颐指气使地命令一切，对有学士头衔的雇员也出言不逊。只有一个德国籍的园丁敢顶撞他："不准你这样，钱袋子！"

一个名叫 Трахтенбауэр 的，看来像小豌豆大的小学生。

有人每次在报上看到大人物的死讯就穿上丧服。

在戏院里。有一个绅士因为坐在前面的太太戴着的帽子妨碍了他，请她把帽子脱下来。他说怪话，发脾气，恳求。最后他暴露出自己的身份来："太太，我就是这个戏的作者。"她的回答是："我管不着。"（作者是瞒着人偷偷地到戏院里来的）

要做聪明的事情，专靠聪明是不够的。（Ф.陀思妥耶夫斯基语）

А 和 Б 打赌。А 在这场赌博中吃光了十二盘炸牛排，赢了；Б 不仅没有付赌账，甚至连牛排钱也没有付。

同一个口吃而又好说蠢话的人同桌吃饭，那是可怕的。

看到一个滚圆的、引起食欲的妇人："这不是一个女人，是一个圆圆的月亮。"

我总是想（从她脸相上看来），她是个胸衣下面长着鳃的女人。

112

笑剧的材料：Капитон Иваньгч Чирий。⑮

一个所得税检查员和一个国内货物税管理员，并没有人询问他们，却自己说明自己的地位："这是个有趣儿的差事，要做的工作多得不得了，所以是一种真正的职业呀！"

她在二十岁时爱上了Z，但在二十四岁时嫁给了N，她并不爱他，而是带着一种远见结了婚的，因为她以为N毕竟是个善良、聪明、有见地的人。N夫妇生活美满，被人羡慕不已，事实上他们的生活过得很平稳。她满足了，每次谈到恋爱时，她就说出这种意见：夫妇生活中用不着爱情，也用不着狂热，要的是亲切。但是，不料音乐的拍子振动了她的心弦，她脑子里涌起了许多事情，宛如春冰在一时中化了开来，她想起了Z，想起了自己对他的爱情，于是，她绝望地感到：自己这辈子算完了，给糟蹋了，自己真是个不幸的人。不久，她又把这些忘掉了。一年以后，她又同样发作了一次；新年的时候，当人家向她说"祝你有新的幸福"的时候，她真的渴望着新的幸福了。

Z去看医生，医生诊察他，说他心脏衰弱，Z急忙改变了他的生活方式，他用强心剂，老是谈生病的话；这样，全镇的人都知道他心脏衰弱。他所找的医生也都说他的心脏衰弱。他不结婚，不上戏院，不再喝酒，不敢大声喘气并慢慢地走路。十一年过去了，他去莫斯科，请大学里的教授诊断，教授说他心脏非常健全。Z喜极了，但是他过惯了早睡、慢步的生活，现在就很难恢复到正常的生活了；何况不谈生病的话，就觉得异常无聊。他除去怨恨那些医生以外，没有别的办法。

女人着迷的并不是艺术，而是围绕在艺术四周的那些人所发出来的喧嚣声音。

剧评家N是女演员X的情人。在她登台献艺之日，虽然剧本蹩脚，演技拙劣，但是N也不得不捧捧她。他简略地写道："无论剧本和主角的女演员都有很大的成功，详细情形，请待明日。"他写完了最后两句话，"唉"地叹了口气。第二日他去 X 那儿，她开了门，允许他亲嘴、拥抱以后，现出很不好的气色对他说："详细情形，请待明日。"

Z 在基司罗伏斯克或是别的温泉场所，和一个二十二岁的姑娘睡了一夜，她是个贫穷而老实的姑娘，他怜恤她，除了规定的住夜金以外，又在抽屉里放下二十五个卢布，于是带着做过好事以后的心情走出了这个家。这以后，他第二次去的时候，却发觉用他那二十五个卢布所买的讲究的烟灰缸和一顶男人的皮帽，而那姑娘仍然饿着肚子，瘪着面颊。

N 把土地抵押在贵族银行里，借到四厘利息的贷款，他把这笔钱以一分二厘的利息，同样用抵押土地的办法借给别人。

贵族吗？同样有丑恶的身躯，不干净的肉体，痰涕、脱掉牙齿的老年，可怕的死亡——和街头女子所有的没有什么两样。

N 在照纪念相的时候，一定要挺着胸脯站在最前面，在祝辞上第一个签名，在纪念会上第一个演说；老是不断地惊奇："哦，这个汤！哦，这个油炸点心!"

Z 苦于来访的客人太多，于是花钱雇了一个法国女人，叫她住在家里，好像是他的情妇，这使太太们震惊了——从此谁也不上门来了。

Z 替殡仪馆打火把，是个理想主义者。（《在殡仪馆里》）

N 和 Z 虽然是性情温顺的一对知心朋友，但是一块儿出现在社交场合的时候，马上就会互相挖苦——这是为了避嫌。

有人诉苦："因为我的儿子斯捷潘身体文弱，所以特意送他到克里米亚的学校念书，可是在那里，人家用葡萄藤打他，这使他的尾椎骨一带长了葡萄虫，现在连医生都束手无策了。"

米佳和卡佳听说他们的父亲在采石场里爆炸岩石，于是他们打算炸死他们那个好发脾气的祖父。他们从父亲的房间里弄出一磅火药，把它装满一只瓶子，插上一个烛芯，打算在午饭后祖父打盹的时候，放在他的座椅下面，可巧军乐队吹吹打打地过来了，这才阻止了这个计划的实行。

睡眠是一种玄妙的、不可思议的大自然奥秘，它能使人的身心同时为之一新。（波尔菲里·乌斯宾斯基主教：《记我的生平》）

有一个太太，自认为她的体质与众不同，因此生的病也与众不同，不是普通的药物可以医治的；又自认为她的儿子也同别人的儿子两样，必须用特别的方法抚养才能成长。她并不否认世上的一般原则，但是她认为那是适用于一般人的，她自己是个例外，因为她是在例外的环境下长大的。儿子长大成人了，她要给他娶一个特别的媳妇。她周围的人都吃苦了：儿子早成了流氓。

可怜的、多灾多难的艺术啊！

"太太，你瞧，掮着天使来了⑧！"

一个疯人认为自己是个鬼魂，一到深夜就到处走动。

一个拉夫罗夫⑨型的伤感的人，在他情绪甜美的时候，这样要求："给我那个在布良斯克的婶娘写封信，她是个非常可爱的人儿……"

仓库里有一股讨厌的怪味儿：自从十年之前割草人睡过以后，就有了这种怪味了。

一个军官来看病。诊疗费是放在盘子里的。医生从镜子里看得很清楚：这个病人在盘子里拿了二十五个卢布，再把它放进去。

俄罗斯是个官国。

Z专说陈词滥调："像小熊那么敏捷。"还有："踩了人家的痛处。"
……

储蓄银行。那里有位职员是个很好的人，可是看不起这个储蓄银行，
认为它没什么用处——然而他还是在那里工作。

有一个思想进步的妇人，半夜里划着十字，暗地里又有许多偏见，是
个迷信大家。她听说要得到幸福，就得在半夜里煮只黑猫，于是她偷了一
只黑猫，预备在晚上煮。

出版家创业二十五周年庆祝会。痛哭流涕的演说："我捐十个卢布作
为文艺基金，拿它的利钱发给贫苦作家，但为了起草发放规则，我要指定
一个特别委员会。"

他弄到一件俄国衬衣，就看不起穿大礼服的人了。这种国粹主义，正
和用俄国的甜食来酿甜酒一样。

这冰淇淋，简直像用病人洗过澡的牛奶制造的。

这是个整齐的可作建筑材料用的森林。政府派来了一个林务官——这
样，两年以后，木料不见了：生长了有害的毛毛虫。

X说："喝了克瓦斯®，肚子里闹得好像得了霍乱。"

有的作家的作品，每部分开来看，虽然是有光彩的，但从总体来看，
就模模糊糊了；有的作家的作品，每部分开来看，虽然没有什么特别出色
之处，但从总体来看，则是独特的和光彩夺人的。

N按一个女演员的门铃。他惶惑不安，心里咚咚地直跳，终于惊惶地

跑开了。女仆开了门，看看没有人。他重又回来按门铃——但仍然没有决心进去。结果，看门的人跑出来把他打了一顿。

一个性情温和安静的女教师，暗地里打学生，因为她相信体罚的效验。

N 说："不仅狗会吠叫，连马也会。"

N 娶亲了。他的母亲和妹妹发现他妻子愚昧无知，还有很多缺点，很不满意这桩亲事。一直过了三五年，这才明白她原来和她们自己一样。

妻子抽抽噎噎地哭了，她的丈夫摇摇她的肩膀，她就不哭了。

他一结过婚，无论是政治、文学、社会，这一切对于他都没有以前那样有兴趣了；反之，关于他的老婆和小孩的各种琐碎小事，却变成了他的头等大事了。

"你的歌唱为什么这样短？"有一次人家这样地问一只小鸟，"也许是因为你的气接不上来？"
"我的歌真是太多了，我想把它们都唱一唱。"

——A. 都德㊴

一只狗恨一个教员，人家吩咐它不准向他吠叫，它瞪着教员，并不吠叫，却委屈地哭起来了。

信仰是精神上的能力；动物是没有信仰的，野蛮人和没有开化的人有的只是恐怖和疑惑。只有高度发达的生物才能有信仰。

死是可怕的，但是你若有长生不老和决计不死的意识，那才更可怕！

群众真正爱好的艺术，是平凡的、他们早就熟知的、和已经习惯的东西。

一个进步的、受过教育而年龄也很轻的人，却又是学校里的一个吝啬的负责人，他每天到学校里来高谈阔论，但是不肯为学校拿出一个戈比，学校眼看着要关门了，但是他还是自认为自己是个少不了的有用的人物；教师恨他，他却并不觉得。事情变得越来越严重！有一天，教师实在忍无可忍，眼睛里燃烧着愤怒和厌恶，对着他的脸，尽情地把他臭骂了一顿。

教员说："普希金的百年纪念没有举行的必要，他对教会毫无贡献。"

Гитарова 小姐[40]。

要成为一个乐观主义者，而且能够了解人生，就得不要相信别人说的或写的东西，而要亲自去观察、体会。

某夫妇一生热心奉行 X 的学说，公式似的把它当作准则来建造自己的生活。直到临死的时候，他们才反躬自问道："或许这个学说是错误的吧？所谓 Mens Sana in Corpore Sano[41]之说，或许是谎话吧？"

我讨厌的人是：快活的犹太人，急进论者的 хохол[42]，酩酊大醉的德国人。

大学培养各种人才，但也包括蠢材。

请考虑一下，好心的先生（Милтисдаръ），作为这种看法的结果，好心的先生（Милтисдаръ）[43]……

最叫人讨厌的人，是内地的名流。

由于我们的虚浮的性情，由于我们的大多数缺乏对人生现象做深刻的观察和思考的能力，所以没有看到像我们国家这样常常出现这种话："多么平常啊！"而且也没有看到像我们国家这样那么轻易地、常常以轻蔑的态度来对待他人的劳绩，乃至严肃的问题。另一方面，也没有看到像我们俄罗斯人似的那样崇敬权威，屈从它的蹂躏，和由于经历了几世纪的奴隶生涯而养成的自轻自贱和害怕自由。

一个医生劝一个商人（他也是受过教育的）吃肉汤和童子鸡，商人认为这种忠告是嘲笑他。他在吃晚饭的时候，先吃过了菜汤和小猪肉，然后像想到医生的嘱咐似的，又叫拿来肉汤和童子鸡，也全部吃了下去。一边想着这非常滑稽。

修道院司祭叶巴米侬德神父，把钓来的鱼放进衣袋里，回到家里想吃的时候，就一条一条地从衣袋里掏出来油炸。

贵族 X 把领地连同附带的一切家具都卖给了 N，却又把其余的一切，甚至连灶上的风门都拿得一干二净。从此以后，N 一听到和贵族名称有关的人，就一概讨厌。

X 是个有学问的财主，农民出身，他很恳切地嘱咐他儿子说："米夏，千万不可改变你的身份！一直到死都是当农民好。切不可变成贵族，或是商人，或是资本家。现在虽说乡议会的官员有权对农民用肉刑处罚，就让他们有这么惩罚你的权利吧。"他夸耀他的农民出身，而且还引以为荣。

他们为一个正派的人举行生日庆祝会。大家把它当成一个夸耀自己和互相吹捧的绝好机会，因此忘记了时间。直到快要吃完酒席，他们这才发觉没有请那位正派人本人出席，把他给忘了。

一个幽娴文静的太太，在激怒中会这么说："我要是个男子汉，我一定要打你这个家伙的耳光！"

回教徒为了自己的灵魂得救而掘一口井。我们也该这样：为了不使我们的生涯毫无痕迹地在世上消失，进入永恒，在身后留下一个学校或者一口井，以及诸如此类的东西，那可多么好啊！

我们在卑屈和伪善之下，非常疲倦了。

N 曾经被狗咬破过衣服，直到现在，他无论到哪里，一进门总是先问："这里没有狗吧?"

Петр Демьяньгч Источников.㊹（人名）

Груш 先生，Полкатьщкий㊺先生。

有一个做"男妓"的青年男子，为了保持精力而常常喝韭菜汤。

学校的校长。过鳏居生活的神甫拉着手风琴歌唱："愿和圣徒的灵魂一块儿安息!"

伸长啦㊻!

7 月里，黄莺整个清晨都在歌唱。

"Сигов（鲑鱼）大量供应。"——X 每日走过街上总这么念一遍（广告）；他觉得奇怪：为什么专卖鲑鱼的铺子，能够老开下去呢？谁买呢？一直过了三十年，他方才注意地念正确了："Сигар（雪茄）大量供应㊼。"

工程师眼睛里看到的贿赂：炸药筒里装满了一百卢布的钞票。

"我没有读过斯宾塞㊽，请你告诉我：他写的究竟是些什么事情呢？""我想给巴黎的展览会提出一幅风景画，肯把题材告诉我吗？"（好啰唆的太太）

那些没事干的所谓"统治阶级"，长久没有战争就活不下去；要没有战争，他们就觉得无聊，闲散得不耐烦，使得他们生气。他们不知道为什么要生在世上，只得拼命地互相咬嚼，不给对方留余地地恶口相加。他们中间最出色的分子，为了不使他自己或他的同志觉得无聊，花尽了力气。可是一旦开始了战争，他们就忘我地狂热起来了，由于共同的利害而团结一致了。他们控制一切，占据一切。

有过不贞行为的妻子，是一大块冷了的炸牛排。因为它无疑已经被别的什么人的手摸过了，所以使人没有了想去碰它的念头。

某老处女写了这样的一篇论文：《虔敬的电车㊾》。

Рыщеборский，Товбич，Гремухин，Коптин.㊿

她脸上的皮肤不够用，睁眼的时候必须把嘴闭上；张嘴的时候必须把眼睛闭上。

她撩起裙子，露出那艳丽的花衬裙，很明显，她是那种习惯于为给男人看而打扮的女人。

X 大发宏论说："就拿'鼻子'这个字眼来说吧。在俄罗斯嘛，先生们，这个字眼的意义竟然提不得，连鬼也不知道它究竟是什么意思，您或者可以说，这是人身上最不体面的一部分吧。但是在法国呢，却是'婚礼'的意思。"实际上，对于 X，鼻子正是他肉体的最不体面的一部分。

一位小姐卖弄风情地摇晃着身子嚷嚷道："什么都害怕我……男人也好，风也好……唉，走得远远的！我是决计不出嫁的！"她家里很穷，老子是个酒桶。要是你看到她们母女怎样拼命工作，怎样煞费苦心地在人面前代她父亲遮掩，那你一定会对她肃然起敬的吧。但同时你也会觉得奇怪：她为什么以贫穷与劳动为可耻，却不以她的这种叫嚷为可耻啊？

在一个饭店里。泛起一场充满自由主义气味的谈话。安德烈·安德莱伊契，一个温文尔雅的资产者，突然说出这样的话来："你们知道吗，我以前曾经是一个无政府主义者呢！"大家都吃了一惊。安·安的经过是这样的：他的父亲很严厉。村庄里虽然设立了一所职业学校，但是忙着讨论什么是职业呀，什么是教育呀，却什么也没有教，主要是不知道教些什么才好。（因为把村里人都教成鞋匠的话，还有谁来买鞋呢？）他给学校撵出来了，又被家庭赶在门外，他做了地主公馆里的管家的助手。他渐渐对那些有钱的、饱食终日的、吃得胖胖的人恨起来了。地主栽种樱桃树，安·安在一旁相帮，他忽然忍不住想用铁锹把地主又肥又白的手指头铲断。于是他闭起眼睛使出浑身力量铲了下去，可是没有铲着。这样，他不能干下去了。森林，静寂的原野，雨；他渴望温暖，到了姑母家里，姑母给他吃面包圈，给他喝茶，这样，他的无政府主义就消失了……刚说完这个故事，四等官 Л 从桌旁走过去，安·安一看见他，赶快恭顺地站起身来，接着说明，Л 是位拥有许多房产的人，等等。

"我跟一个裁缝做过学徒，我缝制师傅替我裁好的裤子，但是我把裤旁边的条纹缝弯了，一直缝到膝盖下面来了。因此，又到细木匠那儿去当徒弟。有一次我推刨子，刨子一滑，脱手飞到窗户上，把玻璃打破了。——掌柜是个拉脱维亚人，姓氏是'希妥坡尔'[50]。他眨着眼睛，脸上的神色好像在说：'呃，喝一盅酒多好啊！'每晚他自个儿喝酒，自酌自饮，这使我很伤心。"

一个贩卖克瓦斯的商人，用印有皇冠商标的纸片贴在酒瓶上，X 为此感到气愤和烦恼；这种认识老折磨着他：一个小小的商人竟敢蓄意篡用皇冠。X 一边把这件事情向当局提出控诉，一边纠缠着所有的人，商量惩治这个商人的办法，等等。这期间，却因气恼和劳累过度死掉了。

一个家庭女教师被人用这样的绰号来取笑："架势"。[52]

Шапчерыгин, Цамбизебульский. Свинчутка, Чембуракьлия.[53]

在晴朗的严寒日子里，门前来了一辆新雪橇，铺着小毛毯，真令人高兴啊！

老年的妄自尊大，老年的报复思想，我看见过多少被人轻蔑的老头子啊！

X 到 N 城来就任了。他显出自己是个专制暴君：他除自己以外不喜欢别人有成就；有第三者在场时，立刻改变了样子；一看到有女人，就改换讲话的腔调；倒葡萄酒的时候，他总是先给自己杯子倒上一些，然后再给同席的人倒；同女人散步的时候，老是把膀子伸出去。那是说，无论做什么事情，都要人知道他是有教养的；别人说笑话，他决不现出笑容。"请你再说一遍，""这里面没有什么新东西。"他总是教训人。大家都讨厌他。老太太们给他起了个绰号："陀螺"。

有一个男子，无论是个人的生活起居，立身处世，待人接物，他一点儿也不懂。

Утюжный 先生㊹。

有一个人，不待有人问他，就抢先声明："我没有梅毒，我是个正经人，贱内也是个规矩女人。"

X 的一辈子，无论说话或是写作，提的都是仆人的坏处，以及对付和管理他们的办法。他死的时候，除了他自己家里的仆人和女厨子以外，没有一个人理他。

一个小姑娘欢天喜地地说着她的婶母："我的婶婶真美，像我们家里的狗一样的美！"

Марья Ивановна Колотовкина.㊺（女人名）

情书内的一节："兹附上回信邮票。"

有出息的人都离开农村到城里去了，因此，农村越来越衰落了，以后该更要衰落下去了。

巴维尔当了四十年厨子；他讨厌自己所烧的东西，而且从来不吃自己所烧的东西。

保守派的人们之所以危害还小，是因为他们怯懦，对自己没有信心。有害的并不是保守派，而是心眼坏了的人们。

对女人的恋情冷淡了；无爱的感觉；从爱情中解放出来了的感情。安静的情趣。明朗而安谧的思想。

二者必居其一：不是坐在马车车厢里，就是从马车上爬下来。

一篇戏剧用的材料：一个思想激进的老太太，打扮得像个年轻的女孩子，吸烟，没有社交活动就过不了日子，富于感情。㊿

特等卧车上的旅客——那是社会的渣滓。

那里住着的黑土地带的人，可就是列宾㉟的《萨布罗什人》吧。

有一个太太的胸前挂着一个肥胖的德国人肖像。

有一个人，生平每逢选举都投左派的票。

死人的衣服都给脱光了，但是没有工夫去脱手套。一具戴着手套的尸首。

一个地主在吃饭的时候，得意洋洋地说："乡间生活真是便宜啊。——鸡也是自己的，猪也是自己的。——生活真便宜啊！"

有一个非常尽职的海关职员，为了搜查危险的政治性文件，把旅客的行李都检查遍了，这甚至连宪兵都感到愤慨。

真正的男性（Мужчина），是由丈夫（Муж）和官位（Чин）合成的。

教育——"要细细的咀嚼食物。"父亲告诉他们说。于是，他们细细的咀嚼，每天散步两小时，洗冷水浴。可是他们还是没有幸福，没有本事。

工商业的医学。

四十岁的 N 和一个十七岁的姑娘结了婚。第一夜，他们回到他的矿区的村子里来。她一上床，忽然满脸是泪地哭了起来，因为她不爱他。心善的 N 很狼狈，他胸中充满了悲哀，到他的小工作室里睡去了。

从前是庄园的故址上，一点旧日的痕迹都没有了；只有一丛紫丁香花还留着，可是不知是什么缘故，它没有开花。

儿子："我相信今天是星期四!"
母亲：（没有听见）"什么?"
儿子：（发怒地）"星期四啦!"（安静地）"我该洗澡啦!"
母亲："什么?"
儿子：（怒冲冲地，愤然地）"洗澡!"

N 每天到 X 家里去；在交谈中，他衷心地对 X 的痛苦表示同情。忽然 X 离开自己舒适的家搬到别的地方去了。N 问他的母亲，X 为什么搬开了? X 的母亲回答："因为你每天都来看他。"

分明是诗意的结婚仪式，不大工夫，却——你这个混账东西，你这个饿鬼!

爱情。它不是某种退化了的东西、某种原来是伟大的东西的遗迹，便是将来要变成某种伟大的东西的粒子；在目前呢，它是不能使人满意的，

125

它所给你的比你所希望的少得可怜。

有一个很有学识的人，毕生都说关于催眠术和降神术的谎话。然而人们相信他——因为他是个好人啊。

在第一幕里，一个可敬的绅士 X，向 N 借了一百卢布，在以后的四幕中，都没有归还[58]。

一个老太太有六个儿子和三个女儿，她最钟爱的是那个失败者，他喝酒，还蹲过监狱。

Иерохиромандрит 神父[59]。

工厂经理 N，年轻有钱，有一个幸福的家庭。他写了《X 水源的研究》这一论文后，获得了好评。因为有一个学会请他做会员，他抛弃了职务，跑到彼得堡去了；他与妻子离了婚，花光了家产，被毁灭了。

（看着贴像簿）"这个丑脸究竟是谁？"
"那是我的叔父。"

啊，可怕的不是骷髅，而是我早已不怕骷髅这个事实。

一个大户人家的孩子，是个任性淘气又固执的小孩，家里人对他都头痛。他的父亲是个会弹钢琴的官员，恨极了儿子，把他拖到花园的角落里打了一顿。当时觉得很痛快，可是过后又憎恶自己。儿子长大了，当了军官，做父亲的为了打过他仍然憎恶自己。

N 向 Z 求爱好久了。她是个笃信宗教的姑娘，当他向她正式求婚时，她把他以前赠给她的一朵已经枯萎了的花朵，夹到了祈祷书里面去。

Z："你进城的时候，顺便把这封信投到邮筒里去。"

N：（惊讶地）"什么地方？我不知道邮筒在什么地方。"

Z："你去药房的时候，给我买点樟脑丸来。"

N：（惊讶地）"我会忘掉的，你所说的樟脑丸我会忘掉的。"

海上的暴风，在法学家的眼睛看来，无疑是犯罪。

X 到友人的庄园里去做客。庄园的风光虽好，友人的仆人待 X 却很怠慢。友人虽然把他当一个阔人看待，但是不如意的事很多：卧床是硬的，晚上也不给他睡衣，他又不好意思开口要。

我不姓 Ку́рицын，我姓 Кури́цын。⑩

在排演中。

妻："《巴格里阿茨》里的曲子⑪是怎样唱法的？米夏，用口哨吹一下吧。"

夫："舞台上是不准吹口哨的；舞台——就等于圣殿啊。"

因为害怕霍乱而死掉了。

好像在安灵弥撒中拿出钉子来⑫。

千年以后，在别的星球上，说到关于地球的谈话："喂，你还记得那棵白色的树吗……？"（《白桦》）

анахтема！⑬

Зигзаковский，Ослицын，Свинчугма，Дербалыгин.⑭

一个有钱的女人，把钱藏在身上随便什么地方，甚至胸前，两腿之间……

127

格，格，格，哈，哈，哈！

那些所有的手续。㊿

请把所有的这类事情（你的解雇），看成一种大气现象吧。

医生会议时的谈话。第一个医生说："无论什么病都可以用盐治好。"第二个医生（是个军医）说："无论什么病只要禁盐就可以治好。"第一个医生以自己的妻子为例，第二个医生举自己的女儿为例。

母亲有理想，父亲也是。他们发表演说，他们建立学校、博物馆等等。他们渐渐富足起来了。他们的孩子都很平常，乱花钱，做投机生意……

N 在十七岁的时候嫁给一个德国人，她跟着丈夫到柏林去住。四十岁时她做了寡妇，无论俄国话或德国话都说不好了。

某夫妇都好客，因为没有客人来时，他们就要吵嘴了。

这是荒谬绝伦的事情啊！这是时代错误啊！

"把窗户关上！你不是正出汗吗？把外套穿上！再穿上套鞋！"

如果你因为时间不够而苦恼，那就什么也不干地看看吧。

我虽然无忧无虑地活了下来，但眼看着也要和这个世界告别了啊！

夏天的早晨，星期日，听到了马车的声音，那是做弥撒去的。

她生来第一次被别的男子吻手。这时，她控制不住自己，冷淡了对于丈夫的爱情，终于"头昏目眩"起来了。

多么美妙的名字啊："圣母泪""知更雀""乌鸦眼"⑥……

挂着肩章的林务官，从来没有看到过森林。

某绅士在曼顿⑥附近有座别墅，那是他用卖去图拉县的庄园的钱买下来的。他因事到哈尔科夫的时候，我看到过他。他赌牌，把别墅输掉了。这以后他在铁路上做职员，不久就死掉了。

他吃饭的时候看见一个漂亮的女人，打起嗝来；一会儿又看见一个漂亮女人，又打起嗝来。这样，他的晚饭没有吃成，因为漂亮的女人太多了。

一个刚从大学毕业的医生，做了饭馆的监督人。"本馆菜肴由医生监制。"他写出矿泉水的成分，得到学生们的信任，买卖就兴隆起来了。

他不是在吃，而是在尝。

一个女演员的丈夫，在他妻子登台献艺的时候，满面春风地坐在包厢里，不时地站起身来向观众致谢。

渥尔洛夫·达夫伯爵家的午餐。肥胖的、懒惰的仆人，味同嚼蜡的牛排。使人感到浪费的钱太多了，感到那种局面是没有希望的，要改变这种局势也是不可能的。

一个县城医生说："如果不是一个医生，谁肯在这种坏天气出去走动呢?"他以此自傲，一见到人就说；神气活现地以为世界上再没有比自己的职业更麻烦的了。他不喝酒。虽然常常暗地里向医学杂志投稿，但从来没有登出来。

当 N 和她丈夫结婚的时候，他是个陪审检察官，当中做过一任地方法

129

院的法官，不久就升为最高检察署的检察官。他是个中庸的、毫无趣味的男人。N 很爱他，一直爱他到死。当她听到丈夫对她有不忠实的行为时，她给他写了封温柔的、动听的信；甚至在她死时，她的脸上还浮着动人的爱的表情。这是很显然的：她所爱的并不是她的丈夫，而是别的人，一位高尚的、优秀的、并不存在的人，她只不过把这种爱寄托在她丈夫身上罢了。她死后，她的房间里有脚步声音。

他们虽然都是禁酒会会员，但仍然不时地喝上一小杯。

有人说："真理终将获胜。"然而这句话本身就不是真理。

聪明人说："这是谎话，但没有这种谎话人们就活不下去，而且这种谎话有其历史的根源，已经被神圣化了，如果立刻就把它连根除掉，那是危险的；不如稍加修正，暂且让它存在为好。"天才说："这是谎话，所以不能让它存在。"

М.И.Кладовая⑥夫人。

一个留着胡子的中学生，为了炫耀自己，跛着一只脚走路。

一个在文坛上混了很久的低能的作家，他那副自尊自大的神气，看去简直像个得道的高僧。

X 城的 N 先生和 Z 小姐，都是聪明的、受过教育的、思想激进的人，都在为他们同胞的利益而工作。但是他们彼此互不理解，为了取悦于那些愚昧而粗野的人们，他们每一开口就互相挖苦。

他装出简直像抓住了谁的头发似的手势，这样说："呃，你休想玩那种手段逃走！"

N 从来没有去过乡间，他以为乡间的人冬天用滑雪板走路。"现在我真想享受一下滑雪的味道啊！"

N夫人自己出卖自己，她对于每个买主都是这样说："我爱你，是因为你和别的人不一样。"

一个有知识的妇女，或者，更正确地说，一个属于知识界的妇女，是擅长于诈骗的。

N一生都徒劳无益地研究某种疾病，研究这种疾病的病菌。他把整个生涯都献给了这种研究，耗尽了所有的精力。直到逼近死期，他才忽然明白：这种疾病根本不会传染，一点也没有危险。

有一个剧团团长兼导演，躺在床上，读一个新写的剧本。他读了三四页就厌烦了，啪的一声把它扔在地板上，吹灭蜡烛，盖起被头睡了；过了不多一会儿，他改变了想法，又捡起剧本来读；不久，他又为这个冗长而乏味的作品发火了，又把它啪的一声扔在地板上，吹灭了蜡烛。再过一会儿，他又捡起来读它……后来，这个剧本上演了，果真大遭失败。

N虽然是个性情怪僻而阴郁的人，但是他竟说出这样的话来："我好说笑话，说的常常是些笑话。"

妻子写小说，丈夫对这很不满意，不过由于体贴妻子，并不说出口来；他一直到死都为这事苦恼着。

女演员的命运。——起先，她是刻赤的一个富裕的良家小姐，对生活感到厌倦，有着无论什么都不能满足的心境。——登台演戏，慈善事业，热烈的爱情，然后是成群的情人。——最后，服毒自杀未遂。从此住在刻赤肥胖的伯父家过生活，爱好孤独。经验告诉她：一个女演员必须禁忌喝酒、结婚、怀孕。演剧要成为艺术那是遥远的未来的事情，现在只是为了这个未来而奋斗。

他（用愤然和教训的口吻）说："你为什么不把你老婆的信给我看？咱们不是亲戚吗？"

上帝啊，请勿令我去指责或谈论那些我不知道或不了解的东西啊！

大家为什么老是要描写弱小者、阴郁者和罪犯呢？而当人们劝告别人只应该描写强者、健康者、有趣味的人时，人们暗中指的就是他们自己。

为写剧本用：一个无缘无故而专说谎话的角色。

教堂司事 Катакомбов。⑩

文艺批评家 N·N。他本来是一个充满自信，以进步自居的人。他谈到诗，宽大地承认了别人的意见。——我立刻就看出他是个没有什么才华的人（我没有读过他的作品）。有人提议到阿伊·丕特里⑩去，我说天快要下雨了，但我们还是出发了。下雨了，路途泥泞；这位批评家坐在我旁边，我感觉到他的低能。同行的人都恭维他，把他捧得像一个主教一般。等到天晴了，我就步行回来。人们多么喜欢自己欺骗自己啊！他们是多么爱信预言家或走江湖卖卜人的话啊！这简直是一群绵羊！与我们同行的还有一个中年的特任官，他不大说话，因为他自认为是正确的，他看不起那个批评家，认为他没有才能。有一个女郎笑都不敢笑，因为她以为她坐在聪明人当中。

有一个人叫作 Алексей Нваныч Прохладительный（清凉的）或者 Дущеспасительный（拯救灵魂）。一个小姑娘说："我嫁倒可以嫁给他，可是我害怕这个称呼：'清凉的太太⑪'。"

一个动物园园长的梦。他梦见先是有人捐赠给动物园一只土拨鼠，其次是只鸵鸟，再是一只兀鹰，然后是只母山羊，于是又是一只鸵鸟。捐赠动物无休止地继续下去，把动物园挤满了。——园长在十分恐怖中被吓醒了，出了一身大汗。

俾斯麦⑦曾经说："把马套在车上的时候要慢，但是到赶马车的时候就要快了，这里就存在着人类的本性。"

戏子有了钱，就用打电报来代替写信。

昆虫界里，毛虫会变成蝴蝶；人类却相反，是由蝴蝶⑦生出毛虫来的。

那些家犬并不亲近喂它们和喜爱它们的那些主人，反而去亲近那个老是打它们的别人家的女厨子。

苏菲担心爱犬会不会因为大风而患感冒。

这一带的土壤好极了，你种一根车杠下去，过上一年　就能长出马车来。

受过良好教育、思想激进的 X 和 Z 结婚了。某晚，在他们情投意合的谈话中间，发生了争吵，接着就扭打在一起。第二日早晨，彼此都感到惭愧和惊奇，觉得像是受到奸人的捉弄；认为这是某种异常的神经作用。第二天晚上，又发生了争吵和扭打，而且此后每晚都是如此。后来，他们才明白了他们并没有什么教养，和世上大多数野蛮人并没有什么两样。

一篇戏剧：为了避免客人，本来什么酒也不喝的 Z 装出了大酒徒的样子。

生下孩子以后，我们就把我们的一切弱点，我们的妥协性和势利行为，一股脑儿都推到"这是为了孩子"这个借口上去了。

"伯爵老爷，我要到孟尔德更狄亚（Мордегундия）⑦去了。"

Варвара　Недотёпина 小姐⑦。

Z 本来是个技师或者医师，他去拜访当总编辑的伯父，他觉得很有趣，在经常到那里去的当儿，成了一个撰稿人，渐渐荒弃了自己的正业。有一次深夜，他从报社办事处出来，忽然想起什么似的捧住头叹道："什么都完了。"白头发多起来了。那以后，这就成了他的习惯。他的头发完全白了，脸上浮肿。后来，他成了一个受人尊敬的，但是不知名的出版商人。

一个年老的三等官，看到孩子们的样子，自己也变成个激进派了。

一个报纸的名称：《面包圈》。

马戏团的丑角——这才是天才呢。和他说话的茶房，虽然穿着礼服，却是个俗物。脸上浮着轻微冷笑的茶房。

从诺伏兹布科夫⑦来的伯母。

因为他患了脑淡化症，所以脑浆从耳朵里漏了出来。

什么？作家吗？花五十个戈比就让你做个作家，那样，你还想做吗？

正误表。—переводчик（译者）系 подрядчик（承包人）的误写。

医生经常这样对我说："你只要能保住身体，就放量地喝酒吧。"（戈尔布诺夫）⑦

一个四十岁的又丑又低能的女演员，晚饭时吃了鹧鸪。我真替鹧鸪叫屈，我到现在还是这样想：鹧鸪的一生，比起这个女演员来，远不知道要更有多少才能，更聪明而又纯洁啊。

Карл Кремертартарлау⑧君。

画着一片广漠的原野和一棵小小的白桦树。那绘画下面的标题是：《孤独》。

客人都散了。他们玩过纸牌。客人散后什么东西都是乱七八糟的：烟雾，碎纸片，碟子碗盆，尤其是：黎明与回忆。

与其受到混蛋的称赞，还不如被他们揍死的好。

主人已经死了，为什么树木还要长得这样茂盛呢？

登场人物备有一个图书室，但是他常出外做客，所以并没有一个阅览的人。

人生，看来虽是广大无比的，但是人们仍然坐在他们的那五个戈比㉗上面。

左洛特诺夏㉘吗？哪会有这个城市呀！哪里会有呀！

他笑的时候，闪出牙齿和上下的牙床。

他和一个四十五岁的女人发生了肉体关系，不久以后就写起猎艳记来了。

他爱那种不会使他精神混乱的文学，那是席勒㉙、荷马㉚等等。

女教师 N，在晚上回家的路上，从知心的女友那里听到出乎意外的话：原来 X 爱上了她，想要向她求婚。样子长得不好看，从没有想到结婚的 N，回家以后，长时间地因为过分恐怖而发抖，而且，那一夜她睡不着觉，一直哭泣着；在将近天亮的时候，她竟然有些爱起 X 来了。但在第二天晌午，她才知道这话不过是她的女友的猜想，X 求婚的对象并不是她，而是 Y。

我梦见我到了印度，当地的领主或是王侯送给我象，而且一送就送了两头，我对这象感到非常作难，终于醒过来了。

一个八十岁的老人同一个六十岁的老人谈话："年轻人，你可真不害羞！"

当教堂里合唱《现在我们开始得救》的时候，他在家里煮鱼头汤；在约翰斩首⑧的日子，他不吃所有像头一样的圆形东西，可是打家里的小孩子。

一个记者在报纸上写了谎话，但是他以为他写的是真话。

如果你害怕孤独，就不要结婚。

他本人虽然是个财主，但他的母亲却住在济贫院里。

他结了婚，布置好房间，买了一张书桌，也备齐了文具用品，可就是没有什么可写的。

只要你说话有权威，即使是撒谎，人家也会信你的。

浮士德⑧说："你知道的用不着，用得着的不知道。"

我不久就要独自躺进坟墓里去了，正像我现在实际上是孤单地活着一样。

一个德国人说："上帝啊，饶恕我们这些荞麦点心吧！"⑧

"哦哦，我的宝贝的小脓包啊。"未婚妻娇声嫩气地说；男的想了一会儿，很不舒服——于是解约了。

虽然是个矿泉水（Гуниади Янос）⑧瓶子，但里面装的却是樱桃之类的蜜饯。

演技非常坏，无论演什么戏都给她一个人弄糟的女演员，——她一生到死为止都是这样。她不受观众的欢迎，看她的戏会使人汗毛直竖，很好的角色也被她演糟了，虽然如此，直到七十岁她还是做着女演员。

只有他自己完全正确，才能够使那些觉着自己有错的人悔改。

副主教诅咒"怀疑的人们"，虽然那些人们正站在唱诗队里，唱着诅咒自己的歌。（斯基达列茨⑧语）

他这样地梦想：妻子断了腿，站不起身而躺着，他为了怜悯服侍着她……

Гнусик⑧夫人。

蟑螂一只也不见了，这个屋子可要起火了！

《假冒者德米特里和演员们》《屠格涅夫与一群老虎》——这种论文是可能写的，而且也有人写出来了。

题目：《柠檬之皮》。

嚓啦啦，嚓啦啦，军队嚓啦啦。⑨

我可是你的亲汉子呀！

洗着海水浴的时候，因为大海洋的浪头打着她而流产了；——因为维苏威火山⑨爆发而流产了。

我觉得：除了大海与我以外，便概无所有。

Трепыханов 先生。⑨

教育：他那三岁大的孩子，穿着黑礼服，套着长靴，穿着背心。

自我夸耀："我毕业的不是尤里叶夫大学，而是多尔巴特大学呀㉒"！

他的胡须像鱼尾巴。

犹太人 Цышчик。㉓

有一位小姐，她的笑声，简直像是把她的全身浸在冷水里发出来的一般。

"妈妈，闪电是什么做的?"

庄园里有一股讨厌的臭味儿，使人感到不舒服；虽然栽了些树木，但栽得乱七八糟；在那边远处的角落里，门房的老婆整天在洗客人用的被单——谁也看不到她的影子。世间竟让这样的老爷整日不停地谈论着他们自己的权利和高贵……

她用最上等的鱼子酱来喂狗。

我们的自尊心和自负心是欧洲式的，但是它的发达程度和行动表现则是亚洲式的。

一只黑狗，看上去简直像是穿着套鞋一般。

俄国人所抱的唯一希望，是能中二十万卢布的彩票。

她虽然是个可恶的女人，但孩子却教养得很出色。

所谓人，无论谁，都隐藏点什么东西。

N 的小说的题目：《和谐之力量》。

哦哦，如果任命光棍和鳏夫去当省长，那多么好呀！

有一个莫斯科的女演员，一辈子没有看见过雌火鸡。

从老年人的谈话中听到的，不是蠢话就是怨言。

"妈妈，彼佳没有做祷告。"于是喊醒已经睡下的彼佳；他哭着做完祷告，然后又躺下去的时候，捏着拳头向那个多嘴的孩子示威。

他以为要不是医生，就不能说出那个人是男的还是女的。

一个人做了正教的教士，另一个做了圣灵否定派⑧的教士，第三个成了个哲学家，这些都是他们本能的要求；因为从早到晚地弯着腰干活，他们都十分厌恶啊。

有一个男子很喜欢"同胞的"这句话——我的同胞的哥哥，我的同胞的妻子，我的同胞的女婿，等等。

N 博士是个私生子，他没有和父亲在一起生活过，对父亲的情况毫无所知。他儿时的一个朋友 Z 现出惶惑不安的脸色告诉他说："你父亲很孤单，又生了病，说是很想和你见上一面。"他的父亲开一个名叫"瑞士居"的饭馆。他先用手抓起煎鱼，然后再用叉子。伏特加有一股下等臭味。N 到那里去，看了看饭馆的样子，吃了一顿晚饭。他对于这个满头白发的肥胖的乡下佬，竟会开出这种不像样子的饭馆，感到很不愉快，但也没有什么恶感。不过有一次，在夜间十二点路过这家饭馆的时候，他偶然从窗口看了一下，看见他的父亲正弓着背看账本，那样子完全和他一模一样，活像是自己的造像……

有一个男人，笨得像匹灰色的骟马。

终于玩笑开得过了分，用蓖麻油来戏弄一位小姐⑥，致使她一生没有能出嫁。

X 一生老是写信侮辱有名的歌手、演员和文人："想一想，你这下流坯……"等等，可是并不具名。

当他（给殡仪馆打火把的）戴上了三角帽，穿着绣花礼服和有条纹的裤子出现时，她爱上了他。

他是个性格开朗而又乐观的人，简直像专为反对那般性情别扭的人而生的。他很胖，很健康，很能吃喝，大家都喜欢他，实际上仅仅是因为他们也害怕那些性情别扭的人而已。揭开底来说，他原来是个百无一用的人，是人类的渣滓，仅仅是个能吃喝会大声说笑的人。以后到他临死的时候，大家方才知道他毫无成就，都把他认错了。

检查建筑工程完毕之后，那些受到贿赂的委员们兴高采烈地在午餐中大吃大喝，那简直像是追悼他们已经丧失了的名誉的会餐。

说谎话的人是龌龊的。

他在夜间三点钟被人喊醒，到车站去工作，每日如此，已经有十四个年头了。

一位太太发着牢骚："我写信要我的儿子每星期六换衣服，他回信说：'为什么一定要星期六呢，星期一就不行吗？'我说：'好吧，星期一也行。'他又来信说：'为什么一定要星期一呢？星期二不行吗？'他虽然是个正直的好孩子，可是再没有比他更难待候的了。"

聪明的人好学习，愚蠢的人好为人师。（谚语）

不管是教士，或是修道院长，或是主教，令人吃惊的是：他们的说教总是一模一样的。

有一个人记起他在青年时代曾经争论过关于"人类之爱""公共利益""为人民工作"等等问题，实际上他并没有做过这些争论，只不过在大学时代是狂饮烂醉而已。他们也写过"那些有学士衔头的人是社会的耻辱，曾经为了人权、信教与良心自由而斗争的精神，现在可又在什么地方呢"之类的文章，然而，他们根本就没有为这些进行过斗争。

有一个领地管理人，像布金松⑩一样，从来没有见到过主人，因此，掉在幻想里了。他想象主人一定是个很贤明的、有气魄的、高尚的人物，于是就用这种想象来教育他的儿女。然而，不久之后，主人来了，他这才知道主人是个一无足取的、眼光短浅的人。他感觉到一种难以忍受的幻灭。

每天午饭以后，丈夫总以他要去当和尚的话来恐吓妻子，妻子哭着。

Мордохвостов⑪先生。

夫妇在一起生活了十八年，尽是吵架。终于，他凭空对妻子说，他已姘识了别的女人，于是他们离了婚。他感到非常满足，可是全镇的人都愤慨了。

屋角的椅子上，放着一本毫无用处的、贴着已被遗忘而引不起兴趣的照片的贴像簿，这样一直放了二十年，还是没有人下决心把它抛掉。

N告诉人家：四十年前X是个如何了不起的高尚人物，救过五个人的性命。但是听的人却很冷淡。对于他们已经忘记了X的功劳，再也引不起兴趣，N觉得非常奇怪。

大家狼吞虎咽地吃着上等鱼子酱，一刹那间都吃光了。

在进行严肃的讲演当中，他向自己的小儿子说："把你的裤子前面的纽子扣起来。"

只有你能够使他看见他自己是个什么样子，他才会开始变好。

鸽毛色的脸孔。

有一个地主，用胡椒子、锰酸水以及其他莫名其妙的食品来喂鸽子、金丝雀和鸡，想使它们的羽毛变色。——这是他唯一的事业，只要一见到客人的面，就夸耀这件事。

他们雇了个有名的歌唱家，要他在他们结婚席上朗诵《使徒行传》。他虽然朗诵了，而且获得了美妙的成功，可是没有拿到报酬（二千卢布）。

笑剧：我的好朋友 Кривомордый（歪脸）先生，他的名字虽然很怪，但是是个好人。他既没有"歪腿"（Кривоногий），也没有"歪手"（Криворукий），实际是"歪脸"（Кривомордый），他照样结了婚，很受妻子喜爱。

N 每天喝牛奶，每次喝牛奶时，总在牛奶杯子里放一只苍蝇进去，然后把仆人喊过来责问："这可为什么呀？"现在一个活人殉葬似的脸色。他不这样做一下，就会一天也活不下去的。

她是个阴郁的女人，身上有一股酸臭气。

N 发觉妻子有奸情。他感到愤慨而又烦闷，但是踌躇不决，默不作声地藏在肚子里。他什么也没有说，老向妻子的那个姘头 Z 去借钱，而且，他还以为自己是个清白的人。

我在吃掉面包圈喝过茶的时候，就说："我真不想吃了。"但是当我读小说或诗到半截而不高兴再读下去的时候，我就说："不要了，不要了。"

一个公证人拿钱放高利贷。他口口声声这样辩解：将来要把遗产全部捐赠给莫斯科大学。

有一个教堂职员是个这样的激进主义者，他说："目前，我们这般人都是从意想不到的裂缝里慢慢地爬出来的。"

地主 N 常常和邻村的一家信奉莫罗勘教®的地主争吵，他和他们打官司，臭骂他们，诅咒他们，等到后来他们搬走了，他却感到空虚，渐渐衰老了。

Мордуханов®先生。

N 夫妇家里住着一位妻弟，年轻而又好哭，不是偷别人的东西，就是说谎话，甚至声称要自杀；N 夫妇对他毫无办法，如果把他赶出去又怕他自杀；而要赶他走，也不知道该怎样赶法。他因为造假支票被捕下狱了，N 夫妇认为这是他们自己的过错，因而在懊恼之中流着眼泪。妻子因为过度伤心死掉了，不多久，丈夫也跟着死了，于是他们的财产都变成这位妻弟的了，他挥霍光这份家产，又被捉去判处了劳役。

假定我嫁了出去，用不到两天工夫一定会逃出来；但是所谓女人，会安居在丈夫家里，正好像她从小就是生长在那里的。

你总算做了顾问官（Титулярный советник）®了。但是你要对谁进忠告呢？上帝不会让任何人去听你的忠告的。

特尔约克®举行市议会，议题：如何增加本市公产案。决议：敦请罗马教皇驻节特尔约克。这是说：请教皇奠都本市。

143

在蹩脚诗人的诗歌中，有这样的句子："他像蝗虫似的飞去幽会。"

然而像这样精彩的细节，几乎就飞不进我们的耳朵。（Lolo）

C 的理论：我虽然赞成信教自由，但反对宗教自由。严格地说起来，不是正教的东西，绝不能加以容忍。

圣庇渥尼亚及叶比马哈，三月十一日；圣普普利亚，三月十三日。

诗歌以及小说戏剧之类，所包含的并不是现在所需要的东西，而是所希求的东西；不是远离大众的东西，而是表现出大众之中的先进分子所希求的东西。

有一个非常谨慎小心的小绅士，连贺年片都要用挂号寄出去，为的是得到一张收条。

俄罗斯是一个广漠的平原，坏蛋们在那上面游荡。

柏拉图主义者[102]伊凡诺夫娜。

只要你在政治上是稳健的，你完全有资格做一个理想的公民。对激进主义者来说，也是一样，就是说：你在政治上如果不大稳健，那就要一切都糟糕了。

人的眼睛，在失败的时候，方才睁了开来。

Зюзиков[103]先生。

有一个五等官，是个可尊敬的人物；然而无意中暴露了他在暗中开着一座妓院。

N 写了一本非常出色的剧本，但是没有一个人称赞它，也没有人喜欢它，人家所说的是："拜读你下一次的大作吧。"

身份较高的人从正门进出；身份较低的人走的是后门。

他说："在我们镇上，有一个姓基希米——西（葡萄干，Кишмйш）的绅士，虽然他自称为'基—希米西'（Кйшмиш），但是谁都分明知道应该是'基希米——西'。"
她（想了一下）说："多么不痛快！……要是叫'伊求姆'（葡萄干，Изюм）倒还说得过去，怎么会叫'基希米——西'！"

姓氏——благовоспитанный。[104]

最最尊敬的 Ив.Ив.啊[105]！

那些时运亨通、无往不利的人，有时是多么令人作呕啊！

当 N 同 Z 有关系的谣言从人嘴里传开来时，就会渐渐酿成一种空气：无论如何，N 与 Z 不想通奸也不行了。

正闹蝗虫的时候，我写了本《蝗虫扑灭论》，使世人兴高采烈，而获得名利双收；但是在蝗灾久已绝迹、世人早已忘怀的今日，我就被埋没在社会之中，变成被人遗忘的废料了。

他用不胜其愉快的口吻说："那么，我给您介绍一下，这一位伊凡·伊凡尼契·伊兹戈叶夫先生，是贱内的情人。"

在那个庄园里，到处竖着告示牌："闲人止步""禁止践踏花卉"，等等。

在庄园里，有一座很好的图书馆，这虽然是主人很自傲的所在，但是

145

根本就没有被人使用；拿出来的咖啡和水一样，无论如何也喝不下去；庭园造得毫无风趣，没有一株花——他们却硬说，这所有的一切，正是托尔斯泰式的呢！

他为了要研究易卜生，所以学瑞典文，费了很多时间和力气，忽然发现易卜生并没有什么了不起；现在他不知道把瑞典文派什么用场了[100]。

N 以捕捉臭虫为生，他也从他自己的职业观点来读文艺作品……如果《哥萨克》[101]中没有写到臭虫，那么《哥萨克》就是一本坏书。

人类所信仰的，就是人[102]。

一个聪明的姑娘："我不会装模作样……""我从来没有说过一次谎……""我是很有主见的……"无时无刻不在说着"我，我，我……"

N 讨厌他的做女演员（或者是做歌女）的太太，他暗地里在报纸上写了些攻击她的演技的批评文字。

一个贵族夸口说："我这个公馆还是德米特里·顿斯科伊时代[103]建造的呢。"

"禀老爷，他竟给我的狗起了这么一个坏名字：'畜生'。"

下雪了，可是因为地面有血，所以积不起来。

他把遗产全部都捐给慈善机关了，因为他恨他的亲属与儿子，所以一点东西也不留给他们。

他是个自作多情的人，每当他结识一个姑娘时，他立即就变成了一头羔羊。

146

贵族 Дрекольев。⑩

我想到在我的纪念碑举行揭幕典礼的一天，宫廷侍从们要来参加时，就觉得惶恐万分。

他虽然是个唯理主义者，但是却直认不讳：他喜欢听到教堂的钟声。

父亲，一位有名的将军，无数的名画，华贵的家具；他死了；女儿受过良好教育，可是邋遢不堪，不大读书，骑马，百无聊赖。

他是个老实人，所以没有必要就不撒谎。

一个富商，想在家里的厕所里装置淋水浴。

他一清早就吃"冷杂烩汤"⑪。

"如果你遗失了这张护身符，你就要死。"祖母说。但是我忽然找不到它了，长期的忧愁使我生了病，害怕真会死去。可是告诉你吧，怎么样呢？出现了奇迹：那张护身符找到了，于是我就活下来了。

大家认为看了我的戏，立刻会有什么启发，可以得到一些利益，因而蜂拥般地挤到戏院里去。可是我预先声明：我没有工夫和废物纠缠。

人们都憎恶和轻蔑一切新的和有益的事物；当霍乱流行的时候，他们把医生当敌人打死了。另一方面，人们却好喝伏特加。用人们的爱憎来做标准，可以断定他们所爱或所憎的东西的价值。

隔窗看到被抬到坟场去的死者时，我说："你死了，给抬到坟墓里去了，我呢，却要去用早餐啦。"

捷克人 Вшичка。⑫

147

一个四十岁的男子娶了个二十二岁的姑娘，她只读过最新的作家的作品，她扎着绿色缎带，偎倚在黄色枕头上睡觉。她深信自己的趣味，简直像法律似的说着她自己的意见。她虽然是个美人儿，也并不愚蠢，而且温文幽静，但是他离了婚。

当喉咙发干时，会有连大海也可以一饮而尽的气概——这便是信仰；一等到喝时，至多只能喝两杯——这才是科学。

笑剧中使用的人名：Фильдекосов，Попрыгуньев。⑬

在以前，一个正派人，要想做个受人尊敬的人物，会去做僧侣或是将军；但是在今天，却去做作家或是教授。

决没有一件事物，不被历史所神圣化的。

Зевуля⑭夫人。

即使是好孩子，哭脸也是难看的；同样，在一首坏诗里，却可以发现那个作者是个好人。

如果你想让女人陶醉于你，你必须做个怪人。我认识一个无论夏天或冬天都穿着毡呢长靴的人，他就受到女人的垂青。

我到了雅尔达⑮，什么地方都客满。也到"意大利"旅馆去过，依然没有一间空房。"我的三十五号房间呢？""已经住上人了。"住着一个什么太太。旅馆的人说："你愿意和女人同住吗？她倒是不在乎的。"于是我就住到她的房间里。谈话。黄昏时，鞑靼人的导游走了进来。我的头脑和耳朵都嗡嗡发响；我只是坐在椅子上，什么也看不见，什么也听不到……

一位小姐发牢骚："我的哥哥真可怜，只拿这么一点儿薪水——仅仅七千!"

她说："到了现在，我眼睛只看到一件东西了：你那张大嘴！多大的嘴！哦，多么大的嘴！"

马是一种有害无益的动物！为了它，多耕种了许多土地，它使人失去了筋肉劳动的习惯。不单如此，还常常成了奢侈的东西。马把人弄得又懒惰又娇气。将来，马这类东西要一匹也没有才好哩！

N是个歌唱家，他碰到任何人都不谈话；他紧紧地封住喉咙——为的是保护嗓子。不过，终于没有一个人能听到他的歌声。

无论碰到什么事情，都是这么断然地说："这到底有什么意思？什么用处都没有啊！"

他无论夏天冬天都穿着毡呢长靴。他是这样说的："这是为了让头脑轻快，脚热了血向下流，所以思想也就更加清晰了。"

一个女人被滑稽地叫作费多尔·伊凡诺维奇⑩。

笑剧：N为了要结婚，用广告上所说的软膏来擦他的秃顶，但是出乎意外，头上竟长出猪鬃来了。

"你丈夫在做什么?"
"他在吃着蓖麻油呢。"

一位小姐的信上说："这样一来，我的家就会忍无可忍地和你府上非常靠近了。"

N早已爱上了Z。Z嫁给X了。结婚两年以后，Z来看N，她哭着，像要告诉他一些什么，N总以为她一定是要告诉他她对于丈夫的不满，聚精会神地倾听。但是她告诉他的却是：她爱上了 K。

N 是莫斯科著名律师，和 Z 是同乡，都是在塔干罗格生长的^⑩。Z 来到莫斯科时，去拜访这个名人，N 很高兴地欢迎他。但是 Z 却想到以前他和 N 一起上中学的情形，想到 N 穿着制服的表情，因为眼红他现在的情况，心里很不是味；于是他认为 N 住的公寓算不得阔气，认为 N 的话太多了；由于对 N 所抱的嫉妒心理和连做梦也没想到的自己所具有的卑劣性，他觉得非常懊丧，就辞了出来。

戏剧的题目：《蝙蝠》。

凡是老年人不能享受的东西，不是受到禁止便是被认为是危险的。

他在年事日高的时候，方才和一个年轻姑娘结了婚。这样，她很快地随着他一起日渐憔悴和衰老下去了。

他一生都是写着资本主义呀、几千百万呀这样的文章，可是从来就没有过钱。

一个太太爱上了一个小白脸的巡警。

N 本来是一个非常出色的、时髦的裁缝，但是他被种种无谓的事情弄昏了，不是做出没有口袋的外衣，便是把领口做得过分地高。

笑剧：珠宝搬运公司兼火灾保险公司经理。

可以上演的脚本，是谁都能写的。

乡间的别墅。冬天。生病的 N 住在家里。有一天晚上，忽然从车站来了个乘雪格雪橇的、素不相识的叫 Z 的姑娘，她自我介绍，说她是来看护 N 的病的。N 非常惊慌和为难，觉得很不方便而谢绝了。可是 Z 说：今晚总得让她住在这里。过了一天又一天，她还是不走。她的性格是使人难以忍受的，反而扰乱了 N 的悠闲的生活。

一家饭馆的雅座上。Z 富翁正把餐巾围在脖子上，用叉子叉着鲟鱼，一边说："为了向这个世界告别，就吃上一口吧。"——那是他很久以来每日都要说的一句话。

Л.Л.托尔斯泰⑲关于史特林堡⑳以及一般文学的看法，完全和卢赫曼诺娃㉑女士一样。

狄得罗夫㉒每逢谈到省长和副省长的情形，就提出被收录在《俄罗斯文学百人集》里的《副省长的莅任》来，终于成为一个浪漫主义者。

戏剧：《生活——豆荚里的豆子》。

兽医 A，出身于人们当中的种马阶级㉒。

"我的爸爸连史坦尼斯拉夫二等勋章㉓都拿到了。"

Консуляция.㉔

阳光虽然辉煌，可我的心里却是一片黑暗。㉕

我在 S 城认识了 Z 律师。他是个尼卡型的美男子……孩子很多，可是他无论对待哪一个孩子都用教导的态度，温和亲切，决不说粗鲁的话。不久，我知道了他还有另一个家室。他请我参加他女儿的结婚典礼；他做祈祷，俯下身子，低着头这样说："我还保持着对于宗教的信仰；我是一个信徒。"人家在他面前谈到教育或女人等等，他就显出一副似懂非懂的天真的神色。在法庭上进行辩论的时候，他的脸上现出一种哀求的神色。

"妈，请您不要到客人那儿去吧，因为您实在太胖了。"

151

恋爱？和人爱上了？哪里有这么回事！我是个八等官。

他好像一个还没有从娘胎里生下来的婴儿，什么事都不懂。

N 爱打听事情的嗜好，从小到老一直没有改变。

"应该说聪明话，这就万事大吉了。——所谓哲学……赤道……的那一套。"（在写戏剧中使用）

星星早就消失了，但是庸碌的人们仍然看见它们闪着亮光。

当他将要成为学者的时候，他才开始盼望名位。

一个戏院的后台监督，由于厌倦不干了。从此有十五年光景没有进过戏院。后来他到戏院看戏，感动得直流泪，觉得很难受。回家后，妻子问他看戏的情形，他这样回答："我打心眼里讨厌。"

小使女娜佳，爱上了一个捕捉蟑螂和臭虫的工人。

一个五等官死后，人家方才发觉他曾经为赚一个卢布在戏院装狗叫，他穷。

你一定要有穿戴体面的孩子；你的孩子也一定要有体面的住宅和孩子；而那孩子的孩子，还得要有孩子和体面的住宅。要说到底为了什么吗？——鬼才知道！

Леркатурин.⑫

他每天故意呕吐——因为他依从亲友的劝告：这对健康有好处。

一个官吏开始过一种异样的生活。他在房子上装了个很高的烟筒，穿着绿色的裤子，蓝色的背心，狗毛上染了颜色，半夜里吃午餐。过了一个星期，他过不下去了。

成功早已用舌头舔括了他。

"N穷了。""什么？我听不见！""我说N穷了。""你到底在说些什么呀？我可不懂。你说的N是哪一个N？""娶Z做妻子的那个N呀。""原来如此，那又怎么样呢？""我说总应该帮助他一下了。""呃？说的'他'是哪一个呀？为什么要帮助一下呀？你是什么意思呢？"等等。

旅馆老板开出的账单上有一项是"臭虫——十五个戈比"。附有说明。

听着雨打屋顶的声音，感到自己家里没有纠缠不清而又无聊的人上门，独坐在家里，那是多么心旷神怡啊！

N常常这样，喝了五杯伏特加以后，一定要吞一些兴奋剂。[12]

他和女仆已经成了事实上的夫妇了，她还是畏葸地称呼他"老爷"。

我在乡下租了一间屋子避暑，房东是个很胖的老太太。她住在耳房里，我住的是正屋。她的丈夫去世了，孩子也都死了，她一个人孤单单的，养得很胖；她把田庄卖了还债，她所有的家具虽然古旧，但很精致。她常常读着她的死去的丈夫和孩子写给她的信。虽然那样，她却是一个乐天主义者。当我家里有人生病的时候，她微笑着安慰："先生，上帝会帮助你的。"

N和Z是女学校的一对知心朋友，两个人都是十七八岁光景。忽然间，N知道了Z由于自己的父亲而怀孕了。

查玛教士来了……神圣的查……主啊，祝福查吧。

那些提倡女权论者的言论是多么空洞哪！要是一只狗写了篇论女权的好文章，他们甚至会不认为它是狗。

咯血："什么，那是脓疮破了的关系……不要紧的，再喝一杯吧。"

知识分子是些无用的废物，他们不停地喝茶，信口开河，香烟抽得满屋子都是烟雾，空酒瓶就像树林……

她在做姑娘的时候，就和一个犹太医生私奔了，生了一个女儿；现在她恨自己的过去，恨那个红发的女儿。但是这位父亲仍然爱着她们母女。他生着肥胖的脸孔，在窗下踱步。

他用过牙签，又把它放回牙签盒里。

夫妇因为都睡不着，终于聊起天来了；他们从目前文艺越来越糟的情况，谈到办一个杂志该是很不错的事情。他们都把心放在这件事情上。不久躺了下去，短时间中不再说话。"我们请波波黎金⑩撰稿吧？"他问。"当然，一定要请他撰稿。"清晨五时，他到车房去办公，她踏着雪送到门口，等他出去之后关上了门。"喂，我们是不是也应该请坡塔宾诃⑪撰稿呢？"他从边门外问道。

阿列克赛得知他父亲已名列贵族时，他马上把署名改为阿列克西。

一个教师说："'随着列车的颠覆，伴同了人畜的牺牲。'这种说法不对，应该这样说：'列车颠覆的结果，发生了人畜的牺牲'。这是为了铁路人员的缘故……"

戏剧的题目：《金雨》。

没有一种标准尺度，是可以用来衡量不存在的东西和非人类的东西的。

一个爱国者说："你知道我们俄国的通心面条要比意大利的好吗？我给你证据。有一次我在意大利的尼斯吃到鲟鱼的时候，我不禁哭起来了！"这位爱国者并没有注意到：爱国的只是他的肠胃而已。

牢骚家说："可是火鸡是食品吗？鱼子酱是食品吗？"

一个相当聪明而有学问的小姐。他在她洗海水浴的时候，看见她的盆骨狭小，臀部也瘦得很可怜，他从此就厌恶她了。

时钟。锁匠叶戈尔的钟，好像故意跟他捣乱似的，有时走得不准，有时却又走得很准；当它正在正常地走到十二点时，却又一下子跳到八点上去了，就好像有个魔鬼藏在里面。锁匠为了想寻找原因，有一次把这只钟浸在圣水里观察……

从前小说里的主人公（毕巧林⑩，奥涅金⑩）总是二十岁，但是现在小说里从来不用三十到三十五岁以下的主人公了。不久以后，女主人公的年龄也会随着变更的吧。

N的父亲是个有名气的人物，他也是个很出色的人物，但是他无论做了什么事，人家总是说："好是好，可是比他的老子差多了。"有一次，他在一个艺术晚会上朗诵，和他一起参加表演的人都获得了成功，可是对于他，人家还是这样说："好是好，可是还是比不上他的老子。"他回家后躺在床上，瞪着他父亲的相片，晃着拳头。

我们为了子孙的幸福，改善他们的生活，疲于奔命，费尽了心力，可是子孙仍然照样会这么说："现在倒不如过去好，现在的生活比过去差远了。"

我的座右铭：我什么也不要。

现在，要是一个老老实实工作的人，用批评眼光看待自己和自己的工作时，人家就会说他是发牢骚，不守本分，是个惹人讨厌的人；可是当那些鬼混的骗子空喊着应该怎样怎样工作时，人家却向他喝彩了。

一个女人要是像男人一般地糟蹋东西，人们就认为这是自然的，大家都可以理解；可是当一个女人要像男人一般地企图或动手创造些什么的话，人们反而认为这是不自然的，是不能容忍的了。

当我和她结了婚，我变成个老婆子了。

他从自己卑劣的高度上来俯视人世。

"你的未婚妻真是个美人儿啊！"
"哪里的话，在我眼睛里看来，所有女人都是一样的。"

他梦想能连中两次二十万卢布的彩票，因为他觉得二十万好像太少了点。

N 是个退了职的四等官。他住在乡下，年纪六十六岁，他受过教育，头脑开通，爱读书，也喜欢发议论。他从客人口里听到新上任的预审推事 Z 一只脚穿拖鞋一只脚穿长靴走路，并且和别人的老婆姘居。N 于是时刻想着 Z，除过谈他以外，什么也不干；说他如何一只脚穿着拖鞋走路，如何和别人的老婆睡觉。后来，跑到自己妻子的寝室里去睡觉（他已经有八年没有和她同住了），仍然兴奋地谈着 Z 的传说。结果，他得了中风症，手足瘫痪了；这都是由于 Z 的事情使他太兴奋的结果。医生来了。这时，他抓住医生还是谈 Z，这个医生是认识 Z 的，告诉他说，Z 现在两只脚都穿上了长靴（因为他的足病已经痊愈），而且已经同那个妇人结了婚。

我到来世时，希望能够回顾一下我这一世的生活，说："那是个美丽的梦呀……"

地主 N 望着管家 Z 的孩子们——一个大学生和一个十七岁的姑娘："Z 一定偷了我的钱，靠着偷来的钱过阔气生活，不论这个大学生或是姑娘一定都知道这回事，或者应该知道这回事：他们为什么过得这么排场？"

她爱"妥协"这个字眼，常常使用。"我无论如何不能妥协"……"一块平行六面体的板子"……

一位世袭的名誉公民奥嘉勃西金，总是想要叫人家知道：他的先祖当然有晋叙伯爵头衔的权利。

"他在这上面，倒是个内行。"
"唉，唉，不能那样说呀，我妈妈是最会挑眼的哩。"

"我这一次是第三个丈夫了……第一个丈夫叫伊凡·马卡利耶契……第二个叫彼得……彼得……我记不起来了。"

作家古伏兹琪科夫自以为很有名，没有不知道他的人。他到 C 市时，碰见一位军官，军官长久地握着他的手，带着好像很喜欢的样子望着他。古觉得很高兴，也热烈地回握军官的手……后来军官问他："你的管弦乐队情况怎样？你不是乐队指挥吗？"

清晨：N 的口髭还用纸卷着。

他认为自己无论走到哪里——走到任何地方，甚至是到车站的餐室里去，也会受到人们的尊敬和崇拜的，所以他常常面带微笑地吃着饭。

鸟在唱。但是在他听来，早已不是唱，而是在哀诉。

在阖家团聚的席上，在大学读书的儿子读着 J.J.卢梭®的著作，家长 N 一边听着，一边在心里想："不过，无论怎么说，J.J.卢梭胸前总没有挂一块金奖章，而我却挂着一个。"

N 带着自己在大学读书的继子到处痛饮之后，结果走到妓院里去了。第二日早晨，大学生因为满了假期，动身走了，N 去送他。大学生责备继父的品行不端，说了一大篇道理，因此争吵起来。N 说："我当老子的要咒你！""我也要咒你这个老子。"

医生是请来的，护士是喊来的。

他装出简直像一座神像似的姿态。

"你在恋爱了吧？"
"对的，多少有点儿。"

H·H·B 绝不附和任何人的意见。他说："是的，说这个天花板是白的，这就算是对的吧；然而所谓白色，在光谱中是由七种颜色构成的；因此，就这天花板来说，七色之一可能不是过于明亮，就是过于昏暗；于是也就不能这样定它是白的啦。照我看来，在要说这个天花板是白的之前，还得多思考才成。"

无论发生什么事，他都说："这全是教士们干的。"

Фырзиков.[133]

N 的梦：他从外国旅行回来了，在韦尔琪波洛夫税关，无论他怎样竭力抗辩，妻子还是被上了税。

那个激进派，不穿礼服吃完饭，走进卧室去时，我看清了他背上的背带。我于是完全明白了：这个唱高调的俗物，是个不可救药的市侩。

以无神论者、宗教亵渎者自居的 Z，有人看到他偷偷地在教堂的圣像前跪拜，从此以后，不断地受到人家的冷嘲。

某剧团的经理被人叫作"四支烟囱的巡洋舰。"因为他已经四次烟囱冒过烟（破产）了。

他并不笨，很久以来就用心攻读，而且进了大学，可是他所写的东西，错得一塌糊涂。

娜琴伯爵夫人的养女，越来越少说话了；她胆子很小，除去"不是"或"是"之外就不说别的，手老是簌簌发抖。有一天，一个单身县官看中了她，她就嫁给他了。她对丈夫仍然只说"是"或"不是"，很害怕丈夫，一点也没有爱情。有一天，丈夫用非常大的声音咳嗽了一下，她吓得倒下去死掉了。

她对情夫撒娇："哦，我的鹞鹰！"

Перепентьев[⑬]先生。

戏剧材料："你说点笑话吧，我们在一起生活了二十年，你总是讲大道理，我可已经听厌这些大道理了。"（讲话的是女人）

一个女厨子吹牛："我上过女学堂（她嘴唇上衔着烟卷）……我还知道地球为什么是圆的。"

"轮船驳船船锚打捞公司"。这个公司的代表，每逢各种纪念活动就一定参加，学着萨哈洛夫的样子发表即席演说，然后一定吃了饭才走。

超神秘主义。

要是我发了财，一定造一所后宫，里面养一群裸体的肥胖女人，用绿色油彩在这些女人屁股上涂它一阵。

一个胆怯的青年来做客，当晚住了下来。出乎意外地，有个八十岁光景的聋婆子拿着灌肠器进来，给他洗肠，他认为这是这个家庭的习俗，所以忍受了下来。到第二天早上，他才明白是那个老婆子认错人了。

姓氏：Верстак①。

人（农民）越是笨，马就越懂得他。

注：
①在契诃夫的遗稿中，留有他亲笔誊写的所罗门独白：

所罗门（独白）：唉，生活是多么黑暗啊！就连我在儿童时代所害怕的夜间的黑暗，也比不上现在这种使人弄不懂的生活那样黑暗得使我害怕。上帝啊！您赐给我父亲大卫的，只不过是把文字配上声音，配上琴弦，来歌唱您和赞美您，把悲怆之情唱得悦耳动听，引动人们的眼泪，或是赞赏美的才能；但您为什么要赐给我这种折磨自己的、难以安静的、饥渴的心灵啊？我像出生于污泥中的虫豸一般；我生活在黑暗当中，绝望和恐惧使我战栗；我看到和听到的每件事情，都是难以理解的神秘：为什么这是早晨？为什么太阳要从寺院背后升起，并把棕榈树染成金色？女人为什么这样美丽？那鸟儿要急急忙忙地飞到哪里去？那鸟儿和它的子女以及它们匆匆飞去的地方，如果也要像我一样要化作尘土的话，那么，那样的飞翔可是为什么？唉，我要是没有生下来，要是上帝没有给我生上眼睛和思想，像一块石头那样，那才好哩。我想使自己的身体在夜幕降临时疲劳下来，昨日，我像个普通的脚夫般地在寺院里搬了一整天的石头，然而现在已经到了夜间，我还是不能入眠。……再去睡下来看吧。福赛斯对我说过：要是心里老是想着飞跑的羊群，一股劲儿地想下去，不久就会意识朦胧地睡着的。我来试一下吧。……（退场）——日、英译者

所罗门（希伯来文 Shělōmōh）：公元前10世纪以色列王国国王，大卫王的儿子。在位时是以色列王国最强盛时期。《圣经·撒母耳记》称，所罗门智慧过人。《圣经》中的《箴言》《雅歌》相传是他所作。——中译者

②契诃夫在这里所说的"我们"，当指当时的俄国知识分子而言。

——中译者

③ 摩纳哥：法国东南海岸的一个公国。世界有名的赌城蒙特卡罗就在这里。——同上

④ 伊凡：泛指俄国普通人，以至有"俄国伊凡"之说；契诃夫之兄即名伊凡。——同上

⑤ 英国剧作家莎士比亚著名悲剧《哈姆雷特》的主人公。——同上

⑥ 原文中有 un。——日译者

⑦ 利用俄文中变音相似的词所做的文字游戏。把"Ђещмет"（鞑靼语：bismet，棉袄）改为"шербет"（土耳其语：Serbet，一种清凉饮料，果汁）；把"Фаэтон"（四轮马车）改为"Фельетон"。（法语：feuilleton，小品文栏）。——俄文版编者

⑧ 是"衔在齿间"的误说。——日译者

⑨ 这是对于冬季到彼得堡做短工的农民车夫的蔑称。——同上

⑩ 是"想吐"的意思。——同上

⑪ 这是位于彼得堡中央的大街名。——日译者

⑫ 克里米亚半岛港市。在俄国遥远的南方。——中译者

⑬ 莫斯科的一个广场名。每星期日有市集，现名高加索广场。——中译者

⑭ Mazurka：波兰舞曲的名称，音乐为四分之三拍或八分之四拍，比华尔兹缓慢，舞时富于变化，大音乐家肖邦曾有以此为名的乐曲，充分表现出波兰的情调。——中译者

⑮ 莫斯科的街道和公园的名称，意为"大主教池"。——日译者

⑯ 这是俄国人普通的习惯。——日译者

⑰ 含有"商人的女儿""女小市民"意义的女性的姓字。源出俄语 Мещанка——同上

⑱ 莫斯科街名。——中译者

⑲ 系工兵作业。——中译者

⑳ 系预言者。——日译者；先驱者。——英译者

㉑ 图拉系俄国都市，以出产茶炊等金属手工艺品而驰名。——中译者

㉒ 这是 1897 年 12 月 13 日的事。——俄文版编者

㉓ 克里米亚半岛的避暑胜地。——中译者

㉔ П.Д.Боборыкин（1836—1921）：俄国作家。——俄文版编者

㉕ Guy de Maupassant（1850—1893）：法国短篇小说家。——中译者

㉖ К.К.Сдучевский（1837—1904）：俄国诗人兼小说家。——俄文版编者

㉗ 意为"小头巾""小帽子"。——中译者

㉘ 意为"揉过眼睛"。——日译者；"穿过翅膀"——中译者

㉙ 是"开花的小蔷薇"和"芳香"两种意思合起来的女人名字。——日译者

㉚ 是一种极温和的慢性泻药。——中译者

㉛ 这里原文所用的字是对教士的蔑称。——日译者

㉜ 意为很小的胡椒，人名。——日译者

㉝ 君士坦丁堡以野狗很多而出名。——日译者

㉞ 原来是狂犬病（Гидрофобия），被改成水疗法（Гидротерапия）——俄文版编者

㉟ 意为"疮疤"，这里当人名用。——日译者

㊱ 指教会的旗帜，旗上有天使的像，这说的是俏皮话。又据俄文版编者注，"掮着天使"，是教会圣诗的头一句。——中译者

㊲ В.М.Лавров（1852—1912）：《俄国思潮》杂志的编辑出版者。——俄文版编者

㊳ Квас：俄国人常饮的一种酸饮料，用黑面包发酵做成，味酸甜，状似啤酒。——中译者

㊴ Alphonse Daudet（1840—1897）：法国自然主义小说家。——中译者

㊵ 女演员。——日、英译者

㊶ 拉丁语：身健则心自明。——日译者

㊷ 俄国十月革命前，大俄罗斯主义者对乌克兰人的蔑称。——中译者

㊸ 似为 милостивый сударь 的压缩，意为"好心的先生"。——中译者

㊹ 来自 Источник，意为"源泉"或"名人"。——中译者

㊺ Груш 意为"梨子"；Полкатьщкий 来自 Полка，有"除草"之意。——同上

162

㊻ 系“骑上啦”的误说，意甚可笑。——日译者

㊼ 俄文鲑鱼写如 Сиг，雪茄烟写如 Сигара，这里因为字形相似，不注意念错了，所以才奇怪。引文中的形式是复数第二格。——同上

㊽ Herbert Spencer（1820—1903）：英国哲学家，实证论的代表者。——同上

㊾ 系由古老的虔敬与近代化的电车相对照而发生的滑稽意味。——日译者

㊿ 系下列各义：“骑士的格斗”“乞丐的讨饭袋”“轰然而鸣”“熏得冒烟”（皆系人名）。——同上

(51) 意为“拔塞钻”。——日、英译者

(52)“夫人的架势”（Madame Gesticulation）。

(53) 意为“帽子”“察米亚”（一种植物名称）“小猪”“缰绳”，皆人名。——中译者

(54) Утюжный 系由“熨斗”Утюг 一词变来的人名。——日译者

(55) Колотовкина 意为“搅拌棒”或“难缠的女人”。——日译者

(56) 原来计划写进《樱桃园》里去。——俄文版编者

(57) И.Е.Репин（1844—1930）：俄国近代的大画家，《萨布罗什人写信给土耳其苏丹》即为其杰作之一。——中译者

(58) 选用在《樱桃园》中，西妙诺夫·皮什契克的情节内。——俄文版编者

(59) Иерей（教士）+Архимандрит（修士大祭司）。——日译者

(60) 这两个字因重音不同而在意义上有“母鸡”和“吸烟”之分。——日译者

(61) Pagliacci：意大利作曲家列昂卡瓦洛（Ruggiero Lecncavallo，1853—1919）的歌剧。——俄文版编者

(62) 不相称的比喻。——日译者

(63) 系 анаФема（诅咒语）的讹误。——同上

(64) 系下列各意：“锯齿形”“牝马”“小猪”“吹牛皮”，皆人名。——同上

(65) 在原语中，是把英语 Procedure（手续）误说成 Precedure，而带有可笑的意味。——同上

(66) 这些都是花草的名字。——日、英译者

(67) 法国南部的一个疗养地，在尼斯附近。——中译者

(68) 意为“货栈”。——日译者

(69) 意为“安放骨灰的地洞”。——日译者

(70) 克里米亚的山名。——同上

(71) 俄俗：女人出嫁从夫姓，故有此语。——中译者

(72) Otto Fürst von Bismarck - Schonhausen (1815—1898)：普鲁士王国首相和德意志帝国宰相，保皇派。容克地主出身。任首相时，推行铁血政策，发动丹麦战争、普奥战争和普法战争，通过王朝战争统一了德意志。镇压过巴黎公社，在非洲、大洋洲掠夺过殖民地。后因与威廉二世意见不合，于1890年3月去职。——同上

(73) 在俄语中，蝴蝶（Бабочка）一语也有青年妇女的意思，这里是一种文字游戏。——中译者

(74) 意为“奴颜国”，一个有可怕的面孔的地方。——日、英译者

(75) 意为“愚人”。——日译者

(76) Новоз Шбхоŋ：欧俄都市名称；意为“新摇篮”。——同上

(77) 戈尔布诺夫（Иван Фёдорович Горобунов 1831—1895）：俄国19世纪后半期的演剧家及剧作家，其作品幽默风趣，堪与契诃夫作品媲美。——中译者

(78)人名。——同上

(79)“五个戈比”（Пятачок）另外还有“猪鼻子”之意。——英译者

(80) Золотоноша：欧俄的城市名称。俄文原意有“含有黄金”的意思。——日、英译者

(81) J.F.Schiller (1759—1805)：德国诗人，历史家，剧作家。——中译者

(82)Homeros (Homer)：希腊古代诗人，生卒于纪元前8世纪；其不朽杰作为《伊里亚特》及《奥德赛》；据后世希腊学者研究，荷马并不是一个人的名字，而是指当时一群流浪歌唱者而言。——同上

(83)“斩首”俄语作 усекновение“打”作 сечь（过去时阳性形式作 cek），它们有一个共同的词根 cek。“约翰斩首”事见《圣经·新约全书》的《福音书》。约翰在耶稣传教前即劝人改悔并在约旦河里为人施洗，也

为耶稣施洗过，后因指责犹太王希律娶兄弟的妻子希罗底为妻"是不合理的"，被捕下狱。"到了希律的生日，希罗底的女儿在众人面前跳舞，使希律欢喜。希律就起誓，应许随她所求的给她。女儿被母亲所使，就说：'请把施洗的约翰的头放在盘子里，拿来给我。'王……于是打发人去，在监里斩了约翰，把头放在盘子里，拿来给了女子……"（《马太福音》第十四章《施洗约翰之死》）。——中译者

⑧Faust：德国大诗人歌德（J.W.V.Goethe 1749—1832）的名著《浮士德》中的主人公，学者。——中译者

⑧"荞麦点心"（гречневик）与"罪人"（грешник）发音相似，这是外国人说俄国话发音不准确而发生的滑稽现象。——日、英译者

⑧有泻盐的矿泉水。——俄文版编者

⑧Скиталец（1869—1941）：俄国小说家。——中译者

⑧来自"Гнусавьгй"一词，意为"鼻声"。——日译者

⑧军队行进声。——中译者

⑨Vesuvio：意大利火山名。——中译者

⑨"气急喘喘的"先生。——日译者（中译者按：似应作"颤巍巍的"先生）

⑨多尔巴特（Дерлг）是爱沙尼亚的名称，俄国名称为尤里叶夫（Юрьев）。又据俄文版编者注说：这两个都是塔尔图市（Тарty）的旧称。——中译者

⑨意为"小鸡娃"。——日译者

⑨圣灵否定派（духбор）：正教中反对祭神仪式的一派，它盛行于俄国农民中间，曾受到沙皇政府的迫害。——中译者

⑨据英译者注：用这种油涂在女人身上，是表示她有不贞洁行为。日译为"吃了蓖麻油"。——中译者

⑨布金松（Букишон.К.）：谢尔甫霍夫县奥尔洛夫—达维多夫领地的管家。——俄文版编者

⑨意为"嘴脸和尾巴"。——日译者

⑨莫罗勘教（молокан）：该教为正教分派之一，不食牛奶和鸡蛋。——中译者

⑨该姓氏有"海的精灵"之意。——同上

⑩ Титулярный советник：通译"九等文官"。彼得一世时，把文官分成十四等，官阶高低依数目字大小递减。советник 含有"顾问"与"忠告者"的意义。——中译者

⑩ Торжок：莫斯科西北的一个小工业都市。——同上

⑩ 柏拉图主义者：即精神恋爱主义者。——中译者

⑩ 意为"大酒鬼"。——日译者

⑩ 意为"教养优良"。——同上

⑩ 在写信的称呼上，写了多余的"最最"二字，却把对方的名字伊凡·伊凡诺维契简略了。这是一种不得当的写法。——同上

⑩ 这里学瑞典文不知究何所指；因为易卜生（H.Ibsen 1828—1906）是用挪威文写作的。——日译者

⑩ 系列夫·托尔斯泰的中篇小说。——中译者

⑩ 这句话是 M.高尔基的剧本《夜店》中鲁卡（Лука）的台词。——俄文版编者

⑩ 即 14 世纪。德米特里·顿斯科伊（Дмитрий Иванович Донской，1350—1389）：莫斯科大公（1359—1389）。——日、英、中译者

⑩ 意为"棍子"，此处作姓氏用。——日译者

⑪ Окрошка：俄国民间菜肴，以克瓦斯煮成的鱼肉、牛肉、胡瓜等冷汤。——中译者

⑪ 这个姓氏有"长虱子的人"之意。——中译者

⑪意为"细棉纱""跳来跳去的人"。——同上

⑪ 这个字是从 зев（打呵欠）造的。这个人名或这个字是契诃夫所发明，它的意思是："有人用打一个长长的呵欠，作为一种生活享受。"——日、英译者

⑪ Ялта：苏联克里米亚南岸港市，北依克里米亚山，南临黑海。去雅尔达的妇女们，和鞑靼导游人发生"瓜葛"，是常有的事。——中、英译者

⑪ Финлор Иванович：这是男人的名字，因此显得滑稽。——中译者

⑪ 塔干罗格是契诃夫的故乡。——中译者

⑪ 列夫·托尔斯泰的儿子。——日、英译者

⑪ J.A.Strindberg（1849—1912）：瑞典作家、戏剧家。——中译者

⑫ Н.А.Лухманова（1840—1907）：俄国女作家，在小市民阶层中享有声望。——俄文版编者；俄国最劣等的女作家。——英译者；俄国第三流作家。——日译者

⑫ Ледлов：笔名符拉基米尔·留德维珂维契·基更（Владимир Людвигович Кигн 1856—1908），俄国小说家、文学批评家、时事评论家。——俄文版编者；俄国第三流作家。——日译者

⑫ 种马，即未阉割的雄马，此处喻其非常活泼好闹的性格。——中译者

⑫ 史坦尼斯拉夫勋章共有三等，是沙俄时期低级勋章之一。——日译者、俄文版编者

⑫ 契氏可能将 Кбнсул（领事）与 Консулътация（质疑）合并，新造出一个怪词来。——中译者

⑫ 此条用于开始写却未写完的中篇小说。——俄文版编者

⑫ 由"钻头"和"游览"两意构成的名字。——中译者

⑫ 原文为 валериановые капли，是由缬草（Valeriana）制的药酒，是一种神经兴奋剂。——中译者

⑫ П.Д.Боборыкин（1836—1921）：俄国小说家、戏剧家和批评家。——中译者

⑫ И.Н.Потапенко（1856—1929）：俄国小说家、戏剧家。——中译者

⑬ 莱蒙托夫长篇小说《当代英雄》中的主人公。——中译者

⑬ 普希金诗体小说《欧根·奥涅金》中的主人公。——同上

⑬ J.J.Rousseau（1712—1778）：法国启蒙思想家、教育家、文学家。——中译者

⑬ 这个姓氏有"牲口粗声的鼻息"之意。——中译者

⑬ 人名，有"超过五个"之意。——中译者

⑬ 意为"工作台"。——日译者

题材·凝想·杂记·断片

……这是多么愚蠢，而且，更重要的，是多么荒谬啊。因为，如果一个人总是吞食别人，或者老是听到一些使他感到不舒服的事，这与格拉诺夫斯基①有什么关系呢？

我怀着破碎的和深深被伤害的心情，离开了格里哥里·伊凡诺维奇的家。那些漂亮的词句和说着它们的那些人，使我非常愤怒。在回家的路上，我这么想着：有些人咒骂一切，有些人抱怨群众的庸碌，有些人又在赞美过去，诅咒现在，喊叫没有了理想，等等。但是，这一切都早在二十或三十年前就已经有过了。这是些已经陈旧了的老一套，现在重复着这些的人，正表明了他已经失去了青春，自己已经腐朽了。埋在去年落叶下面的人，已经和去年的落叶一同烂掉了。在我看来，我们这些蒙昧无知、思想陈旧、言语无味、头脑僵化的人，已经全然发霉了。当我们这些知识分子正在旧的破烂堆中翻来捡去，并且按照俄国古老的传统习惯互相咬嚼的时候，在我们的周围，正兴起了我们完全陌生和想不到的另一种生活。伟大的事变，会使我们手足无措。你会看到，商人西多罗夫、从叶律兹来的县立学校教师，那些比我们眼界广阔、知识丰富的人们。会把我们撵到生活舞台的后面去。因为他们比我们这些人加在一起都能干。我又这样想，在我们互相攻击谩骂的时候，我们平素喋喋不休的政治自由，现在如果忽

168

然实现了，我们也会茫然无措的；我们会把这种好不容易得到的自由，滥用在报纸上的互相攻击，指摘你是奸细、他爱财如命这些上面去；结果只是向社会证明了这个可怕的事实：我国既没有像样的人，也没有科学，也没有文化，什么也没有，什么都没有啊！像我们现在这种使社会震惊的行为，如果还是这样继续干下去，那就意味着摧残社会的勇气，完全明白地宣布了我们没有社会和政治的意识。我还这样想，在新生活的曙光还未照临以前，我们会变成一些面目可憎的老年男女，由于仇恨曙光，而背过脸去，此外呢，还会首先去谗害和中伤这种曙光……

"妈妈老是叫穷，这可太奇怪了。要说为什么奇怪吗？第一，我们是很穷，固然穷得像乞丐求人施舍一样，但是我们吃得很讲究，住在大宅子里，夏天还去乡下自己的别墅避暑，一般说来，看来我们不像穷人。显然，这一定不是我们穷，而是别的，比穷更坏的原因吧。第二，奇怪的是：十年以来，妈妈把精力都用在想法子寻钱付利息上面去了。我想，如果妈妈把这份精力，用在别的事业上，我们现在一定会有像现在这样大的二十座房子了。第三，我觉得奇怪的是：我们家里最难办的事情都由妈妈一手负责，我毫未参与。对我说来，这是一切最可怕的事情当中最不可思议的事情。妈妈，就像她现在还在说的，她是胸有成竹的，但她也只有到处伸手，卑躬屈膝；我们债台高筑，我直到今天只好袖手旁观，一点也不能帮妈妈的忙。我能做什么呢？我想来想去，什么事都不明白，我最最清楚的只是一点：我们不断地从一个斜坡上往下滚，至于结果如何——那谁又能知道呢？虽然听说：我们会掉进贫穷的深渊里去呀，贫穷是可耻的呀，但这些话我真不懂得，因为我没有穷过啊。"

她们的精神生活和她们的脸色与服饰同样地灰暗无光。她们之所以大谈其科学、文学、潮流，以及诸如此类的东西，不过因为她们是学者和文人的妻子姊妹而已；她们如果是警察局长或者牙科医生的妻子、姊妹，她们也会那样热心地去谈救火与补牙。就让她们谈她们那种莫名其妙的科学，而且静听着吧，反正这是对于她们的无知的一种应酬。

这一类事物，原来认为是自然而然的，没有什么意义的。所谓诗一般的爱情，会使人想到那同山上的积雪无意识地滚下来压伤人一样，并没有什么意义。但是在听音乐的时候，那所有的一切——既有长眠在坟墓里的人，也有得到长寿变成白发婆婆，而现在正坐在戏院包厢里的女人，这就会使人感到安宁和庄严，感到雪崩并不是没有意义的事情，原来在大自然里没有什么事物是没有意义的。于是，凡事都可以得到宽慰，如果得不到宽慰反而是奇怪的了。

奥莉加·伊凡诺夫娜对于破旧而快要不能使用的沙发、条凳、睡椅的那种谨慎小心的爱护之心，就和她对待老狗老马是一样的。因而，她的屋子和家具养老院没有什么两样，在镜子周围的每一张桌子和每一具橱架上，都放满了多半被人忘记了的人们的向来不受注意的照片，而墙上挂着从来没有人欣赏过一眼的画片。因为只点着一盏覆着蓝色灯罩的灯，所以屋子里常是暗沉沉的。

在你高喊着"向前进"的时候，必须指明所谓前进的是哪一个方向。请你注意：如果不指明方向，把这句话同时向一个僧侣和革命者乱喊一通，那么他们是会朝着完全不同的方向前进的。

《圣经》上说："父亲们啊，请不要刺激你的孩子啊！"那是说：连对那些品行不好、一无是处的孩子也应该这样。但是父亲们刺激我，刺激得很可怕。于是那些同年纪的人，也不分好歹，盲目附和，学着他们的样；连小孩子们也跟着学样。因此，我常常为了说出好话（但他们听不入耳的话）而脸上挨打。

他们看到婶母脸上从不现出苦痛的神色，认为这是一种本事。

O. H 老是在那一带到处走动。这一类女人和蜜蜂一样，总是拣有蜜的地方飞……

不要娶一个富家女——丈夫会给她撑出来的；不要娶一个贫家女——她会使你晚上都睡不安稳。要娶，就得娶个自由自在的、具有哥萨克性情

的女人。（乌克兰民谚）

阿辽沙："一般人常常这样说：'结婚以前是花朵；举行了婚礼，那么——再会吧，梦啊，幻境啊！'这是多么没有意思的废话啊！"

当一个人喜爱梭鱼跳跃的水声时，他是个诗人；当他知道了这不过是强者追赶弱者的声音时，他是个思想家。可是要是他不懂得这种追逐的意义所在、这种毁灭性的结果所造成的平衡为什么有其必要时，他就会重又回到孩提时代那样糊涂而又愚笨的状态。所以越是知道得多，越是想得多，也就越是糊涂。

《婴儿之死》。我刚坐下来得到一会儿安静，——砰的一声，命运之手又来打击我了！

一头神经质而又不安地想念着儿子的慈爱的母狼，从看门人避冬的小屋里拖走了一只"白额"的小狗，它错以为这是一只小羊，因为它很久就知道那里有只绵羊，它有一只小羊。当母狼拖着"白额"逃开时，忽然听见有人吹着口哨，它吓得慌张地从嘴里把小狗抛下，可是那小狗却在后面跟着它来了……一直平安地到了它的窝里。结果，小狗同小狼一起吸它的奶。到第二年冬天，小狗几乎没有什么变化，只是瘦了一些，腿长了一些，额角上的白斑变成了三角形。母狼的身体却衰弱了。②

只要是那一类的晚会，邀请来的就一定是些名流们。然而，却非常无聊。因为莫斯科既少有才能的人，而在无论哪一个晚会中出席的还是那一批人，担任独唱和朗诵的也是那几个角色。

同男性在一起能够这么轻松而自由，在她是头一次。

你等着吧，等你长大了我再教你演说的方法。

她觉得这个展览会里陈列了许多同样的画幅。

171

在你面前，一队洗衣妇正列队行进。

科斯佳硬说她们自己偷了自己的东西。

拉甫吉夫自居于法官的地位，这样推断下面的事：如果这是一件闯入住宅的案子，却并未发生盗窃情事；是那些洗衣妇她们自己把衬衣之类卖了，把钱喝了酒了。但如果是一件盗窃案子，那么就不会有闯入住宅的情事了。

菲多尔因为被他弟弟看到他和有名的演员同坐一桌，而非常得意。

当 Я 说话或吃东西时，他的胡子动得好像他没有一颗牙齿一般。

伊瓦新一边爱上了娜佳·维施涅芙斯卡雅，一边害怕这个爱情。当看门人告诉他说：太太刚才出去了，可是小姐在家里。他在外套和上衣口袋里摸索了半天，找出一张名片，这样说："很好……"
但是并不很好。当他早晨为了拜访而从家里出来时，他以为这是不得不如此的社交礼节，但是现在看来，他方才明白到自己这样地到这里来，只不过是因为在他的心灵深处隐藏着一种像被面纱掩盖起来的希望：要能见到娜佳才好……因而他忽然觉到很可怜，很悲哀，而且还有些可怕……

他觉得自己心里简直是落过雪一般，什么东西都枯萎了。他害怕自己爱上娜塔霞的那种心情。因为他以为做她的丈夫自己年纪已经太大了，自己的风采也已引不起女人的欢心了；而且想象不到像娜佳这样年轻的女孩子，会专着眼于男子的智力和气质来爱他的。可是有时候，仍然有一种像希望的东西涌上他的心头。但是现在，从那军官的叩响马刺消失了声音的一瞬间起，他的胆怯的爱情也跟着消失了……一切都结束了，再没有希望了……"是的，从此一切都完了。"他想："我快乐，我很快乐……"

他时常这样幻想：自己的妻子不是娜佳；可是，不知为什么，他总是想象着一个用威尼斯细花边短衫掩住鼓腾腾的胸脯、肉体很丰满的女人。

在岛上长官办公室服务的录事们，因为隔宿的酒醉而头痛。他们虽然还想喝些酒，可是没有钱。这怎么办呢？其中有一个录事，原先是个造假钞票的犯人，想出了一条计策。他到教堂里去。在那里的唱诗队里，有一个因殴打长官犯罪而流放到这里的军官。录事气喘吁吁地对军官说：
"来吧，你已经得到赦免了，现在有电报到办公室来了。"
军官面色苍白了，不住地战栗着，因为兴奋过度连脚都踹不动了。
"喂，给你报告了这样的大喜讯，该给我些酒钱呀！"录事说。
"拿去，全拿去！"
于是军官给了他大约五个卢布……军官到办公室来了，他唯恐自己会因快乐过度死去，用手按着心口。
"电报在哪里？"
"会计课收起来了。"（军官向会计课走去）
大家都哄然大笑，于是劝军官一块儿喝酒。
"哦，多么可怕啊！"
那以后，军官整整病了一个星期[3]。

管理员的内弟费佳，告诉伊凡诺夫说，野鸭在树林那边找食。他把枪上了子弹向森林走去。出乎意外——出现了一只狼，他砰地开了一枪，打断了狼的两腿。狼痛得发狂，并没有看到他。"亲爱的，我能替你做什么呢？"他想着，想着，走回家里来，去叫彼得……彼得拿了一根棍子来，面色凶狠地动手就打狼……打啊，打啊，打啊，一顿棍子把狼打死了……他出了一身汗，一句话也没有说就走开了。

薇拉："我并不敬重你，因为你这结婚真奇怪，你单是一张巧嘴，却一点都没有兑现……这就是为什么我也要对你保守秘密啊。"

这真叫苦恼：我们本来想巧妙地去解决极简单的问题，反而把问题弄得更复杂了；我们应该找到简单的解决办法。

呃，妹妹，我很幸福，也没有什么不满足，可是如果我再生一次，有人问我："你想结婚吗？"我会回答："不想。""你想发财吗？""不想。"……

不让位给星期二，就没有星期一。

连诺奇加喜欢小说里的侯爵和伯爵，讨厌身份低的人。她虽然喜欢描写有爱情的章节，可是这限于纯洁而理想的恋爱，不能容忍猥亵的描写。她不喜欢自然描写。和描写相比，她爱对话。当她开头读一本书的时候，就性急地常常去看一下结尾。她知道作家的名字却不去记它，她在空白处用铅笔写满了这一类话："妙极了！""没有比这再好的了！""活该！"等等。

连诺奇加不张嘴地唱着歌。

Post coitum："我们波尔达略夫家的人，世代都是以身强力壮闻名的……"

他在街头马车中，眺望着在街上走过去的儿子的背影，一边想："也许这孩子和我不同，他说不定不是属于我这类在龌龊的马车中颠簸的人，而是属于坐着气球在天空翱翔的那一类人物……"

她是个美得会令人害怕的女人，黑眉毛。

儿子一声不响，但是妻子觉得他对自己抱着敌意了，她显然感到了这一点了！因为儿子把话全偷听去了……

女人当中混有多少白痴啊！人们看惯了，所以不大看得出来。

他们常去戏院看戏，常读厚厚的杂志——然而依然是品质恶劣，道德败坏。

娜塔沙："我有生以来没有害过歇斯底里病，虽然我不是娇生惯养的人。"④

娜塔沙：（口头禅似的向着她姊妹说）"哦，你变得多么丑啊！哦，你看起来多么苍老啊！"

要活下去总得有点可以寄托的东西……住在乡下只是肉体在劳动，而精神却在睡觉。

别人的罪孽不能使你变成一个圣人。

库利根："我是一个愉快的人，我会用自己的这种性情来影响大家的。"

库利根："到财主家里当家庭教师去啊！"

库利根在第四幕里是没有胡子的。

妻子央告丈夫："不要胖起来吧！"

哦，要是有这种生活：人渐渐都变得年轻了，美丽了，那才好呢。

伊丽娜："没有父母而生活下去是困难的。没有丈夫也是这样。要对谁去说知心话才好呢？对谁诉说才好呢？和谁一起快乐才好呢？一个人非得好好地爱上一个人不可。"

库利根：（向他的妻）"我想我娶你真是幸福，所以我以为嫁奁之类，不要说是不能说出口，连提一下都是不像话的，对不起你的。别作声，你不要说话……"

军医愉快地参加了决斗。

没有跟班的可真苦恼，随你按多久的铃也不会有人来开门。

第二、第三、第六的三个中队四点钟就出发了，我们这队是正午十二时出动⑤。

……白日里谈着女学校的校风不正，晚上演说了一通世风的堕落腐败，到了半夜里，总结起来就只有用手枪自杀了……

我国的城市生活中，既没有厌世主义，也没有马克思主义，更没有任何一种思想运动，有的只是停滞、愚蠢、无能……

……他渴望着生活。但是，他以为这就是所谓要喝上一杯酒，于是他喝了葡萄酒。

费尔在议会里。塞尔盖·尼古拉叶维契（用哀愁的声调）说："先生们，我们该从什么地方开辟财源呢？我们的镇子很穷呀。"

所谓"闲人"，是在于不自觉地专去听别人说的话，专去看别人做的事；那些工作忙碌的人，几乎是不会去听或去看别人的。

……在溜冰场上，他在 Л 后面追赶；他想追上她。这时，他在恍惚中觉得，他想追赶的是生活，那一去不复返的、追不上的、就像要捉自己影子而不可得的同样难以捕捉的生活。

……他和自己来比较一下，方始宽恕了那个医生："就像自己吃过医生的不学无术的苦头一样，也许自己的错误也在使人痛苦吧。"

……但是，你说奇怪不奇怪？这样的一个市镇，竟会没有一个音乐家，没有一个演说家，也没有一个出类拔萃的人。

名誉治安审判官，育儿院名誉干事——一切都是"名誉"的。

Л 好学不倦——说起她的丈夫来，则是个中途困顿的人，既不了解她的心意，也不了解青年人的心情。Ut Consecutivum[6]。

……他是个温文尔雅的褐色型的男子，留着小小的颊髯，穿着很时髦的衣服；生着灰黑的眼睛、黑色的皮肤。他喜欢谈论捉臭虫、地震、中国。他的未婚妻有八千卢布的嫁奁；据他的姊娘说，她是个最出色的美人儿。他是火灾保险公司等处的不出面的代理人。"你太美丽了，真是太美了，何况还有八千卢布哩！""你也是个美男子，今天我一看见你，就觉得背上发冷呢。"

他说："地震是由于海水蒸发而起的。"

姓：鹅（Гусыня），小锅（Кастюля），牡蛎（Устрица）。

"如果我要出了国，人家会因为我这稀罕的姓氏，发给我勋章的。"

我可不能说是一个（好）美人儿，不过总算是一个还过得去的女人。

注：

① Т.Н.Грановский（1813—1855）：俄国有名的西欧派思想家和社会活动家，别林斯基同时代人，曾兼任莫斯科大学历史教授。——中译者

② 这是短篇《白额》（1895年）中的一节。——日、英译者

③ 这是契诃夫在旅行库页岛（即萨哈林）时所得的材料；未用在《萨哈林旅行记》一书内。——日、英译者

④ 这段以下的几段，都是《三姊妹》草稿的片断。——日、英译者

⑤《三姊妹》的草稿片断到此为止。——日、英译者

⑥ Ut Consecutivum：拉丁语文法上的措辞。——俄文版编者

日　记

一八九六年

从邻居 **B.H.**谢明科维奇①那里听到这样的话：他的伯父是那位有名的抒情诗人费特—洗辛（费特）②，可是据说路过莫霍瓦耶街的时候，有着一种一定要把马车的窗子拉下来、对大学吐一口痰的习惯，他故意咳出痰来，"呸"的一口吐了出去。马车夫也摸着了他的这种脾气，每次经过大学前面，一定把车停了下来。

正月在彼得堡，住在苏沃林③家里。常去拜访坡塔宾诃④。也能见到柯洛连科⑤。还常去小剧场。有一天和亚历山大⑥一同跨下外面的楼梯时，正碰到从新时代社来的 **Б．В**.格依⑦，他用盘问的口气对我说："你为什么挑拨老头子（指苏沃林），使他反对勃莱宁呢⑧?"可是我并没有在苏沃林跟前说过《新时代》同人的坏话。固然，我从内心轻蔑他们的大多数倒是确实的。

二月。途经莫斯科时便中往访列夫·托尔斯泰。他很兴奋，对颓废派大加辛辣的批评；接连一个半钟点和 **Б**.契且林⑨进行议论。契且林在这当中给我的印象是——他尽说些蠢话。达吉雅娜和马莉雅两位小姐在用纸牌起卜。她们俩都想用纸牌推测某些事情，要我替她们翻牌，当她们两次都

178

看到黑桃 A 时，都很悲观了。因为凑巧在一副纸牌里面偶然翻出了两张黑桃 A。这是一对使人起好感的姑娘，能够体贴到她们父亲所想到的一切。伯爵夫人整晚说着画家 Ге，神色也很兴奋。

五月五日。看守僧人伊凡·尼珂拉叶维契拿来按我的照片所画成的肖像。晚上，В.Н.谢明科维奇带着他的朋友马塔维·尼卡诺洛维奇·柯鲁波科夫斯基到来，此人原是《莫斯科公报》外事课课长、《事业》杂志的主笔，还是莫斯科帝国剧院诊疗所的医生。给人印象很恶劣，是个蛇蝎一样的家伙。他也说："要说什么最有危险性，那就没有比可恶的自由主义报纸流毒更大的了。"而且据说，要他看病的老百姓，虽然享受着免费治疗，但他还是开口要这样那样的东西和钱。此人和 C 每次谈到老百姓时，总是显出那种怨恨而讨厌的神色。

六月一日。到瓦加尼科夫墓地去，见到在荷顿加遭难者的坟墓⑩。和《新时代》巴黎特派员 И.Я.巴甫罗夫斯基⑪相偕至梅里霍夫⑫。

八月四日。塔里琪村的学校⑬举行开学典礼。塔里琪村、倍尔萧夫村、杜倍契涅村、萧尔科夫村的居民们，赠给我四块面包、一尊圣像、两只银制盐碟⑭。由萧尔科夫村的居民波斯特诺夫致辞。

从八月十五日起到十八日止，М.О.孟什科夫⑮寄寓此间。他的作品被禁止发表。他现在不绝地痛骂着盖德布洛夫⑯（他的儿子）。因为盖德布洛夫竟向新上任的出版局长说，不应该为 М.О.孟什科夫一个人而牺牲了《星期周刊》⑰，"对于检查当局的意旨我们常常是在事先就体会奉行的。"М.О.孟什科夫就是在干燥的天气里，也穿着套鞋；为了避免中暑昏倒而撑着阳伞走路。而且他怕用冷水洗手，唠叨地说着心脏很是衰弱。他离开我这里到列夫·托尔斯泰家里去了。

八月二十四日动身离开塔干罗格。在罗斯托夫与中学时代友人列夫·伏尔盖斯捷共用晚餐。他当了律师，现在已有了自己的住宅，并在基斯罗伏茨克⑱建有别墅。到纳西契凡一看，真是多么大的变化啊！每条街上都有了电灯。在基斯罗伏茨克于沙福诺夫将军葬仪中遇见 А.И.秋普罗夫⑲。后来在公园中又遇见 А.Н.韦绥洛夫斯基⑳。二十八日，和西定盖尔男爵去打猎，夜间在倍尔玛牟特住宿。极冷。刮大风。

九月二日。在诺伏罗西斯克。船名是"亚历山大二世"。三日，抵费渥德夏，留居苏沃林家。会见画家 И.К.阿伊瓦左夫斯基㉑。他说："你不想使我了解了解这位老爹（指苏沃林）吗?"我想，在他看来，我应当去拜访他。十六日，在哈里科夫到剧院看《聪明误》㉒。十七日，归家。气候晴朗。

弗拉基米尔·С.索洛维约夫㉓说，他的裤袋里经常装有五倍子。依照他的意见，这是能够根治痔疮的。

十月十七日。亚历山大林斯基剧院上演我的《海鸥》，失败了。

二十九日。赴绥尔普霍伏，出席地方自治会议。

十一月十日。得 А.Ф.柯尼㉔来信。他极中意《海鸥》。

十一月二十六日，晚，家中失火。С.И.夏霍夫斯珂伊前来帮忙救火。火熄后，公爵谈起：有一次他家中于深夜中失火，他竟能拿起有十二普特㉕重的水管扑到火上去。

十二月四日。关于十月十七日的公演情况，可参阅《戏迷》（《Театрал》）第九十五号七十五页。我从剧场逃了出来虽属事实，但那是在闭幕以后。当第二幕和第三幕之间，我坐在列夫凯耶娃㉖的化装室里。幕间休息时，在她的房间里，总有国立剧场的官员们在普通文官制服上挂着勋章跑进来。波珂绍夫㉗挂着安娜勋章。警察局的年轻漂亮的官员也在其内。——个人如果被自己所不相配的工作——例如说：被艺术所吸引了，当他做不成一个艺术家时，就只好去做官了。因此，穿起官员的制服而寄生在文学、戏剧、绘画周围的人可真不少啊！没有生活意义的人，不适于生活的人，除去做官也就没有别的路了！我看到在化装室里的肥胖的女演员们，对官员们应酬得无微不至，献殷勤，做媚态，（列夫凯耶娃说波珂绍夫很年轻就带上了安娜勋章，所以不胜敬仰），那情形好像是在农奴时代，一个老年而有名声的管家婆的住处出现了老爷一般。

十二月二十一日。列维坦㉗生了大动脉扩张病。胸前装上了黏土。明朗的习作画和燃烧般的生之欲望。

十二月三十一日。风景画家 П.И.谢辽庚来。

一八九七年
一月十日至二月三日，从事人口普查工作。我充当第十六区的计算员，负指导这个巴纹金乡选出的另外十五个计算员的责任。除去史塔罗恩派斯基教区的教士和地方自治会议主席珂里亚斯金（他是人口普查区长）以外，大家都很努力地工作。珂里亚斯金在普查期间几乎都住在塞尔普霍夫，每天在那里的俱乐部吃饭，打电话给我说是生了病。据说，不单是他，连我们这个县的地方自治会议的议员们，也什么事情都没有做。

像 H.C.列斯珂夫㉘、C.B.马克西莫夫㉙这样的作家，我们的批评界是不会称赞他们的……奥斯特洛夫斯基㉚从来没有被彼得堡的观众和批评界中的大多数头面人物称赞过，果戈理㉛没有引得他们发笑。

在"有神"与"无神"之间，隔着广大的空间。真正的智者，能够冲破巨大的困难而前进。俄罗斯人都知道这两个极端之中的一个，但对于这中间却毫无兴趣。因此，普遍地造成了俄罗斯人的全然无知或者非常地无知。

对于犹太人轻率地改变宗教信仰，许多人认为这是由于他们对宗教漠不关心所致，因此宽恕了他们。但这不能说是正确的观察。对于自己对宗教的冷漠态度，应当尊重和坚持，因为高尚的人也有对宗教持漠不关心态度的，而这也终究是一种信仰。

二月十三日。应邀赴 B.A.莫罗左娃夫人处午餐，在座的是邱普罗夫、索波列夫斯基、布拉兰倍尔格㉝、萨布林㉞。

二月十五日。索尔达兼珂夫㉟的狂欢节茶会。出席者仅有我和戈里采夫㊱二人。好画虽然很多，但任何一幅都挂得很不得体。茶会完毕后，大家都到列维坦家里去。索尔达兼珂夫用一千一百卢布买了一幅画和两幅草图。认识了画家波列诺夫㊲。夜往访奥斯托罗乌莫夫教授㊳。他说，对列维坦来说，"难逃死亡"。教授自己也正在生病，样子很萎靡。

二月十六日。夜，相聚于俄国思潮社，大谈有关民族戏剧问题。大家同意谢赫捷尔㊴设计的草案。

二月十九日。在大陆饭店举行的大改革（农奴解放）纪念的午餐会。很无聊而可笑。吃午餐，喝香槟，吵吵嚷嚷，演说尽是些人民的自觉呀、人民的良心呀、自由呀等等。另一方面，一些穿燕尾服的奴隶，照旧是农奴，围绕着饭桌谨慎小心地侍候着。在街上二月的寒空下，让车夫等待着……这简直可说是骗鬼的玩意儿。

二月二十二日。到赛普霍夫去看为诺伏塞里斯卡耶学校募捐而上演的业余人戏剧。一直把我送到察里津的格涅莱—奥塞罗娃是一个令人感到像是失宠的小王妃似的女人。——这是一个自傲的女演员，无教养，多少有点儿俗气。

三月二十五日至四月十日，躺在奥斯托罗乌莫夫的疗养院里。咯血，两个肺都有痰喘声、漏气声，右肺尖钝化。

四月二十八日。列夫·托尔斯泰来访。谈到不死的问题。当我谈到诺西罗夫的短篇《伏格尔族的戏剧》的内容时。他现出非常满意的神气倾听。

五月一日。伊凡·谢格罗夫㊵来访。照例对茶和午餐表示了感谢，讲了

182

些道理，担心误了火车的时间，不绝的饶舌，像果戈理的梅裘叶夫似的，唠唠叨叨对妻子说话，要她读自己写的剧本清样而一页一页地递了过去。他大笑着，痛骂把托尔斯泰已经"囫囵吞下"的孟什科夫，他说：若是史塔秀列维契（当时的自由主义者领袖）当了共和国大总统，前去阅兵的时候，一定要把他打死，又是大声的笑，口髭上满沾着汤，吃得很少——不过，终究还是个善良可爱的人。

五月四日。修道院的教士们来做客。达夏·牟西娜—普西基娜来访。她是在打猎中被误杀的技师格列鲍夫的遗孀。她像一只蝉，给我们唱了许多歌。

五月二十四日。到契尔科伏去，在两个学校举行考试——契尔科伏学校和米哈伊洛伏学校。

七月十三日。由我资助而设立的诺伏萧尔基学校举行开学典礼。农民送来了刻有题词的圣像，地方自治会议的当局里一个人也没有来。

画家勃拉兹为我画像（是为了特莱却珂夫美术馆的缘故），每天要坐上两次。

七月二十二日。得人口普查功绩奖章一枚。

七月二十三日。到彼得堡，住在苏沃林客室里。遇见 B.吉洪诺夫㊶。他嘟哝着得了歇斯底里症，自己称赞自己的作品。会见 П.格涅杰契㊷和 E.卡尔波夫㊸。卡尔波夫学着黎金所扮演的西班牙贵族的风度给我看。

七月二十七日。到伊凡诺夫街的黎金家去。二十八日到莫斯科。俄国思潮社的沙发上有臭虫。

九月四日。到巴黎。Moulin rouge㊹，danse du ventre㊺，有小房间的 Café du Néon㊻，Café du Ciel㊼，等。

183

九月八日。在俾亚利兹。В.М.索波列夫斯基和 В.А.莫罗左娃来。住在俾亚利兹的无论哪一个俄国人，都叽咕着这里的俄国人太多了。

九月十四日。巴云。Grande course landaise。㊽斗牛。

九月二十二日。从俾亚利兹经托尔兹去尼斯。

九月二十三日。尼斯。投宿于 Pension Russe。㊾与马克西姆·科瓦列夫斯基（有名的文化史家）相识。承他在卜柳寓所以盛馔相待。同席者有Н.И.犹拉索夫与画家耶珂勃。去蒙特卡罗。

十月七日。间谍的自首。

十月九日。看到巴斯基尔捷瓦娅的母亲㊿正在赌轮盘赌，觉得很不愉快。

十一月十五日。蒙特卡罗。看到管赌注的人在蒙混赌款。

一八九八年

四月十六日。巴黎。相识 М.М.安托科利斯基㊿。于是洽谈有关彼得大帝纪念碑一事。

五月五日。归家。

五月二十六日。索波列夫斯基来梅里霍夫。顺便记一下：巴黎虽然经常落雨而又寒冷，但我在这里毫不寂寞地过了两三个星期。出去的时候，跟马克西姆·科瓦列夫斯基同道。认识了各式各样有趣味的人物：保尔·波瓦伊叶、阿尔·罗尼、蓬尼、马特维·德雷福斯、德·罗倍尔蒂、瓦列塞夫斯基、奥涅金。还有 И.И.秀金㊿家的早饭与午餐。乘 Nordexpiess㊿离巴黎，从此又转到莫斯科。到家的时候天色晴朗。

神学校式粗鲁的好标本。某天的午餐席上，批评家普罗特波波夫③走到马克西姆·科瓦列夫斯基③一桌的跟前来，碰着杯这样说："我们为科学而干杯，但只限于它尚未危害人民的时候。"

一九〇一年
九月十二日。访问列夫·托尔斯泰。

十二月七日。与列夫·托尔斯泰用电话交谈。

一九〇三年
一月八日。《历史时论》的一九〇二年十一月号上，有一篇 И.Н.扎哈林写的《七十年代中的莫斯科演剧生活》的论文，在这篇论文中说，我已将戏剧《三姊妹》推荐给演剧文学委员会，这话是失实的。

注：
① В.Н.Семенкович：契诃夫在梅里霍夫的邻居。——俄文版编者
② А.А.Фет（1820—1892）：俄国当时地主贵族阶级的抒情诗人，以"为艺术而艺术"来对抗涅克拉索夫的"为人生而艺术"。——中译者
③ А.С.Суворин（1834—1912）：俄国"御用报纸"《新时代》的主持人，原为自由主义者，契诃夫青年时代颇受他的恩惠；后来随着他的日趋反动，两人渐渐不合，特别是法国犹太籍的德雷福斯上尉的冤狱事件（1898—1899），成为两人在思想和友谊上分离的契机。——同上
④ И.Н.Потапенко（1856—1929）：俄国小说家。——同上
⑤ В.Г.Короленко（1853—1921）：俄国有名的作家。——同上
⑥ А.П.Чехов（1855—1913）：契诃夫的长兄。——日译者
⑦ Б.В.Гей（Гейман）：《新时代》的撰稿人。——俄文版编者
⑧ Б.П.Ђуренин（1841—1926）：《新时代》的杂感家和批评家。——俄文版编者
⑨ Б.Н.Чичерин（1828—1904）：俄国法学家，哲学家。——同上

185

⑩ 荷顿加，地名，在莫斯科西北郊外。这一年 5 月 18 日，尼古拉二世举行加冕式时，曾有群众一千四百人在这个广野上遭到屠杀。——中译者

⑪ И.Я.Павловскнй（1852—1924）：塔干罗格人，契诃夫童年时的朋友。——俄文版编者

⑫ 地名，在莫斯科近郊，契诃夫在此置有庄园，为其晚年定居之处。——中译者

⑬ 该校是在契诃夫直接资助和参加下建立的。——俄文版编者

⑭ 俄俗：待贵客赠以面包和盐。——中译者

⑮ М.О.Менъшиков（1859—1919）：记者，19 世纪 90 年代任《星期周刊》编辑，《新时代》的撰稿人，后面一段关于他的描写，后来被契诃夫作为文学创作素材，写入他的小说《套中人》。——俄文版编者

⑯ В.Л.Гайлебуров：《星期周刊》的编辑。——同上

⑰ 《Неделя》：1866 至 1901 年在彼得堡出版的综合性周刊，初为右翼民粹派的机关报，后成为反动刊物。——中译者

⑱ 高加索温泉地带。——日译者

⑲ А.И.Чупров（1842—1908）：著名的俄国经济学者，政论家，莫斯科大学教授，数理统计理论的建设者，其中以统计方法论的基础的确率论，对世界有甚大的贡献。——中译者

⑳ А.Н.Веселовский（1843—1918）：著名的俄国文学史家。——同上

㉑ И.К.Айвазовский（1817—1900）：著名的俄国海洋画家。——同上

㉒ 系俄国剧作家格利鲍耶陀夫（А.Грибоедов 1795—1829）的名剧。——中译者

㉓ В.С.Соловьёв（1853—1900）：俄国哲学家、神秘派诗人。——同上

㉔ А.Ф.Кони（1844—1927）：著名的俄国刑法学家，但他交往的都是当代著名的文学家。著有《回忆录》，是宝贵的文学家的史料库。他又是作家和自由民主派的社会活动家。——中译者

㉕ 普特：俄重量单位，合 16.38 公斤。——同上

㉖ Е.И.Левкеева（1851—1904）：阿列克山特林斯基剧院演员。《海鸥》首次公演，是她的纪念演出。——俄文版编者

㉗ В.П.Погожёв：彼得堡皇家剧院经理。——同上

㉘ И.И.Левитан （1861—1900）：俄国风景画家。巡回展览画派成员之一，作品多表现俄罗斯大自然，用笔洗练，色彩鲜明丰富，对后来俄国风景画发展有很大影响。——中译者

㉙ Н.С.Лесков （1831—1895）：俄国小说家。19世纪俄国文学新形式的试创者。代表作为《僧院的人们》，高尔基称他为"纯粹俄罗斯"的作家。——中译者

㉚ С.В.Максимов （1831—1901）：俄国文艺家、人种志学者。作风和列斯珂夫相似。——同上

㉛ А.Н.Островский （1823—1886）：俄国剧作家。代表作为《大雷雨》《没有陪嫁的女人》等，对俄国现实主义文学形成和发展影响很大。——中译者

㉜ Н.В.Гоголъ （1809—1852）：俄国作家。代表作为《外套》《钦差大臣》《死魂灵》等，对俄国现实主义文学发展有很大影响。——同上

㉝ А.И.Бларамберг：俄皇亚历山大二世的非皇族妻子尤里也夫斯卡娅（Юреьевская）王妃领地上的总管。——俄文版编者

㉞ М.А.Саблин （1842—1898）：《俄罗斯公报》编辑部成员。——同上

㉟ Солдатенков：莫斯科出版家。——日译者

㊱ В.А.Голецев （1850—1906）：《俄国思潮》杂志的撰稿人、记者、编辑。——俄文版编者

㊲ В.Д.Поленов （1844—1927）：俄国风景画家，风俗画家。——同上

㊳ А.А.Остроумов （1844—1908）：内科医生，莫斯科大学教授。——同上

㊴ Ф.О.щехтель （1859—1926）：法国人，大建筑师，画家，契诃夫的朋友。——同上

㊵ И.Л.Щеглов （Леонтьев） （1856—1911）：俄国作家，契诃夫密友。——俄文版编者

㊶ В.А.Тихонов （1857—1914）：俄国作家，《北方》杂志编辑。——俄文版编者

㊷ П.П.Гнедич （1855—1927）：俄国作家。——俄文版编者

㊸ Е.П.Карпов （1859—1926）：剧院导演。——同上

㊹ 法文："红磨坊戏院"（巴黎名剧院）。——中译者

㊺ 法文：肚皮舞。——同上

㊻ 法文："霓虹咖啡店"。——同上

㊼ 法文："天堂咖啡店"。——同上

㊽ 法文：在兰登的大赛马。——俄文版编者

㊾ 法文："俄罗斯膳宿公寓"。——中译者

㊿ 即玛丽娅·康斯坦丁诺芙娜（Марня Константиновна 1806—1884），俄国女画家。——俄文版编者

51 М.М.Антокольский（1843—1902）：俄国雕刻家，犹太人之子，彼得大帝像是他的杰作之一。——中译者

52 保尔·波瓦伊叶（Paul Boyer）：法国学者，语言学家，研究俄文的专家。阿尔·罗尼（Art Roë）：法国军事著作的作家，帕特利斯·马翁（Patrice Mahon）的笔名。蓬尼（Bonnie）（加斯东 Гастон，1853—1922）：法国学者，植物学家。马特维·德雷福斯（Матвей Дрейфус）：阿尔福来德·德雷福斯（Альфред Дрейфус）的弟弟。乃兄在1894年被法国反动军阀诬陷为间谍判罪。М.德雷福斯在1896年发现爱斯捷尔加齐（Зстергази）是德国间谍，向法院提出最后的上诉，但军事法庭却宣告真正的罪犯无罪。德·罗倍尔蒂（Де Роберти Евгений Валентиновнч 1843—1915）：社会学家，在巴黎的俄国社会科学高等学校教授。瓦列塞夫斯基（Валишевский Казимир 1849—1935）波兰历史学家和作家。奥涅金（А.Ф.Онегин）：普希金手稿的收藏家和这方面的专家。秀金（И.И.Шукин 1862—1908）：文献学家教授，在巴黎的俄国社会科学高等学校创始人之一。——俄文版编者

53 法文：北方快车。——中译者

54 М.А.Протопопов（1848—1915）：俄国文艺批评家、政论家。——俄文版编者

55 М.М.Ковалевский（1851—1916）：俄国法律学家、历史学家和社会学家、稳健的自由主义者。1897年他被莫斯科大学开除教授职称，侨居巴黎。——同上

契诃夫的临终

奥尔加·克宜碧尔·契诃娃著

　　契诃夫给他妹妹的最后一封信是在一九〇四年六月二十八日写的。他死于一九〇四年七月十五日，在德国的巴登威勒。契诃夫夫人（奥尔加·克宜碧尔·契诃娃，一九〇一年五月二十五日与契氏结婚），在回忆莫斯科艺术剧院的文章中，曾写有关于契氏临终情况的材料，摘译如下：

　　"安东平常欢喜一切带有滑稽味的或幽默味的东西。……甚至在他死前的几个钟头内，他还编造了一个故事，使我大笑了一场，那是度过了三天忧郁而焦急的日子以后。近黄昏的时候，他觉得好了一些，怂恿我出去到公园散步，因为这三天来我一直没有离开过他。当我回来以后，他显得很烦恼，因为我没有去吃晚饭。我解释说，还没有敲锣。结果我们都没有听见敲锣，因为安东开始编造了一个关于一个极阔气的温泉的故事，那里挤满了肥胖的、营养良好的财政家，强健的、满面红光的美国人和英国人，他们都喜欢吃喝……他们在整天游览后不期而遇，而且思想都集中在饭桌上。忽然他们知道厨子跑掉了，晚饭开不成了。安东描述了这个分赃团伙在他们的胃受到这个打击后那副狼狈周章的神气。

　　"在度过那最后的三天不安的日子以后，我那么地大笑着……我并不知道，几个钟头以后，我将站在安东的遗体旁边。

　　"安东是安静地死去的。我在夜里醒来，他生平第一次让我找医生。

189

在一种将要发生什么含有深意的事情的感触下，我有一种奇特的正常而平静的力量，好像有人安全地领着我。我只记得有过一个令人迷惑的可怕的瞬间：在这座熟睡的大旅馆里的密集的人群中，同时使我感到自己的完全孤独和绝望。有两个俄国学生，是兄弟俩，住在旅馆里，我请他们中的一位去请医生，我自己则把冰敲碎放在安东的胸口上。

"医生来了，嘱咐给安东吃香槟酒，安东抬起身来，口音清亮地对医生说着德国话（他懂得一点德文）'Ich sterbe'。于是，他擎起杯子，把脸转向我，带着他的那种特有的笑容，说：'我好久不喝香槟酒了。'他一饮而尽，安静地向左侧躺着，即刻永远地沉默了……"

契诃夫和他的作品中的题材

米哈伊尔·契诃夫著

契诃夫的故乡塔干罗格，在安东·契诃夫的文学作品中得到了反映。这在《套中人》里很明白地显示着，它的主题人物毕里珂夫，便是取自亚历山大·狄珂诺夫。这人是塔干罗格初级学校的教员兼学监，契诃夫是那里的学生。狄珂诺夫一直干了三十多年这个差使，他教出来的许多学生都做了学校的教员或校长了，许多学生成了他的同事——但是他一直没有变化，连他的生活方式也依然如故。他仍然是十年或十五年前的老样子，他穿着如学生所说的"有花纹的"裤子，同样的外衣，住在同样的一间屋子里，说着同样的一套话。他走路的步子很轻，因此学生叫他"蜈蚣"。没有人能够说出他的错处，每个人都和他很熟悉，对他所说的每一个字都那样熟悉，因此，反而注意不到他的优点了。他在学校里开头常说的一句口头禅是："见你的鬼！"假如他在他的生命中有一次没有说过这句话，那么必定是经过事先考虑的。他并不严厉，但是他也不放松任何规则。一句话，他是一架机器，走路，说话，动作，完成任务，然后炸裂了。狄珂诺夫一生都穿着套鞋，好天气也是如此，总是带着雨伞。

在《套中人》中关于五月节的描写，即学生们跟着他们先生离开市镇到森林中去，也正是塔干罗格的风俗。杜柏克森林离市镇二里地，契诃夫非常喜欢那些五月节，常常喜欢回忆它们。在《姚尼奇》内所描写的公

191

墓，就是塔干罗格的公墓。

许多纯粹是塔干罗格的人物现身在契诃夫的长篇小说《我的生活》当中。他有个姨母叫费多莎·雅佳维列维娜，是他母亲的妹妹，她赋性善良，不仅爱她的亲戚，便是对外人，也是如此。她非常穷困，在一个名叫蒲列克菲·阿列赛耶维契的屠夫那里租一间屋子住。屠夫的母亲管家。但是他对费多莎·雅佳维列维娜比对他母亲更喜爱些，常常把他的钱财全部交给她保管。在《我的生活》中契诃夫生动地描写了屠夫和我们的姨母费多莎："我们的妈妈，我一定要照顾你。在我有生之日，我一定养你到老；当你死时，我要尽我的财力来埋葬你。"

这些都是蒲列克菲·阿列赛耶维契真说过的话。在小说结尾，契诃夫写道："他受到一次鞭笞的处罚，因为他在自己的铺子里当众辱骂了医生。"这个事件确实发生过。不过不是在塔干罗格，而是在尼耶尼·诺维哥尔德。那时正流行霍乱，臭名昭著的巴式诺夫做总督，掌握着最高的统治权。有一个好脾气的店铺掌柜卡得耶夫在和他的顾客的私人谈话中这样表示了他的意见："你不要信他们那一套，我们城里并没有什么霍乱；那是医生的胡说。"立刻有人在巴式诺夫将军那里告了密，他命令鞭笞老卡得耶夫，并且把他送到医院里去看视霍乱病人，使他信服这里确是有霍乱流行。这一事件，我记得曾激怒了契诃夫。

一八七九年的冬天，契诃夫把他的处女作《给我的邻居的一封信》投到《飞龙》上去。我记得他是多么不耐烦地等着编者在报上的"代邮"栏中给他回信。回信来得很快："还不算怎么坏，我们鼓励你的进一步的努力。"从这里开始了契诃夫的文学生涯。我认为《给我的邻居的一封信》是用我父亲写给我祖父的一封信做底子的。契诃夫在一八七八年所抄录的这封信直到现在（一九二三年）仍然保存在我的姐姐玛丽手里。

契诃夫的哥哥伊凡·契诃夫在莫斯科附近的伏斯卡尔斯卡当小学教员，那是个像大村的镇子。那里的生活照老样子进行着，生活水平很低，镇上的居民没有破坏它。镇上驻扎着一个炮兵中队，它的头目是 B.И.马耶维斯基上校，这是个有力的社会人物。著名的斯拉夫派分子 B.Д.高洛卡维斯托夫也住在这里，他的太太曾给彼得堡和莫斯科的官立剧院写过剧本。每年契诃夫一家到这里和伊凡消夏，而且就住在伊凡的学校里。伊凡是马耶维斯基的孩子们的教师，他虽然和炮队的官员与莫斯科的知识界混得很熟，但是他总是在伏斯卡尔斯卡度过暑假，在这些日子里，契诃夫一家和这些人交上了朋友，当契诃夫在一八八四年从医科毕业来到伏斯卡尔斯卡的时候，他立刻熟识了更多的一群人。这个地方的生活中心是马耶维斯基家，他们的孩子安妮、苏亚、阿列霞，都和契诃夫成了好朋友，他把他们描写在小说《孩子们》中。从这里他获得了军事生活的知识，他把它应用在《三姐妹》的剧本里。

这时，安东为彼得堡的幽默杂志《断片》写稿。不多久。他又为莫斯科的小报写稿，不过，这一切写作都只算用笔头开玩笑。那时，初学写作者的稿子能在彼得堡的报纸上登出来，是不常见的。事情是这样发生的：《断片》的发行人，著名的幽默家列金（N.A.Lakin）去莫斯科拜访他的朋友、诗人巴列明（L.I.Palmin）。他们俩坐在一辆马车里，他们看见有一个长发青年在马路上走着，巴列明对列金说："这是一个有才华的小伙子。"列金问："他是谁呢？""那是契诃夫，你应该向他拉稿。"列金于是来找契诃夫，要他为他的报纸写稿。新的前途这时展开在这个青年作家的前面了：他的作品可以进入彼得堡的报纸了，他的作品不仅要在莫斯科的酒馆里被阅读，而且将要被文学界所重视；那么，他必须做进一步的努力才行。他需要新的材料，于是他开始体验周围的生活。离伏斯卡尔斯卡一里半地是契克诺·塞姆斯忒弗医院，那里的首脑人物是有名的医生 Р.Д.阿尔琴格列斯基，他的名字，作为一个治疗家，是非常有声望的，医科学生和青年大夫都愿意在他的手下工作。安东·契诃夫也是如此。他立即和阿尔琴格列斯基成了朋友，开始诊视病人，为医院帮忙。医院使安东密切地接触病人和下级医务人员。下述事件供给了安东的小说《手术》的材料：有一次，当阿尔琴格列斯基正在忙碌的时候，他吩咐一个医科学生（显然是名医 S. P. Y）替一个病人拔牙。这个没有经验的学生拿着钳子，费了一番力气以后，竟拔了一个好牙出来。

"不要紧，"阿尔琴格列斯基鼓励他，"能拔掉一个好牙，那你或者就能拔下那个坏的。"

这个学生找到了坏牙，把齿盖敲碎了。病人出言不逊地走掉了。

医生奥斯本斯基常常从忒维尼哥尔德到这个医院来，他会玩种种把戏，能够很滑稽地转动自己的脑袋，用"您"称呼每个人。

"您听着，安东，"他有一次对契诃夫说，"我就要离开了，那里没有人接我的手。必须有一个好小伙子才能接替我的位子。我的蒲拉加亚一定照应您。那里给您准备着一只六弦琴……"

安东·契诃夫同意了，带着我到了忒维尼哥尔德。这个小镇离伏斯卡尔斯卡约有十五里地，是个县的行政中心。作为忒维尼哥尔德·塞姆斯忒弗医院的行政负责人，安东依据职位，奉行本城行政机关训令，诸如验尸，为法院做鉴定，等等。他常常出席县会（参看小说《妖妇》），使他立即熟悉了乡下人、官吏和职员的生活。他在伏斯卡尔斯卡和忒维尼哥尔德的生活，在他的文学工作中作用很大。他的忒维尼哥尔德的观感是他的一系列作品的基础——《尸身》《验尸》等等。伏斯卡尔斯卡的邮政局长安德烈·雅伏哥罗耶契，后来被描写在小说《应考》中。

契诃夫的小说《流浪者》，包括了许多他一八八七年在南俄旅行的个人体验。在他的旅行中，特务们监视着他的行动，一个特务接替一个特务跟随他到每一个地方。有一个特务，借口说寺院旅馆没有房间，留宿在契诃夫的屋子里。他把这描写在《流浪者》中，不过把环境完全改变了。

在我看来，《主教》和下列的一些事实是有联系的。

一八八八年到一八八九年之间，契诃夫一家住在莫斯科一座二层楼的房子里，房主是加尔内耶夫博士。安东和我住在地下室。我在莫斯科大学上学。我们的母亲和妹妹住在楼上，楼下是会客室。那座大的木头房子，加尔内耶夫博士住着的，充满了大学生，由于博士在莫斯科大学充任副学监，私人招来了房客。在这些大学生当中，有一个是斯提芬·塞尔盖耶维契·K，文科学生。这是一个严肃的、信仰宗教的青年人。我们这伙大学生彼此住得既然这么接近，所以都成了朋友，那个信仰宗教的斯提芬·S.K，便是常常来我们家走动的一个。

我得到法律学位以后，立即在图拉省得到一个位置。斯提芬·S.K 也得到了他的学位。不久，我们惊奇地知道他竟当了教士。最后，他当了方丈，后来又做了主教。斯提芬·S.K 建立了这种教会中的声名，大约是在他三十岁的时候。我相信他是那时俄国主教中最年轻的一个。作为一个受过大学教育的青年人，他立即发现了主教生活的黑暗的一面。他变成反对派，受到打击，被褫夺了职位，给送到高加索一座冷僻的修道院中去"休息"。当他还在做主教的时候，那个尊贵的教皇常常莅临克里米亚来医治神经痛，他的毛病是由于劳累过度而引起的。在这些会见中，他一定要来看契诃夫，安东这时正住在雅尔达附近的阿提加房子里，生着肺病。这些会见为契诃夫的小说《主教》提供了题材。

下面的事件供给了契诃夫小说《蚱蜢》的背景。

大约在一八八八年，莫斯科住着一位军医，名叫狄米特·波伏洛维契·K。他的太太是苏菲·皮托维娜。狄米特·波伏洛维契从早忙到晚，苏菲·皮托维娜在他不在家的时间内学绘画。她是个天赋很高的女人，有着一个艺术家的敏感的灵魂。她长得并不好看，但是有着一种极为动人的品格。他们家里聚集着许多人：艺术家、音乐家、作家、医生。我们契诃夫家的人常常喜欢去这里。整个夜间，尽是嘈杂的谈话，音乐和歌唱，在客人堆中是找不到主人的。但是，一到夜半，房门开了，医生的高大的身影出现了，他一只手里拿着叉子，另一只手里拿着刀子，沉静地宣布道：

"太太们，先生们，请过来用点什么吧。"

大家拥到餐室里去，对于食品的质量和花样，都感到惊异。桌子周围简直毫无空隙。苏菲·皮托维娜跑到她的丈夫跟前，捧着他的头，冲动地喊："狄米特！K！（她常是喊他的乳名）瞧呀，朋友们，这是一张多么出色的脸孔呀！"

有两个艺术家常常到这个家庭里来。一个是风景画家 I.I.列维坦，俄国风景油画派的创始人；一个是动物画家 S·S。他们不久都成了狄米特·波伏洛维契的好朋友。他们老是隐退在什么地方，一块坐着谈话和喝红酒。其他客人，正如我说的那样，只能在夜半看到狄米特·波伏洛维契·K，当他打开房门请他们去吃夜宵的时候。但是列维坦关于他的不得不出面，有着一种高见，所以他常常被太太们包围着，高声地重复着，卖弄地说："我疲倦了。"

后来，苏菲·皮托维娜跟着列维坦学画。

莫斯科的艺术家们夏天往往去伏尔加或忒维尼哥尔德附近的苏汶斯基·斯洛卜达作画，而且在那里集体生活几个月。列维坦去到伏尔加，和他同去的是苏菲·皮托维娜。她在那里度过了整个夏日。下一个夏季，她又和列维坦到了苏汶斯基·斯洛卜达。朋友们和相识她的人们开始风言风语了。然而苏菲·皮托维娜每次回家以后，总是照常地快乐地跑到她丈夫跟前，抓着他的手喊：

"狄米特！K！让我抓紧你的洁白的手。看呀，朋友们，多么高贵的一

195

张面孔呀!"

而列维坦仍然继续去看他们，仍然重复地说着："我疲倦了。"

列维坦和苏菲·皮托维娜之间的亲密，使得画家 S 厌恶，他向狄米特·波伏洛维契·K 倾吐出他的心思，狄米特·波伏洛维契·K 也必然早就疑心这种亲密了。显然，契诃夫也讨厌这件事。我记得他嘲骂苏菲·皮托维娜，称她为"沙弗"，并且笑话列维坦。最后，他终于克制不了自己，写了小说《蚱蜢》，他在这里描写了所有这些人，改了名字，用了不同的结局。

这篇小说的出现，在契诃夫和狄米特·波伏洛维契·K 的朋友之间，引起了议论。有的人义愤填膺地攻击契诃夫，有些人恶意地冷笑。列维坦阴沉沉地跑来找契诃夫，要他解释。有人说，他甚至要求和契诃夫决斗。但是一切都安然过去了，安东把它当作一场笑话。但是，正如平常那样，在这后面是一种辛辣的、讽刺的笑声。一句话：一切照常，安东·契诃夫和列维坦依然是好朋友。

一八九一年夏天，我住在图拉省的一个小镇阿列森，我接到安东的一封信，要我找一处房子，他和全家要来这里过夏。我在奥加河岸上找到一座平房。河岸、森林、群山、原野，一切都是美丽的。我选择的这座平房，原来是很蹩脚的一座，后来竟变成了寻找另一处的因素。命运竟好像是来帮助我们的。艺术家列维坦和 L.S.米斯诺夫小姐。我们的好朋友，从莫斯科来看望我们，他们从萨卜克哈夫开始乘船走，在船上碰到本地的青年地主 N.D.白列姆—克鲁苏维斯基，他正在回到他的距阿列森不远的庄园巴葛弗鲁夫去。他被契诃夫用毕鲁克洛夫名字描写在《住在二层楼的人家》里，"一个青年人，早晨起得极早，穿一件长袍，在晚上喝啤酒，老是说，他始终没有在任何人身上或任何地方碰到过同情。"白列姆—克鲁苏维斯基和他的太太阿妮美莎住在一起，她在小说中的名字是柳勃夫·伊凡诺维娜。他喜欢冗长的谈话，谈我们的时代病——悲观主义。他是一个好人，但是聒絮得使人害怕。

"这是个一望无际的、荒凉的、单调的、烧毁了的草原，"契诃夫这样写道，"当他坐下谈话的时候，不能像人类那样地沉思一下，谁也不知道他将怎样处理自己。"当他知道列维坦和米斯诺夫小姐是去看安东·契诃夫，这个他所敬佩的作家，而且住得离他的庄园又极近的时候，他请求他们去看他。当天晚上，他打发来两部马车，我们大家都到了白列姆—克鲁苏维斯基先生那儿。

我们所碰到的事物简直出乎我们意料之外！这是一片古老的、不为人所注意的庄园。邸宅是凯萨琳一世时的建筑物，是一所巨大的二层楼房子，每间屋子是那么宽大而深长，我们的母亲要从这间屋子走到那间屋子的时候，必须在中途坐下休息一会才成。安东非常欢喜这个地方，这座邸宅围绕着一个古老的花园，有着一眼望不到头的菩提树大道，富于诗意的河流，磨坊，险峻的堤岸，渔场。这一切迷惑了他。他立即向白列姆—克鲁苏维斯基租来这座房子。翌日，我们便搬来这里消夏。安东这样写着："大厅里有许多圆柱，除了一排长椅以外，没有什么家具，我在长椅上睡觉，在桌子上玩牌。这儿即使在平静的日子里。也常常从老火炉那里发出一种呜呜的声音，暴风雨的时候，整个屋子都战栗着，好像要裂成碎片。这里多少有些恐怖，尤其当夜间那十面大窗户忽然被灯光照亮的时候。"（《住在二层楼的人家》）

在这座房子的大厅里，契诃夫写了他的《决斗》，并着手写《萨哈林岛》（库页岛）。

我不大明白《海鸥》的素材来源，但是那些细节我很熟悉。

在离罗宾斯珂—巴罗葛夫附近的一所阔气的采地上，列维坦在那里过夏。他纠缠在一件爱情的纠纷中，那结果是他想自杀。他确实用枪打过自己，但是子弹在头部轻轻擦过，并没有伤了头盖骨。这个恋爱事件中的吃惊的女主人公，知道契诃夫是个医生，又是列维坦的朋友，并且不愿意把事情公开，她打电话请契诃夫去。契诃夫搭火车去了，情形怎样我不知道，但是后来契诃夫告诉我说，他碰到列维坦头上包着黑色绷带，当这个艺术家向太太们解释的时候，才撕掉了它，扔在地板上。列维坦于是拿了一支枪到湖上去了。他回到他太太身边的时候，带着一只被枪打死的海鸥，扔在她的脚旁。这两段情节出现在《海鸥》里。数年以后，我在报纸上读到一些回忆契诃夫的文章，在这里面一位和我们家相识的太太谈到《海鸥》的情节，她自称就是这个事件中的女主人公。这是不实在的。我曾把前面所说的关于列维坦的情形提出来作为更正。"这个戏，"契诃夫写给一个朋友的信里说，"联系着我的一个最不愉快的回忆，我对此感到厌恶；它的内容与任何东西毫无关系，这对我来说是不聪明的。"

在《海鸥》出版约十五年以后，我遇到一个极美丽的、事先毫不相识的女人，当她知道我是契诃夫弟弟的时候，她告诉了我关于列维坦的故事，和他的失败的自杀。从她的第一句话里，我就明白了她和这个事件是密切相关的。

契诃夫年谱

一八六〇年

一月十七日出生于亚速海的港市塔干罗格。祖父是赎身农奴出身，父亲经营杂货店为生。

屠格涅夫的《前夜》《初恋》出版。

A.H.奥斯特洛夫斯基的《雷雨》出版，杜勃洛留波夫发表论文《黑暗王国中的一线光明》。

一八六一年

俄皇亚历山大二世发布农奴解放令。首都圣彼得堡发生了最初的学潮。

陀思妥耶夫斯基的《被侮辱与被损害的》出版。

波米亚洛夫斯基的《小市民的幸福》出版。

杜勃洛留波夫卒。

一八六二年

屠格涅夫的《父与子》出版。
陀思妥耶夫斯基的《死屋手记》出版。
列夫·托尔斯泰的《哥萨克》出版。

一八六三年

车尔尼雪夫斯基的《怎么办?》出版。
涅克拉索夫的《严寒，通红的鼻子》出版。
皮谢姆斯基的《浑浊的海》出版。
波米亚洛夫斯基卒。
梭罗古勃生。
绥拉菲莫维奇生。

一八六四年

第一国际宣告成立。
陀思妥耶夫斯基的《地下室手记》出版。
涅克拉索夫开始写作《在俄国谁生活得好?》。
列夫·托尔斯泰开始写作《战争与和平》。
乌斯宾斯基生。

一八六六年

梅列日科夫斯基生。（注：实际出生时间为一八六五年）
加拉科索夫计划暗杀沙皇亚历山大二世未遂。
皮沙列夫的《为了生活的斗争》发表。
陀思妥耶夫斯基的《罪与罚》出版。
A.K.托尔斯泰的《伊凡雷帝之死》出版。

一八六七年

进入塔干罗格市希腊小学读书。
屠格涅夫的《烟》出版。
A.H.奥斯特洛夫斯基的《僭主德米特里与瓦西利·隋斯基》出版。
魏列萨耶夫生。

一八六八年

进入塔干罗格古典中学读书。
陀思妥耶夫斯基的《白痴》出版。
A.K.托尔斯泰的《沙皇费尔多·伊凡诺维奇》出版。
高尔基生。
皮沙列夫卒。

一八六九年

列夫·托尔斯泰的《战争与和平》出版。
冈察洛夫的《悬崖》出版。
谢德林动手写作《一个城市的历史》，翌年出版。

一八七〇年（十岁）

俄京圣彼得堡发生最初的大罢工。
陀思妥耶夫斯基的《永久的丈夫》出版。
A.K.托尔斯泰的《沙皇鲍里斯》出版。
赫尔岑卒。
库普林生。
伊凡·蒲宁生。
弗里契生。
A.H.奥斯特洛夫斯基的《森林》出版。

一八七一年

巴黎公社建立。
安特列夫生。
沃罗夫斯基生。

一八七二年

陀思妥耶夫斯基的《群魔》出版。
涅克拉索夫的《俄罗斯妇女》出版。
谢德林发表《外省人旅居彼得堡日记》。

一八七三年

民粹派发动"到民间去"运动。
列夫·托尔斯泰着手写《安娜·卡列尼娜》。
勃留索夫生。

一八七五年

陀思妥耶夫斯基的《少年》出版。
卢纳察尔斯基生。
A.K.托尔斯泰卒。

一八七六年

民粹派组成"土地与自由"社。
家庭破产，全家移居莫斯科，契诃夫留在故乡继续求学，靠当家庭教师糊口。
列夫·托尔斯泰的《安娜·卡列尼娜》出版。

陀思妥耶夫斯基的《作家日记》出版，并着手写作《卡拉马佐夫兄弟》。

一八七七年

皮谢姆斯基的《小市民》出版。
乌斯宾斯基的《乡村日记》出版。
迦尔洵的《四天》发表。

一八七八年

涅克拉索夫的《在俄国谁生活得好?》出版。
A.H.奥斯特洛夫斯基的《没有陪嫁的女人》出版。
阿尔志跋绥夫生。
涅克拉索夫卒。

一八七九年

斯大林生。

一八八五年（二十五岁）

奥列哈沃—祖也沃城的莫罗作夫工厂爆发了在俄国革命史上具有重大意义的大罢工。
作品——《普里希别叶夫中士》《老年》《痛苦》《猎人》等一百二十九篇。

一八八六年

从去年起，开始为苏沃林的《新时代》撰稿并与苏沃林建立了私谊。
作品——《风波》《噩梦》《万卡》《苦恼》《教师》《在法庭上》

《好人》等一百一十二篇。开始创作独幕剧《论烟草之为害》即其首篇。

短篇集《五颜六色的故事》出版。

列夫·托尔斯泰的《伊凡·伊里奇之死》《黑暗的势力》出版。

谢德林的《生活琐事》出版。

柯洛连科的《盲音乐家》出版。

A.H.奥斯特洛夫斯基卒。

一八八七年

马克思的《资本论》开始在俄国青年学生中间普遍流传。

作品——《仇敌》《黑暗》《喀希坦卡》《幸福》《在家里》《彩票》等六十六篇。

作品集《天真的话》《在昏暗中》出版。

一八八八年

获科学院普希金奖金（半数）。

作品——《伊凡诺夫》《草原》《灯影》《渴睡》《命名日》《神经错乱》等十二篇。《伊凡诺夫》是他写的头一个多幕剧。

《短篇小说集》出版。

《伊凡诺夫》在莫斯科和圣彼得堡上演获得成功。

迦尔洵卒。

一八八九年

作品——《森林的精灵》《求婚》《沉闷的故事》《打赌》《公爵夫人》。

夏季，全家旅居乌克兰。六月，二哥尼古拉病逝。

列夫·托尔斯泰《克莱采奏鸣曲》出版。

车尔尼雪夫斯基卒。

谢德林卒。

一八九〇年

四月出发，横越西伯利亚到萨哈林岛（库页岛）旅行，考察流放犯生活；十月途经香港、新加坡、锡兰、塞得港、君士坦丁堡，于十二月间由敖德萨返抵莫斯科。

作品——《结婚》《一个不由自主的悲剧角色》《古赛夫》《强盗》《西伯利亚之旅》。帕斯捷尔纳克生。

一八九一年

三月与苏沃林结伴出发旅游西欧，足迹遍及维也纳、威尼斯、佛罗伦萨、罗马、那不勒斯、庞贝、尼斯和巴黎，并且访问了蒙特卡罗。

作品——《决斗》《太太们》。

冈察洛夫卒。

富尔曼诺夫生。

爱伦堡生。

一八九二年

参加下诺夫戈罗德省和沃罗涅日省的赈济灾荒工作；又在莫斯科省的梅里霍沃村主持霍乱病房。

购入莫斯科近郊的梅里霍沃庄园并定居下来。

作品——《纪念日》《第六病室》《在流放地》《科拉斯加尔》《恐怖》《跳来跳去的女人》《邻人》。

高尔基发表处女作《马卡尔·楚德拉》。

费特卒。

一八九三年

开始与《新时代》主持人苏沃林断绝往来。

着手写作《萨哈林》一书，并开始在《俄国思想》上选载，晚年成为这个杂志的文学部的编辑。

作品——《大瓦尔加和小瓦尔加》《匿名者的故事》。

梅列日科夫斯基出版《论现代俄国文学衰落的原因及新流派》。

马雅可夫斯基生。

一八九四年

秋季再度访问维也纳，旋经的里亚斯德、威尼斯、米兰、日内瓦、尼斯、巴黎返国。

作品——《黑修士》《文学教师》《女人的王国》《学生》《在庄园里》《老园丁的故事》《罗得西尔德的提琴》。

梭罗古勃的《影子》出版。

勃留索夫编的诗集《俄国象征派》出版。

魏列萨耶夫的《无路可走》出版。

《萨哈林岛》出版。

一八九五年（三十五岁）

以列宁为中心在彼得堡组成了工人阶级解放斗争协会。

作品《三年》《他的妻子》《补丁》《脖子上的安娜》《凶杀》《阿纽塔》。

高尔基的《切尔卡什》《鹰之歌》《一个秋夜》发表。

乌斯宾斯基的《丛林》出版。

叶赛宁生。

恩格斯卒。

一八九六年

圣彼得堡发生工人大罢工。

作品——《海鸥》《带阁楼的房子》《艺术家的故事》《我的一生》。

206

十月，圣彼得堡亚历山大林斯基剧院上演《海鸥》，大为失败。
梭罗古勃的《噩梦》出版。

一八九七年

列宁被流放。

参加人口普查工作；秋，赴西欧，在法国南部尼斯休养。

作品——《农民》《野蛮人》《在故乡》《在运货马车里》《万尼亚舅舅》。

一八九八年

俄国社会民主工党建立。

旅法期间，支持法国作家左拉为法国犹太籍上尉德雷福斯的冤狱事件辩护的正义行动，并因此与《新时代》主持人苏沃林彻底决绝。

春，自欧返国；秋，以肺病加剧转居于南俄克里米亚半岛的雅尔达。常与列夫·托尔斯泰、高尔基、库普林、伊凡·蒲宁、列维坦等人来往。

作品——《套中人》《杨梅》《出诊》《醋栗》《关于爱》《姚尼奇》。

父巴维尔·爱葛洛维奇病故。

莫斯科艺术剧院宣告成立，上演《海鸥》。

与未来的妻子莫斯科艺术剧院演员奥尔加·克宜碧尔·契诃娃相识。

列夫·托尔斯泰《什么是艺术》出版。

安特列夫的《巴尔加莫特和加拉西卡》发表。

一八九九年

圣彼得堡发生学生大罢课。

作品——《带狗的女人》《宝贝儿》《新别墅》《出差》。

列夫·托尔斯泰的《复活》出版。

高尔基的《福玛·高尔杰耶夫》出版。

列昂诺夫生。

葛利高罗维契卒。

一九〇〇年（四十岁）

列宁主办的《火星报》发刊。

与列夫·托尔斯泰、柯洛连科共被选为科学院荣誉院士。

由高尔基介绍，开始在马克思主义杂志《生活》上发表作品。

作品——《在峡谷里》《在圣诞周内》。

高尔基的《小市民》出版。

伊萨科夫斯基生。

一九〇一年

俄国首次庆祝五一劳动节；圣彼得堡工人和反动军警之间发生了街头搏斗。

作品——《三姐妹》。

五月二十五日与奥尔加·克宜碧尔·契诃娃结婚。

莫斯科艺术剧院上演《万尼亚舅舅》，获得空前成功。

高尔基发表《海燕之歌》。

安特列夫发表《墙》。

法捷耶夫生。

一九〇二年

俄国农民运动炽烈化。

作品——《主教》。

对高尔基被撤销科学院荣誉院士称号表示愤慨，与柯洛连科联名辞去荣誉院士称号，以示抗议。

高尔基的《底层》出版。

安特列夫发表《思想》。

乌斯宾斯基卒。

一九〇三年

俄国社会民主工党第二次代表大会开幕。

作品——《樱桃园》《新娘》。

资助因争取民主自由受沙皇政府迫害的学生。

卢纳察尔斯基的《实证美学的基础》出版。

安特列夫的《瓦西里·费维斯基的一生》出版。

一九〇四年（四十四岁）

日俄战争开始。巴库发生罢工。

莫斯科艺术剧院初次上演《樱桃园》。

因病情恶化于六月赴西欧治疗，七月十五日，逝世于德国的巴登威勒。

列夫·托尔斯泰的《哈泽·穆拉特》出版。

安特列夫的《红笑》出版。

H.A.奥斯特洛夫斯基生。

贾植芳编译

我的三个朋友

——《契诃夫手记》新版后记

　　近来接到多年主持百花文艺出版社外国文学编辑工作、又是文学界同行谢大光老弟的来信，说他们出版社愿意考虑重印一下我在五十年代初译的《契诃夫手记》一书，并准备将其列入他主编的《世界散文名著》丛书出版。我一读到这个消息，衰老的神经又被深深震动了。围绕着这本书，前前后后几十年所牵涉的人和事又一一在我眼前涌现。它们是那样的生动真切，并不因时间的流逝而蒙上尘埃，一切都好像还是在昨天。

　　我是个在历史的风雨中、东南西北四处走的知识分子，我于自己的人生体验与感悟中，发觉友情不仅在感情上给我以温暖和慰藉，在精神上更是一种支持、鼓励与鞭策的力量，正是无数生死之交或萍水相逢的旧朋新友的帮助和厚爱赋予了我新的、在人海中搏斗的勇气。由此我又联想到这个译本的历史命运和它在我漫长的人生旅途中的意义，可以说，它也从一个侧面反映了中国社会前进中的曲折性与艰巨性，反映了上海自开埠以来，在历史风雨中的变革与演化。

　　一九四八年秋，我从被关了一年多的国民党中统特务监狱放了出来，关心我的朋友们深深为我们夫妇的生计与安全操心和担心，而我的妻子任敏先我出狱后，也是在这些朋友的关怀和支持下生活了将近一年。"患难见人心"，此刻，我又一次尝到了这句古语的甜头。

却说我出狱后，当时经营文化工作出版社的韦秋深（其实他的出版社不过是上海人说的"夫妻老婆店"，他们住在北京路一个小弄堂内的前楼上，生活也很清苦）得知我出狱后，特意约了我们夫妇在北京路的一家小饭馆吃便饭。吃完饭，他从大衣口袋里摸出十五元银元，放在桌上，说："老贾，你刚出狱，这点钱就算咱们朋友一场的一点小意思吧。"他说着就把这些钱推到了我们面前。我说："老韦，你的日子也不好过，生意又清淡，好在天不久就要亮了，新生活很快就来了。我也不能白花你的钱，这样吧，我把这些年写的那些散文式的小文章编一本，这些钱就算预支的稿费吧。"于是，我在朋友的帮助下，从图书馆旧报刊上找到我在三十年代到四十年代里写的一些短文，编了一本题为《热力》的散文集交给他。没过多久，我们夫妇便改名换姓，用了个"行商"的身份，离开了恐怖血腥的上海，坐船走避青岛。一九四九年八月，我们卷土重来，回到上海，才得知我这部书稿，由老韦在解放前夕交给了当时在《大公报》编副刊的刘北汜兄，并作为他主编的《冬青文丛》中的一种出版了，作者署名用了我来上海卖文后起的一个笔名"杨力"。

我们夫妇自抗战胜利来上海后，一直过着颠沛流离的生活，尤其是一九四七年秋，我因文贾祸，以"煽动学潮罪"被国民党中统特务关押一年多，出狱后又受到追捕，东躲西藏，最后不得不离开上海。因而解放后重返上海，我们夫妇的翻身感特别强烈，压在人民头上的专制腐朽的政府被彻底推翻了，取而代之的是一个生机勃勃的新政府，也就是说，我们多年的追求与为之付出了沉重生命代价的理想总算变成了生活的现实，我们真正成了国家的主人，能够为新中国的建设和发展贡献自己的人生智慧和生命热情了。激动之余，精神极其兴奋，好像浑身有使不完的劲似的，总想多做些事才过瘾。但是同时，我的心中又有一些隐隐的疑虑，因为我在青岛流亡时译的《尼采传》一书的出版计划竟在这个充满希望的新政府里夭折了。

记得我把稿子译好后，寄给了刘北汜兄，请他转交给老韦，而我为这个译本写的序言，早在解放前，就由北汜兄发表在《大公报》文艺副刊了。老韦一接到稿子，立即发排，打好纸型后，正赶上解放，没想到这时却出了问题。

解放后，由于新时代的莅临，人们对知识的渴求格外强烈，那是个人人意志昂扬的时代，所以连私人书店的生意都特别好。老韦的出版社也正式成立了编辑部，招考了两位有才干的青年做编辑，全国各地的新华书店这时也建立起来了。当时有条明文规定：由新华书店经销的私营出版物都要送市报——《解放日报》登广告，类似一种审批手续。老韦将《尼采传》清样送去时，出版部的一位干部看了看，对老韦说："现在都什么时候了，怎么还印这种吹捧法西斯的书！"老韦碰了一鼻子灰，只好自认倒霉，把原稿和清样还给了我。我一听，吃了一惊，想起鲁迅先生说过的话："这位同志是用脚后跟思想的角色。"接着又听说由胡风主编、解放前出版的《七月文丛》《七月诗丛》等书刊，新华书店也拒绝经销。这不能不令人想起解放前香港出版的《大众文学丛刊》批判他时的那种火药味，这气味似乎仍然没有消散，仍然弥漫在中国文坛的上空，而且具体化为了一个"问题"。

真是"城门失火，殃及池鱼"。《七月文丛》里收有我的一个短篇小说集《人生赋》，用的是"杨力"这个笔名，解放后，我又用这个笔名准备出版《人的证据》一书。此书是我在解放前夕，流亡青岛时写的一部纪实小说，描绘的是国民党中统特务监狱里政治犯的斗争生活。出版者、群众书店的老板陆宗植把它送到《解放日报》时，那里一位负责审阅的同志明确告诉他："这本书里写的政治案件未经有关单位审查得出结论前，该书暂时不宜发行。"稿子又被退了回来，后来老板只好把它偷偷地弄到地摊上去卖。

这些接二连三发生的事，令我浮想联翩，旧事不禁重涌心头。一九四三年我为了糊口，凭报纸上登的招聘广告，到驻扎在陕西宜川县黄河边的国民党独立工兵第三团做技术翻译，结果被怀疑成共产党，他们打算要活埋我们。我们夫妇只好连夜逃命。为了躲避追捕，我们不敢走大路，只捡荒无人迹的高山爬。爬了一夜，黎明时分，才千难万险地爬到了山顶。在四顾茫然中，当时年轻的妻子任敏说："我们这么苦，还不如到延安去吃小米。"我沉默以对。因为我对延安的情况相当了解，那里有我不少的同学和朋友。抗战国共合作时期，我与西安、重庆的八路军办事处所有工作人员都有过程度不一的来往，我还介绍过一些人去延安参加革命。那里的出版物，我也能经常看到。我起初把那里奉为革命的圣地，中国的"耶路撒冷"，可一九四二年"整风运动"中，出现了"王实味事件"，看到了他以"托派""国民党特务"等莫须有罪名被处死的悲剧命运，百思不得其解。我在战前就是他的小说及众多译作的读者，说他是"托派"还有点可能，说他是"国民党特务"，我是怎么都不会相信的。而当时的解放区，就像歌词（这歌也是我一九四七——一九四八年在国民党监狱里当政治犯时常唱的）中所唱的那样"解放区的天，是晴朗的天，解放区的人民好喜欢……"，像王实味这样一个进步的知识分子，怎么可能会在那个人人向往的民主政权环境下，做了刀下鬼呢？……

不过，同时令我感到安慰的是，我在解放前用贾植芳本名出版的学术专著——《近代中国经济社会》（上海棠棣出版社出版），却在新华书店销得很好，一连印了三版。我流亡青岛时译的恩格斯的《住宅问题》，用的本名，也问世发行了。

一九五〇年秋天起，我在上海复旦大学当教授，讲授苏俄文学专业课程。因为当时的政策是"一边倒"，正如报上所说的："苏联的今天就是我们的明天"，因而这门专业课其实也是一门配合政治形势的课程，尤其是经过一九五二年的思想改造，我对生存环境已由狂热转为冷静了。我这个"小资产阶级知识分子"，小说是不能写了，因为我不懂工农生活，无法遵照毛泽东在延安文艺座谈会上的讲话所指示的方向写作。早在一九五一年配合"镇反"，我在当时"文协"（作家协会的前身）号召下，写了一篇政治性小说——《以血还血》，在"文协"主编的《文汇报》副刊《文学旬刊》发表后，引起了一些非议，说我坚持小资产阶级立场，宣扬资产阶级反动人性论和人道主义等等。这篇小说就成了我与文学创作告别的"绝笔"。好在我在大学教书，一九五二年院系调整后，我被分配在复旦大学任教，五十年代初期，在《武训传》《红楼梦研究》等一系列政治性批判热潮中，我只做冷眼旁观，取不介入态度。我这是把大学当作了避风港，就像鲁迅诗中所形容的："躲进小楼成一统，管他春夏与秋冬。"

此时为了教学需要，也为了增加一些经济收入，我将文学活动转到了翻译，真是"避席畏闻文字祸，译书都为稻粱谋"。

我从青年时代起，就醉心于俄国文学，现在我正好又教苏俄文学这门课，因此，我根据手上的英日文资料，从一九五二年到一九五三年，先后通过老韦的文化生活出版社出版了前苏联契诃夫研究专家巴鲁哈蒂的《契诃夫的戏剧艺术》，以及契诃夫逝世后，他的夫人，前苏联著名的演剧家

213

奥尔加·克宜碧尔·契诃娃编的《契诃夫手记》等几种译著，这些书由上海新华书店经筹，在全国新华书店销售，销路都不错。这与契诃夫一直是位深受中国读者喜爱和欢迎的俄国作家是分不开的。一九五四年上半年，我响应斯大林发起的纪念世界文化名人的号召，在上海《解放日报》上写了一篇文章——《用爱和信念劳动——纪念契诃夫逝世五十周年》。总之，一直到一九五五年胡风事件发生以前，我都是一个以译书和教书为生的知识分子。近来翻阅八十年代初的日记，看到里面录载了一些外国作家对翻译家的评价，如歌德把译者比喻为"下流职业的文人"；英国诗人蒲伯译荷马史诗，有人惋惜他说"这样一个好作家不应当充任翻译者"等等。我看了这些话，不禁为我当时的选择苦笑。古人说"在劫难逃"，即使我做了这样的选择，仍是逃不出历史的魔掌。

一九五五年胡风事件一爆发，我就以所谓"胡风反革命集团的骨干分子"的罪名，夫妻双双被捕关押，扫地出门。我们的一切家当，包括已出版的著译和被退回来的译稿《尼采传》及匈牙利剧作家维几达的多幕剧《幻灭》等等，都被作为"敌产"没收"充公"了。我又回到了相别才六年多的监狱，家破人散。这以后前前后后过了二十多年"开水里煮，烈火上烤，冷水里浸"的苦日子。

老妻任敏也随着我旧地重游，关押了一年多才释放。出来分配到科技出版社当校对，那里的人事科长一再对她进行过细地政治思想教育，苦口婆心地"挽救"她，要她与我"划清界线"，提出离婚，"回到人民的立场上来"。她却"不识抬举，不明大义"，终于被流放青海，并美其名曰"支援青海社会主义建设"。在青海不到半年，上海来了文件，说她在上海妄图为"胡风反革命集团"翻案，这样，她又被收监关押了四年，这才下放到我的家乡山西农村，做自食其力的农民，在歧视和贫困中，苦度春秋十八年，等候在上海监狱中我的归来。

这样经过了二十多年的苦难生涯，直到七十年代末，中国历史上发生了新的转折，我们夫妇也才重新团聚，可此时，我们都已是白发苍苍、伤痕累累的老人了。我们还算是幸运者，还等到了冤案重新昭雪的这一天，而更多的人，都已经含冤而去了，至死都不明白自己因何问罪，因何受苦。

随着"胡风反革命集团"冤案的平反，我们又恢复了正常人的生活。

214

我回到了讲台，重新拿起了废置多年的笔。这时我虽然有了"人民"的身份，政治平了反，但在文艺问题上，我还是有麻烦的。我们这一案的朋友们，能否公开发表文章，还是个大问题。我便活学活用毛主席的革命策略——"农村包围城市"，"抛开大路走两厢"。好在我在文场上混了不少年，总有个三朋五友。我有一位在北京某大报编副刊的朋友，叫黎丁，他是个资深的老编辑，得悉我仍活在人间，就来信鼓励我说，他愿意在自己编的报纸上，为我发文章，给我一个"亮相"的机会。自一九七八年深秋，我被解除监督，从原来的劳改单位——校印刷厂回到中文系资料室坐班，妻子任敏也从农村回到上海，学校分给我们一间小房，我们由此才有了独立的生活空间。我此时便根据自己多年的生活体验与人生感悟，写了些散文、杂文之类的小文章，借以自娱自乐。接到老黎的来信后，我就将一篇有感而发的散文《花与鸟》寄给他，可碍于禁令，他编的报无法刊出，老黎就把它介绍给了香港的《大公报》，算是在海外给我"亮了相"。这时我还写了一篇名为《歌声》的小说，我的一位旧朋友在西北某省编文艺杂志，他自告奋勇地拿去，打算将它发表，但是后来听说，这个刊物送交有关部门审查时，我的这篇文章被领导删掉了，这位领导还教训他说："怎么能发这种人的文章！"他只有无可奈何地将文章退还给了我。

八十年代初彻底平反后，我才正式由鬼变成人，并奉命招收比较文学硕士研究生和出国预备生，同时参加一些全国性的文学活动会议。有次在杭州开会，我碰到了当时主持浙江人民出版社社务的老友夏钦翰，我们是四十年代因文学而结缘相识的。一九四七年，是国共和谈的旧政协时期，社会空气比较自由，我被胡风介绍到上海《时事新报》编《青光》文艺周刊。至于撰稿人员，胡风给我提供了一个名单，除了台静农、李何林，以及鲁迅的老友许寿裳外，大多是原《七月》《希望》的撰稿者，其中就有夏钦翰，当时他的笔名叫"伍隼"，因为是以文会友，年龄又比较接近，大家就成了朋友。此时我才知道，他是浙江大学外文系毕业的学生，解放前在一家工厂或别的什么单位工作，后来我才明白，这是他从事地下工作的隐身处。解放后，他从地下转为地上，负责《浙江日报》副刊的编辑工作，得悉我又在报上作文章，特意来信约我为他的副刊写稿。我就将我写的一部纪实性作品——《人的证据》中的一章《中秋节》寄给他，这里面写的是我在一九四七——一九四八年在国民党特务监狱里的生活，他连载了好几天才登完。我另外寄给他的一些小文章，他都照登不误。这次杭州会议遇见他，谈起我在五十年代初出版现早已绝版的《契诃夫手记》一书，他说他们的出版社愿意重印，并指定一位懂俄文的女编辑做责任编辑。此时我的译本，以及当初所依据的日文本和参考过的英译本都已随着那场劫难不见踪影。我临时从图书馆的内部书库找到了这部书的旧译本，并借了一种新英文译本，认真校对了一次；又请一位在新闻系读硕士课程的学生、懂俄文的江礼旸据俄文原版也校对了一次，同时补足了一些注文。我建议小江把俄文本《契诃夫全集》里收录的那些有文学和社会意义的短文，作为补充加以移译。他译好后，我做了一点校改，写了一篇《新版题记》连同原来的《译者前记》，定稿后，作为增订本，寄给了老夏。书很快就出来了，一次印刷两万册，销售一空，这是一九八二年的事。此时浙江人民出版社根据分工，成立了浙江文艺出版社，仍由老夏负责。我将新版本重新又校改了一次，根据能找到手的中外文资料，编了一个《契诃夫年谱》，附在书末。转眼到了一九八三年，书又印出来了，这次印了两万两千五百册，销路仍然不错。因为"文革"后，文学一片废墟，人们极其渴望知识，因而文化市场很兴旺。老夏离休后，我就与出版社断了联系。

九十年代初，苏联解体前，老夏作为离休干部，有机会结团到苏联东欧旅游了一次，这是干部离休前的一种政治待遇。他回来后，特地到上海找我说，他去苏联旅游时，曾将他经手出版的、我译的《契诃夫手记》中印本赠送给了苏联契诃夫纪念馆保存陈列……现在值得深思的是，这个译本在五十年代和八十年代初出版时，契诃夫还是"旧俄作家"，现在苏联解体了，契诃夫又恢复了原来的身份，成了"俄国作家"，历史就像一个魔圈，绕了一圈，又回到了原地。但无论是在前苏联还是俄国，契诃夫仍然是契诃夫。是一位不朽的作家。正像清末一位官僚文人所说的："帝王将相的权力只有一百年，而文人的权力可以有一万年。"这是一条适应于古今中外、颠扑不破的历史真理。

去年，又有了百花文艺出版社谢大光老弟的提议，《契诃夫手记》又有了重新面世的机会。我和老谢是同行朋友，八十年代便有来往。九十年代初，由湖南人民出版社外国文学编辑李全安兄的转荐，将我一位青年朋友任一鸣译、我校订的《勃留索夫日记钞》在他那里出版，随后又出版了我介绍去的宋炳辉译的《伍尔芙日记选》和谢天振译的《普希金散文选》，我们的交情渐渐越来越厚了。此次承他们的美意，重印《契诃夫手记》，我在感谢之余，随手写了这篇序文，并把它和我在五十年代初写的《译者前记》及八十年代初写的《新版题记》列在一起，它们都交代了这本书的来历和内容，读者可以看到，这个译本的命运也是我的生活命运，它在不同历史时期的先后印行，都得力于朋友的支持和帮助，没有他们，这本书就不会出版，更不能接二连三地再版，所以我题名为《我的三个朋友》，以资纪念。相信这纪念不仅是为了我个人的友情，也是为了那一段渐渐要被人忘却了的历史。

一九九九年夏于上海寓所

译者新序

　　这本《契诃夫手记》是我早期的译品，一九五三年曾印过一次。转眼到了一九五五年，中国发生了胡风事件，我们夫妇先后被捕，扫地出门，家中的一切、生活用具、藏书，包括自己近十种著译的自藏本，从此不知去向，我被送入我青年时代三度进出过的地方——监狱。岁月不居，一晃就是二十多年，我在监禁和劳改中度过人生最富于创造力的阶段。当中国历史发生新的转折，我重新恢复了正常生活的时候，偶然从图书馆的"内部书库"找到这本译本，就像在街头碰到久已失散的亲人一样。我的眼睛里涌出一个老年人的泪花。我望着译本里印的契诃夫像，想到很久以前读过的这个俄罗斯作家的一段话："一个人没有什么要求，他没有爱，也没有憎，这样的人是成不了一个作家的。"这段简单明白的话，曾被我当作金玉之言，它启发了我，又支持了我，使我从漫长而坎坷的人生道路上走了过来，像一个人那样地活了过来，我是多么感激他啊！

　　在一九五四年，就是这个译本出世一年多以后，我曾为一家报纸写过一篇短文，谈了我对这本书的学习心得，是读书札记一类的东西。在重新修订这个译本的时候，我记起了它，从图书馆尘封的旧报纸堆中找到了它，反复看了几遍，觉得还有些意思，还有些味道，就提起笔把它重新抄录了出来。

亚历山大·库普林在他的回忆契诃夫的文章里谈到契诃夫的创作时说："他从哪里得到他的印象？他从哪里找到了他的警句和比喻？他根据什么铸造俄罗斯文学中他那独一无二的精美语言？他对任何人也不谈，他从来不提他的创作方法。据说他身后留有很多手记本。也许将来总有一天会在那些手记本里找到解开这些疑团的钥匙。"

库普林所说的这些手记本，终于在契诃夫逝世后，由他的夫人克宜碧尔加以整理，在一九一四年出版了。这是研究契诃夫的一笔财富。

被列夫·托尔斯泰称为"没人能比的艺术家"的契诃夫，首先是一个伟大而纯洁的人，他由于热爱和关心生活，对人生自觉的责任感，有把当时生活"翻过来"的要求和信心，所以他的敏感力是从他的高贵的社会责任心来的；这样他才写了他的手记，进而写了创作，而不是简单地为了创作而去写手记的。或者说，他写手记是为了对生活认识得更深刻些、清楚些，抓住生活中的突出特征，整理自己的印象，表示自己的态度，正是这些要求，他才勤恳地写下手记。

因此，据库普林说，契诃夫劝告作家不要在创作上光靠手记生活，"要靠记忆和想象"，创作不是照抄生活，当然更不能照抄手记本了。在他的创作里，利用手记上的东西的时候，往往有很大的改变，这就是最好的说明。

契诃夫是一个始终生活在人民当中并自觉地为人民服务的人，他为自己的医生身份自豪。他送给高尔基的一只表上刻着"契诃夫医师赠"。他关心人，和各式各样的人来往，由于在生活中自然地熟悉了人，养成了他的深刻的观察力和概括力，所以一提笔就能简洁有力地深入到人的本质中去，不仅写出人的性格，而且活画出人的灵魂。他写自己的手记，认真而严肃，并不是拿着一个小本子到处跑，不假思索地记一些浮面的东西，并马上把它变成"创作成品"，或需要写什么了，才临时东奔西走地找一些模特儿来，照抄到作品里去，我想，这就是他在艺术上获得辉煌成就的原因。

他的手记，每条都很短，甚至只有一句话，是所谓"比麻雀鼻子还短的东西"，但正如高尔基所形容的，它们是美丽的精制的花边，是经过深刻提炼后的产物。

他的手记，只记生活中成为特征和突出的部分，衣服头发之类的细节，按照他自己的说法，则是在进入创作时自己生出来的。

契诃夫手记里所记的东西，不仅是看到和听到的事物，还有他所感到和思考的东西。就是他所记的属于看到和听到的东西，也是经过他的感受和思考才记下来的。它们又都是一律从所谓生活的密林里提炼出来的。

在他的手记里，还有抄自书本的东西，就是说，有读书杂抄之类的东西。契诃夫有渊博的学识。这说明一个作家不仅要熟悉生活，还要有广博的知识，契诃夫在这方面也是一个典范。

手记所用的语言，一如他的创作中的语言，是日常的语言，简洁而朴实，富于诗意，如"天下雨了"之类，用得很自然，正如人在生活中所说的那样，他从来不按照修辞学的规律，浮夸地去写什么。

契诃夫的手记正如他的作品，色彩鲜明而简洁，他能用朴素的笔触一针见血地深入到事物的本质中去，无论是对话、记事、人物、情节、警句、题目，都是富有特征又具有高度概括力的东西，它们独立起来，可以当社会杂文读。

契诃夫的手记，作为杂文来看，它的精神特色，正是契诃夫全部创作的特色：愤怒中的自持和出于纯洁心灵的乐天的幽默。它的重要价值，正如高尔基所说，它们是对生活的鼓舞和热爱。他用人民的强大的道德力量，告发了庸俗和罪恶还在占着胜利的时代，同时也预祝了善和美胜利的时代。

契诃夫对伊凡·蒲宁说："人得不怜惜自己地去劳动。"对于这个用自己的辛勤劳动忠实而正直地完成了自己人生责任的劳动诗人，对于这个要求人要"头脑清楚，心地纯洁，身体干净"的作家，我们是永远敬爱的！

这本笔记式的东西，契诃夫看得很贵重，他把它当作特殊的笔记本，其中大部分写得很工整，凡是已在作品中使用过的部分，他都亲手把它涂掉了，至于在作品中变化了样子而使用过的部分，则仍旧保留着。感谢编纂者的周详的努力，我们今天有机会看到这个笔记的全貌，例如"三姐妹"的台词。从这里我们就可以看到契诃夫创作过程之一斑。

总之，《手记》是契诃夫在他严肃正直的生活中随手记下来的瞬间的感触，也包括了他的读书心得以及从别的作家的著作中所抄录的精粹。《手记》的时间，是从一八九二年到一九〇四年，也就是他从库页岛旅行回来的第三年，即写了名作《邻人》《六号病室》等作品的那一年起，到

《樱桃园》上演那一年，即他死的那一年为止的时间段，这是他在创作上最成熟的时期。

另外，在契氏所遗的手稿中，发现了一包题为《题材·凝想·杂记·片断》的稿子，内容一如手记，年代也大致相同。

日记部分则是从一八九六年到一九〇三年的东西，即他写了《我的生活》，发表了《海鸥》那年起，到写了《新娘》《樱桃园》那年为止的期间。这里译出的部分只是一个抄本，但是内容和体式与前两部分酷似，联合起来加以研究，可以较深入地看到契氏的生活和文学风貌。

译文所根据的主要是日本神西清氏的日译本（东京，创元社版，一九三八年刊），是个订正本。神西清氏是日本优秀的俄国文学研究者，也是俄国文学的翻译家，他对于屠格涅夫和契氏都有独到的研究著作。一般评价，他的译文还算严谨。另外，也参照了 S.S.Koteliansky 和 L.woolf 合译的英译本，这两个译者合作所译的英文版俄国文学著作，在我们也不算是陌生，但好像是一个人口述，一个人执笔那样的合作者，译文和日译本比较起来，不仅在篇幅上少了一些，而且内容上也有些差别。一般地说，英译本不如日译本细致完整，有的意义则恰巧相反，这两个英译者好像采用的是意译的办法。译者根据自己的理解，凡是两种译本有差异的地方，都反复斟酌，加以取舍，大体上是依据日译本译的。日记部分，为英译本所无，完全是根据日译本译的。注释方面，英译本较少，所以大部分是来自日译本。至于译者自己所加的注释，则都加以标明。上个世纪八十年代初，我复出后，趁这个译本有重见天日的机会，我又临时借到 S.S. Koteliansky 和 L.Woolf 合译的英文本《契诃夫手记》与高尔基的《契诃夫回忆录》（*The Note-Book of Anton Tchekhov Together with Reminsences of Tchekhov by Maxim Corky*, The Hogarth Press , 1921）我又据此做了一次校改，有些条目并做了较大的改动。经过当时我新认识的一个青年朋友江礼旸同志的热情努力，又由他找到前苏联国家文学出版社一九六一年印行的《契诃夫全集》第十卷的印文，做了一次校对，并补译了一些注文。由原文校勘的结果表明，日译本较英译本译文严谨和忠实。在两种译文中，有些意义相反的译文，也借此得到核实。

这本《契诃夫手记》是契诃夫的文学创作备忘录，契诃夫夫人在一九一四年整理出版的印本，显然是经过严格选择的，它本身有其独特的存在意义和历史价值。

　　这本书俄文初版时间是一九一四年，即历史上俄国十月革命以前的三年，契氏死后的十年，在当时兵荒马乱中，契氏的遗孀，俄国优秀的演剧家奥尔加·克宜碧尔·契诃娃编印出版这本书，显然是有沉重的悼念意义的，但也为广大读者做了一件功德无量的创举。

　　关于三个附录，也是为了前述的目的——认识契氏的生活和创作过程，临时译出加进去的，一篇是契氏夫人奥尔加·克宜碧尔·契诃娃的著作的断片，一篇是契氏的弟弟米哈伊尔·契诃夫（Michael Tchekhov）在革命后的一九二三年写的。米哈伊尔写过一本契诃夫事迹，是一本研究契氏的很好的著作。这两篇译文是根据 S.S.Koteliansky 和 Philip Tomlinson 所辑译的英文版《契诃夫生活和书信》（*The Life and Letters of Anton Tchekhov*, Cassell&Co.Ltd., London 1928）一书译出的。这里面还有米哈伊尔写的另一篇《契诃夫与戏院》，因为怕篇幅太长，所以不加进去了。

　　作为附录之三的《契诃夫年谱》是一九八〇年我复出后，重印这个译本时，根据手头所掌握的中外文材料编译的，也为认识和研究契诃夫的生活和创作，提供一份时代与历史背景材料。

　　这是一本难译的书，对于在翻译过程中为我解决疑难的朋友们，谨在这里一并致谢。译文及注文中，不妥当的地方，还希望读者和专家予以指正。

　　这个译本此前曾印行过三次，销路都不错，现在文化市场上已很难找到了。此次承蒙彭燕郊兄将它收入由湖南文艺出版社承印的他所主持的《散文译丛》内，给予重新面世的机会，我在感谢之余，按理说，应该为它的重印写几句类似译序的话，但又想到我一九五二年为此书初版本所写的《译者前记》和一九八七年为此书重印时所写的《新版题记》这两篇在不同的历史时期的译序，内容都比较丰富，应该说的话都算交代得比较清楚了，再为这个译本写新的译序觉得实在没什么话好说。何况我已是一个年已九十岁的老朽，心有余而力不足，要为这个译本重起炉灶写序，实在没有必要，为此，我接受了彭燕郊兄的建议，并在他的鼎力支持与帮助下，将此前写的两篇序文，合二为一加工整合，并添加了一些新意，而成为现在这一篇别有风度的新版译本序文，以供读者作为阅读本书时的参照。在燕郊兄的介绍下，湖南文艺出版社的朋友们为这部旧译的重新问世提供机遇，对这种盛情厚谊，再次表示我的深情的感谢！

贾植芳

二〇〇五年八月下旬在上海

论报告文学

一种危险的文学样式

关于被一切资产阶级作家宣称为毫无价值的特殊的文学样式——速写（Sketch）或报告文学（Reportage），我有几句话要说。这种文学样式，我想，实际上也为速写作家自己所见轻，就连在这里出席会议的诸位先生，说不定也会有瞧它不起的。

真正说来，虽然像约翰·李德，拉利斯·勒斯莱（苏联作家托莱切雅科夫、柯尔曹夫，德国的戈里亚，以及其他许多作家，都是如此）那样人们的作品已经出现了——这些作家的作品，已经证明了基于事实材料所写的速写，也能达到独立的艺术作品的境地，但速写作家或报告文学作家仍被人认为不过是最低级的新闻纪事作者。读了上述各作家的作品而不了解这种情形的人，一定能从把持着批评界的人们的恶毒的非难中得到理解的吧？

资产阶级批评家的这种恶毒的攻击，与其说是由于这种样式是崭新的东西，还不如说是由于这种样式在其本国的危险性。请允许我举个实际的例子来说明吧。三个月左右以前，我曾在锡兰岛停留过一个时期。在旅途的船中，我曾读了关于这个岛的各种书籍——半官方的游览指南，各式旅客向导社的广告性的小册子，以及文学家的游记文。当我把这些书籍和这里的现实情况相互对照之后，我就不能不感到惊异和反感了。我在这个岛

227

上看到：从十月到一月之间，有三万以上的儿童因疟疾或营养不良而死亡。这里的百分之八十的儿童，饿得连走到学校那样的力气都没有。这里的人民每日在鞭子下生活。土人什么工作都找不到，因为资本家从印度输入了更低价的劳动者。这里的人民吃着草根树叶，每日继续有人走着由乞讨到饿死的道路。

然而，旅行速写内写的是些什么东西呢？他们所写的是这里的珍珠岛的美丽，冲激海岸的波涛的音响，永远在颠簸的木筏，往昔的王宫废墟，以及其他关于自然的美及古代文化的遗迹等等诸如此类的东西，对于可厌而又可怖的日常生活，只字不提。

但是，如果我们对这样纪事的编纂者加以责难的话，那么他们就会这样回答：我们并没有扯谎，巍峨的古代宫殿和美丽的自然景色都是实际存在的东西。在这种情况之下，他们会认为我们是要生硬地嵌入某种主题，而这则是对他们的创作自由的一种压迫，所以要起而反抗了。因此，他们反而攻击我们，无异这样说："我们是完整的艺术家，你们不过是一群陈腐不堪的政治煽动家，是失掉了幻想能力的枯燥无味的公式主义者。"

不过，要是具有社会气息的人在锡兰岛上看到了我所看到的事物，可就引起了这种诱惑：这里原来是丑恶的，应把它记录下来，把那些恐怖列举出来。面对着人类的悲哀，想要哭泣，想要叫喊，对于被责为政治煽动家自己甘愿承担下来——这种种诱惑就都很强烈地发生了。因此，把这些事实直接地给以一种有独立作用的可能性，不加任何润饰地把这些事实传达出来，——显出自己原来并非从幻想出发，这种诱惑也就发生了。

要使这种诱惑不致失败，作家必须要像不使作品失去艺术性那样地审慎地选取绘画器具，在正确的展视中，组织自己的记述，而必须把它作为是艺术文告——艺术地揭发罪恶的文告。因此，就不能用平面的、静态的唯物论方法，而必须要求达到辩证唯物论的方法，必须创造变化中的前景。作家必须能从现在的关联中显示出过去和未来。这是推论上的幻想能力，这本来是从陈套与政治宣传中的解放。然而，在为了作品的艺术性而从事各种努力之际，必须显示出真实性——完全是真实的东西这一点不可。这是因为，对于科学地被证明的真理要求，——即报告文学作家的作品，不仅对于世界的剥削者说来，即对于作家自身，也是一种容易招致危险的东西。这种工作较之没有害怕被反驳必要的诗人工作更是危险的。

对于不失艺术的样式和规模而同时又能正确地显示真实这件事，较之诸君所想象的是一种更困难的工作。速写或是报告文学，它虽然是劳动和世态的表示，然而在今天，我们知道，它仍然常常是模糊的，刻板的东西。只有能达到自己目的的速写作家，才是真正的艺术家。

真理是艺术最上乘的原料。所以要认识没有自由的法西斯统治下的国家，决不能不多多地理解政治。在这种国家的文学中，充满了麻木的冷淡，关于嗜血和新领土的抒情的空想。在这里，正是由于作家对于人生问题缺乏理解，所以也就不能正确地提出问题。

我们最敬重的是人的生活。我们必须使我们的文学为人的存在和意识服务。

译后记： 捷克的优秀报告文学家基希（E.E.Kisch 1885—1948），对我们并不陌生，他的以我国为题材的长篇报告文学作品《秘密的中国》（*China Geheim*），抗战前曾有周立波先生的译文。

这篇《一种危险的文学样式》，是一九三五年在巴黎举行的国际作家拥护文化大会上的基希的讲演，当时德国法西斯猖狂一时，大大威胁着人类的和平与安全，它是科学与文化的死敌，正像今天的美帝国主义一样。基希的这篇讲演，充满了高度的战斗性和强烈的政治性，通过他自己的创作实践，来论列报告文学这一样式的特点和要求，实际而明确。所以把它译了出来，为对这一文学样式有兴趣的人提供一种参考。

译文系根据日本高田雅英的译文转译，收在小松清编的《拥护文化》一书内，一九三六年东京第一书房刊行。

"列宁同志问候你"

　　从前，——摩得洛塞克开头说——那是说，在第一次世界大战好多年以前，有一个住在布拉格的波兰同志来看我，"摩得洛塞克同志，列宁同志教我问候你。"

　　"是谁?"我吃了一惊地问。

　　"是列宁同志，怎么，你不知道他是谁吗?"

　　"我当然知道他是谁。他是俄国党内的左派，但是我和他没有交情。"

　　这时，倒是那个波兰同志惊异起来了："你不认识他! 我刚从克拉科来(他或者说的是华沙，我记得不很准了)，列宁在那里对我说：'你回到布拉格的时候，务必到摩得洛塞克同志那里去一趟，代我问候他。'他特意地叮咛我这么做的。"

　　我只好谢谢我的带信儿来的客人了，还有什么办法呢? 但我总弄不清这是怎么一回事，因为我从来没有见过列宁。我也确实认为列宁没有听到过我的名字，因为我一直是在捷克的党内活动，没有在外边跑过。

　　后来过了一年，尼米克同志从布鲁塞尔的国际社会主义者大会回来告诉我说："呃，摩得洛塞克，列宁同志要我代他对你致亲切的问候。"

　　这一来，事情变得更古怪了。因为就是这一年——一九〇二年，换句话说，在这两次问候当中——俄国的布尔雪维克借我们党的办事处召开了

230

全国性的党大会；我知道列宁是出席的（我相信他住在市外扎司克夫区的玛希加旅馆；没有疑问，是处在警探的严密监视下面，因为他被看作非法的人物），那么，如果列宁要带信问候我，他为什么在住在布拉格的期间不来看看我呢？对于这个问题，我始终找不到答案。

接着就是俄国一九〇五年的革命，列宁在这里面起了多么显著的作用呵！我总是想不出我曾经认识他，——虽然我的记忆力是很好的！他竟两次地问候我。

有一天我看到列宁的照片，我对我的妻子喊了起来：“莎卡拉，你知道这个列宁是谁？就是我们的马耶呀！”

为了弄得确实点，我查遍了我的那些旧信件。虽然在战时我已经烧毁了一切可以引起怀疑的材料，我还是想要找到我和马耶的残存的通讯。

老摩得洛塞克把他的那些旧信件左看右看了一阵，为了证实马耶就是列宁。我们还得告诉你：在一九〇〇年的三月的一天，明斯克的西伯利亚村庄的所有政治流放犯都到县城里来向他们年轻的领袖告别。他在西伯利亚的五年流放期满了，他来到明斯克和他的同志与难友见面，然后再踏上征途。他要回到“家”里去了，——家对他的意义（大家都知道这一层）就是到社会主义运动中去工作。大家都和他拥抱，因为都对符拉箕米尔·伊里奇抱着很高的期望。

他开始了他的旅途。当雪橇沿着叶尼赛河前进的时候，寒风刺骨；雪橇傍着河岸一直走了三百里。他日夜不憩地钻行；全身都冻伤了。但是列宁心情旺盛，因为马的每一步前进就是距他的目的地近了一步。不久他就可以着手实行他在寿山斯克村所拟订的计划了。最要紧的，是他打算为俄国的社会主义运动建立一个中央机构：《火星报》命定地将在沙皇俄国造成燎原的力量。

雪橇到了乌发。列宁要在这里和他的最亲切最真诚的同志克鲁普斯卡娅告别。她的流放期还没有满。接着他在巴斯科夫又停下来了，——为了有名的巴斯科夫会议，他还打算在这里物色合适的马克思主义者到《火星报》和《黎明报》去。这以后，他决定出国去和老练的社会主义者普列汉诺夫、阿克雪里罗得、查苏利奇碰头。

但是特务一直盯着他，而且在圣彼得堡把他逮捕了。他身上带着为建立《火星报》募集来的二千卢布，还有一张写着在外国接头的人的名字的纸片，这个文件是用牛奶写的，遮在上面的是用普通墨水写成的一封平常信。警长贪婪地攫住了这封从这个危险的嫌疑犯身上查出的信件。他什么也没有发现；但是他认为这可能是用密码写的，他把它归了档希望能破获密码。

列宁在监狱里坐了一个半星期。那些家伙是否会烤热那张纸头而发现了里面的内容呢？

他们没有找出它的内容。第十天，囚徒乌梁雅诺夫被传到公事房里。他们发还了他的东西，包括两千卢布和那封私人信件；他们警告他停止一切革命活动，不要打算上外国去，于是释放了他。

列宁出了国。一年以内，他的妻子克鲁普斯卡娅也来了，因为她的流放期也满了。

在她的《列宁回忆录》里，克鲁普斯卡娅叙述着她如何到了布拉格，她说列宁用着摩得洛塞克的名字住在那里。他就是用这个名字给她通信的。但是列宁寄给她的最后一封信，是挟在一本非政治性的书籍里面，那里面还写着他在慕尼黑的通讯处，却永远没有达到克鲁普斯卡娅的手里。所以当她来的时候，她给布拉格打了一个电报；一到了车站，却没有看见符拉箕米尔·伊里奇，这使她不禁目瞪口呆。

她等了一会儿。被种种疑虑纠缠着，她雇了一辆马车。当车夫把行李搬进车内以后，她给了他一个地址，便坐了进去。马车在工人区域的一条小胡同内的一个大杂院前面停下来了，从那里的窗户里晒出种种色样的床单。克鲁普斯卡娅一口气跑到四楼，叩门。一个金黄头发的捷克女人应声开了门。

"摩得洛塞克，赫尔·摩得洛塞克。"克鲁普斯卡娅喘息地说。

一个工人在走廊里出现了，他说："我就是摩得洛塞克。"

"不，"克鲁普斯卡娅混乱地嗫嚅着，"摩得洛塞克是我的丈夫。"

摩得洛塞克明白了这是谁的太太：他替他转信到慕尼黑的那个俄国人。他在这天所接到的那封电报也已经转到慕尼黑去了。

克鲁普斯卡娅写道："摩得洛塞克陪了我一整天，我告诉他俄国运动的情况，他告诉了我关于奥地利的运动。他的太太给我参观她的编织物，并且用捷克的汤团款待我。"

但是这种汤团并不算是布拉格的正经食品。克鲁普斯卡娅同志要是明白这种汤团是什么玩意，那她一定不会去注意它了：那是一种用马肉做的菜肉混合的东西，拿来冒充汤团的，正像波希米亚的一般这类的肉食一样。

不过，为什么还要提起这顿吃过很久的饭的细节呢，要是客人自己对这一点儿也不知道？那是因为主人夫妇还记得它，而且仍然记得很新鲜哩。《列宁回忆录》出版以后，我们马上就去访问这位捷克工会运动的久经锻炼的先进，弗提塞克·摩得洛塞克（Frantisek Modracek）；我们确实相信他就是克鲁普斯卡娅的《回忆录》里所说的摩得洛塞克。他坦然地自愿报告他和这个神秘的俄国人与他的夫人的各种关系。

"党报'Pravo Lidu'的编辑们，"摩得洛塞克回忆说，"那时在波拉塞克广场有个办公处，一九〇〇年夏天他们给我送来一位俄国同志。他打算和我研究一些什么事情，当晚就留在我家里。那时我住在勿苏凡司郊区的加罗茹娃和涅尔多娃这两条街的转角处；我们的房间正对着天井，它小得使我无法为我的客人安置一个睡觉的地方（我们甚至连一张多余的垫被都没有）。所以他竟没有在我的房间里睡。

"我从他那里明白了：他是作为一个政治流放犯，住过西伯利亚后，才秘密离开俄国的。他一点也没有那种虚无主义者的自高自大神气；实际上，他给我的印象还不如说是一个平常的外国气派的行商。他的身材中等，不胖也不瘦，但是肩膀挺宽。我不记得他有没有胡髭。他的举止够冷静的，虽然我感到他有些急性。他说德国话说得很好。

"他要我给他弄一张护照，用一个某些方面像他的人的名字。我答应他尽力去办，不过我没有办到就是了。

"第二天他就走了，后来我们约定了：我替他代收从俄国来的信件和款项，然后再照他给我的地址把一切转去。我也没有破费什么钱，因为我被迫地接到一张写得清清楚楚的支票。

"这位俄国人没有告诉我他的姓名，不过他要我在所有的通讯里称呼他为'马耶同志'。

"他走开以后，我开始收到从俄国来的大批邮包和信件，通常是每两周收到一次，我就把它们转到慕尼黑的指定的通讯处去。这以后，我开始几乎每周都收到从德国和瑞士来的整捆的俄国报纸和小册子。我那时在社会民主党的印刷业工会的办公处工作，我是这里的一个活动分子。我并不拆封，只是把它们装了箱，然后再转寄到克拉科的一个通讯处去。

"这位俄国人走了几个月以后，一天清早，有一辆马车停在我的门前：从里面走出一位面容清癯，服饰朴素，年纪三十左右的女人，她的举止很安详——这是马耶的夫人。走进屋子以前，她抗议车夫向她敲竹杠。她比她的丈夫似乎还要健谈，德国话说得也不错，她告诉我说，她曾经和她丈夫一块流放在西伯利亚，后来在一个俄国富商的家里当教师，现在她准备和她的丈夫在国外生活。

"这时我变得很尴尬，我的妻子给客人只端来一杯咖啡和一盆马肉汤团。几天以前，邻居的一位妇人劝我们吃马肉汤团，来代替没有肉食的伙食，恰巧就是这一天，我妻子才第一次鼓足勇气实行邻居的劝告。我们害怕我们的客人会认出来，以至由于厌恶而不吃。但是显然她很饿了，因为她喜欢她所吃的一切。于是我们才放心了。

"我们的客人从俄国来的路上一直没有停憩，非常疲倦了。于是我的妻子整理好我们的床铺，以便她能小睡一下。

"这天晚上——正是工人放工的时候——我陪着我们的客人到了中央车站，她从这里去了慕尼黑。

"有一天，警察没收了一包寄给我的俄国书。他们打开了它，很详细地检查了它们的内容。我立即想到：马耶同志说不定在慕尼黑出了什么岔儿；从这以后，我就再没有接到他的来信。

"一九〇一年圣诞节的时候，我的小女儿接到马耶夫人从慕尼黑寄来的一只箱子，里面是玩具的星星，银球，和别的一些圣诞树的装饰品。我的女儿在她的东西中仍然保存着一件那次送给她的礼物箱子里的东西：一个金星，它的中央站着一位天使，现在颜色却很不行了。

"在一九〇二年的夏天或是春天（我想至少是一九〇二年），一个年轻的俄国人带着一封'马耶先生'的介绍信来会我。他在俄国的出入是非法的。他告诉我说，他的任务是运若干箱子书到俄国去。他和我们过了两天，就到克拉科去了。过了三天，报上登了一项新闻，大意是说：在俄国和加里西亚的边界上，一个虚无主义者被枪杀了，因为他企图偷运大量革命书报到俄国去。我不能断定这就是那个和我们在一起待过的那个俄国青年，但是我想象是他。

"从那个时候起，我便失掉了和'马耶们'的一切联系。无疑地，如

234

果我不是不断地收到从瑞士来的俄国出版物，其中包括《火星报》，那我一定忘掉了我那些有趣的客人了。这些出版物的寄送者并无任何线索可寻，但我想不到这是'马耶'寄来的。

"但是我不会像把二和二加在一起似的，把马耶和我不认识的而带信来亲切地两次问候我的列宁连结在一起。这就是我看到照片以前的情景。后来，我说过，我就在我的信堆里找来找去，想找出我和马耶的残存通讯。

"我真的找出一些什么来了：从勿苏凡司邮局里来的挂号信、邮包、汇票的回执。它们写着许多不同的通讯处：'医学博士卡尔·索赫曼医师转交赫尔·马耶，盖卜里斯卜加街二十号Ａ，慕尼黑二区'，'卡尔·李赫曼，慕尼黑'，'乔治·罗蒂马耶，慕尼黑'。——这些信的收信者都是转给马耶的。最早的邮局回执日期是一九○一年三月十三日，所送的邮包重三公斤和二百公分，另一个邮包重三公斤和七百公分。

"这一切证明了列宁确曾是我的客人。但是最后我发现了勿苏凡司邮局的下列回单，邮戳是一九○一年三月三日，注明：本日我寄去挂号信一件，寄地是：'莫斯科，伏洛·乌梁雅诺夫'。现在我可以公开声明：马耶就是列宁。所以克鲁普斯卡娅的《回忆录》告诉我的，并没有什么新鲜的：我想不到那天要用汤团款待她，她想不到她吃的却是马肉。"

弗提塞克·摩得洛塞克，这个老社会主义者，还知道些别的事情。他知道经过他的手到沙皇俄国去的《火星报》第一期，四年以后，在那里发出了第一个火光，十二年以后，成了燎原的大火。

但是，弗提塞克·摩得洛塞克，这个老社会主义者，话里却没有包括这种意思：他对于名为马耶的这个朴实的外国人的照顾，是他对于国际工人阶级的事业所完成的一种无价的服务。

译后记：这一篇《"列宁同志问候你"》(*Regards From Comrade Lenin*)，系根据一九五二年二月号美国的《群众与主流》(*Masses & Mainstream*) 转译，英译者是 Joseph M.Bernstein。

这是基希的报告文学中有世界声誉的一篇，从一个捷克进步工人的记忆中，描写出了革命导师列宁的朴素形象和他的斗争生活；笔锋纵横自如，有声有色，是一篇典范的作品。为了明确报告文学这一样式的学习要求，所以译出具体作品一篇，作为标本。可惜译者笔拙，传达不出原作的独特的神韵，这不能不说是一种损失。

英译者说，译出这篇文章，目的是为了列宁纪念日。但寡闻的我，从这里才知道了基希的死期。所以，作为对这位人类优秀的战士，出色的新闻记者和作家的悼念，这也是翻译本文的又一个目的。

基希的作品很多，他的暴露美国帝国主义内部的腐朽和丑恶的长篇报告《"天堂"美国》，也希望我们能有译文才好。

俄国文学研究

拉吉舍夫论

谢尔宾娜著

在为人民的解放和启蒙运动而战斗的俄罗斯伟大革命作家的光辉名单上，该应是以亚历山大·尼古拉耶维契·拉吉舍夫的名字来开头的。

这个事实是意义深刻的：在伟大的十月社会主义革命以后，在解放了的土地上首先揭幕的第一个纪念碑，就是拉吉舍夫的纪念碑。感恩的苏联人民，强调这个有骨气的作家的意义，并且对他忠贞地为祖国服务，奉献了表示尊敬的颂辞。他属于俄国革命文人的最先进的代表人物之一。

拉吉舍夫的生涯，在俄国文学和社会科学的发展中，标志着一个完整的时代。他的庄严的同时又是悲剧的形象，屹立于两个世纪的转换之交，指示了前进的十九世纪俄国文学的反对沙皇主义的斗争道路。

拉吉舍夫的散文和诗歌充满了热烈的爱国主义感情，对于暴政的憎恨，对于封建农奴的艰苦命运的同情。他把"Samoderzhavstvo"（专制政治）当作"暴政"来解释，并且附加说，"Samoderzhavstvo"是那种违反人性的制度。

在他的全部著作中，拉吉舍夫被一种"舍身报国"的准备引导着。爱国主义的感情充满在他的主要著作中；在俄国文学史上，留下最深刻的烙印的，是他的有名的《从圣彼得堡到莫斯科的旅行》。在它的公民感觉的勇敢和激烈上，它的社会思想的深刻和内容的丰富上，它的革命目的性和毫不假借的诚实性上，《旅行》代表十八世纪世界文学的最高成就。

作家的爱国主义热情，在《旅行》的开首几行便可以使人感觉得到："我凝视着我自己，我的灵魂被我所看见的人类痛苦撕裂着。"作家要揭开他的同代人的"眼前帷幕"，对他们揭露出事物的真实情况，引导他们走向革命斗争的道路。本书从头到尾所洋溢的思想是：他的祖国的幸福要求解放农奴，推翻沙皇和地主。人民，他说，"必须捣碎他们凶残的主人们的脑袋。"

封建主义和专制政治的支柱们，用一种爆发的仇恨来对待拉吉舍夫的著作。喀德琳女皇亲自领导了这个反对《旅行》作者的战役。她在拉吉舍夫著作上的批语，说明了作家对于专制政治的攻击是如何地击中了要害。女皇写道："整个倾向是鼓动农民反对地主，和鼓动军队反对他们的上官……"，"作者不喜欢沙皇……"，"他把希望寄托在农民暴动上面"。《旅行》中的《自由颂》，女皇称作是"十分率直而显明的反叛行为，竟用断头台来恫胁沙皇"。她说，拉吉舍夫，是"一个叛逆，比蒲加乔夫①还可恶！"

拉吉舍夫事实上向人民发出一种即时起来公开推翻专制政治的号召。他被逮捕并判处了死刑，但是他的判决被减成在最遥远的西伯利亚的伊里木茨基土牢的十年流刑。

迫害并没有使拉吉舍夫崩溃。他继续写作，他在西伯利亚的作品，包括《关于中国贸易的信札》（经济研究）和一篇唯物论的题目是《论人，他的死和不死》的哲学论文。

封建地主的报复并没有使这个战斗的作家放弃自己的信仰，甚至到他的生命临到那样一种悲剧的结局的时候。在他逝世前不久，他告给知己的友人说："后世子孙必定会替我的命运复仇。"

阴毒的反动势力打算用各式手段来取消拉吉舍夫的思想影响。它们宣称了：作家的观点在俄国生活中并无根据，仅只表现了外国科学家的不相干的影响而已。这种屁话被反动的历史家和批评家继续了几乎两个世纪之久，实际说来，拉吉舍夫的著作所表现的思想和见解是产生于俄国现实而且代表着独立的思考和独立的结论之结果的。

围绕着拉吉舍夫文学遗产的激烈斗争，有一个多世纪。进步的俄国思想家和作家们，认为拉吉舍夫的著作是俄国人民的智慧、才能和感情的卓越表现，具有最高的价值。

拉吉舍夫的哲学特别受影响于封建农奴的自发抗议和革命起义。它显示了对其他国家的一切进步文学和科学成就的兴趣（例如黑尔维修的《精神论》）。虽然拉吉舍夫所取的仍然是一条独立的、崭新的道路。

他是一个卓越的哲学上的唯物论者。在帮助俄国社会思想中的唯物论传统的形成和扩展中，他的影响是巨大的。他的唯物论的、战斗的积极性格，是受人民的解放思想所刺激的。我们可以在他的著作中找出许多质朴的，有时是矛盾的见解，尤其是在对于社会问题的解释中。但是作为一个思想家，拉吉舍夫则是占有着他的时代最先进的唯物论者的地位；他高出于西欧的哲学家和社会学家。

拉吉舍夫可以称之为先驱者，具有着崇高的热爱自由思想的俄国进步文学之父。艺术上的现实主义的完整的创造纲领，在十八世纪俄国的历史条件下，还不能成熟。然而，他在《从圣彼得堡到莫斯科的旅行》中所描写的俄国生活的真理、范围和深度，则为后来的俄国古典现实主义的发展奠定了根基。

当拉吉舍夫的同时代作家们被古典主义的桎梏所束缚的时候，他对于当时文学倾向所开拓的境界，主要是在文学创造中，对于生活的极度忠实。他决意使自己的艺术趋向于为人民服务的理想，趋向于真理的目标。因之，《从圣彼得堡到莫斯科的旅行》，就它的思想和艺术内容说来，是一个极端勇敢和开创的工作，对于艺术的未来发展开辟了广大的前境。

拉吉舍夫的文学功绩，被一切进步的俄国作家高度地赞美着。普希金写道："在一篇关于俄国文学的论文中，我们怎能忘掉拉吉舍夫呢？那么，我们记起的还有谁呢？"普希金是首先要人注意拉吉舍夫著作的崇高的人道主义的人，他强调拉吉舍夫的解放思想的倾向。在他的《纪念碑》的最初的说明里，普希金说道，"追随着拉吉舍夫来歌颂自由。"真理和为自由而斗争，在拉吉舍夫的著作里，不可分割地联系着。

在他的《自由颂》里，拉吉舍夫率直地谈着沙皇统治的罪恶，他称之为"贪婪的怪兽"。他驳斥了那种观点：认为有罪的仅仅是坏地主和坏沙皇，而好地主和好沙皇则可以救助人民。《从圣彼得堡到莫斯科的旅行》是对于整个封建专制制度的一个严厉的公诉状。

拉吉舍夫对于那种流行于俄国贵族之间的对人民和祖国文化的世界主

义的轻蔑，是不能容忍的。他对于俄国人民的自由前途，他们的才干和能力，坚信不渝。

他描绘了普通人民，他们的纯洁和勇敢的令人惊异的画幅。在这些人民当中，作家看到了对于自由的热爱源泉和对于他的祖国的伟大未来的那种真挚的信心。

一种热情的、令人震动的公民感觉渗透在拉吉舍夫这些语句里："啊，如果奴隶们，那些带着沉重的枷锁，在失望里暴怒的人们，要击碎我们——他们的无道的主人的脑袋，用束缚着他们自由的铁的镣铐，把我们的鲜血染红他们的田地！那么情形将如何呢？他们当中的伟大人物将立即起来取得失败者的位置，但是他们有着他们自己的别样的思想，而且将使压迫者失去权利。这并不是梦幻；我们的视线透过遮蔽我们眼帘的厚重的时间帷幕；我能够看到前面的整整一个世纪。"

这就是拉吉舍夫对我们祖国历史的不可磨灭的贡献：他是第一个把爱国主义思想和对于人民革命的深刻信念连结起来的人。这种爱国主义和革命思想的令人惊异的结合，在拉吉舍夫以后的俄国古典文学中得到了发展。这种文学的鲜明的特性、力量和世界的历史意义就奠基于那种结合的基础之上。

拉吉舍夫的爱国主义在他的对于人民的诗歌艺术的巨大兴趣中也自己表现了出来。因之，《从圣彼得堡到莫斯科的旅行》是首次地反映了俄国诗歌，在这里，人民的民族性格表现得极为生动。作家战斗地驳斥了世界主义的对人民的民族艺术的冷淡。在他的诗篇中，他刻画了他的祖国历史的英雄篇章，描绘了俄国人民的巨大的精力、才能和力量。他的诗篇《巴伐·历史的诗篇和歌唱战斗的诗篇》，充满了对于俄国人民历史的英雄的悲愤。诗人在人民当中看到了祖国力量的源泉。

拉吉舍夫用《关于罗孟诺索夫的一言》才智横溢地结束了他的《旅行》。作者从罗孟诺索夫身上找到了他的人民的活生生的力量和才能的图解的证明。对于祖国的力量和未来的爱国主义的信任，也是这以后直到今天的全部进步的俄国文学特征。

拉吉舍夫的社会观点，在许多方面，是空想的。由于十八世纪末尾的历史条件，他不可能达到对于历史规律的唯物论的认识。他不能够知道在俄国实行社会主义革命的真正阶级力量。但是在他那个时代，拉吉舍夫的观点在世界科学中是最先进的，他的梦想明澈而丰富。各代的俄罗斯战士从他的生活和著作的范例中汲取了智慧力量。

拉吉舍夫对于后世的俄国进步的古典文学影响是真正巨大的。他的追求生活真理的斗争，对改造生活的深刻的革命认识，对战斗的政治使命的试探，——所有这一切都反映在以后的俄国作家的作品中。从他开始，文学中降临了复仇和悲哀的女神，俄国解放运动的真正伴侣。普希金对自由的歌颂是和拉吉舍夫对自由的歌颂相一致的。

拉吉舍夫的革命意志被四十到六十年代的俄国革命民主派领袖继续发展得更加深刻和巩固。正如十二月党人唤醒了赫尔岑，赫尔岑和他的《钟》帮助了平民革命者的觉醒。拉吉舍夫的声音可以在别林斯基的《狄米特·卡列宁》中听到。拉吉舍夫是涅克拉索夫、车尔尼雪夫斯基和萨尔蒂科夫—谢德林的直接先驱。他使艺术从属于巨大的、重要的思想和政治任务。别林斯基、车尔尼雪夫斯基和杜勃洛留波夫更加完成了艺术的社会意义的问题，使现实主义的真理和前进的革命思想结合了起来。拉吉舍夫和过去其他伟大作家所提出的诸问题，只有在我们时代才找到了它们的答案。社会主义现实主义已经逐行了艺术真理和我们时代最进步的思想——共产主义的思想内容的完全的结合。

自由的苏维埃人民敬重对于拉吉舍夫的纪念，这个反对专制政治的革命斗争的无畏的创始者，他的时代的爱国者，他不惜把他的才能和生命献给人民，这个真正的、民族的进步作家。我们珍爱拉吉舍夫对于他的祖国的光辉前途、伟大的幸福的爱国主义的、不可动摇的信念，他看到它"前面的整整一个世纪"。拉吉舍夫对于人类自由和幸福，对于他的祖国的伟大和光荣的梦想，已经在自由的社会主义土地上变成了真实。

译自 Voks Bulletin 一九四九年第六〇号

注：

① 蒲加乔夫：是十八世纪沙皇喀德琳二世时，顿河哥萨克农民起义的领袖。

戈里鲍耶多夫论

奥尔洛夫著

"你的才智和作品将永远活在俄国人的记忆里……"这是铭刻在梯比里斯的戈里鲍耶多夫墓石上的词句。这是预言性的词句，因为戈里鲍耶多夫的文学遗产——主要是他的代表作《聪明误》，仍然被俄国人民当作他们民族文化中的无价之宝而珍爱着。

戈里鲍耶多夫的人生观的形成，是以十九世纪初期的俄国事变为背景，并且和他那个时代最进步的社会力量密切联系着。俄国历史上两个划时代的事变——一八一二年的卫国战争和十二月党人反抗——都发生于戈里鲍耶多夫活着的时代，而且在诗人的智慧和艺术的发展上有着决定性的影响。

拿破仑入侵的时候，戈里鲍耶多夫正是一个青年，掠过他的祖国的爱国感情的浪潮，把这个青年诗人卷进去了。他本来准备从事学者式的文笔生涯，但是战争改变了他的一切计划。他自动参了军，虽然他没有被派去参加实际的战斗，他却有机会在接近战争的地区看到那种由于祖国的独立和荣誉受到威胁所唤起的人民自觉性的巨大力量。这就是戈里鲍耶多夫和人民的因缘以及他对人民命运无穷的深刻的开心的根源。他亲眼看到为了民族的光荣对敌人侵略奋起作战的人民的惊人的精神力量，这以后，他的对于普通人民的创造性的潜在力的信任就成了不可动摇的了。

一八一二年的气氛包含在《聪明误》的整个的意识形态的和社会的模型里面。这个喜剧的英雄，冒进的、心地善良、爱好自由的查茨基，他反抗专制政治、愚昧和伪善，这个查茨基所具有的那种"自由的生活"的梦想，他所反映的"聪明的""精神饱满"的人民，离开作为这次战争的结果，贵族阶级中间比较进步的分子头脑中所具有的思想，是难以想象的。

接着来了具有革命头脑的贵族的十二月党人运动。从他的青年时代的初期起，戈里鲍耶多夫便和革命圈子有着密切的联系。在他的生活中的圣彼得堡时代（一八一五——一八一七年）和晚年，戈里鲍耶多夫和十二月党人经常地联系着。

当一八二五年十二月十四日举行起义的时候，他在高加索。他由"圣旨"所逮捕，被押回圣彼得堡，在监狱里蹲了四个月以后，由于缺少证据才被释放。

不过，直到他生命的末年，戈里鲍耶多夫一直被当作一个不悔过的和顽强的十二月党人的党羽而被沙皇政府所怀疑。文学研究所历年所收集的关于戈里鲍耶多夫一八二五年以后的全部生活事实，指出一种必然的结论：他的出使波斯是沙皇和宫廷私党所计议的作为处置"政治上不可靠"的最方便的手段。戈里鲍耶多夫自己也深知这一点，他称他的一八二八年受命去波斯是"政治流放"。在那里，在流放中，他遇见了死亡，时年三十六岁，当他的艺术才能正在盛开的时候，便做了政治阴谋的悲剧的牺牲者了。

戈里鲍耶多夫的哲学的和社会的观点，他的艺术的特征和方向，形成于十二月党人运动的影响之下。他充分地共有着十二月党人的政治理想，虽然在他成熟的年代，他不同意他们的策略，对于那种没有人民支持的武装的革命起义的成功表示怀疑。

戈里鲍耶多夫的全部信条——他的对于人民的爱和对于他们的压迫者的仇恨，他的公民的和个人的荣誉的观念，他的对于理智力量的信仰和他对于为了人的自由和尊严而战斗的向往——都是和十二月党人的纲领和原则一致的。

戈里鲍耶多夫具有着一种积极的、精力充沛的性格。他的兴趣的领域广大。它包括一系列的范围并且包括有外交和远大的经济计划。但是，他的生活中主要的集中的兴趣，自然是文学。在他的作品里，他为十二月党人的目的而战斗着，他的全部作品，特别是他的喜剧《聪明误》，是作为十二月党人的意识形态的最明白的说明之一而屹立在俄国文学之中。和十二月党人一同，戈里鲍耶多夫为民族文化的发展而奋斗，并且鼓吹以热爱祖国跟为它的文化而献身的精神来教育青年。

《聪明误》是十二月党人的知识分子为了一种真正的俄国文学，一种具有着教育使命的有思想和社会意义的文学而奋斗的产物。

在别的事情当中，十二月党人和与他们观点相同的作家们，特别重视演剧，把它当作宣传他们的社会思想的一种有力的媒介物。他们要求彻底更换剧目，达到一种真正民族的俄罗斯艺术，而且竭力主张需要一出俄国喜剧，能够暴露封建社会的罪恶和转风易俗。《聪明误》便是这种要求的答复。

戈里鲍耶多夫在《聪明误》之前，曾写了几个别的喜剧。当他初踏进文学的时候，在俄国所流行的喜剧类型，是讽刺性的短小的杂剧，大都是十八世纪俄国"模型"的讽刺传统。

我们必然会以为《聪明误》的未来作者的同情，一定是倾向于讽刺喜剧的。然而戈里鲍耶多夫开始他的事业的时候，并不是作为一个讽刺家，而是作为一个"社会"喜剧的作者。《年轻夫妇》和《假装的不贞》都是十九世纪初期流行的典型的样式。它们忠实地墨守着法国"古典"喜剧的常规，但和俄国生活的现实、俄国社会的和文化的问题，毫无共同之处。在这个意义上，这个时期的喜剧则是注重当时的重大问题的十八世纪讽刺喜剧的严格的对立物。

戈里鲍耶多夫的最早的喜剧——一半是翻译，一半是模仿的——都是些轻松的事件，速写式的惯例人物和刻板的结构，主要是以这类闹剧的老一套的简单的爱情纠葛为基础的。

然而，戈里鲍耶多夫为合写的《一个家庭或结婚的新娘》所分担的场景，显示出了"社会"喜剧的骨架对于他是太狭小了。这些场景是别出心裁的和自由的，比起胆怯地模仿的《年轻夫妇》和《假装的不贞》来，它们处在很高的艺术水准之上。《一个家庭》中的风格和语言上的某些特色，显示了戈里鲍耶多夫业已接近了俄国戏剧——尤其是克雷洛夫的喜剧——的丰富的传统。

他跟卡提宁合作用散文写的喜剧《大学生》，不论在内容和形式上，都和戈里鲍耶多夫开手的纠纷喜剧，是一种尖锐的区别，它是依照十八世纪的讽刺——主要是冯维津——传统来写的，漫画式地讽刺了上流社会的风习和道德，而且带着些并不太显明的社会主题。

不过，戈里鲍耶多夫的早期喜剧，跟他的杰作《聪明误》，当然是无从比拟的。然而在考查他的艺术发展上，是不能完全加以忽视的，也不能以为它们仅仅是诗人初次的踌躇的迈步而予以一笔抹杀。因为正是这样：当这些喜剧写成的时候，《聪明误》的作者的世界观和艺术信条才具体化了。

戈里鲍耶多夫时代的主要的社会矛盾——两种意识形态、两种世界观、两种生活方式之间的斗争——都极显著而忠实地被描绘在戈里鲍耶多夫的伟大的喜剧里。在拿破仑入侵之后的十二月党人运动的开端和发展时代里，这种斗争，非常尖锐地表现在新的、自由生活的年轻的先驱者和旧的、反动的秩序的走狗之间的冲突上。

戈里鲍耶多夫的心地高贵、热爱自由的年轻英雄对于他周围的偏狭的保守主义的热情的反抗，就是这种冲突的一种反映。

在给诗人卡提宁的一封信里，戈里鲍耶多夫透露了这个戏剧冲突的意图，说明了在查茨基和法姆索夫社会之间的冲突，直到法姆索夫把他从他们中间撵走，是如何合乎逻辑地又无情地尖锐起来。

整个喜剧的结构受这种冲突所支使。查茨基的故事是在两方面来发展的：一方面，戈里鲍耶多夫向我们表现了他和社会的猛烈的冲突；另一方面，我们看见他对于苏菲亚的爱情的瓦解。同时，这两种戏剧——社会的和个人的——并不是割裂地发展开去，而是和谐地交织在一起的。

查茨基的个人悲剧被表现成社会悲剧的直接结果。它是在法姆索夫的世界里支配着这个英雄的命运的那个环境的结果。它是这个喜剧的基本主题的重要部分——有知识的、自由思想的人对于封建秩序的不可避免地抗议，两种世界观、两种意识形态的冲突。苏菲亚属于法姆索夫世界，所以她不可能爱查茨基（"一个虽则她自己不是傻子的姑娘，比起一个聪明人来，她还是爱一个傻子"，戈里鲍耶多夫写给卡提宁道）。这个英雄对于他的环境的叛逆，伤害了他的周围世界的整个关系，包括他与之恋爱的女人的关系。戈里鲍耶多夫指出，在法姆索夫们、斯卡洛支普们、莫尔却林们和柴格洛茨基们的世界里，最轻微的独立思考的表示，每一种真实而自由的感情，都注定地要受到迫害。统治这个社会的是"位居要津的恶棍"、拍马屁的小人、不折不扣的骗子和"存心不良的老女人"、伪君子告密者——这一切东西被他们对于自由、文化、文明和独立思考的不共戴的仇恨联合了起来。

戈里鲍耶多夫使自己去从事撕破这个世界的假冒为善的和气宇轩昂的面具的工作，赤裸裸地暴露它的全部丑恶。他光辉地完成了这个任务。《聪明误》成为社会讽刺的、空前的、最伟大的作品之一。

不过，作为一个真正的人民作家，戈里鲍耶多夫并不把自己限制于暴露法姆索夫的世界。他的广阔的历史视野还反映了当代世界的另外一面，就是说，这个时代的社会动乱，进步势力为美好未来的奋斗。《聪明误》里面的正面因素，它的社会含意，正像它对于封建专制政治的讽刺的暴露同样地强而有力。《聪明误》的这一方面在查茨基身上具体化了，这是一个新型的、被新的情绪和思想所驱使的人。

查茨基代表着解决了一个某些时候以来进步文学已经在摸索着的问题：创造一个值得仿效的正面人物的范例的问题。查茨基，他的思想和感情，他的热烈的爱国主义和激情的叛逆，查茨基，他的时代的最先进的思想的倡导者，是一八一○——一八二○年这一时代的贵族阶级中间最开明最进步部分的一个典型代表，换句话说，是一个十二月党人。

十二月党人自己和以后的第一代俄国革命民主主义派领袖赫尔岑和奥加略夫就是这样来看查茨基的。只有从这个立场上，才能在正确的历史眼光下适当地评价和理解查茨基形象，这个一系列英雄人物的第一人，他在十九世纪俄国现实主义文学中占有那样一个重要的地位。

在戈里鲍耶多夫的喜剧里，查茨基被写成一个孤独的叛逆者，勇敢地和敌对势力扭成一团。但"在幕后"的什么地方，查茨基则有着友人和支持者。他不是用他那一代的名义，用整个"年轻的人民"的名义，鞭打了法姆索夫们吗？这些年轻的人民，就是"一八一二年的儿子们"（如同十二月党人慕洛维奥夫—阿波斯托尔所称呼他们的）。在查茨基的孤独的形象后面，我们看到了他那时代的整个的年轻俄罗斯，十二月党人和他们的后辈的俄罗斯，用赫尔岑的话说，"英雄们的密集队伍"，他们为了美好的未来，起而和封建专制政治公开战斗。

查茨基对法姆索夫世界的抗议，在从头到尾的全部行动中，变得越来越坚决，在最后一场达到了它的顶点。在这里，极有力地刻画了查茨基的坚强的、勇敢的个性。他不仅在打击法姆索夫们，而且他还在丢弃着自己的幻想、希望和"梦想"，由于克服了他对苏菲亚的温柔而热烈的感情，他斩断了他和这个敌对的社会的最后一丝联系。

尽管是他自己的悲剧，但是查茨基显出是个胜利者。我们觉得，这个斗争无论是在精神上和知识上都丰富了他，而且他永远不可能再和那个法姆索夫们的社会和解了。查茨基搅乱了这个社会的沾沾自喜的平静，他第一个对它做了有效的打击。对《聪明误》的这种看法，被冈察洛夫在他的对戈里鲍耶多夫的喜剧的详尽而细致的分析《无数人的痛苦》中发挥得淋漓尽致。"查茨基是当他以新的质的力量对旧势力予以致命的打击以后，被旧势力的量的压力压垮了的，"冈察洛夫写道，"他是包含在这句古老的谚语里的谎言的不朽的指责者：'战场上的孤身兵士不是战士'。是的，如果他是一个查茨基，他就是一个战士，而且他还是一个胜利者；他只是一个站在前列上的战士，一个出击的带头人，和——一个牺牲者。"

据并不是没有根据的推测，查茨基在某种程度上是以戈里鲍耶多夫的一个密友十二月党人库克赫尔贝克为模型的。库克赫尔贝克的政治上的声望引起了他已疯狂的谣言，这是一个带着离间他的政治信徒的目的恶毒地散布出来的传说，在这方面说来，在真实情况和戈里鲍耶多夫喜剧中所描写的情况之间确实是一种相似。即或戈里鲍耶多夫在创造他的英雄的时候脑子里并没有库克赫尔贝克，查茨基也和这个"坚强不屈的武士"（如库克赫尔贝克的友人们所称呼他的），以及十二月党运动中许多出色人物有着显著的类似，这些人的行为事实上被他们周围的人目为"疯狂"，给他们带来的只能是"痛苦"。

戈里鲍耶多夫的喜剧在各种不同形式上和各种不同程度上处理了一大堆激动当时最先进人民的头脑的关于社会关系、道德和文化的基本问题。它处理了在农奴制度的重轭下被压迫的俄国人民的地位，作为一个国家的俄罗斯的未来，俄国国家和俄国文化的未来，个人的自由，人在社会中的地位，他的爱国主义和作为一个公民的职责，人类理智和知识的力量，文化和教育的任务，以及其他的问题。

而且除过它所包括的思想的丰富和它所提出的问题的规模以外，这个戏剧还以它的新颖的艺术气息，才气焕发的手法，深深打动了它的当代人。二十年代的进步批评，除过注意了它的"新思想"的泼辣性和它的"生动的社会图画"以外，还注意到它的大胆而熟练地应用新的戏剧的和语言的工具。

戈里鲍耶多夫把那种唯一样式的喜剧完全加以改革了，他赋给它以大量的社会题材，把抒情主义和爱国热情自由地组织在一种和谐的完整的讽刺里。这样，他打破了一切古典的规范，把"道德喜剧"和"纠纷喜剧"结合在一起了。

查茨基的戏剧的社会的和个人的两方面，都融合和交织在一个构造上完整、发展迅速和精神上合理的结构里，带着那种表现了戈里鲍耶多夫是他的工具的大师的技巧和才气。

动作的迅速而活泼的节拍，是这个喜剧的最大特征之一。动作的展开是连续的和加速的，四场的每一场在结构的某种出人意料的转换中达到高潮。力学上的发展，并不是在剧情中捏造曲折离奇而人工地产生的；它是和查茨基的故事的戏剧性的发展严格地配合着的。戏剧中每个虽则是无关重要的人物，每一句似乎是不相干的话，在喜剧中每件事物都在作为一个整体的模型里有着一定的位置，没有多余的和不需要的东西。每一景，每一场，都是服务于使主题明确，使画面更加逼真，使查茨基的性格更加可信。

最使戈里鲍耶多夫感到兴趣的，是戏剧中的人物描写问题，他为现实主义的基本问题之一找到了一个光辉的解答，那就是创造典型环境中的典型性格。他精通了这种艺术，给舞台带来了真实的、有血有肉的、在他们的发展中表现了人的弱点和优点的人，来代替了古典派的静态的、千篇一律的性格。

他打破了被古典主义传统奉为神圣的合理论者对于人物描写的方法，戈里鲍耶多夫在《聪明误》中创造了一个现实主义的、有血有肉的典型人物展览室，他用那样的熟练表现了他们，使我们好像看见使他们成了那个样子的，塑造了他们的精神状态，决定了他们的行为的社会规律。戈里鲍耶多夫的人物的名字，已经成了依然活在人民口头中的诨名了。

正如普希金和克雷洛夫，戈里鲍耶多夫在创造俄国文学语言上，起了一种卓越的作用。他用活的口头语成分——从全民族的普通语言中采集来的——丰富了它。他是那种典雅的谵语的坚决敌人，这是那时流行在上流社会客厅里的语言，它表示了对人民语言的贵族式的厌恶。戈里鲍耶多夫从他的早期喜剧《大学生》开始便在作品中嘲笑了这种谵语。

同时，在《聪明误》中，戈里鲍耶多夫并不把自己局限于通过他的英雄的嘴来讽刺这种客厅里的谵语。为了在艺术上解决那个用更靠拢人民语言的办法来发展一种新的文学语言的问题，他创造了一部语言的现实主义的范例，在俄国文学中无可比拟的艺术作品，反映了活的俄国语言的丰富性、多样性和适应性。

喜剧中的每个人物都有着他个人的说话方式，通过这些个人说话上的特点，戈里鲍耶多夫企图来表现他的人物的典型特征，他们的社会阶层和他们精神的和心理的特点。换句话说，他的对白是人物描写上的完整的部分。

在写作喜剧中，他自由地吸收了民间语言的无尽宝藏。同时，反过来他又用他的戏剧丰富了俄国语言，它已经成了民族遗产的一部分，而且还要继续在人民语言中活下去。《聪明误》对于口语和文学语言的相互关系和相互丰富提供了一个珍贵的范例。戈里鲍耶多夫无数有力的用字和辞句已经变成了格言和常语，而且最妙的是，戈里鲍耶多夫的诗句，差不多在这个喜剧写成第二天以后，便开始变成人民的活的语言了。普希金在一八二五年正月读过《聪明误》的原稿后，预料这些诗句的至少半数要变成格言，这个预言在三个月以后证实了。同年三月，他在一篇杂志文章中宣称道："几乎是戈里鲍耶多夫的喜剧中的全部诗句，都已经成为格言了。"

由于他对于艺术问题的勇敢而崭新的解决，使戈里鲍耶多夫在俄国批判现实主义的形成上扮演了一个重要的角色。正如普希金那样，他对于祖国文学的贡献是无可比拟的。他的《聪明误》与伟大的俄国古典作品并列着，它们为俄国文学更远大的发展开辟了广阔的前境。

在《聪明误》以后，戈里鲍耶多夫开始了一个深刻的创造性的探求时代，一种对于新道路的求索。他的喜剧的轰动的成功，或许决定了他的未来的文学活动的趋势。事实上，他的同代人盼望着他笔下的新的喜剧。但是戈里鲍耶多夫的思想停留在另一方面；他想去写一出悲剧。

这个时际他会转向悲剧，并不是完全不合乎逻辑的。占据着他的头脑的社会主题已经在深度和广度上都长成了起来。他在《聪明误》中对社会的批评，主要是集中在对反动的上流社会的风习和道德上面。当查茨基鞭斥这个社会的时候，意味着普通人民的气概和智慧，不过这样的人民在戏剧中并没有被描写出来。这里很可以使人相信的是，在这个艺术家的后期主要是为发展这个主题所占据——人民，他们的过去历史、现状以及将来的命运，群众在历史过程中所扮演的角色。而悲剧则是对这样的一个主题最自然和最有效果的手段。

成熟的戈里鲍耶多夫所胎育的最值得注意的思想，是关于一个一八一二年卫国战争的英雄的人民的戏剧，它的大纲和一个小断片现在还存留着。在其中，卫国战争并不是用形式的、虚饰的英雄主义样子来描写的，也不是作为对沙皇和他们将军的赞颂来描写的，而是从它对俄国人民的生活上的影响这个立场来写的。从这个戏剧的计划上来判断，戈里鲍耶多夫企图把一八一二年作为一个由全体人民战斗的民族解放战争来表现，强调它在俄国人民民族自觉上的巨大冲击力。这个戏剧的主要目的是证明：在这国家历史上千钧一发的俄顷，发挥了真正英雄主义的是普通人民，在一八一二年救了俄国的并不是沙皇和他的将军，而是普通人民。

戈里鲍耶多夫许多创作思想大部分都未能实现，仅仅有一些他所写的小断片落在我们手里。对于他的全部诗的才能，他的敏锐的智慧说来，戈里鲍耶多夫的声誉竟只限于他的《聪明误》。

虽然这样，这个喜剧在文学的后来发展中起着一种极端重要的作用。这个喜剧所体现的新与旧之间的冲突，为自由和人类尊严、为理性、文化和知识的胜利的斗争，并未随时间而失去它的一点意义；相反地，在反映了一个新的资产阶级时代的社会矛盾里，它获得了一种新的刺激，一种新的命意。这就是为什么戈里鲍耶多夫的喜剧并未变成一件博物馆的东西，一件属于另外一个时代的光辉的艺术纪念品的原因。它还继续在俄国社会思想和俄国文学上发生着积极的影响。

别林斯基，强调了戈里鲍耶多夫的喜剧在文学史上所占有的光荣地位，他说道："与普希金的《欧根·奥涅金》一同，《聪明误》是对俄国现实的最先的诗之描绘之一，这是就现实这个字眼的最广泛的意义来说。在这个意义上，这些作品为它们以后的文学奠定了基础；它们是产生了果戈理和莱蒙托夫的学校。"

俄国作家从戈里鲍耶多夫学习了社会讽刺艺术、对于风俗和生活方式的现实主义的描绘、刻画典型的艺术、对白和戏剧的技巧。

《聪明误》大大地影响了俄国演剧的发展。直到今天，它不仅是俄国上演剧目中的一种最光辉的珍宝，而且还是演技上的一个出色的学校。很难数出一个第一流演员——从卡拉替金、玛查拉夫、史迁普金到史坦尼斯拉夫斯基、卡查洛夫和莫斯克文，他们的声誉不是和戈里鲍耶多夫的伟大喜剧在某些方面联系着的。

在上世纪的七十年代，冈察洛夫谈到《聪明误》的不朽的青年气和新鲜性，预料了它的不变的生命，断然地说："它将活过许多世代而仍不失其生命性。"冈察洛夫的预言完全被实现了。戈里鲍耶多夫的杰作仍然是生气勃勃和强有力的，它仍然指示人向未来前进。直到今天，它教导我们去憎恨一切保守的、卑劣的和下贱的东西，鼓舞我们为进步、伟大和高贵的东西而战斗。

译自英文版《苏联文学》一九五四年二月号

普希金论

布拉果依著

　　高尔基是第一个深信并且当众宣称作为"世界最伟大的艺术家"之一的普希金的全世界意义的人。

　　对于一个作家的全世界意义的最简单和表面上最自然的标准，是他所获得的世界认识的程度，他的世界影响的程度。苏维埃的研究家所收集的大量的材料清楚地证明了：几乎从最早以来，普希金的作品便引起了西欧的密切注意，他的大部分作品被一再地译为许多文字，并且不断地获得了无数文学和艺术大师的衷心称赞。

　　这类性质的新事实，近来被发现的，举例说来，普希金在匈牙利便是一个受人爱戴的作家。《欧根·奥涅金》不到一百年工夫，在那里印行了二十二版。（德国印了九版，法国六版，英国三版）

　　但是普希金的影响的范围，并不是他的全世界意义的唯一标准。决定这个意义的更重要的东西，是他的艺术在世界文学发展中所起的作用。

　　对他的时代的伟大法国作家——巴尔扎克、司汤达、雨果——说来，拿破仑时代是一个浪漫主义的悲欢和梦想的题目。对于拜伦说来，英国资产阶级对拿破仑的胜利，便是他的恶魔式的幻灭感和骄傲的恶魔式的抗议的源泉。但是对普希金说来，一八一二年战争则是他的永远忠诚于人民的源泉，那是俄罗斯人民的伟大性的一个显著的证明，而且他自己共有着这种伟大性。

是这种人民的和民族的土壤培养了普希金的现实的诗——普希金的现实主义。

同时，普希金的现实主义是被他那个时代的进步的解放思想的呼吸所扇动的。普希金在十二月党人的波涛所兴起的浪头之上进入了文学。

在西方，在普希金时代，启蒙运动的伟大理想衰退了，资产阶级制度，亵渎了"每种神圣的东西"，它在集中的过程中，"用公开无耻残酷的剥削代替了由宗教幻想和政治幻想掩盖着的剥削"①，这就把西方导向伟大的失望和幻灭的时代，对于人和人民的恶魔式的蔑视的时代。

在这个同一时代的俄国，我们看到了俄国革命运动的产生。

十二月党人起义的被镇压，对于从他们那里吸取了创作灵感的他们的歌手普希金也是一个重大的打击。但是它并没有挫折了他的对未来，"对神圣的自由"必然胜利的信心。

赫尔岑，把普希金和拜伦加以对照时说道，"普希金知道文明人的一切苦难，可是他对未来抱着信心，那是西方人早已丧失了的。"

普希金作为俄国革命浪漫主义的模范的使者而进入文学；不过，他并没有停止在这一点上。他迅速地越过了对生活的"青年气的狂热和青年气的疯癫"的抽象的浪漫主义态度，而成为十九世纪第一个伟大的现实主义艺术家。

直到最近，普希金的浪漫主义诗篇，还一直被称为"拜伦式的"。没有比这更荒谬的了。像他的一切进步的同代人一样，普希金有一个时候非常敬慕拜伦的热爱自由的、浪漫主义诗篇，其中，"浪漫主义色彩掺杂着政治的色彩"，它敌视神圣同盟的反动政策，而对欧洲的民族解放运动抱着同情。普希金自己曾说过，他的南方诗篇，是读拜伦的一个"反响"。但是如果我们讨论这些诗篇，不是依据于纯粹表面上的因素——主要是它们形式上的相似性，而是考虑它们对拜伦诗的本质关系，我们将会发现：代替了那个旧的称呼的，是一种和这正相反的东西——我们可以称它们为反拜伦式的诗篇。

这一点，普希金的最后浪漫主义诗篇——《茨冈》，是一个显著的证据。《茨冈》是一首不仅在各方面都是充分成熟的和深刻的独创性的诗篇，而且它在世界文学的发展中真正地标志着"一个新的起点"。他在其中处理了"文明和自然"的浪漫主义的问题——这在当时文学中已经成了传统的问题——却呈现着一种完全新奇的和空前的理解：他在一个文明人身上暴露了卢梭—拜伦式的空想，这个十九世纪早期的青年一代的代表人物，只能够返归自然，返归到启蒙运动和文化的手未曾摸到过的草昧的大地上去。

更重要的事实是普希金克服了那种"骄傲的"个人主义英雄的魅人的力量，那是拜伦在一种欧洲的尺度上奉之为神圣的。就这个"英雄"的"神圣权利"说来，他本质上是一个私有财产的拥护者，一个"难望其改正的利己主义者"，他把自己的个人人格放在一切之上，他渴望自由仅仅是"为了他自己"，普希金把人的、人民的——茨冈老人的真正自由和真实人性的高尚真理和他对立了起来。

在动手写《茨冈》的几乎一年以前，即一八二三年五月九日，这是一个在俄国文学编年史和世界文学编年史上都应该大书特书的日子，这一天普希金动手写《欧根·奥涅金》，他的这部诗体小说不仅是一八二〇年时代的"真实的俄罗斯生活的百科全书"，而且是作为十二月党人的一个"朋友、兄弟和同志"的他的同时对他那个时代的反动和停滞的认真的批判和庄严的判决。

在这部小说里，他创造了一个独特的、高度新鲜的、纯粹的现实主义的俄罗斯典型，他对于现实生活，对于统治阶级的寄生的存在的无情的批评，结合着一种对于理想的热烈的渴望、对于说明他的人民的意志和愿望以及由生活本身发掘俄罗斯人民的高度的正面典型人物的能力。

像达狄亚娜这样的人物，对于普希金时代及其以后的西欧文学都是陌生的。她的带着她的民族的人民的特征的人格，不仅是她的诗意的魅力的源泉，而且也是她的内在的、高度道德品格的源泉。斯提芬·茨威格正确地指出："狄更司作品中的英雄们，他们的一切野心的最高点，是一个有着繁茂的花木的花园的舒适的精舍和一群嬉戏的儿童。巴尔扎克的英雄们——则是一座府邸、爵位和亿万财富。"

至于普希金小说里的达狄亚娜，这个朴实的内地姑娘，她具有着巴尔扎克的英雄们所渴求的每种东西——高贵的地位、财富和社会荣誉。

但是对达狄亚娜说来，这种安闲的但是空虚而无聊的时髦生活不过是"一场虚假的跳舞会"而已。

《欧根·奥涅金》是整个十九世纪文学中第一部伟大的、真正的现实主义作品。和他加以比较，我可以指出的十九世纪西欧现实主义文学的最被公认的经典作品，是司汤达的现实主义小说，他比普希金大十六岁，至于他的同代人巴尔扎克，仅仅一八三〇年的初期才露头角，不仅在普希金完成了《欧根·奥涅金》的全部以后，而且也在他已经写了《鲍里斯·戈都诺夫》《尼林伯爵》《柯洛姆那小屋》《贝尔金故事集》以后。

普希金时代的批评家和那些下流的文氓，曾经一再地把他的诗体小说比之为拜伦的《唐·璜》，坚决主张它是对后者的一种"摹仿"。不过，普希金有着充分的权利来否认这两者之间在实质上的任何比较："没有人，"他说道，"更比我对《唐·璜》尊敬（它的前五章，其余的我未读过），但是他和《奥涅金》毫无共同之处。"

"那些说普希金的诗篇《奥涅金》是俄罗斯的《唐·璜》的人，"赫尔岑说道，"是既不懂得拜伦和普希金也不懂得英国和俄国的人，他们凭自己的无知来下决断。"

在这方面，最富于特征的是捷克有名的进步作家盖斯托夫·蒲夫利吉—玛罗维斯卡所讲的故事，他在他的早期文学生涯中对拜伦是五肢投地的；在谈及他如何孕育了他的诗体小说《潘·维辛斯基》的思想时，他说："一夜，重读了普希金的《奥涅金》，我突然得到一种思想。我体会到我所追求的东西。现实，——正确的典型的现实——要像它们原来的样子描写事物、事件、感情和思想，只是要用一种高尚的服饰，而恰到好处；这就是我忽然懂得了的东西。我曾经想用《卡立德·哈罗德》的体式写点什么，但是现在我把捷克的哈罗德从我的脑海中撵掉了。在这同一个晚上，没有写任何大纲，我写了《维辛斯基》的最初两节。"

现实，像它们原来的样子描写事物、事件、感情和思想，不过用一种高尚的诗的描写——这便是普希金的《欧根·奥涅金》对西欧文学的崭新的、可贵的贡献。

我们举不出别的近代伟大作家曾那么完成了对一种艺术形式的控制。这种形式，在构造上澄澈而均整，极富于艺术的圆润，平衡感，表现上出色的简洁，没有多余的东西和一切不必要的装饰品，最细致的修辞。而且他集中他的全部超绝的技巧去描写现实，去创造一种现实的诗——在这些字的组合中，和"现实"这个字眼一样，重音必须放在"诗"这个字眼上。

普希金的悲剧《鲍里斯·戈都诺夫》，它的深刻的独创性和纯粹的民族性正如《欧根·奥涅金》，同时，它又是整个世界文学中的第一部真正现实主义的历史的艺术作品。

无视一切已建立的古老传统，这个悲剧没有主要的"英雄"，没有主角。虽然它以沙皇鲍里斯为题名，它不仅没有以他的死为结尾（这种情况使当时的大部分批评家陷于大大的混乱），而且在它的二十三场中沙皇的形象只有六场中有。

《鲍里斯·戈都诺夫》是世界文学中第一部真正的社会历史悲剧，它的登场人物不仅不是只有个人，而甚至也没有那么许多个人；它也是那一类悲剧这第一部：把整个广大的社会阶层带到戏剧中来，处理人民的命运。

普希金的悲剧之以沉静但表明了人民的宣判而结局，——他像一个历史家似的宣读了他的判决，通过了他的作为法官的人民的形象，——这个事实正是他的历史悲剧最卓越的特色，这是一部不仅由于它的全然是新鲜的戏剧结构特色，而且也由于它的思想内容的特色，因而可以真正称之为有名的悲剧作品。

他描绘了人民的不朽的形象——从《杜勃洛夫斯基》中举起了斧头反抗的铁匠阿尔克普到俄国最大一次农民起义的领导者蒲加乔夫。《杜勃洛夫斯基》和《上尉的女儿》都带着他的不可避免的历史的和阶级的限制，这规定了他的政治观念像那些开明的贵族的政治观念。所以，反而可惊的是，这两部作品中的人民典型，在描绘上没有带有丝毫的感伤的、牧歌的装饰痕迹，或是那种卑俗的自然主义所固有的把人民看作是一种野蛮、残忍、破坏力量的反动概念的味道。

普希金所描绘的人民英雄，其中现实主义的真理和深刻而真实的同情调和一致，这在世界和俄国文学的发展中实在是一种新的起点。

在《鲍里斯·戈都诺夫》之后，他紧接着写了《浮士德中的一幕》。它的初版名称是《浮士德和梅菲斯妥菲尔之间的一幕》。普希金高度地称赞了歌德的《浮士德》，但是他的这一幕之所以是新的，并不是因为歌德的《浮士德》中没有包括这一幕。普希金对浮士德的性格做了全新的解释。反之，歌德的《浮士德》，以他的从使人窒息的中世纪的烦琐哲学的洞窟的逃开，以他的对于新的生活、对于行动的充满了欢乐和渴望，表现了战斗的西欧资产阶级在它的上升时代的精神，而普希金的《浮士德》则是这个伟大的俄罗斯人民诗人对于资产阶级的胜利和饱暖，对于西欧资产阶级个人主义的利己主义的特性——对资产阶级说来，其他人民的生命仅仅是满足一时的狂想的手段——的严肃的判决的人格化。

尤其显著的是普希金的《一幕》的收场，以"恶魔，我厌烦了！"这句话开始，终结的是浮士德粗短的命令：把出现在地平线上的巨大的三桅船沉下去，而这则可以看作整个西欧文化——为了一时的狂想、短暂的享乐——的象征。

《铲形皇后》和《青铜骑士》处理了另一个重大的主题——金钱的可怕力量。青铜骑士的形象长成为不祥的"魔力的形状"，这是幽然而现的怪异而可怖的资本主义的具象化。

对立着市侩根性和自私打算、渴望个人权力和对金钱的贪得无厌的非人世界，对立着那个资产阶级关系在普希金时代的西方开始那么冷笑地宣布它自己的新世界，那个优秀人士失掉他们未来信念的世界，耸立着普希金——最伟大的人道主义者和生活的热爱者——那个对未来怀着无限信心的诗人的光辉世界，他从他的深广的爱国主义，从他和他的伟大人民的密切联系描绘了这种信心。

解放运动、真正的民主主义运动在西方扩延和长成得越广阔，进步人类就越转向世界最伟大的现实性的诗人的作品，转向那个在残酷的日子里歌颂了自由的诗人，那个把他的声音播送到当时是遥远的未来而今天是我们的现在的诗人，转向我们的普希金。

普希金说，伟大作家的作品是永远年轻的。普希金的永远年轻的作品现在已经过了一个多世纪。它将通过时代而存留，永远的年轻和不断的胜利，更加得到全世界的认识，热爱和仰慕！

译自 *Voks Bulletin* 一九四九年第五十九号

注：

① 见马克思、恩格斯合著《共产党宣言》，三五页，人民出版社版。

果戈理论

斯契潘诺夫著

在一九五二年三月四日，苏联人民将举行伟大的俄罗斯作家尼古拉·凡斯里维契·果戈理的逝世百年纪念。

庆祝文化史上的伟大人物的生涯中的重大成就，并且对他们的英灵表示敬意，这已经变成了苏联人民的一种传统。他们珍爱普希金、果戈理、莱蒙托夫、列夫·托尔斯泰、契诃夫、高尔基及其他伟大的俄罗斯作家的遗产。俄罗斯的古典作品用所有苏联民族的语言印行了无数万卷。

尼古拉·果戈理在俄罗斯和世界文学的发展中的影响是惊人的。

举行果戈理忌辰纪念，是世界和平大会在它的关于组织各民族间的文化合作的决议中所推荐的。一切进步人类将和苏联人民一同对这个伟大的俄罗斯作家的逝世百年纪念表示敬意。

尼古拉·凡斯里维契·果戈理于一八〇九年旧历三月二十日诞生于乌克兰一个小地主家里。他的出生地是在波尔塔瓦省的梭罗近支乡间。作家的幼年和青年时代，是在乌克兰度过的，先是在他父亲的庄园里，接着在波尔塔瓦进中等学校，后来在省城聂金的高等技艺学校作学生。

在高等学校的时候，果戈理读着普希金和十二月党诗人莱雷耶夫的热爱自由的诗篇。在这里的教师中间，有着眼光远大的人们，他们用当时的进步思想打开了他们学生的眼睛。他的初次的文学尝试便属于这个时期。一八二九年毕业于高等学校以后，果戈理到了圣彼得堡。他在这里开始了和普希金的交游，后者对于这个青年作家的发展曾给予了热烈的关怀。

圣彼得堡接待青年果戈理并不太亲切，他处在经济窘迫的境况下，不得不去就一个小官吏的职位。在高等学校时代，他梦想在官厅办事是一件大有可为的立身之道，抱着挺好的希望，现在却使他感到失望了。他把自己浸沉在写作中。一八二九年，他开始了他的第一本小说《狄更加近郊的夜晚》的写作。

《狄更加近郊的夜晚》第一卷在一八三一年出版了。这使他获得了被人注视和普希金的热烈的赞赏。

随之而至的十年间，出现了果戈理最重要的著作。他成了一个驰名的作家。一八三二年，他印行了《狄更加近郊的夜晚》第二卷。一八三五年，是两卷短篇集——《阿拉贝茨基》①和《密尔格拉得》。一八三六年，他的喜剧《巡按使》（写于一八三五年）在舞台上演出。

果戈理创作才能的发展，是伴随着普希金和俄国优秀的批评家和民主主义者别林斯基的亲切的关心的；他们的影响是决定性的东西。他们引导这个作家步入当时进步思想的领域，帮助他在文学上走上正确的道路——现实主义的道路。普希金成了果戈理的文学指导者，而且欢迎他作为他的杂志《现代人》的撰稿人。

一八三六年，果戈理出了国。他的离开俄国，是由于《巡按使》被反动政府的一帮人以敌意来接受。他们在果戈理的喜剧中认识了自己的嘴脸。

在国外，他大抵住在罗马。果戈理写着《死魂灵》，在一八四一年，他完成了这个史诗的第一卷。

在他生存的时候，没有完成《死魂灵》的第二卷。他虽然在晚年专心致志地做着这个工作，但那时他已经是一个重病的人。一八五二年三月四日他死于莫斯科。他的葬仪变成了群众示威运动，所有进步的俄国人士都参加了这个葬仪，认为他是他们的最伟大的儿子之一。

屠格涅夫在一篇关于果戈理逝世的论文中说：果戈理是一个"在我们文学史上标志了一个时代"的人，一个"我们可以当作我们自己的光荣之一而自豪"的人。

果戈理写作时代是十九世纪的三十和四十年代。这是沙皇尼古拉一世镇压了十二月党人起义以后所开始的凶恶的反动年代。尼古拉政权，被起义所震骇，惊觉地保卫着封建制度的支柱，残酷地镇压了每个反抗——不论是来自被奴役的农民、贵族或知识分子。全国迷漫着警察恐怖；一切自由思想的表现都受到迫害和摧残。文学受着严厉的干涉。与反动势力长成的同时，封建主义巩固了，地主对农民的剥削变得更凶残和狠毒了，贿赂和腐化，成了各级国家机构——从最下级到最上层的家常便饭，风行一世。

但不管统治者的反动如何凶残，它并不能摧毁俄国社会的进步力量对自由的追求。俄罗斯的进步思想、俄罗斯的文学，为了人民的解放，继续着它的反封建制度，反专制政治的斗争。在这个斗争中，果戈理具有一种重大的作用，他用严厉的批评嘲笑了封建制度，无情地宣判了贵族和资产阶级的罪恶。

果戈理的早期作品，他的《狄更加近郊的夜晚》，洋溢着一种对人民的热烈爱情和一种深刻的带着幽默气息的人道主义的火光。但是他的辛辣的讽刺在这里还感觉不到。

《狄更加近郊的夜晚》使俄国读者认识了乌克兰人的魅人的和诗意的性格，在这些短篇中，果戈理对于普通人民的坚强、健康、和谐而完整的气质，表示了热情的敬服。正如他所显示的那样，他们还没有失去他们的纯真的感情和热情。它描绘了作家在人民生活中所看到的美和诗。

在他的以后的作品中，特别是在《密尔格拉得》中，果戈理通过了他的外省贵族生活的真实而典型的画面，批判了封建的现实。在这里他已不复是民间传说的天真的叙述者了；他已经变成了反对现状的讽刺家和痛击者。

《旧式地主》和《伊凡·伊凡诺维契为什么和伊凡·尼古福罗维契吵架的故事》，揭露了外省地主的精神和道德的贫乏以及整个如此的封建社会。

在《圣彼得堡故事集》中——《涅夫斯基大街风光》《肖像》《狂人日记》《鼻子》《外套》，果戈理发掘了腐蚀着那个社会的尖锐的社会矛盾，贫富的对照，对普通人或"小"人物的残酷的不公平。在车水马龙、服饰都丽的散步者的《涅夫斯基大街风光》的华贵和财富的背后，作家向读者揭露了贫民窟，普通人民生活中的绝望的悲剧。

《狂人日记》是一个小官吏的典型的、血泪的故事。他被他所生活的社会弄得精神残废了，那个社会，正如他所说："世界上一切最好的东西，都跑到皇上的侍从或将军那里去了。你给自己找到一点可怜的希望，想用自己的手去得到它，——但是什么皇上侍从或将军却把它抢去了……"

在另一个关于一个小官吏的命运的故事——《外套》（一八四二年）里，响彻着辛酸的抗议。这不仅是阿卡其·阿卡基耶维契失掉他的新外套——他的唯一的快乐和骄傲，他的黑暗而乏味的生存中的转瞬即逝的一线光明——的不幸，他的悲剧主要是他落地以来就是那种不义的社会关系和不平等的生活的一个牺牲品。

果戈理的《圣彼得堡故事集》里意味最深长的是《肖像》。在这里，作者对于在资产阶级和贵族社会里的艺术的功用和前途提出疑问，艺术在这里已经成了交易的对象和少数特权者的玩物。艺术家邱诃夫为了欲望和财富牺牲了他的才能，结果，充其量不过是一个成功的吹牛家。

在他的光辉的喜剧《巡按使》里，果戈理驱使自己去从事更巨大的社会任务。正如作者告诉我们说的，在这个喜剧里，他"决心把俄罗斯的一切丑恶集中在一起，……去描写在那些最最要求人类正义的地方和事件上所犯的一切罪恶……把它们大笑一番"。

果戈理用来作为他的题词的"你自己脸歪不要怪镜子"这一句俗话，就是作为社会喜剧《巡按使》的基本意义的关键所在。《巡按使》无情地抨击了封建国家在官吏的特权中培植骗子和流氓头子，强盗和收贿者，医生们杀害他们的病人，恶霸地主和警政当局相互勾结，鱼肉和欺压人民。

果戈理的市长、"巡按使"赫莱斯达阔夫、官员们和商人们的画卷，揭露了官吏横行的、专制的、商人的俄罗斯的可怖的真实。这是不足为奇的：当市长发觉已陷身于无知和自己手造的骗局的时候，向他周围的人，向整个俄罗斯官界叫喊道："你们笑什么？你们笑你们自己！你们这些人呀！"这个喜剧告发了腐朽的、唯利是图和抢夺成性的官僚统治。

果戈理把警察和封建地主的沙皇俄罗斯和他所知道的人民身上的健康而巨大的力量对立起来。对果戈理说来，人民是历史的原动力，民族意识的负荷者。这种思想尤其在作者的《塔拉斯·布尔巴》中生动地表现着。

在《塔拉斯·布尔巴》里，果戈理转向了俄罗斯和乌克兰人民的英雄的过去，他们的共同抵御外来侵略者的斗争。《塔拉斯·布尔巴》是对于英勇无畏的爱国主义的赞颂。这种伟大的民族品格是小说中的英雄的标志，塔拉斯·布尔巴、他的儿子奥司大普以及其他的哥萨克们，他们证明自己是那么坚定而忠诚的爱国者。他们最宝贵的财产，就是他们的祖国；为了它，他们准备忍受可怖的折磨和面对死亡。勇气没有离开在火刑柱上被焚的塔拉斯，也没有离开受了非人的酷刑的奥司大普，因为他们明白他们不是白死，他们的事迹将燃烧起群众的斗争，点燃起对压迫者的愤怒和仇恨。

死于寡不敌众的斗争中的哥萨克们，嘴里喊着对于他们的祖国热爱和忠诚的语句："俄罗斯国土万岁！祝它永远兴旺！"

这样，在《塔拉斯·布尔巴》里，果戈理赞美了人民的力量和他们对祖国的高度爱情。人物们的浪漫的气概，在有关的事件中，以巨大的力量表现出英雄的热情。

果戈理的伟大史诗《死魂灵》出现于一八四二年，它是地主俄罗斯的一幅最早的图画。《死魂灵》这个名称可以从直解的和隐喻的两方面去理解。果戈理所指的"死魂灵"是已经死掉的封建农奴，拖延到稀有的时限，他们的名字在官家的户籍册上尚未注销。这个诗篇的主要人物乞乞科夫，买这些死魂灵是为了异想天开地去抵押他们来谋利。同时，果戈理所说的"死魂灵"是国家的统治者们——百万农奴的残酷的剥削者和所有者。他称自己的作品——他想在其中表现一幅内容丰富的俄罗斯生活画幅——是一个"诗篇"，果戈理尤其强调它和古希腊的史诗——荷马的《伊利亚特》和《奥得赛》的血缘关系。

别林斯基高度地赞美了果戈理的诗篇，他认为它是"一部纯粹俄罗斯的、民族的、从人民生活的深底抓取来的作品，它是真实而又爱国的，无情地揭开现实的外衣，洋溢着对于俄罗斯生活的丰饶种子的痛苦的、热情的、活生生的爱；是一部在构思和技巧方面，在人物和俄罗斯生活的细节描写方面都是无限的艺术的——同时在思想方面带着深刻的社会的、公民的、历史的作品。"

果戈理用批评的眼光来观察地主贵族政治的代表人物；这些"死魂灵"们的肖像，显示了他们实际上的令人发呕和道德的丑恶。这其中有贪婪而吝啬的梭巴开维支，他差不多对世上的每个人和每件事都抱着公开的敌意，只是爱他的财产；骄横的、播弄是非的罗士特来夫，这是一个说谎能手和酒色之徒；头脑简单但精于计算的、多疑而愚笨的守财奴科罗瓯契加，她想永远保存她那套旧式的经济手段。和他们同类的还有泼留西金，这是一个失掉人性，吝啬到发狂程度的人，结果是在自我毁灭的状态中。

另一个寄生虫和废物是马尼罗夫，这是个说话甜蜜蜜的，喜爱"在什么河岸上过一种快活而友爱的生活"这类空洞而荒谬的梦想的人。不论是科罗瓯契加的贪婪和吝啬成性或马尼罗夫的愚蠢的计划和梦想，这些只有在剥削制度的基础之上才有可能。果戈理虽然在这里并没有写出一幅广阔或细致的农民生活的画幅，但读者却常常会察觉到封建主义加给他们的可怕的负担，在作者所描绘的地主生活的背景后面，常常感到他们的出现。

果戈理的诗篇的主要人物或"英雄"乞乞科夫，是欺诈、贪婪、道德堕落、犬儒主义、卑劣以及所有一切私有财产社会所产生的其他丑恶特性的化身。他的一切"活动"，他的一切欺诈和诡计，只有一个目的——个人致富。正如果戈理所说，乞乞科夫是一个财富的"获得者"；为了金钱，他可以捏造任何谎话，可以用膝盖爬着走，可以欺骗。在乞乞科夫身上，果戈理清楚地察觉了资产阶级的欺诈和投机狂的特征，这是资产阶级关系最初表现的标记。

赫尔岑要人注意《死魂灵》的远大的社会意义，他说："《死魂灵》震撼了全俄罗斯。现代俄国正需要这样的揭发。这是一个大师所写的病症史。"

在这个地主俄罗斯的可怖的世界的后面，果戈理感到而且看到俄国的强健的根基和活的灵魂——人民。这使他的讽刺更痛切，而且赋予他的诗篇以爱国的、乐观的感情，在本书的篇章中可以看到的作者在谈到他的祖国、他的人民，和他们对自由的渴望、被封建统治所束缚的他们的巨大的、潜在的力量的地方的灿烂的表情。诗篇的乐观主义在它的离题的抒情中鸣响得最为有力而深刻。真实的抒情主义和对俄国人民的挚爱洋溢在作者提到农奴、强健的木匠司台班，逃走者亚伐空·菲罗夫——他成了一个船夫，深爱这种"自由生活"——以及其他人等的时候，他们听到了作者把俄罗斯比作一辆急驰的三驾马车的这种预言性的比喻，果戈理用这种对俄国人民充满信心的比喻，结束了他的诗篇的第一卷。

果戈理的著作，尤其是他的诗篇《死魂灵》，正如普希金的《欧根·奥涅金》，是一部他们那个时代的俄国生活的百科全书，正如巴尔扎克作品之对于法国，或狄更司作品之对于英国，它对于俄国具有同等伟大的意义。

果戈理保持和丰富了俄罗斯文学的优良传统——它的和生活结合的智慧、人民的特性、崇高的理想。冯维津、克雷洛夫、戈里鲍耶多夫、普希金都是他的前辈和导师。同时，在俄罗斯文学的发展中，果戈理标志着一个新的阶段。普希金和果戈理是俄国十九世纪批判现实主义的建立者。

对果戈理说来，他的艺术，他的作品，首先是一种社会职责，是他生命中的重大工作。"我可以这样说，我永远没有为了赶时髦而牺牲自己的才能，"果戈理在一八三六年写给茹科夫斯基的一封信中说，"快乐或痛苦从来没有能够使我须臾离开我的职务。"而作家的私人生活也是服从于他的工作的。他把"他所有的精力、才能和热情"（车尔尼雪夫斯基所说的果戈理的显著的特质）都贡献给了他的文学工作。

果戈理忠贞无我地献身于他的艺术。他的对于艺术与作家的社会使命的观点，充分地表现在《死魂灵》第七章的开场处，他在这里谈到，作家应该是这样的一种："敢将随时可见，却被淡视的一切：络住人生的无谓的可怕的污泥，以及布满在艰难的而且常常是荒凉的世路上的严冷灭裂的平凡性格的深处，全部显现出来，用了不倦的雕刀，加以有力的刻画，使它分明地，凸出地放在人们眼前的作者。"②

果戈理便是这样的一个作家。

果戈理是一个迷信破坏者，他用尽一切讽刺手法来暴露现实。他的讽刺揭发了社会矛盾和罪恶，而且往往通过了愤怒的宣判，达到一种痛烈而残酷的嘲弄。他的幽默并不是反动批评家处心积虑所说的凡庸的幽默。它常常是通过批判的；它的基本使命是道德的告发。果戈理对于他的幽默给了我们一个很有名的定义："泪中的笑"。

果戈理的现实主义的表现是它的人物描写的真实，人物形象的概括而典型的创造，还有他的语言。他着重他的人物的最本质的、富有社会意义的诸特质。他并不抄袭现实，而是高度显示了它的主要的和基本的特征。所以他的风格，他的艺术匠心，是生动、鲜明而富于色彩的。他对于他的人物的外部表情和姿态的细节描绘（这是果戈理所喜爱的）帮助他完全鲜明地去描绘内在性格和表现他的思想。梭巴开维支或泼留西金房屋的布

266

置、这些主要人物本身的出色的细节描绘，以异常的力量和深度显示了他们的社会身份。

果戈理对于俄罗斯的人民语言，有着一种格外深刻而优秀的感情和知识。他的词汇可惊的丰富，他的音韵生动而鲜亮。他的每个人物都有着他自己的与其他人物有所区别的不同的语调，而且完整地显露了他们的内心世界。

果戈理的现实主义是极为宽广而多样的。除过叙述了关于生活的苛酷而残忍的真理以外，他还能够（如别林斯基在谈及《塔拉斯·布尔巴》时所注意到的）创造"非常悲剧性的人物"。这一点是丝毫不爽的：当别林斯基将果戈理和他的先辈加以比较，正确地看到了果戈理的现实主义所达到的新的高级的阶段：这就是"可怜而卑微"和"伟大而美丽"的描写的结合。

作为俄罗斯古典文学的批判现实主义的奠基者，果戈理在它后来的发展上，起了重大的影响。俄罗斯第一流作家——冈察洛夫、奥斯特洛夫斯基、萨尔蒂科夫—谢德林——都追踪着他的足迹。

果戈理的艺术本质上是土著的和民族的。这一点尤为别林斯基所强调，他说："果戈理不论在俄国和外国都没有范本或前人。"又说："果戈理的一切作品，都是独自的专一去描写俄罗斯生活的世界，在再现这种生活的全部真实的艺术上，他没有敌手。"别林斯基所洞察到的果戈理作品的民族特性，不仅在于它的民族色彩，而且还在于它的深刻的真实性，它的民主的和告发的性质。别林斯基正确地把果戈理艺术的这些进步的表现——它的对崇高思想的忠诚、爱国主义和人道的性质——列为俄国文学的重要成分。"这是当然的，只有他是一个俄罗斯的诗人，"他说道，"他才能用着这样可惊的真实来忠诚地描绘俄国现实。事实上也是如此，直到今天，我们文学中所具有的民族的、民间的性质，多出于其他任何地方。"

别林斯基认为果戈理"创造了一种新的艺术，新的俄国文学"。他没有粉饰或把现实理想化，而是"按照它们的原来样子再现了生活和现实，因此，赋予文学以重大的社会意义，丰富了我们对生活的理解。"

作为一个作家，果戈理的生活和境遇，是艰苦的和充满了矛盾的。在他的作品中，他告发了社会的不义，揭起了封建关系的帷幕；这时他是一个讽刺家，是新的民主主义思想的前驱。但是，当他这么做的时候，他并不理解他所描写的可憎现象和专制的封建制度之间的联系，或解释出它的政治的本质。

他以艺术家的敏感的直觉来认识俄国资本主义发展的状况，而且在乞乞科夫——资产阶级冒险家，热衷于投机和获利——这个人身上加以鞭斥，这使果戈理感到怵目惊心。但是在他晚年，他企图以对现状的妥协和使封建秩序永存的办法来解决他所认识的矛盾。

果戈理的精神危机的一种表现是他的著作《与友人书简选》（一八四七年），这是引起俄国进步势力怒不可遏的东西。

果戈理的悲剧不仅仅是他个人的悲剧。这是他的时代的诸矛盾的一种深刻的表现：在长成中的危机要求从古老的、封建的秩序中的决定性的脱出，以及表现着农民大众反对封建压迫情绪的代表着民主势力的革命知识分子的加入。

作为一个艺术家，果戈理和人民的联系是深刻的；他欢迎新的事物；他的伟大的作品，便利了对于专制的、封建的俄国的"可怕的真理"的理解。但他自己却变得对这个真理恐惧了，而且退出他的现实主义艺术家的位置。这一点，使他受到俄国进步社会的谴责。

他的《与友人书简选》的出现，激起了别林斯基的激愤的回答。在别林斯基的有名的给果戈理的信中，这个伟大的俄国批评家严厉地批判了作家的加入落后的、家长制的圈子，而这正是他的伟大的作品的尖利的讽刺所指向的。"需要的不是教诲和祈祷，"别林斯基写道，"而是对于他们的人的尊严的人民意识的觉醒。"

在反对果戈理拥护反动思想的抗议中，别林斯基并没有否定艺术家的果戈理的先前的贡献，或贬低他的"对于唤醒俄国的自觉贡献巨大的深刻真实的作品。"

"是的，我爱过你，"别林斯基说道，"我用一个与祖国血肉相连的人用以爱祖国的希望、荣誉、光荣，在它的觉醒、发展和进步的途程上的伟大领导者之一的全部热情爱过你。"

但对于后世子孙，果戈理依然是伟大的现实主义作家，专制政治的、资产阶级现实的批评家。他的奉献于人道主义高贵理想和公众利益的明晰的民族的和乐观主义的艺术，曾经大大地丰富了俄国和世界文学的宝库。

苏维埃人民热爱和崇拜这个伟大的俄罗斯艺术家尼古拉·果戈理。这个伟大的爱国者，他相信他的人民的无限的力量，他对于封建统治的黑暗面的批评，帮助了俄国文化中的进步分子为着美好的未来而战斗。果戈理曾梦想有那么一天他的祖国会得到自由和开化，那时"欧洲人到我们这里来不是来贩卖大麻和腌猪肉，而是获得智慧。"他的梦想已经在苏维埃土地上，在胜利的社会主义的土地上变成了真实。

苏维埃人民敬重这个伟大的作家，他创造了令人敬佩的、富有特色的、典型而真实的艺术形象，这些甚至在今天还没有失掉它们的意义。

列宁在他的反对革命敌人——各种反动派、自由主义者、孟什维克——的斗争中，常常引用果戈理的形象。我们应该记得列宁如何有力地应用马尼罗夫的形象来暴露知识分子的梦想家和社会主义革命的死敌——孟什维克和修正主义者。

斯大林在他的讲演中也常常引用果戈理的形象。一九三六年十一月二十五日在非常第八次全苏联苏维埃代表大会上《论苏联宪法草案》的报告里，斯大林把批评宪法草案的资产阶级批评家比之为《死魂灵》中的"使女"③，她奉命给乞乞科夫的马车夫引路，但是连左右也分不清。一九三七年十二月十一日在《莫斯科斯大林选举区选民大会上的演说》里，斯大林嘲笑了那种"模糊不清的人"，那种"政治市侩"，提到果戈理对于这种人的描写："俄国伟大作家果戈理说得很恰当：'模棱两可的人，'他说，'既非这样也非那样，你把他们弄不清楚，他们既不是城里的波格丹，也不是乡下的绥里方。'"

苏维埃人民审慎地保存着果戈理的遗产。从一九一七年到一九五一年之间，这个伟大的俄国古典作家的作品，曾经印行了共一千九百三十七万卷，而且已经译成了苏联所有民族的语文。

果戈理的名剧《巡按使》和《婚事》在苏联舞台上不曾间断地流行着。它们不仅上演于莫斯科和列宁格勒，而且在全国的戏院中都能看到，而且用苏联各民族的语言上演着。

甚至在他活着的时候，这个最伟大的作家已经获得了世界声誉。他的作品已经译成许多欧洲文。

果戈理的同代人梅里美④曾说过：这个俄罗斯讽刺家作品，必然会在欧洲享有和英国最好的讽刺家同等的声誉。

一九〇九年莫斯科的果戈理纪念像揭幕典礼，适值这个伟大作家的诞生百年纪念，这证明了果戈理在国外的声名和他对于世界文学影响的巨大。"果戈理的影响超越了斯拉夫世界的境界，向全人类扩展。"法国批评家维格⑤说道。一群外国作家这次给莫斯科写了一封信，称果戈理的艺术是一座灯塔，照亮着人道思想的道路，而且说，它的光芒，"启发了整个欧洲"。

在他们那次对果戈理诞生百年纪念的致敬中，英国作家亦特别提到他的艺术的人道主义方面，认为果戈理"给欧洲的启示，那种品格和才能应该是俄国对世界文学最可宝贵的贡献，即是：对那些孤寂无告和受苦受难的人们的同情，对所有一切不幸者和无辜者的广大而深刻的爱。"果戈理的民主主义、他的对公正的渴望，使他受到全体进步人类的热爱。

译自 *Voks Bulletin* 一九五二年一、二月号合刊

注：

① 《阿拉贝茨基》中包括《狂人日记》《涅夫斯基大街风光》《肖像》及其他圣彼得堡故事。——原注

② 见鲁迅先生译文，《全集》第二〇卷，二六〇页。

③ "使女"名贝拉该耶，是女地主科罗瞒契加的使女。见《死魂灵》第三章。

④ 梅里美（Prosper Mérimée 1803—1870）：法国小说家。

⑤ 维格（Eugène-Melchior de Vogüé 1848—1910）：法国批评家。

果戈理和俄国现实主义传统

安德朗尼科夫著

一

回忆一下这四个显著的日子：

一八三五年，果戈理印行了《塔拉斯·布尔巴》，他的乌克兰人民的一个英雄人物的故事。

一八三六年，出现了普希金的《上尉的女儿》，给读者带来了农民运动领袖蒲加乔夫的伟大形象。

又在一八三六年，《伊凡·苏萨宁》首次上演，这是格林卡关于一个死于拯救祖国的俄国农民的丰功伟绩的歌剧。

一八三六——一八三七年，莱蒙托夫写了《勇敢的商人卡罗西尼科夫之歌》，谈到一个无畏的俄国人，在沙皇眼前杀死了沙皇伊凡所宠爱的扈从。

《塔拉斯·布尔巴》复活了乌克兰人民在十六世纪的光荣战争。勇敢的商人卡罗西尼科夫在十六世纪的第二个十五年，当恐怖的伊凡的阴郁的统治时期，居住在莫斯科。伊凡·苏萨宁在十七世纪初期，在卡斯托洛玛森林的中心完成了他的不朽的功业。普希金所写的蒲加乔夫起义是十八世纪历史上的伟大的篇章。但是这些英雄，这些为他们人民的自由独立的战士，这些有着崇高的荣誉的人们，由天才们普希金、果戈理、莱蒙托夫和格林卡所再现的人物，是在同时进入文学和音乐中的。

这并不是说，塔拉斯·布尔巴和司台潘·卡罗西尼科夫与伊凡·苏萨宁和爱密林·蒲加乔夫不同，不是真实的历史人物。果戈理和莱蒙托夫对于历史真实的忠实正如普希金和格林卡。和普希金和格林卡相同，他们也创造了人民的优美特点的概括性的肖像——他们的对于祖国无限的热爱，对于自由的梦想，他们的勇武、道德力量和智慧，他们对完成伟大事业的渴望，和为了高贵的原因准备牺牲自己的生命。

这四个伟大的人民艺术家，带着自己的特色，在同一个时代，做了同一的工作。

被果戈理所激发，格林卡着手写一个乌克兰交响曲《塔拉斯·布尔巴》。据普希金的一个友人说，普希金曾"格外的"称赞了《塔拉斯·布尔巴》。至于普希金方面，果戈理则大大地称赞了《上尉的女儿》，并且说它是"无疑地，在故事体方面，这是最上乘的俄国作品……首次地表现了真实的俄罗斯性格。"

接着《伊凡·苏萨宁》，格林卡的第二部纪念碑式的英雄的歌剧是《罗斯兰和卢德密拉》，它的故事的题材是他从普希金的同名的诗篇取来的。

他把歌剧的音乐建立在俄国境内和邻国的许多民族的歌曲之上：俄罗斯人、乌克兰人、鞑靼人和芬兰人的调子，高加索人、波斯人和阿拉伯人的旋律。

剧情把观众带回到十世纪的古代俄罗斯。正在她的婚宴的时候，年轻的公主卢德密拉被一个侏儒卡诺莫尔诱拐去了，这是一个邪恶的男巫。他的悲愁的父亲，基辅王子斯维托查，对于拯救他女儿的人许诺了婚姻。卢德密拉的许婚者，基辅的民间英雄罗斯兰，和他的对手喀查的王子路托米尔与怯懦的骑士法拉夫，都出发去寻找美丽的公主。罗斯兰在寻访中，得到了好心的魔法家芬因的帮助；法拉夫则得到了坏心眼的女巫奈娜的协力。真和善的力量胜利了。罗斯兰在魔法的花园中找得了卢德密拉，她被妖术所摄睡在那里。罗斯兰破除了妖法。古代基辅对伟大的罗斯兰欢呼和尊崇，他象征了俄国人民的巨大的力量，他们的勇敢无畏，智慧和坚忍不屈，这样，在一八四二年，另一个伟大的民间英雄出现在俄国艺术中，这就是格林卡的罗斯兰。

喜悦而沸腾的音乐的前奏曲完结了；幕布升起了，这是王子府邸的婚宴的一幕。在高昂的弦声里，银发的斯拉夫歌人拜扬开始向新郎和新娘唱歌。他叙述了那些使他们分离和重逢的事件。接着他预言了：如何经过许多世纪以后，在北方将出现一个"青年歌手"来歌唱卢德密拉和她的骑士的故事。罗斯兰和卢德密拉的这个歌唱者的生命将是短促的，——老人说，他的在舞台上和观众席上的听众都屏住了呼吸。一只敌人的手将截断这个伟大诗人的生命。但是他的光荣和他的歌声将永垂不朽。

这是格林卡在歌剧的楔子里对普希金的献词。格林卡动手写罗斯兰和卢德密拉的那一年，诗人在一次决斗中被杀了。在他死前不久，普希金曾赞同了这个主题的选择并且答应了格林卡由他自己来写这个诗剧。死亡阻止了他实现这个计划。

在俄罗斯文化的创造者当中，目的的单纯性，都是感觉一致的——这就是对于一个共同目的的明确的拥护！

二

普希金、果戈理和莱蒙托夫把上面的民间英雄和卑劣的、凶残而专横的封建主的世界对立了起来。

不论果戈理或莱蒙托夫，他们都是首先去暴露农奴制度的罪恶——贵族社会的权利是买卖农奴，而且把他们当作牲口般的来践踏。这第一次的射击，已经在十八世纪由作家拉吉舍夫和冯维津开端了；他们的勇敢的攻击，被年轻的普希金的诗篇《乡村》和戈里鲍耶多夫的伟大的喜剧《聪明误》所继续。但是这个社会罪恶的其他景象还等待着在文学中加以暴露，加以发掘和表现。

普希金的诗篇《乡村》，呼吸着拉吉舍夫的抗议，在反对专制政治和农奴制度的斗争中，这是一个重要的划时代的事件。另一个有着巨大的社会意义的事件，是果戈理的《巡按使》，它讽刺了属于贵族社会的官吏，他们是那个制度的基础的支持者和保卫者。

普希金向读者表现了老贵族泰罗雅科洛夫是那样一个残酷而自大的暴君，地主安东·巴夫诺特维契·史比提桑是那样一个老蠢材，面色阴暗而懦弱；他表现了拜倒于普鲁士风尚的尼林伯爵和处处模仿英国的莫若密斯基。后者在《贵夫人或村姑》中和他的邻居比尔斯托夫一同被嘲笑了，比尔斯托夫以圣贤自命，虽然他所读的东西从来没有超过《元老院公报》和拍卖地主财产的通告。

贯穿在普希金的《欧根·奥涅金》中的是同样尖利的讽刺，不论是他所描写的莫斯科"社会"，彼得堡"社会"，或是为了庆贺生日聚集在拉林家的外省的形形色色地主：

> 和他的肥满的太太一起
> 肥胖的布斯甲珂夫坐车到了；
> 格伏兹金，一个顶呱呱的地主，
> 穷得精光的农民们的主人；
> 斯珂金尼夫妇，头发花白的一对，
> 带着从三十岁到两岁
> 什么年纪都有的孩子；
> 乡下的小花花公子别杜西珂夫；
> 我的表兄弟，布雅诺夫，
> 满身绒毛，戴着鸭舌帽子
> （在你们，当然，他是熟人），
> 还有退职的参事弗列诺夫，
> 缠人的闲话家，老流氓，
> 饕餮家，贪赃的污吏和小丑。[①]

这些诗行似乎是更后出现的另一部著作——果戈理的《死魂灵》——的先声。

莱蒙托夫诗篇的天生的使命是：在上流社会，尊严仅仅是遮盖着罪恶的假面具，而冠盖人物的生活则是一个连续不绝的假面跳舞会。莱蒙托夫厌恶专制俄罗斯的封建制度，对它有着一种不共戴天的仇恨。

果戈理对俄国贵族的研究非常透彻；他描绘了显赫的地主和官吏，乡间、城镇和首都的贵胄。

果戈理想使他对于个别人物和事件的描绘成为一切种类的俄国贵族……一切种类的寄生虫和懒惰者的典型。他想使每一个人物都成为广大的概括。

　　他要使他的作为一个丑恶的旋涡的、内地城镇的图画，能被看作是这样一切丑恶旋涡的一幅图画，是这样现象的最本质的东西。他要使内地城市 N——就是乞乞科夫带着收买他的死魂灵的目的，驱车前去拜访当地地主的出发地点——被理解为又是内地城镇又是彼得堡，或者任何其他的国都，只要它是像尼古拉一世统治下的俄罗斯那样，处在专制环境之中，带着它的绕耳不绝的丑闻的地方，在一般上被当作寄生社会的全体——总而言之，他要挖出一切丑恶的根源和标本。他想把最具体最一般化的因素综合在一幅图画里。因之，果戈理的艺术所暴露的便不仅是他所看到的俄罗斯现实，那已经早就不存在了的现实，而且暴露了一直继续到今天的资本主义的腐朽性，那保持了它的本质，和显示在无穷尽的其他马尼罗夫们、泼留西金们、梭巴开维支们、罗士特来夫们、乞乞科夫们、赫莱斯达阔夫们、鲍勃钦司基们和道勃钦司基们身上的东西，虽然果戈理早就不在世了。

　　在《死魂灵》的原文里，作者不断地提示读者他在描绘一幅广阔的图画：那些"甚至比彼得堡的闺秀毫不逊色的"内地闺秀们，"正像许多彼得堡的闺秀们那样地表示着一种过度的谨严，说话和表情都极高雅。"当乞乞科夫嘴边漏出"一个字马上就会传遍了全城"，果戈理以为这样来叙述上流社会分子们是恰当的，那是些从他们那里"很难听到一句正经俄国话……"的人们，上流社会的这些共同之点，自然是被作者无情地嘲笑了的东西。他在本书里从头到尾所反复说明和强调的思想是他在描写一切"上流社会"——不论是乡间的、省城的或首都的"上流社会"——的典型特质，而且在愚蠢的老科罗皤契加——一块小产业的所有者——和首都的上流社会闺秀们之间并无本质上的区别：

　　"怎么样？在无穷之长的人格完成的梯级上，科罗皤契加岂不是的确站在最下面吗？将她和她的姊妹们隔开的深渊，岂不是的确深得很吗？和住在贵族府邸的不可近的围墙里，邸里是有趣的香喷喷的铸铁的扶梯，那扶梯，是炫耀着铜光，红木，华贵的地毯的她们？和看了半本书，就打呵欠，焦躁地等着渊博的精明的来客，在这里给他们的精神开拓一片地，以便发挥他们的见解，卖弄他们拾来的思想的她们？——这思想，是遵照着'趋时'的神圣的规则，一礼拜里就风靡了全市的，这思想，是并非关于因为懒散，弄得不可收拾的他们的家庭和田地，却只是关于法兰西的政治有怎样的变革，或者目前的加特力教带了怎样的倾向的。"②

愚蠢的科罗皤契加立即变成了一个巨大的概括；作家叙述乞乞科夫的生涯和冒险的平易的叙述声调变成了一种严肃的调子；一个老妇人的滑稽的图画变成了一种对整个阶级的讽刺。

这种散文诗的形式，——在这一点上，果戈理是前无古人的——使他不仅能够活泼地干涉他的人物的言语行动，用离题的抒情来点缀叙述，而且能够用明显的对比和诗意的讽喻的方法，把个别的观察提高到伟大的社会概括的水平。科罗皤契加、马尼罗夫、泼留西金、罗士特来夫、梭巴开维支以及在《死魂灵》中所描写的其他人物，概述了这个制度，正对着它，被封建主义所束缚的农奴俄罗斯，表示了它的愤怒的抗议。

三

当暴露着专制的和封建的俄罗斯的时候，普希金、果戈理和莱蒙托夫注意到当时出现在贵族客厅里的新型人物——资产阶级。这种人渴望财富，而且在获取财富上不择手段。他就是普希金的《铲形皇后》中的青年官吏赫尔曼，或是莱蒙托夫的戏剧《假面跳舞会》的阿尔必宁；他出现在果戈理的戏剧《赌棍》的人物当中。

在他的出色的短篇《肖像》里，果戈理叙述了穷画家邱诃夫的故事，他原来追求着伟大的作品，当他从一个老放债人那里购买的一张肖像和一袋金块同时落入他手里的时候，他的性格剧烈地改变了。一种对于金钱的可怕的渴望，在他心中生长起来了。他舍弃了在他的朴实的青年时代吸引了他的高尚的艺术理想。他变成了时髦的肖像画家，一个雇佣，带着胸有成竹的一些秘诀，在主顾坐上两次当中，他就能完成任何肖像。放债人的金子对他达到了莫可名状的权力。他用猜忌的眼光望着有真实价值的每种事物和每个人。为了发泄他的疯狂的愤怒，他收购了许多画界宗匠的价值连城的油画，把它们扯个粉碎。最后，他被那种侵蚀性的嫉妒和仇恨弄得精疲力竭地死去了。他为了黄金而改变了一个艺术家的真实的追求，他得到了名誉和地位，但却失去了他的才能；他从一个艺术的创造者变成了一个艺术的摧残者。这就是资本主义如何在损毁、扼杀和败坏——它如何把创造力和才能变成一种利润和投机事业的源泉。

果戈理的诗篇《死魂灵》，叙述了一个贪婪而奸诈的投机家的故事，他不择手段地去发财。保甫尔·伊凡诺维支·乞乞科夫，一个没落的、名不见于经传的贵族家庭的儿子，所受教育不多，他坐着马车从俄罗斯帝国的一个城镇到另一个城镇地收买地主的"死魂灵"，就是说，收买他们死掉的农奴的名单。他从这种事实上来谋利：这些死掉的农奴，依照官例，必须按照活的农奴来计算，直到下一次调查俄罗斯帝国全部农奴的时候，而地主则必须为他们继续付人头税到这种新的人口调查举办之时。由于把他们死掉的农奴的名单卖给他，地主们便可以免除纳税，而当乞乞科夫合法地办了这个交易之后，就可以把他们当作活的抵押在银行里，而弄来一笔大款子。乞乞科夫成了这个城市的闺秀们和官吏们的一个意中人，每个地主家庭的贵宾。他的罪恶的企业的被暴露，是当地主罗士特来夫——这是一个流氓，没有良心的骗子，盖世无双的吹牛大家——在公共场合拆穿了这个西洋镜的时候。

在私有者的世界上，每种事物都变成金钱了：财富的继承和获得，活的农奴和"死魂灵"……相似的情况，是在莱蒙托夫的打油诗《汤勃夫会计员的老婆》里，这个内地会计员和一个凶悍的骠骑兵打牌，拿他自己老婆做赌注并且输掉了！……

这个"英雄"——这个没有心肝的事业家，这个贪婪的资产阶级企业家，这个上等阶级的强盗——他便是普希金、莱蒙托夫和果戈理早在十九世纪的三十年代讽刺和抨击了的。

四

出现在普希金活着的时代的文学地平线上的有才能的进步的俄罗斯作家，很难找出一个没有受到这个伟大诗人支持的名字。普希金当然报以欢呼的这些作家之一，便是果戈理。普希金热心地称赞着果戈理的第一本书，用鼓励来帮助他，约他为他的杂志撰稿，而且，如果戈理自己告诉我们的，他给果戈理提供了《巡按使》和《死魂灵》的题材。他们的友谊是伟大的友谊。

没有普希金见过莱蒙托夫的记载。但是现在我们才知道：在普希金去世前不久，他读了莱蒙托夫的诗，而且按它们的真正价值评价了它们。

伟大的俄罗斯批评家别林斯基把果戈理当作俄国文学的祭酒来欢迎，而在普希金逝世二年以后，他说，在莱蒙托夫身上，"第三个俄罗斯诗人在长成中，"并且说，"普希金并没有死，他有一个后继人。"在翌年的年尾，他认为莱蒙托夫和果戈理，是"统治了他们那一代的精神的诗人"。

追随着普希金所指定的道路，在别林斯基的指导下，果戈理和莱蒙托夫都在同一个时代解决了同一个任务，但却是用着不同的方法。

在和敌人——封建农奴制度，贵族、官僚和警察横行的帝国——战斗中，进步的俄罗斯认识了自己比敌人的优越性以及敌人的软弱性。果戈理的作品，正如苏联学者叶尔米洛夫所说，帮助它得到了那种历史性的认识。

关于这，我们还愿意加上这一点：在暴露敌人并对他进行有效的战斗中，进步的俄罗斯也达到了对自己的弱点的认识。莱蒙托夫的诗，尤其是他的批判性的小说《当代英雄》，帮助了这种历史性的实感。

莱蒙托夫的小说，使我们熟识了青年军官毕巧林，这是一个有着非凡的知识、性格和才能的人，他的创造能力无从发挥，因此荒废了。在尼古拉一世的广大的、但是在社会上是空虚的帝国，毕巧林无事可为；俄罗斯的社会生活，在镇压了十二月党人——这是些在一八二五年企图推翻专制政治的人们——起义之后，沉默而荒凉。这部"毕巧林灵魂的历史"，莱蒙托夫在这个"英雄"身上所暴露的那些缺点，是这个时代的典型现象，是沙皇尼古拉一世建立了警察统治的结果之体现。

"在诗人的表现了社会的悲哀和病痛的语言里，"别林斯基在他的一篇论莱蒙托夫的文章中写道，"社会从它的悲哀和病痛里找到了安慰；这个不可思议的作用的秘密是在于：通过了对病症的理解而认识了病症的原因所在。"

甚至在他完成他的《死魂灵》第一卷以前，果戈理就预见到他逃不脱那种"伪善而冷酷的他自己时代的判决"，它反对这个作家竟敢表现出来……那淹没了我们的生命，深深潜伏着那些冷酷的、灭裂的、乏味的人物的那个泥沼的一切可怕的、重压的、难以捉摸的细枝末节……而且"它还要宣称他的众望所归的创造力是可怜而不足道的，把他分派到一个被人蔑视的角落，归入那些侮辱了人类的作家之例，把他所描写的人物的性格都加在他的身上，窃取了他的心智和才华，扑灭了他的才能的神圣的火花"。

这是些妙绝的句子！印行《死魂灵》简直是一个英雄的业绩，虽然他那么清楚地预见到"那种伪善而冷酷的他自己时代的判决"，跟着这本书的出现，如他所预言的那样，他会被宣判而落入孤独的命运，而且要被用尽一切权力来扑灭他的"才能的神圣火花"。

莱蒙托夫把创造一个"我们这一代流行的罪恶的综合的画像"，当作他的社会责任的实践。"病状给诊断出来了，"他在这本书的序言上写道，"至于要怎样去治疗它——那只有老天爷知道了！"

莱蒙托夫和果戈理一八四〇年春天在莫斯科的会面，引起了巨大的社会兴趣。这个《当代英雄》的作者和《巡按使》以后几乎完成了《死魂灵》第一卷的作者之间的会面，被看成一种重大的社会事件，因为，自从普希金逝世以后，俄罗斯社会的进步力量把它的最高希望寄托在莱蒙托夫和果戈理身上，而且，正如别林斯基所说，把他们看作它的唯一的领袖和战士。

至于如何医治社会的痼疾，他们看到：在那个时代，不论是果戈理或莱蒙托夫当然都不知道。那要留给下一代的战士——革命民主主义者的一代，他们欢迎莱蒙托夫和果戈理的宝贵的思想遗产，用伟大的公民爱国主义的行动来接受它们。"莱蒙托夫和果戈理是我们的救主，"年轻的车尔尼雪夫斯基写道，"果戈理和莱蒙托夫——这是伟大的人物，为了他们，我准备牺牲自己的生命来证实我的光荣。……"

果戈理的作品是他对于围绕着他的俄罗斯现实的否定，正如莱蒙托夫的作品是他对那种现实的否决一样。因为在他们那个时代，说一声"不！"是一种最激昂的、积极的和有效的爱国主义表现，……那是"出于爱的恨"，如赫尔岑所说，或如涅克拉索夫——俄罗斯革命民主派诗人——所写的：

> 他们千方百计地虐待他
> 一直到他死前。他们将看到
> 他们如何恶劣地对待了他，
> 如何仇恨着他所深爱的东西，
> 而在他身后却留下了伟大的功业。

279

五

普希金在《上尉的女儿》里描写了蒲加乔夫的起义。在这不久以前，十九岁的莱蒙托夫在他的小说《维丁》里，描写了蒲加乔夫所领导的农民起义的插话。小说的英雄是一个破落的青年贵族，他被一种非常的环境牵入到农民起义中去；他所渴望的是报复他从一个有钱的地主蒲列参那里所受到的侮辱。大约和这同时，普希金写了他的小说《杜勃洛夫斯基》。普希金的英雄也担任了叛乱的农民的一个部队的领导，为了替自己向他的压迫者泰罗耶科洛夫复仇。现在我们知道了普希金和莱蒙托夫之达到这种同类的题材，彼此都是极独特的。在他的诗篇《死魂灵》里，果戈理介绍了戈贝金大尉的故事，这是个一八一二年抵抗拿破仑的卫国战争的残废了的老行伍，他被层峰所凌辱，陷入一种可怕的需要，变成了农民反对地主的叛乱的领袖。使这些作家感到兴趣的东西，当然不是这些青年贵族的被伤害的感情：题材上的显然暗合，应归因于一八三〇年的农民革命运动的强大的力量。农民运动的活生生的题材，人民的题材，是俄罗斯现实本身提供给这些伟大的作家的。

随着《塔拉斯·布尔巴》《上尉的女儿》《勇敢的商人卡罗西尼科夫之歌》《伊凡·苏萨宁》而走进俄国文学和艺术的，不仅是从人民中来的英雄——而且是群众性的人民。从人民中来的英雄并不是孤立地活在书页上和舞台上。他站在人民的前端，作为他们的代言人，他们的心情和利益的声音。

《塔拉斯·布尔巴》给俄国文学介绍进来扎泡罗基希池或德聂泊尔河流域的哥萨克人居留地，那里生活着"骄傲和强壮得像一群狮子的"自由的哥萨克人。塔拉斯的画幅凸现在乌克兰的光荣战争的背景上面。剑光闪烁……火热的铅雨在头上飞驰……塔拉斯的儿子奥司大普向一个旗手飞驰而来，一下子把扑绳投上了他的脖子，拖着他跑过旷野，高声地招呼着别的哥萨克们。阿特曼库库宾叩把沉重的大剑刺进了落胆的敌人的苍白的面颊。哥萨克摩西·西罗，他的声名曾经被一些四弦琴奏者所赞美，斩杀了惊怖的波兰贵族。顾斯客·史结潘抢到了那尊主要大炮。卧甫图珍叩驰到了敌人辎重车旁边，在他前面的是且列为欠叩，他后面是阿特曼微耳太合微斯特。戒合加连叩的长枪挑起了两个波兰贵族。蒉且里次亚应接着波兰人，打败了一个又一个。扎克鲁太古巴和其他许多勇敢而著名的哥萨克们正为着生死而战斗。

莱蒙托夫诗篇中的司台潘·卡罗西尼科夫，在善良的人们眼前，杀死了沙皇的扈从。在钟声的鸣响中，莫斯科的人民集合到红场上去看卡罗西尼科夫被执行死刑。在编年史里，没有一点关于他的英雄行为的记载。他仅仅在传说和稗史里被记忆着。"善良的人民"路过他的站在"三岔路口——图拉、拉桑和伏拉的米尔大道"的孤零的坟墓时，鞠躬致敬：

> 当一个老年人走过时，他
> 　　划着十字；
> 当一个小伙子走过时，他
> 　　整饰了自己；
> 当一个少女走过时，她
> 　　哀声啜泣；
> 当江湖卖艺人走过时，他们
> 　　唱了一支歌。

善良的人民在歌声里看见、记起和认识了真理。这里面藏着卡罗西尼科夫的事业的不朽性。那个敢举起手来反对沙皇的扈从，拒绝承认沙皇权力的人，成了人民的一个不朽的英雄。这就是莱蒙托夫诗篇的基本思想。

同样地，在《上尉的女儿》里，我们不仅认识了蒲加乔夫，而且还有人民，蒲加乔夫军中的战士。我们记起了比洛葛洛斯基堡垒的围攻，大草原上流散着大群的骑马的战士，他们用长矛和大弓武装着，巴什加人戴着闪光的帽子，挂着箭袋。在他们当中行进着的蒲加乔夫，骑在他的白色的战马上，身着大红战袍，手持出鞘宝剑。比洛葛洛斯基堡垒上竖立着绞架，在它上面挂着年老而残废的巴什加人，他在未上绞索前，就已经被执行了死刑。我们记起了人民如何欢迎蒲加乔夫，农民们把手臂连结起来，守护着部队的前哨。在一个桌子旁，穿戴着干净的衬衣和小帽的哥萨克长老们，"被酒所鼓舞"，唱着"怀乡病的船夫曲"。我们记起了蒲加乔夫的

"将军们"：小老头比洛巴洛多夫，在他那件灰色的农民外衣上，肩上横挂着蓝色缎带，红胡子凯洛蒲夏，锐利的灰眼睛，歪鼻子，双颊和前额上有着铁的烙印的标记——这是俄国女皇喀德琳二世特别注意的记号。

格林卡歌剧里的苏萨宁的英雄行为，也并不是一个孤立的事象。这是尼日尼—诺夫哥罗德的公民库兹玛·米宁和"人民近卫队"（Opolcheniye）的首领第米特·潘扎尔斯基所指挥的伟大的人民事业的最高表现。萨必宁和苏萨宁的女儿订婚，一队先遣的战士去和米宁联合，苏萨宁的前妻之子凡雅驰向修道院大门，向俄国军队预报波兰人之到来，莫斯科红场上的人群，在钟声里庆祝着对敌人的胜利……这里有着产生了这种英雄的人民，正是为了人民的缘故，苏萨宁才完成了他的伟大的功业。

高尔基曾经指出：当尼古拉一世统治时期，一八三〇年在俄国所爆发的农民起义，平均每二十天有一次。人民的暴怒的这种冲激和澎湃反映在伟大的诗人们的艺术里。它不仅产生了普希金的《上尉的女儿》和《杜勃洛夫斯基》以及莱蒙托夫的《维丁》，这些直接反映起义的作品；它并且决定了一八三〇年以后的整个俄国文学和艺术的趋向。《塔拉斯·布尔巴》《鲍罗的诺》《勇敢的商人卡罗西尼科夫之歌》《伊凡·苏萨宁》，都是关于人民命运的作品，它们赞颂着人民，说出了人民必然会获得他们的自由的愿望。

追随着普希金、果戈理、莱蒙托夫和格林卡的传统，而且在诗篇《在俄国谁生活得好？》里，在油画《扎波罗日兹人》里，在歌剧《鲍里斯·戈都诺夫》里，体现了他们的革命民主思想，涅克拉索夫、列宾和莫索尔斯基描绘人民的历史活动、俄罗斯的艺术和文学中的英雄人物，走得甚至更远些。

译自 *Voks Bulletin* 一九五二年三、四月号合刊

注：

① 见《欧根·奥涅金》第五章第二六节，吕荧译文，希望社版，第一〇四页。

② 见《死魂灵》第三章，鲁迅先生译文，《全集》第二〇卷，第一二九页。

果戈理和普希金

布拉果依著

伟大的俄罗斯诗人亚历山大·普希金所播种的种子，获得了丰富的收获。米哈尔·莱蒙托夫，普希金的继承者和同伴，《恶魔》和《当代英雄》的作者，接过从普希金手上那么悲壮地掉下来的七弦琴，而且以《诗人之死》，对"自由、天才和光荣"的凶手们投掷出他的悲愤。伟大的俄罗斯诗人之死，对于普希金的另一个弟子，《巡按使》和《死魂灵》的作者，则是一个可怕的打击。

"我的损失太大了，"尼古拉·果戈理听到普希金逝世的噩耗时，在写给他的一个文学界朋友的信里说，"你把他当作一个俄罗斯人，一个作家来悲悼；而我……我无力表示我的悲痛的百分之一……我的生活，我的崇高的欢乐，都和他一同逝去了……当我写作的时候，我只看到普希金在我的面前。""没有他的循循善诱，我就无所作为，"果戈理在另一处写道，"没有他在面前，很难想象我能写出一行来。他说的什么，他注意什么，如何接受他的不朽的激励——是这些，仅只是这些吸引了我的注意，而且给了我力量。"

这些热情的字句，表现出了这两个伟大民族天才之间的友谊和文学关系的一幅完整的画幅，也是对普希金在培养他的年轻的同代人物的正面才能上所起的巨大作用的一种正确的意见。

果戈理的文学上的处女作品是一部名为《汗斯·裘里尔汗登》的田园诗，出版于一八二九年五月。二十一岁的作家企图去描绘他毫无所知的、一个德国小村庄的生活。他的田园诗，实际上自然是书本的和人工性的东西。果戈理很快地遭到了失败。而且一出版后就把它烧毁了。是"生活自己的诗人"、活生生的俄罗斯现实的艺术家亚历山大·普希金给这个年轻的尝试者指示了真正的道路。

　　一八三〇年，普希金的伟大悲剧《鲍里斯·戈都诺夫》，被沙皇禁止了五年后，终于出版了。这个悲剧，除了表现出一幅真实而生动的历史图画以外，是一部现实主义的、民族历史的戏剧杰构，浸透着俄罗斯民族精神。这个悲剧的初版本的大多数读者，由于不能领悟它的伟大的思想意义和它的在诗的形式上的简洁而含蓄的特性，而对它肆意毁谤。"谁能认识或理解这部深刻而崇高的作品呢，"果戈理追问道，"它深藏在自然而饱满的诗情之中，摈斥了粗杂而俗恶的装饰，……"果戈理自己则能够认识和理解，《鲍里斯·戈都诺夫》成了他的精神生活中的一个启示，一件关系重大的事件。由于这个"光荣的诗人"的"光荣的创作"，使刚开始他的文学生涯的果戈理，立誓要对自己的天职，对于一个作家的不被收买的正直忠诚①。正是普希金著作的深刻影响，使这个倒霉的田园诗作者一变而成为空前的最伟大的现实主义者之一。

　　在他的一篇早期的论文中，普希金批判了他的某些同代人模仿外国文学样式的企图，主张创造真正的民族文学，他写道："我们有自己的语言；我们必须要勇敢地依据我们自己的风俗、历史、歌曲、神话……"普希金在他的第一部伟大作品神话诗《罗斯兰与卢德密拉》中，采取了这条道路。果戈理追随着他的脚步。自从亲自把《汗斯·裘里尔汗登》作为无价值的东西而否定了以后，果戈理便开始了他的《狄更加近郊的夜晚》，这是一个他的童年时代所喜爱的乌克兰的故事集，描写了乌克兰农民和哥萨克的生活，和乌克兰民间艺术世界联系着。

　　果戈理自己明白他自己现在的新的真正的艺术创造和普希金的《罗斯兰与卢德密拉》之间的相似性。后者的出现被当时愤怒的反动批评家比喻为一个农奴打破了莫斯科贵族俱乐部的大门，而这则是他们在重大时机常常聚会的地方。

　　《狄更加近郊的夜晚》的作者，被同样地注视所接待，他在序言中嘲弄地写道："……我们这些土佬要是把鼻子伸到时髦社会里——哎呀，那可不妙！要是我们那一个真的出现在某个老爷的公馆里，那么他马上就会被包围，老爷们会跺着脚嚷起来：'你往哪里走？你在这里干什么？滚出去，你这土包子……'"

直到他的临终，果戈理一直被反动批评家引经据典地攻击他的作品为粗杂、低劣和不忍卒读。但是普希金则迅速地认识了《夜晚》的深刻的民主性质，它们的使人惊异的民间幽默和抒情性，毫不迟疑地发出保卫果戈理的正义声音。诗人在《夜晚》的诚实的但仍然有着那种使排字匠和印刷工人"笑得要死的"挪揄的欢乐下面，察见了一种现实主义的和讽刺的巨大才能。普希金在关于《夜晚》第二版所写的倍加称赞的评论里提到"自由的友人"、俄国批判现实主义的前驱、不朽的《未成年者》的作者冯维津，——他的著作《未成年者》是一种对农奴所有者地主们勇敢而顽强的揭发——并不是偶然的。

一八三一年五月，果戈理和《鲍里斯·戈都诺夫》及《欧根·奥涅金》的作者才认识了。直到普希金逝世为止，这五年间的牢固友谊，对于果戈理自己和整个俄国文学，都是大有裨益的，这些年代，正是果戈理天才的最繁荣的开花期，产生了这些果实——如《旧式地主》《塔拉斯·布尔巴》《圣彼得堡故事集》以及他的杰作《巡按使》和《死魂灵》的第一卷（完成于一八四二年）。

这种友谊提醒了果戈理对普希金天才的创造的丰富世界加以深入的认识。一八三二年，果戈理写了《关于普希金的几句话》，这篇短文，可以说是果戈理的信仰的自白，他的将来创作的美学纲领。这篇论文包含着一种对普希金的评价，它在正确和重要上，超过同时代一切评价之上。

果戈理是第一个对普希金尽了自己责任的人，他宣称他是俄罗斯最伟大的诗人。果戈理强调普希金那种"固执一种真理"的卓越的才能，即他的现实主义艺术，系为俄国的民主运动所培养，反过来，它又培养了民主运动。果戈理注意到普希金艺术形式的民主性质，它的出色的简洁性和抒情性。"没有虚饰，每种事物都是那么单纯，"果戈理写道，"是那么简洁，而简洁则是真正的诗的灵魂。"

果戈理带着满足地注意了普希金的发展：从他早期的浪漫主义诗篇到真实而广阔地描绘俄国生活、景色和它的单纯的人民。

果戈理尤其为普希金在《柯洛姆那小屋》中所描写的穷困的彼得堡郊外所吸引，这个作品被当时绝大部分的批评家说成是普希金在艺术中的一种"衰退"，而实际上则是普希金的批判现实主义的一个卓越的成就。果戈理在《夜晚》以后不久所写的作品，都是专一地去描写"简单的"和"日常的"东西。普希金在他的《柯洛姆那小屋》中所表现的思想，被果戈理在他的《圣彼得堡故事集》中更加发展了，这些故事发散着对"小人物"、对被压迫的劳动人民的热烈的同情，对于为统治和剥削阶级服务的彼得堡官僚的讽刺的憎恶。

普希金对于果戈理的每种新作，都报之以欢呼，他帮助他对检查官斗争，在反对反动的批评中保卫他的著作，而且在他自己的杂志《现代人》上时常刊登果戈理的作品。因之，当果戈理的尖锐的讽刺作品《鼻子》被保守报纸《莫斯科观察家》退回来的时候，就刊登在《现代人》上面，并由编者，即普希金自己，加了一个称赞备至的按语。普希金非常适当地把果戈理的幽默当作"泪中的笑"来形容，而且鼓励果戈理更广阔地来暴露俄国生活的社会罪恶，就是说，更宽阔地来暴露封建帝国。

"普希金曾经很久地劝我，"果戈理在他的《作者的忏悔录》中写道，"去开始一种巨大的工作……最后，他甚至把他想写成一种诗篇的题材给了我，而且，他说，他没有把题材给过任何人。这就是《死魂灵》的题材（《巡按使》的思想也是他的）。"

在文学史上，我们还不知道和这种无私地慷慨地赠予两个崭新的和重大的题材相比拟的别的事例。这证明了普希金对于他的人民，对于民族文学的伟大的爱。普希金自己创造了一个令人厌恶的地主典型的展览室，其中一部分可以在《欧根·奥涅金》的第五章中找到，即对于拉林家的宾客和邻居的描写。但是没有一个人，甚至普希金，可以和果戈理用那种真正现实主义和惊人的暴露力量在他的《巡按使》和《死魂灵》中那么辉煌地完成的工作——描写腐朽的、反动的封建俄罗斯的工作——并驾齐驱。

这两部杰作，使果戈理成为俄国文学中的"果戈理传统"的建立者，世界最伟大的现实主义讽刺家之一。果戈理对生活的概括性是那么真实，它们不仅限于俄罗斯的现实，而且达到了世界的意义，它们包括着西方资产阶级世界代表们的无数的典型的特征。这个事实，激发了果戈理的最优秀的解释者之一的别林斯基，他把果戈理当作自己祖国的"希望、骄傲和光荣"，当作"祖国的知识和进步的道路上的一个伟大的领袖"来欢呼，这是条把人民从奴役和剥削的羁绊中解放的道路。

俄国革命运动的第二代领袖车尔尼雪夫斯基和杜勃洛留波夫之所以把果戈理著作当作自己战斗的准绳以及反动的批评家们之所以发动了反对"果戈理传统"的战役，都不是事出无因的。

由于受惠于普希金的帮助和忠告，果戈理对于普希金伟大的传统，对于民族文学，留下了真实的东西。他的服务于人民的而且是俄国解放运动的一部分的优秀作品，发展了普希金的现实主义。这种解放运动在十月社会主义革命中得到了完成，它消灭了人剥削人，解放了俄国人民。

果戈理的《死魂灵》洋溢着普希金的爱国主义精神，带着普希金对于人民，对于光辉的未来的信仰。

"你这骄傲的骏马，你向哪里急驰呢，你在什么地方才会停下你的蹄子呢？"普希金在他的《青铜骑士》中问俄罗斯道。在《死魂灵》第一卷的结尾中，在把俄罗斯比作一辆"大胆的总是追不着的三驾马车"中，有着相似的印记。它使旅人离开罗士特来夫们、梭巴开维支们和乞乞科夫们的卑劣而窒气的世界而进入未来的光辉的世界。

"你不是也在飞跑，俄国啊，好像大胆的，总是追不着的三驾马车吗？地面在你底下拂尘，桥在发吼，一切都留在你后面了，……俄国呵，你奔到哪里去，给一个回答吧！你一声也不响。奇妙地响着铃子的歌。好像被风所搅碎似的，空气在咆哮，在凝结；超过了凡在世上生活和动弹的一切，涌过去了……"②

译自 *Voks Bulletin* 一九五二年三、四月号合刊

注：

① 果戈理的庄严的誓词写在一篇关于《鲍里斯·戈都诺夫》的论文中，生前一直未印行。——原注

② 见鲁迅先生译文，《全集》第二〇卷，四五〇页。

剧作家的果戈理

杜雷林著

　　尼古拉·凡斯里维契·果戈理把戏剧看作人民生活中的一种伟大的启发和教育的力量，他要求剧作家和演员促进合于人道和崇高原则的社会正义。这个伟大的剧作家对于流行于帝国俄罗斯和整个欧洲舞台上的那种力图造成无思想性的"噱头主义"，反对不遗余力。果戈理非常熟悉法国、德国和意大利重要戏院的剧目。那里所流行的假浪漫主义的传奇剧和味同嚼蜡的通俗笑剧，使他不禁痛苦地喝道：

　　"啊，莫利哀，伟大的莫利哀！你把你的人物发展得那么充分而完整；还有你，拉辛，是那么抽象而谨严；至于你，席勒，高贵而热烈，你的诗歌捍卫了人的尊严！你所遗留的舞台是前进的证明！"

　　为了莎士比亚、莫利哀和拉辛曾为之劳动的高贵的理想和真正的艺术效果的理想剧院而斗争，果戈理痛切地说道：

　　"我们把戏院造成了玩具，哄骗小孩的那种玩具，而忘记了它是给予人民群众生动的教育的讲坛，在那里，隐蔽的罪恶在光华灿烂的灯光圈里和交响乐的轰然而鸣的旋律中暴露了出来，赢得了观众的笑声，给在场的人们带来一种习惯的高尚和直到今天的朴实的美德。"

　　作为那个时代的戏迷的果戈理，对于西方的伟大剧作家，倾注着热爱。他是莎士比亚的伟大现实主义的热情的敬慕者，他称赞"阿文的诗人"①的天才是"深刻而明彻，像一面真实的镜子似的反映了广大的世界和形成了人的性格的一切。"果戈理终生爱着舞台上另一个伟大的现实主义者莫利哀，实际的表现是他参加了《斯加拉赫》的翻译和这个喜剧在俄国舞台上的演出工作。由于精通意大利文，使果戈理能够对哥尔多尼喜剧的快活的幽默发生喜爱和翻译哥尔多尼的门生戈罗德的《困难中的导师》（*L'ajo nell'imbarazzo*）。

果戈理对于西方剧作家认识很高，理解他们的人民性和纯正的现实主义，但是他反对摹仿他们，主张执着于生活的真理，而且要求俄国戏院应该是俄国现实的一幅忠实的图画。"我们生活的反映在什么地方啊？我们自己，我们的痛苦和可笑反映在什么地方呢？"果戈理问道，他对于那时的戏院痛加攻击，反对它在抓取生活上的失败。

在一切艺术中，戏院由于它的特性和生活站得最靠近。当演员被迫去体现人工性的传奇戏中的虚假的和矫揉造作的人物的时候，它的堕落和低级就成为难以避免的了。

"看老天爷的面子，给我们看真正的俄国人物，给我们看我们自己，我们的骗子和狂想家！把他们全都搬到舞台上来大笑一番吧！没有可以和大笑相比的东西：它既不要命也不要钱，而是要那些像陷于进退维谷中的兔子似的它面前的牺牲者。"

这些语句是一种对上演社会喜剧，讽刺喜剧的号召，它用大笑来替代控诉，而它的任务则是暴露隐蔽的罪恶和秘密的恶习。

果戈理的不朽的《巡按使》就是这种新型喜剧的经典范例。他废弃了老一套的浅薄的喜剧因素的概念；他去掉了传统的喜剧结构、剧情概要、布局、角色，这些和生活现实的近似之处很少，倒是近于胡闹的一套。依照果戈理看来，喜剧的因素，它的根源是在生活当中，而不是在戏院里，在那里喜剧的东西常为插科打诨取而代之。

果戈理的喜剧是文学中的一个新的发展。他的作品没有一本是围绕传统的爱情纠纷来进行的，这则是果戈理以前所写的绝大部分剧本的基本结构。

"应该是废弃这种老一套的纠纷的时候了，"果戈理宣称道。他要求剧作家投身生活大学，从现实中来寻求知识和感受。"你只要往四周留心地望一望，"果戈理说道，"你便看到在阶级、金钱和物质利益的结婚中，比之在爱情中更富有生气。"

这样，果戈理以一个天才者的气派，提出了把喜剧奠基于从社会和经济条件所引起的冲突之上的必要性。果戈理自己的喜剧，都是尖锐地放在这种冲突的基础之上的东西。

他自己的试作《弗拉底米尔的三等勋章》的中心所在就是阶级。这个剧本的情节是围绕着一个彼得堡的官吏为了获得（用偷窃或诡计手段）一枚圣弗拉底米尔勋章的野心来进行的，因为这种勋章可以使它的获得者和继承人晋位至贵族阶级。这个剧本以这位官员的可笑的失败而达到它的最高点：他的梦寐以求的热望被否定了以后，这位官员发狂了，他想象他自己就是三等弗拉底米尔勋章。这个喜剧描绘了整个官僚的彼得堡，从衙役室到元老院秘书的接应室。

"这里有许多可怒、可笑和趣味盎然的东西，"果戈理自己说。但是它并未表现出来，而且也没有完成，因为果戈理认识到它是对官僚的和贵族的彼得堡的告发，这就使它的演出不可能。后来，剧作家把它重写在一系列的戏剧场景中，从这些里面我们可以认识作者在那个剧本中所说的真理。

在他陷于完全绝望的时候，这个伟大的剧作家写道："留给我的东西，只有去发现那种甚至不致冒犯一个巡警的最最无关宏旨的情节了。但是既无真理又无愤怒，那还是什么喜剧呢？"

果戈理的这种说明，充分表现了他的喜剧概念。

果戈理的《婚事》——这是关于一个市井女儿和她的形形色色的求婚者的喜剧，粗粗看来，这似乎是"与人无害"的东西。但是果戈理对于物质结婚的批评，是那么入木三分和恰中要害，他那么生动地暴露了商人和官吏的自私自利和庸俗愚蠢，以致这个剧本的上演引起了反动报纸和属于上层阶级的看客的愤怒的抗议风暴。

果戈理的辛辣的现实主义明显地成了反对官僚的封建制度的一种进步社会力量。

这种力量，在《巡按使》里表现得最完美。果戈理这个优秀的喜剧的结构很简单：喜剧的情节被放在偏僻的内地市镇，市长和他的僚属们对于被践踏的居民实行着肆无忌惮的统治。因为积年的吏风不正，专横暴虐和无法无天已成为这地方的生活的范式。一个从京城里来的青年被当成了大家正在栗栗危惧地恭候着的政府简派巡按大吏。他被用各式手段来贿赂和邀宴着。当这个青年刚离开不久，警察报告说，真的巡按使下来了。正如果戈理所描写的那样，《巡按使》中的那个悲惨的市镇成了十月革命以前的封建帝国俄罗斯的一个象征。

《巡按使》是对沙皇俄罗斯的社会和政治秩序的一个公诉状。

果戈理关于这个剧本写道：

"在《巡按使》中，我决心把我所知道的俄国的一切丑恶和在最要求正义的场合上的一切不义都收集起来，把它们大笑一番。"

《巡按使》所遇到的，是它所告发的阶级的愤怒的爆发。"他们都反对我，"果戈理在写给伟大的演员史迁普金的一封信里说，"官吏们……咆哮说我亵渎神圣，因为我竟敢毁谤官界；警察也反对我；商人也反对我；作家也反对我。他们都咒骂我而且留意这个戏。"

史迁普金，这个《巡按使》中的专横的市长的出色扮演者，在他的复信中说："……他们对你越恼火，我就越是高兴，因为这是说你已经完成了你的任务。"

被对于他的人民的热爱和对于他们光辉前途的坚强信心所激励，果戈理攻击了他那时代的俄罗斯的一切虚伪的、卑劣的和腐朽的东西。

剧作家的果戈理指示了俄国戏剧的为人民服务的道路；沿着这条道路前进的屠格涅夫、奥斯特洛夫斯基、列夫·托尔斯泰、契诃夫和高尔基所创造的戏剧作品，丰富了俄罗斯戏剧的宝库，并且赢得了世界声誉。

果戈理的现实主义的勇敢性和他的社会政治思想，他的对人民的深刻爱情，他的剧作的人道特性，将永远是对于那些努力反映人民生活以及他们的为了更美好的未来的斗争的苏维埃剧作家的鼓舞。

译自 *Voks Bulletin* 一九五二年三、四月号合刊

注：

① "阿文的诗人"（Bord of Avon）：指莎翁而言。

果戈理在苏联舞台上

戈尔巴诺娃著

　　过去的伟大作家们，常常怀抱着一种愿望：有一天读者能够体会他们作品中的爱国主义、人道主义和民族性。当普希金为了《鲍里斯·戈都诺夫》的时候，他也渴望着这样一种理解和知音的读者。《巡按使》和《死魂灵》的作者果戈理徒然地寻求着会碰到这样一种读者。

　　"《巡按使》上演了，"在他的不朽的喜剧首次上演以后，果戈理写道，"而我感到这样的异样，这样的混乱……我自己的创作看来似乎完全不是我的东西……"

　　当时的官立戏院的有特权的看客和反动的批评家，对果戈理大肆辱骂和嘲笑，把他的喜剧说成是一种"虚伪而下流的滑稽"，"一种对生活的歪曲。"由于受到排挤和感到烦恼，果戈理离开俄国到国外去了。其时，伟大的俄罗斯演员史迁普金，他曾经对果戈理的新作衷心地折服，给予了这个俄罗斯天才的伟大作品以高度的评价和爱好，在莫斯科的小剧院里等待着他。《巡按使》在作者不在的期间，被排演和上演于莫斯科。

　　一百年已经过去了，在俄罗斯发生了伟大的革命，作家才终于被发现了。伟大的俄罗斯古典剧作家们的作品，空前未有地被广泛地上演着，他们被前所未有的那么广大的观众所爱好。不仅是《巡按使》和《婚事》，而且有许多果戈理的散文作品，以及从果戈理的作品改编的歌剧和舞曲，用苏联各民族的语言在成千成百的剧院和俱乐部上演着。

果戈理曾经历了时间的考验；他是我们祖国最流行的作家之一，而且他的作品在国外的流通受到应有的尊敬。我们珍贵他在他的作品中所战斗的那些崇高理想，他的对人民的创造力和前途的信任，对我们是亲近的和弥足珍贵的。

苏联人民是过去古典遗产的合法的和适合的继承者。列宁常常强调这一点：没有掌握过去的文化，就不可能是一个共产主义者，一个新社会的建设者。"要是你打算得出这样的结论：一个人不去接受人类知识的积累而可以成为一个共产主义者，那你就必定要犯一个大错误。"他写道。

俄罗斯的演剧，在解释果戈理方面，曾经创造了现实主义传统。有许多世代，从史迁普金和马特诺夫开始，这个伟大剧作家的作品，在俄罗斯的舞台上找到了有才能的表演者，他们能够无视那种笼罩着官方戏院的愚昧可笑的气氛，对公众表达出果戈理的辛辣的嘲笑，揭示出隐藏在凶恶的俄罗斯警察统治下面的政府官吏和地方官吏的"体面的"外貌下面的丑恶的"猪鼻子"。

然而，由于沙皇统治的严厉的检查制度、在表演方面的缺乏单一的艺术概念，以及演员在理解上的差异，使果戈理的作品常常失掉了某些它们的社会的刺激和暴露力量。

革命前的演剧，渐次地失掉了戈里鲍耶多夫和果戈理时代以来所表现的现实主义伟力。这是自然的：堕落的资产阶级艺术和戏院是不可能表现出果戈理作品的完整意义的。十月革命以后，戏院里挤满了新的不同的观众——红军军人和水手、工人和农民。他们对于戏剧的真诚的反应，无形间感染了演员，他们感到一种新鲜的、生命复活的气息弥漫着全戏院。这些反应驱使舞台上的旧主持人去重新考虑他对剧目的态度，而且为了适合新的观众的情绪，把古典作品转向现代的主题。革命初期的公众的这种苏生的感化力，被史坦尼斯拉夫斯基在他的著作《我的艺术生活》中详细地记载了下来。

剧院获得了一种新的生命的苏生，同时，他们抛弃了官立剧院的舞台上的老例和惯习，在摸索着去感动新的观众的道路和方法，对于古典作品选择新的剧目和新的解释。

对着从革命前的资产阶级剧院遗留下来的形式的审美观和对生活的自

然主义的描绘，我们优秀的演员和导演在努力体现果戈理的讽刺的社会本质，充分地去显示过去的社会不平，把苏维埃的爱国主义灌输到那些在新的社会关系上建立了一个新国家的人民中去。开初，剧院在解决这些重要的问题上面，常常不能圆满地得到成功。但体会民族的古典遗产的一般倾向，表现在使剧院成为教育人民的讲坛这种倾向上面。

在一个极其短促的时间历程中——从一九一九年到一九二二年，莫斯科小剧院曾做了三次努力，来解决表现在《巡按使》和《婚事》上的问题。

小剧院上演《婚事》和《巡按使》的故事，对于剧院处理果戈理作品的注意事项，提供了许多有关的证据。当一九一九——一九二二年重新排演这些喜剧的时候，演员和导演辛勤地研究了这同一戏剧的旧的演出法，带着一种去发现这些喜剧的社会本质的全部意义的眼光。对于舞台的设计者提高了要求；角色被新的人才所扩充和提高了。

为了这个目的，有才能的演员史提潘·库兹尼索夫在一九二五年被邀请加入这个团体。在《巡按使》的演出史上，第一次地由他扮演了两个角色——赫莱斯达阔夫和市长，这是最初的在一种新的光亮中表现了这两个人物。

这个著名的和受人欢迎的喜剧演员最使人感到兴趣的是扮演市长这个角色。在这个经验宏富的俄国剧院里，表现这样一个市长典型，这还是初次。库兹尼索夫在外貌上，只是在银色的假发中间有一块光秃的斑点，这就与司克伏慈尼克·特莫汉诺夫斯基的传统的扮相毫无相似之点。库兹尼索夫大规模地创造了一个小城镇的政府官吏的新典型、一个骗子和阴谋家。奸诈而有眼力，带着一种使自己适应环境的能力，库兹尼索夫的市长是一个非凡的生意人和外交家。被他的巨大的生活力所支持，他非常熟悉警察和官僚制度这种简单机器的动作方式，库兹尼索夫的市长以一种无限的自信心活动着。甚至在困难的时候，他也从不失去对自己的崇拜，他以自己的权术和才能来愚弄周围的人民。整个说来，这个解释是有趣的，但它缺少那种"从卑下到傲慢"的变迁，这是果戈理希望在这个角色身上看到的东西。

在苏联演剧史上的一件大事，对于古典作品的现代解释的最有决定意义的事件之一，是莫斯科艺术剧院在一九二一年对于《巡按使》的新的演出，这次演出，不仅在莫斯科艺术剧院的历史上是重要的事件之一，而且，一般说来，在现代演剧史上，亦是重大事件之一。

在艺术剧院的舞台上，《巡按使》是在一九〇八年由史坦尼斯拉夫斯基和莫斯克文首次演出的。

史坦尼斯拉夫斯基把他的注意力集中在演员身上，集中在他们工作上面，集中在他们对他们所扮演的人物的精神状态的洞察力上面。

演员和导演都对于时代和它的风习做了深刻的研究：他们力求对历史忠实，用最大限度的正确性和丰富的细节来复活农奴改革以前的俄罗斯背景。虽然，他们在演出上对于外观方面的过分注意损害了这个戏，导致在艺术剧院的舞台上面遗失了它的某些辛辣的讽刺。

一九二一年，史坦尼斯拉夫斯基重又回到果戈理的不朽的喜剧上面去了。

"这个戏必须为来看戏的千百万人民今天所需要的那种伟大的人类理想而演出，"史坦尼斯拉夫斯基说道。

史坦尼斯拉夫斯基在果戈理的戏剧的爱国主义的目的里面，在他的对于他的人民和俄罗斯的热情的爱恋和对它的苦难的忧伤里面，看到了《巡按使》的思想。剧院力图去向观众传达出果戈理的"泪中的笑"，他的反对农奴制度暴政的高贵的激怒。

像从前那样，他的注意力集中在演员和他们对人物的深刻的精神状态的理解上面，他放在最注目的位置的工作，是揭露这个喜剧的辛辣的讽刺的本质，果戈理的笑的激昂的和粉碎的力量。这个演出是一个巨大的成功，而且引起了一大堆评论的文章。

史坦尼斯拉夫斯基对于《巡按使》的演出，是从一切不论是导演或道具主任的过分的渲染上的解放，它用着艺术家犹昂所制作的显明的和富有特色的舞台装置。它的对这个喜剧的思想实质的正确的心理学上的理解，它的自然的、高度技巧的演技，把公众给抓住了。

"这个现代喜剧，"一位批评家写道，"是一种革命的讽刺。而且史坦尼斯拉夫斯基在舞台上既不需要噱头、格调特别优美的变化，也不需要形式化的、夸张的服装。每件事物都是简单的、'自然的'，正如这个剧院在它的那些最好的年代一样。"

从革命的最初年代以来，苏联演剧沿着现实主义艺术的道路发展着，带着它的明确的观念，反对着资产阶级意识的每种表现。

唯美主义者和形式主义者对于过去的文化遗产抱着一种虚无主义的态度；他们企图去歪曲俄罗斯民族天才果戈理的伟大作品，并且力求去阻碍苏联演剧之作为现实主义演剧的正确而丰富的发展。

苏联的戏剧艺术遵从着社会主义现实主义的原则，在反对形式主义和空虚的艺术的斗争中得到了力量。

这并不是偶然的：三十年代，标志着资产阶级形式主义的决定性的败北，同时，又是一个我们看到了俄罗斯古典戏剧艺术，尤其是果戈理的戏剧的繁荣的时代。在这个时代，他的戏剧在俄罗斯苏维埃联邦社会主义共和国的城镇中更广大地上演着，也在其他民族共和国的剧院上演着。这里出现了许多重要的演出，由于它们对果戈理戏剧的辛辣的讽刺性努力要表现出一种现代的和完整的现实主义的解释，这些演出都非常突出。

莫斯科艺术剧院的上演《死魂灵》，在我们时代的果戈理戏剧史上是一个显著的事件。

《死魂灵》排演了近三年。这个演出可以列入苏维埃戏剧的最好的成就之一，关于它的演技竟达到了如此的水平。每个演员都为他的对于人物的完整的解释而惊异，全体演员在完全和谐中动作着。在这个演出中，莫斯科艺术剧院不仅有可能去刻画人物，而且还能去创造新的典型。在观众眼前滔滔不绝地闪过一个陈列所，这里有对于积累财富利欲熏心的人们、愚蠢的梦想家、酒醉的喧哗者和吝啬鬼的典型——农奴制度时代的俄罗斯的典型的代表人物。当为每个人物创造他自己的特征的时候，剧院同时能够强调他们共同的社会本质——那种果戈理那么痛烈地和轻蔑地感到的"市侩的卑劣性"。

在这个演出中，剧院的最优秀的力量都参加了。乞乞科夫这一角由塔波洛科夫所扮演。这个角色的外观并不完全适合于果戈理所描写的典型。他缺少迷人心目的文雅和滚圆的面孔，诗篇作者所那么强调的仪容和举止。然而，演员能够征服这些困难，创造了一个最典型的和富于说明力的形象。在他的体面的外表和良好的教养下面，人能够猜测出他的贪婪、对于金钱的欲望、他的为目的不择手段的准备，对于危险和惩罚的无所畏惧。这种固有的劣根性和获得的欲望构成了这个人物的内在的特征，被批评家们所一致地和高度地加以赞赏。塔波洛科夫创造了一个最真实的典型，这是在社会的具体历史条件下和民族土壤上生长起来的东西。

莫斯克文把罗士特来夫演成一个莽撞而快活的家伙，一个精力充沛的无赖，喜爱吹牛的多嘴者，并且是一个性格诡诈的赌棍。在这个描绘中，天真直爽跟实用主义以及贪婪结合得很巧妙，他的对人民的粗暴无礼的态度和甜言蜜语的伪善混淆在一起，被一种伪装的天真和诚实掩盖着。

莫斯克文出色地掌握了罗士特来夫在副知事公馆里吹牛那一场，在这里使人发现了它和《巡按使》中的赫莱斯达阔夫的耽溺在谎言中的那一场的许多相似之处，而且细致地感到了果戈理描写轻浮而傲慢的骗子和说谎能手的方法，他的家谱可以追溯到《巡按使》的英雄。

塔卡哈诺夫所扮演的梭巴开维支是一个令人信服的骗子。在那个有名的场景，——死魂灵买卖——演员完整地描绘了他所扮演的人物的令人发呕的性格。批评家在写到塔卡哈诺夫演技的时候道，他完全融化到他所表演的那个典型中去了，这是个一副蠢相的、刚愎自用和寡廉鲜耻的贪婪家伙，他一眼就看清了乞乞科夫的骗术。

列昂尼多夫所扮演的泼留西金达到了高度的完成。他所表现的这个"人类的污点"，是一个令人战栗的形象，它使人的血变冷了：贪婪和对积累财富的欲望竟使人类品格堕落得难以蠡测。在泼留西金的内部和外部世界的每个细节里，列昂尼多夫完全是真实的，同时他所创造的形象，还是一个深刻的综合，是私有财产所固有的天性——毁灭力的象征，它不仅毁灭和吞噬了它力所能及的每种事物，而且也毁灭和吞噬了那些正隐藏着这种丑恶欲望的人。

凯德洛夫对于马尼罗夫的理解，引起了批评家们的注意。可注意的是凯德洛夫完整地描绘了马尼罗夫对世界的想象力，它上升到无穷无尽，竟使他找不到表现他的情感的字眼，而结果却完全是支离灭裂。

凯德洛夫还做了一件出色的工作，就是果戈理所标明的"在他脸上表现着一副思想的神气"。思想劳动和马尼罗夫完全是背道而驰。思想并不是他的所长。但是他认为一个人在思想的时候，他就要有些动作，选取某些姿态、脸孔表情和手势。所以当马尼罗夫在想些什么的时候，代替了内在的集中，他却开始皱眉，把手指放在额角上，把腿以一种特殊的方式摆动着——一句话，他相信他要是在外部表情上变成一个"思想家"，他也就找到了对他的问题的答案。

凯德洛夫完全巧妙地掌握了马尼罗夫主义的本质，它的阶级性格，这是曾赋予果戈理的人物去经历时间考验，变成一种笑柄的东西。

在他和孟什维克、资产阶级和小资产阶级自由主义者的斗争中，列宁时常应用"马尼罗夫主义"这个术语。他常常谈到他们的轻浮的"马尼罗夫式"的计划，他们向人民讲话和谈到人民的方式，"用着马尼罗夫的温柔甜蜜的声音，点缀着文明的辞句，以令人发呕的伪善叫喊着关于'新的农民大众'和'农村的民主化'，以悲壮的声调叫喊着神圣。"

在伤感主义和精力旺盛的凯德洛夫的马尼罗夫后面，在他的发明种种轻浮的计划的欲望后面，可以清楚地看到明确的社会性格：资产阶级改良主义者和自由主义者的软弱的空想，他们用说话来代替实践的倾向，用"花言巧语"的辞句来歪曲和粉饰社会真理。

在这次《死魂灵》的演出中，史坦尼斯拉夫斯基能够去描绘一幅广大的社会油画，用一个现代人的眼睛来观察果戈理所描写的时代。

《死魂灵》在莫斯科艺术剧院保持了二十年以上。这个剧院所创造的成功的艺术品，不仅经历了时间的考验，没有衰弱下去，而且相反地，变得更加明朗、深刻和充实。它使真实的现实主义艺术的茁壮的萌芽有了坚实的根基，为这个卓越的剧院的更大的发展打下了基础。

在三十年代的第二个十五年，尤其是四十年代，果戈理的戏剧被成百的剧院上演着。《婚事》和《巡按使》，被用苏联各族人民的无数种语言，在乡村和城市，在集体农庄，在儿童剧院，在学校舞台上和被业余剧人上演着。

在这些演出中，列宁格勒青年观众剧院在一九三六年五月所上演的《巡按使》，是一个无可非议的艺术成就。

这个剧院企图在《巡按使》的上演里，在他们的年轻观众当中，培养一种健康的审美趣味，教育他们去热爱和欣赏自己祖国的艺术和文学。全体演员，包括导演巴惹尼日夫在内，都工作得很认真。他们审慎地再现了时代的风格，严格墨守原文，并且遵从着剧作家对于处理这个戏的一般观念和他的每个人物的方针的每一个字。报纸一致地认为列宁格勒剧院的演出《巡按使》有着伟大的历史和教育价值，并且指出"甚至最喜欢吹毛求疵的批评家或冬烘先生也无法在这个演出中找出最轻微的瑕疵。"

这个戏的这种表演，在那个时代无疑的是有进步作用的，因为果戈理的"革新家"和"改造者"们依然在戏剧界有着势力。

俄罗斯剧院在哥莫尔区域于一九三九年底演出《巡按使》，是艺术界的一个重要事件。

这个戏是新演员——其中包括戏剧学院的全部毕业生——的首次演出。《巡按使》是在苏联人民艺术家列昂尼多夫的指导下，在工作室排演的，他把青年引导到史坦尼斯拉夫斯基体系的艺术的和道德的原理中去。这个被当作一种辛辣的社会讽刺的演出，由于它密切地接合了艺术的一般效果，立即吸引了公众的注意。这种甚至赋予最小角色以小心处理和对于舞台装置、服装、化装的最小细节的注意，都是为了刻画这个戏的意味所在而服务的。正如批评家所指出的那样，这个生动的演出的整个精神和人物，使它成了一种真实的现代剧，它的讽刺性和现实主义引起了普遍的注意。尤其值得注意的是这个事实：扮角全部都是很少有专门经验的青年人。

在一九三九年到一九四四年的短促的时间内，喀山的布洛秀依剧院两度上演了《巡按使》。由于表演天才的优越，这个剧团在表演中加进了许多技巧和纵横的机智，这对于市长和赫莱斯达阔夫的出色的解释的成功帮助很大。在这两次的演出中，即一九三九年的和一九四四年的演出，这些角色是由戈里哥罗耶夫——现在在莫斯科小剧院——和雅库沁科来扮演的。雅库沁科是一个才赋很高、精明而有多方面能力的演员，和戈里哥罗耶夫不同，雅库沁科用某种稳重性来处理他的英雄，他创造了一个高度讽刺典型，在那里使人很清楚地察觉到苏联艺术家关于这个人物的本质所指出的诸特征。

这个戏，在一九四四年的战争期间，又被剧院再度地上演了。在克服了以前所存在的缺点以后，它现在能够做一种真实而透彻的演出，不把角色简单化或演过火；能够把建立在强者对弱者的公开压迫的基础上的、封建官僚俄罗斯的卑劣性和丑恶性表现出来，在那里，国家机器每一部分都飞散着腐乱的和唯利是图的臭气。

在时光的更易中，苏联戏剧界在解决把舞台上的古典作品予以现代的解释的问题上，日渐地成功了。苏联演员用科学的方法，学会了把过去给予一幅忠实的历史图画，并且向公众表达出俄罗斯作家的杰出作品的社会意义来。不过，戏剧工作者若是忽视了历史的真实，若是把在艺术上的现代观点加以简单化和庸俗化，他就无可避免地要遭到失败。

这就是莫斯科的伐河唐哥夫剧院在一九三九年上演《巡按使》所遇见的了。导演从一种大不相同的观点来理解果戈理的喜剧，他想用胜利者的快乐的笑声来笑话过去，因而废弃了每一种在他认为是"沉重"的东西。正像演出者所安排的那样，作为对于《巡按使》的"现代"解释，这个剧院注意于去寻找透明性和轻快性。这就和这个戏的唯一的精神大相径庭了，它原来充满了果戈理的愤懑和"泪中的笑"，所以这个演出命定地遭到了失败。

在彩排的前夕，伐河唐哥夫剧院由于史楚金的暴死，遭受了一种沉重的打击，他是个要来演市长的人，从他所遗留的手记和图片以及那些看过这个优秀演员的排演的人的评论来判断，他所想象的那个典型，应该是一个非常有味道的人物。史楚金想要创造一个高度讽刺典型，在他所遗留的手记上，对于市长这一角色的性格和气质，他曾制定了完整的分析。

戈里欧诺夫被找来补缺，他受命在匆促之间来排练市长这一角色，创造了一个不论和果戈理的指示或史楚金的理想都差得太远的典型。演出的失败主要应归咎于剧院的演出者，他不去对果戈理的典型努力做深刻的研究和掌握这个伟大剧作家的意图，却走上那些"窜改者"的阴惨的老路，宁去采用他们手制的既不见于原文也未见于作家指示的恶作剧和琐事的混合物。他的对于这个戏的演出，包括了漫画化和过多的夸张的表现。这种对于《巡按使》完全是胡乱的窜改的结果，是招致了剧院的失败。

小剧院赋给《巡按使》一种完全不同的处理，它的一九三八年到一九三九年的演出，特别是一九四九年的演出，可以说是这个经历宏富的剧院的高度艺术成就和出色的尝试。

果戈理的戏剧，一世纪多以来，都是小剧院剧目上的传统特色，这个事实赋给全体人员许多责任。许多代的演员，包括像史迁普金——他是第一个演市长的人——那样有名的演员在内，帮助了剧院的保持现实主义倾向。然而，这个事实也造成了某种困难。剧院的演出者曾正确地指出：《巡按使》的最早的舞台演出，不仅奠定了好的基础，而且也带来了有害的传统：除去个别的演员的成就，这个戏的革命前的演出，既负担了一种通俗笑剧面貌的表演，又相似于一种无生命的风俗学的博物展览，由于过度地负担了戏剧性，而和果戈理完全地相左了。一直到革命前的那些年代，小剧院所演出的《巡按使》失掉了太多的它的讽刺的辛辣性，而变成了一种庸俗的滑稽，纯粹娱乐性质的表演。

关于他们在演出上的工作，演出者和演员双方都注意到要使剧团尽最大努力去抛弃这个戏在长期而复杂的舞台生活中所积累的那种特有的戏剧性的"虚构"，克服在处理某些人物上还使人感觉到的那种传统的学院派作风，以及避免形式主义者在处理果戈理上的那种爱情纠纷和玩弄小聪明。

要把这个戏演得就像果戈理自己所理解的那样正确，要把自己参加到他对于尼古拉一世的官僚俄罗斯的令人窒息的腐乱和专横的世界、对于在那个时代的社会条件下所产生的道德上残缺的人物和现象的辛辣的嘲笑里面去——这就是小剧院的导演计划来演的这个戏。

演出者和演员双方都以果戈理的指示作为他们的出发点，他写道："甚至在最不足道的角色身上，也没有夸张和琐碎的东西，相反的，演员必须努力要做到更朴实些、单纯些，甚至比角色真正所要求的庄重些。"

演出者认为他们的主要任务，是依从果戈理的要求，恢复剧院在反动年代所失去的这个戏的原来精神。虽然，他们不仅是恢复《巡按使》，把它在历年的舞台上已变成坚固的外皮的一切固定的形式和牵强附会的东西清除净尽，而且还要把它成为现代公众的眼睛来看的喜剧，把鼓舞了作家去写《巡按使》那个时代的俄罗斯革命民主派批评家正确地感到了的那种对社会不平的悲哀和仇恨，表现得更为生动、显著和合适些。这正是一九三八年的演出所缺乏的东西，也就是剧院在十年以后要回复这个戏的原因所在。

年老和年轻一代的优秀演员，都参加了这两次的演出。举例说，扮市长一角的雅科武列夫，从一八九七年以来就在小剧院扮演赫莱斯达阔夫。这个演员遵守着俄罗斯现实主义演剧的优良传统，他反对多年以来导演和演员把果戈理的杰作和它的个别人物弄得暗昧不明的一切妙诀和手法。他把正剧的精神灌注在市长这个人物身上，认为这个典型说是正剧的人物比说是喜剧的人物还更合宜些。这在司克伏慈尼克·特莫汉诺夫斯基的最后独白上表现得最是清楚。不用修饰和填塞什么东西地向新的苏维埃人民来表现旧世界的卑劣性，暴露出可怕的过去使他们去嘲笑——照他的意见说来，这就是《巡按使》的现代意义。

扮演市长夫人的苏联人民艺术家巴沁娜娅，她曾经看到过著名演员在小剧院所演的《巡按使》。她自己仅仅在一九三八年首次演过这个角色，现在高兴地接受了任务，自觉到它所包含的巨大责任。

"为了像果戈理所描绘的'岁数不很老，外省派头的好玩弄风情的女人'安娜·安德列夫娜这一个角色，"巴沁娜娅回忆道，"我尽力对那个时代的习惯和风尚做了详尽的研究。当要用最大限度的老实和真诚把人物的精神状态突出地表现出来的时候，寻找外部表情的色彩和形式使我是那么昏乱和担心……在假'阔佬'赫莱斯达阔夫到临，这个市镇被狂热所抓住的影响之下，爱打听的虚荣心强的安娜·安德列夫娜——她的教育是靠小说和画本的——膨胀到像一头猪那样的比例了，这是一头被自满和虚荣弄得完全头昏脑涨的猪，像在最后一幕谈到她所说的：'让她坐在桌旁，她就会把脚也放上去……'"

在论到巴沁娜娅在一九三八年和一九四九年对于安娜·安德列夫娜的解释的时候，批评家指出道：这个女演员成功地创造了一个小城镇的市侩典型，这是个娇弱无力和装模作样，同时又是个下贱而庸俗的女人。她所表现的任何感情，都是可笑而丑恶的东西，她和她女儿以及周围人们的关系，正是果戈理所描绘的这个小城镇的一切典型的东西。

直到三十年代末尾，参加了小剧院的演员们都在艰苦地改造着自己。这一件事最好的例子，是有才能的苏维埃演员伊林斯基。当他摆脱了形式主义的羁绊，在思想上接受了正确的现实主义艺术以后，作为一个喜剧演员的他的伟大的天才得到了显著的发挥。这就是他在一九三八年和一九四九年对于赫莱斯达阔夫的解释会被那么高度地赞赏而且给他带来那么巨大的应有的成功的原因所在。

作家卡泰耶夫正确地指出道：为了能够描写一个"脑筋里没有主宰"的人，一个年轻的头脑空洞的贵族，一个糟糕的官吏，由于众人的恐惧，把他误认为巡按使，演员自己首先必须具有"一个聪明的头脑"。

伊林斯基证明了是一个有着高度智慧的、细致而敏感的演员。他的每一个音调，每一个音节，每一个举止，都和规定的情况严格地相符合，同时，他用令人惊异的发现和发明丰富了果戈理的原著。

不越出人物的喜剧画貌，具有无限的幽默感的伊林斯基，更深地发掘

302

到赫莱斯达阔夫的社会性格中去。他创造了一个非常突出的形象，它不仅主要的是小城镇的官僚制度世界的对照，而且还是这个世界的典型产物。虽然他的体面的外貌和大城市的时髦派头与众不同，伊林斯基所描绘的赫莱斯达阔夫却是这整个懒惰的、贪婪成性的、欺骗的、带着他们的寄生道德的集团的一个亲戚同宗。

完全掌握了剧作家的意图，小剧院创造了一种以它的老练和讽刺见长的现代演出。如小剧院常常说的所谓史迁普金之家的优良传统，已经被这群苏维埃演员有利地消化了，在他们的工作中，他们用新的意识上丰富的艺术和社会主义现实主义的思想使它更加细致和丰富了。这就是这个最古老的俄罗斯剧院所表演的古典作品的伟大的现代意义。

果戈理的戏剧已经译成了乌克兰文、白俄罗斯文、卡查赫文、乌兹别克文、塔吉克文、土克曼文、鞑靼文、巴式吉尔文、格鲁吉亚文、阿尔明尼亚文、乌德模尔特文、阿塞尔拜疆文、慈华世文、莫尔多维亚文、马利塞克文、爱沙尼亚文、拉脱维亚文、布列特—蒙古文以及其他许多苏联文字。这是一个最显著的事实。许多民族共和国，在革命前甚至还没有他们自己的文字，现在已经发展了他们自己的民族文学和演剧，这是全体苏维埃人民值得骄傲的。莫斯科所举行的民族艺术和文学的"节日"，生动地说明了基尔吉兹、卡查赫斯坦、格鲁吉亚、阿尔明尼亚、白俄罗斯和乌克兰以及其他许多苏维埃共和国在文化进步上的巨大的发展和成就。

在我们国家，从前的民族不平等，已经永远地成为过去了。在共同努力建设世界上劳动人民的第一个共产主义社会中，社会主义各民族以兄弟般的和谐和从未有过的文化合作来劳动着。

这说明了一种高度的正面事实，即：俄罗斯的古典戏剧已经成了民族剧院剧目上的一个组成部分。由于最先进的民主思想和民族精神——普希金、果戈理、奥斯特洛夫斯基和托尔斯泰的伟大作品的媒介，更加发展和丰富了民族文化，而且对于民族艺术的理想和创造性的发展也是一种有力的鼓舞。

例如说，"演剧"这个字眼，甚至在卡查赫的语言中都不存在。从前的俄罗斯帝国的偏僻之乡的民族演剧的先进者，竟能够演出果戈理的诸喜剧，掌握了它们的意义，通过艺术媒介，表达了它们的思想和典型，在舞台研究和他们民族的一般文化中获得了那么巨大的成果！而这则是只有成熟的和先进的剧院才能相配的那种任务。

果戈理的作品已经被我们国家的许多民族剧院，以对于果戈理的戏剧艺术的思想的和艺术的价值的深刻理解，以优良的经验和技巧，以出色地掌握民族精神和具现另一个民族性格的能力上演了，而这则是只有有着一种真正伟大的艺术再现力才有可能的。

果戈理喜剧的演出，对于民族剧院的演员和导演们，是一种重大的锻炼。

当然，这不是一个简单的历程，他们在得到成功之前，犯过许多错误，也遭受过许多失败。这些民族剧院在一开始的时候，缺乏所需要的受过训练的演员和导演，并没有把果戈理的作品，像他们现在所理解的那样，赋予那样的艺术面貌和充足性。许多年轻的演剧团体，其中绝大部分是有才能的业余演员，并不能立即学会现实主义地解释果戈理的艺术。但是这一点已经也熟练了，并且克服了困难。在《婚事》和《巡按使》数度演出的过程中，民族剧院使它们自己避免了原有的错误和缺点，很生动地表现了喜剧的社会和讽刺意义，创造了一个内部联系的整体。从一九二六年到一九四五年，吉尔基兹国立剧院三度上演了《巡按使》。卡查赫艺术院剧院也上演了三次《巡按使》，鞑靼艺术院剧院也不下四次。

民族剧院所面临的困难，不只是戏剧题材本身，它所要求的那种高度的专门技术，它们还要再现在年代上和他们非常疏远的专制的和官僚的俄罗斯。何况要忠实地和谨慎地向公众表达出喜剧的深刻的思想内容，而且还不容损害俄罗斯民族生活和性格的诸特征，至于所描绘的典型人物和风习，这些在实际上不仅是对于公众而且对于演员自己都是生疏的东西。

《巡按使》是塔吉克斯坦的拉克哈蒂国立艺术院剧院首次上演的俄罗斯古典戏剧。"剧院并没有越过抵抗最小的线，"《塔吉克斯坦共产党人》写道，"它并不是没有对困难的恐惧，但是它仍然用坚强的劳动克服了困难。"

为这个戏剧的演出所准备的唯一事物，可以说是最大的真诚和谨慎，剧团就是用这些来完成了他们的任务的。本地的文学专家被邀请来共同合作，并且向演员讲解果戈理和他的时代。被派定的角色也研究了果戈理的剧作，读关于他的著作的材料和在俄罗斯舞台上演出他的剧作的故事，最后，他们为了对那个时代的风习理解，研究了图片和其他文字记载。

这种艰巨的但是忠诚的劳动给他们带来了成功。结果是一场对果戈理精神真实的演出，而且这个演出，用不着夸大，它可以被认作塔吉克演剧上的一个光辉成就。

卡查赫、吉尔基兹、乌兹别克和其他许多民族剧院的演出《巡按使》，同样都是人民的文化生活中的一件大事。

果戈理的戏剧，在发展民族剧院的演员技巧上，成为高度的助力。它帮助他们变得在艺术上自立，对于现实主义艺术的深入掌握，对于性格的心理上的真实和它的社会的精确特点的创造。苏联人民艺术家，卡查赫斯坦的卡里别克·库阿尼西帕耶夫，乌兹别克斯坦的阿伯尔·凯托雅托夫，都曾扮演过市长的这两个人，对于这点提供了深刻的证明。

他们在这个困难的角色上的工作，帮助了他们后来对于别的性格给予一种有力的和独到的解释，尤其是对于莎士比亚的作品。

这并不是偶然的：果戈理的戏剧，作为一个规律，在许多卓越的民族演员的生涯中，构成了一个标界石，它把他们的艺术提高到一个新的和高级水平。

这些有名的苏维埃剧院，像基辅的伊凡·福仑科国立艺术院剧院、阿尔明尼亚苏维埃社会主义共和国的桑都可扬国立剧院、格鲁吉亚的马尔加尼什维里剧院以及其他许多剧院，都曾对于《巡按使》做了出色的演出。最优秀的演员都参加了这些演出，而且在性格的创造上都使尽了他们的脑汁和才力。

果戈理的伟大作品已经真正变成了我们全体民族的财产，它们已经伸延到我们祖国最遥远的角落，无论在什么地方，它们都得到了它们所应该获得的注意和兴趣。

译自 *Voks Bulletin* 一九五二年三、四月号合刊

关于《巡按使》的断想

史迁普金娜—古柏尼克著

俄罗斯的古典文学，尤其是戏剧艺术，由于这个突出的特点而不同凡响：作者不以某些个人作为他的作品的中心，而是通过他和周围世界的关系来显示他的所有特性，比如，我们说，莫利哀的《吝啬鬼》，在那里，作者的观察力和才能便全部集中在那个主要人物身上。俄罗斯作家，相反地，是把当代生活割下一整块，并且暴露了它的疮疤，常常把他的愤怒隐藏在喜剧的面具后面，从"看得见的笑的世界"发掘到它下面的"看不见的泪的世界"。这是实在的，十八世纪的作家冯维津，在他的作品《未成年》中，描绘了他那个时代的封建地主风习；戈里鲍耶多夫则描绘了古老的贵族莫斯科的浮夸而伪善的社会；对于果戈理说来，这也是实在的，他的题材是他所生活的时代，这是一个受贿的、骄横的、无法无天的官吏、普遍的腐化、官僚政治的警察统治的时代。而果戈理对它的认识是那么广阔，甚至尼古拉一世在那个内地城镇和他的庸俗的商人身上也承认这是俄国的面貌；在观看《巡按使》的时候，他说道："我们全被鞭打了，而以我为最甚。"实际上，这里是果戈理写作他的喜剧的时候就已经正确地认识了他们的、他所告发的重臣、总督和官吏的例证，正如俗语所说，做得是那么恰到好处。所有这一切旧俄罗斯的丑恶和腐朽的东西，后来都在伟大的革命火焰的净火中被扫除净尽了，它为俄罗斯的崭新的和进步的制度扫清了道路。

在我们所谈到的那个时代，我们最伟大的俄罗斯诗人普希金，在文学中造成了深刻的变化；演剧也走向了现实主义的新道路，对于不朽的演员史迁普金（他是我的曾祖父），我们要大大地感谢。他们都是果戈理的朋友，作为一个作家，他从他们获益良多。尤其是关于他的《巡按使》。

果戈理诞生于乌克兰，十九岁的时候，他进了政府的分配科作小吏。

果戈理的诗的倾向，使他去描绘自然和民间传说，他的乌克兰故事集（半真实半传说的东西），仍然有着一种无比的新鲜性和年轻的浪漫主义魅力。但是在这个青年诗人身上也潜伏着一个对生活的深刻学习者，一个敏感的现实主义者，一个可惊的讽刺家。官僚专制的可怖的现实，面对着他，激动着他，它们在他的作品中占了中心的地位。像他的一篇小说中的主人公那样，他开始在他的周围看见官吏、收贿者和盗用公款者的"猪鼻子"。他的转入戏剧，是把它当作他的控诉的最有效的手段。占有着喜剧题材的他开始要求来表现了：我们所保存下来的他初期在写作上尝试的那些断片的名称，表示了它们所直接反对的是什么社会阶层：《伏拉地米尔的三等勋章》《一个官员的早晨》《打官司》等。当他和普希金讨论他的文学计划的时候，他要求这个诗人给他提供"一些纯粹俄罗斯的奇闻"，可以拿来作一出喜剧的情节的东西。众所周知，《死魂灵》的构思和《巡按使》的粗略的雏形，都是普希金供给他的。普希金所贮藏的创造性的材料是那么丰富，使他能够大度地匀出分配给别人。他自己曾打算写一个喜剧，用这样一个题材："如果一个市场上的鞋匠去拜访总督，被当作一个官派特使来接待，并和总督的小姐订了婚"等等。这是个在某些方面具有从古代以来就写起来的无数喜剧的性质的喜剧——关于骗子的题材的喜剧，它们的先驱是普罗塔斯①，后进是哥尔多尼以及其他作家。普希金告诉果戈理说，他给他提出的情节是一件真正事实：有一个人去到比萨拉比亚，在那里冒充要员，而且用他的冒牌的官吏资格得到快活，后来被揭穿了。

果戈理接受了这个概念并把它用社会性丰富起来了。这里他表明了他的意向，——如本文的开端所阐明的——是"这个情节必须拥抱一切"，而不是关于一两个个人。这就是在他动手写这个喜剧时的思想。他说道："在《巡按使》中，我决心把我所知道的俄国的一切丑恶，在最要求正义

307

的场合上的一切不义都收集起来，把它们大笑一番。"

他带着一种意志来工作，并且遵守了他对普希金的约言，在两个月中，"用灵感突击了这个戏剧。"他写给诗人说，他的梦想，是去创造"一种坚实的作品，严肃而恰当，从多余和过度中解放出来，在一种高度清醒的精神中的全然地清晰和完美"。这些多少有些古老的语句中，包括着文学中的现实主义的真实而健全的原理。

果戈理起初对这个戏剧并不满意。在它业已上演以后，他还改订了两次，事实上，如我们所知道的那样，《巡按使》过了八年才算成为定本。直到一八四二年，舞台上才听到那有名的独白："你笑什么？你笑你自己呀！"

果戈理用在一出戏剧中的那件"小小的奇闻"，像一颗炸弹似的在社会中间爆裂开了。众所周知，这个戏剧并不是对个别人物和事件的抨击，而是对着整个生活方式和统治秩序。同时，内地的"有权有势"的人物，从总督到警察局长，都"丝毫不差"地认识了自己的嘴脸。他们声称要对作者采取最严厉的行政措施，甚至请求要把他充军西伯利亚。

在一个名叫阿尔那里得的当时大官的日记中，我们读到由于果戈理参加莫斯科总督所设的一次午餐，在同席的元老院议员之间所惹起的愤怒。"他是一个革命党！"其中一位喊道。"依我看来，我不能明白为什么一个有身份的家庭要接待他？当我做总督的时候，整个戏院的正厅都转脸注视总督的包厢，每一次的无聊的讥笑、玩弄或侮辱都是针对着政府的。那简直使你难以相信！我实在忍不下去了，才禁止了这个戏的上演。在我那个省份内，没有一个人敢像《巡按使》那样的胡作非为。"

在罗士托夫，那里的总督恰巧也有着双姓②，他冲到舞台上去，大肆辱骂和恐吓，要把戏停演下来。

但是俄罗斯的进步部分——知识分子、青年，却受到感动，被提高了，被它所震惊，大声喝彩不迭。

《巡按使》的首次公演，是一八三六年四月在圣彼得堡的亚历山大林斯基戏院。它被当成一出普通流行的戏。无论是演员或导演，既没有察觉到这个伟大的讽刺喜剧的前途将是什么，也没有向观众传达出它的社会的和美学的意义。果戈理看到他有亲自去参与这个演出的必要，他用简单的装置换掉市长家的豪华设备，剥掉了他的精致的服装，诸如此类。果戈理时代的俄罗斯戏剧的社会倾向其最大目的是把观众从社会问题拉得越远越好。忽视这点，而戏剧的冲突又极惊人，那么正人君子就要认为它是"毁谤的、牵强附会的和滑稽可笑的"东西了。

一八三六年五月，《巡按使》也在莫斯科被小剧院演出。

它的在莫斯科舞台的出现，主要地应归功于史迁普金，他的名字，在俄国的演剧史上和果戈理是分不开的。

他们两个都是在乌克兰长大和受教育的，这种事实使他们变得分外亲近。果戈理走进史迁普金的好客的和舒适家里来，并没有拿任何介绍信——他唱着乌克兰歌一直走进饭厅里。

史迁普金走上前去欢迎他，拥抱他，果戈理从此便成了史迁普金家中的一员了。他们的谈话活泼而生动，从演剧和艺术的严肃问题直扯到乌克兰生活。他们那种谈乌克兰的美味的食品的劲儿，使得听者简直要流下口水来。他们唱着和听着乌克兰的歌曲，交换着无休止的奇闻逸事，这些有的都被果戈理用在他的故事和人物肖像上了，例如，《旧式地主》《毕莘西切夫将军》等等。这种诙谐的交游，并不妨害他们彼此作为艺术家的互相尊重。在果戈理的一篇笔记中，他谈到坏戏院的上演剧目，认为是对史迁普金的很大的损害，他把演员比作一个伟大的建筑家，但却被迫着去搬砖运瓦去了。

史迁普金深深地爱着果戈理。他比果戈理多活十一年，但是他们的友谊，直到果戈理逝世为止，都未熄灭；史迁普金把爱好和保卫果戈理的文学作品作为自己的天职，反对那些憎恨剥掉他们皮的向果戈理斗争的顽固派。史迁普金这时已到达了他的发展的顶点；作为果戈理艺术的热情的宣传家，他利用了他的一切社会关系，在彼得堡暗中活动，完成了许多大事，其中之一，是果戈理某些遗著的出版。

这种友谊是在那种基础上成长起来的：伟大的演员找到了一个和他相配的作家，伟大的作家找到了一个他的人物的合适的表现者。

他的同时代人给我们留下了证明——关于史迁普金对于市长这一角色的光辉的表演。当时一个有名的批评家格利葛洛夫说，史迁普金在这个角色上的表演是卓绝的；有名的别林斯基同时写道，史迁普金表现了市长的真正形状，并且称他是"演员中之演员"。

虽然，当谈到演剧史的时候，这点很少被人想到，然而史迁普金表演角色的方法，直到他的个人的细节，已经保存到了今天，而且成了小剧院和其他剧院的神圣的始终一贯的传统。

从《巡按使》的首次公演到现在已经一百一十五年了，但是这个戏是永远不朽的。每一代都上演着它，而且在它本身的光亮中来理解它。不同的演出者，在时光如流中，用不同的办法来对待它。在政治反动年代，这个戏剧的社会内容，都被丢弃到幕后边去了，我们曾出现过各式各样的"革新"的演出法，此如在亚历山大林斯基剧院，在那里，那个头脑空洞的内地千金，——市长的小姐，被扮成一个优雅高贵和惹人爱怜的诗意典型。我们也有过那个声名狼藉的梅耶荷德剧院的演出，在那里，市长夫人常常出现在七个官员当中，用来象征她的梦想，诸如此类。我的一个朋友对于这种演出说道："我有一种感觉，我好像是在温度升高到四十度的重病中读了一次《巡按使》，我完全是在一种神经错乱状态中看它的。"

曾经有过关于这个戏剧的无数的歪曲的滑稽戏、歌舞剧，一句话，它在俄罗斯舞台上过去的演出，很难说它是一出没有错误的戏，不论它是什么形式的演出。

《巡按使》现在由第一流演员，在国立小剧院演出了。我要这么说，这次演出保存了史迁普金之家（小剧院）的最优秀的传统，并且甚至有了更光辉的表现，因为他们不再受到偏见和老例的妨碍了。

每当上演《巡按使》的时候，戏院经常地宣告客满。

这是什么原因呢？这个抗击了时代的考验的戏剧，今天仍然合宜吗？这是当然的，像果戈理的人物，在我们祖国已不复存在也不能够存在了。那么让我们记着这点！当资本主义仍然存在在这个世界上的时候，这些典型人物将还是不朽的。果戈理的辉煌的讽刺，打击了别的国家的封建主，这是由于它的永不褪色的适合时机性、它的政治意义，它的伟大的力量。

译自 *Voks Bulletin* 一九五二年三、四月号合刊

注：

① 普罗塔斯（Titus Plautus 254—184 P.C.）：罗马戏剧家。

② 《巡按使》里的市长姓司克伏慈尼克—特漠汉斯基。

我如何扮演乞乞科夫

塔波洛科夫著

通过他的整个艺术生涯，舞台的完整大师，莫斯科艺术剧院的建立者，康士坦丁·史坦尼斯拉夫斯基，培养了一种用慎重的态度来上演果戈理剧作的思想。他有两次曾着手上演《巡按使》，每次他都觉得他的成功是局部的。每次的上演都不能使这个严格的艺术家十分满意，他继续尽力来完成能够解答在舞台上体现果戈理的难题所需要的演技。

一九三二年，莫斯科艺术剧院决定上演《死魂灵》。这个诗篇的剧本化工作是请富于才能的苏联作家巴洛盖科夫来担任的。我被派演主要人物乞乞科夫。

我要求自己把《死魂灵》的情节做一个简单的摘要，它是伟大的诗人普希金向果戈理提出的。保甫尔·伊凡诺维支·乞乞科夫，一个低微的五等官，抱着一种急于发财的计划。诗篇中描写的事件，是处在农奴制度之下，当时地主社会的财产权，扩展到农奴身上，他们和土地一样。地主剥削农奴，他们把农奴像动产那样的买卖。政府对农奴设有一种登记簿。这些登记簿不时地要重新审查，因为要把死亡者的名字抹去，把"死魂灵"从登记簿上注销，这时，地主就可以不再为他们纳税了。凡未临到下一次的审查以前，每一个死亡的农奴都不能在登记册上注销。这就是说，在两次审查中间，每个地主都要为"死魂灵""负担"一大笔钱，因为依照官例，他还得被当作活人来计算。

乞乞科夫所抱的思想，是在这种景况下来谋利。他的目的是把死掉的而依然被当作活着的农奴来作抵押，就是说，依照他们的价值从救济局获得一笔款项。这个自然是一种犯罪行为，但却是一种难以找出漏洞的行为，因为从形式上看来，文书是合乎规定的，而且全部办事手续都有着合法的外貌。

虽然乞乞科夫的计划全部失败了，他为此被捕下狱；多亏给市政当局送了一大笔贿赂，他才能逃脱审判从市镇上溜开。

为了收买"死魂灵"，乞乞科夫从这一个地主到那一个地主家里地遍历了整个广大的俄罗斯，这就使诗篇的作者有机会去揭露封建俄罗斯的一切丑恶的疮疤，而且描绘出一个完整的地主社会的代表人物的展览室，描写了他们的生活和风习。

果戈理的肖像描绘中最饶兴趣和最生动的肖像，是地主泼留西金——这个守财奴的出色的肖像。在世界文学中，你很难找出这样一个对于贪婪和获利的欲望那么辉煌的、富于艺术的真实的表现。

演出的预备工作是由舞台导演斯克哈诺夫斯基来负责的，事情一经开始，斯克哈诺夫斯基便把工作进行到接近完成，直至彩排。这样，就创造了演出的首次说明。彩排使史坦尼斯拉夫斯基对我们的演出不满，因此，他热心地来对演出加以审查，而创造了一种完全新的说明。

"康士坦丁·司尔盖耶维契指导所有演员在《死魂灵》中各幕的场面，"斯克哈诺夫斯基其后在一九三二年十月十二日的《苏联艺术》上写道，"构成了演剧艺术史上出色的一章。有几次排演的记录是完全的，有些则仅是部分的。所有的演员之所以不能忘记这些排演，不仅是把这些排演作为出自一个光辉的大师在一出果戈理的戏剧中对于演员的令人吃惊的指导的事例，而且也把它们作为在一般上教授用新方法来对待一个角色工作的事例。在几次排演中，当史坦尼斯拉夫斯基对旧的熟悉的事物带来全然是新的说明的时候，演员们欢声雷动。"

在这些日子里，即在不算远之前，我们有许多演员仍然还在形式主义倾向的束缚之中。为了达到巨大的"表现性"，他们沉醉于一种外部夸张的"尖锐的"形式，他们把这解释成"噱头主义"，这在当时是一个时髦的字眼。我们伟大的古典剧作家的组织严谨的、纪念碑式的作品，被阉割成碎块或加上些枝节，于是被改造成和一种填塞着五光十色的杂物极相似的"作品"。由手舞台导演的异想天开，剧中人物的角色，被歪曲得面目全非，和作家的人物肖像的意义成为相反的调子。

事实上，唯美主义的戏剧批评家护拥这种"新倾向"，而攻击莫斯科艺术剧院。莫斯科艺术剧院除去坚持了它的现实主义传统，还在为这种传统向社会主义现实主义方向发展而奋斗着，它的演出伊凡诺夫的《铁甲列车一四—六九号》，便是一个明白的证明。

不过，当他开始着手果戈理的作品的时候，斯克哈诺夫斯基在某种程度上对于"噱头主义"因素是默许的。他连续地向我们谈过几个钟头，对于果戈理的人格、哲学，和同代人的关系等诸如此类的东西，做了极为有才气的揣摩。我们出没在博物馆里，研究着果戈理的各式肖像，钻到他的作品、信札和传记里面去。这一切诚然是极有趣味的，可就是很不具体，对于我们的实际工作帮助不大。我们以极大的热情来做这一切，有时似乎找到些眉目了，有时又失掉了，一直到史坦尼斯拉夫斯基要到场的彩排日子，我们由于缺乏指导，还在暗中摸索着。

我不想去描写这次彩排的细节，我只说明一点：它把史坦尼斯拉夫斯基弄到手足无措的地步了；他告诉舞台导演说，他一点也不懂；或者是把一切工作重新再来一次，或者是全部作废。

当我现在回忆到史坦尼斯拉夫斯基在《死魂灵》工作上的最微小的细节，以及在排演过程中他给我们的一切指导时，我敢相信我可以正确地描写出他在从事拯救这个戏上的方法的轮廓。

没有疑问，他的第一个任务，是找出这个新作品的戏剧主旨所在。这个故事的要点是什么？观众所注视的发展线索是什么？没有一个果戈理的不朽诗篇的改编剧本（它们不下一百个）不是由于组织上太松懈而不失败的。《死魂灵》的各别场景，曾经在各时代演出得很美，但一把它们合成一个完整的剧本时，那么，这些一系列的场景，就表现成那么多的收买死魂灵的一个场景的重复不已，而缺乏一种明确的一致的发展线索，抓不住观众的兴趣。戏一演到半途，观众就开始厌倦起来，像伐罗莫夫、达勿多夫、达洛马托夫这样优秀演员的参加演出，也受到了蔑视。

在所有的改编本中，最不讨好的角色是乞乞科夫，因为果戈理为他刻画了一个出色的肖像。他出现在各个场景中，但是因为他所做的都是一样的事，所以观众对他很快地就会感到厌倦，而把视线转移到别处去了。

所以，史坦尼斯拉夫斯基要在乞乞科夫身上来解决这个戏的关键所在。"乞乞科夫的经历，"他决定道，"形成了这个戏的主题，观众所注视的发展线索。"史坦尼斯拉夫斯基深通演剧的规律，他了解：一个戏写得越有戏味，它就越能说明它的思想。如果一个戏写得不够完整，演出者就有责任来改进它，不过，所谓改进，并不是添加附属的装饰物，这就减低了观众对它的本质的东西的注意力，而是加强它的作用线。

"我们对乞乞科夫怎么办呢？"史坦尼斯拉夫斯基在一次排演中说道，"我们如何在他的无休止的到来和老是讨论同样的一个题目上避免单调呢？只有依靠动作的办法。我们要表明这些：如何由一个偶然的字提醒了乞乞科夫去收买死魂灵的思想，他的计划是如何产生和发展的，它如何达到它的最高点以及又如何迅速地落了下来的。如果你依靠动作掌握了这个角色，那就是你的荣誉和光彩，但是这在实践上却颇不容易。"

这个任务有着它的一般的和特殊的两方面困难。已经选定乞乞科夫作为领导的形象，史坦尼斯拉夫斯基却仍然缺乏对于这个角色的合适演员。我的能力使我适合于乞乞科夫的"噱头主义"的解释，这是在史坦尼斯拉夫斯基来插手以前我们的意向，但是对于在果戈理诗篇中所描绘的真正的乞乞科夫却绝不适合。另外，我们对于这个尖锐地被指出来的形象的"集中"攻击，当然歪曲了我对于真实和近似真实的东西的感觉，而且麻痹了我的真正的艺术直觉和创造意志。

由于我们自己沾染上了这时代的戏剧界的"风尚"，我们进了一条死巷子，只有对于演剧有着实际知识的一个人，才能把我们从那里救出来。

"你的一切关节地方都是凌乱的，"在彩排以后，当我们首次讨论时，史坦尼斯拉夫斯基告诉我说道，"你还没有得到一个单纯的发音器官。首先你要治好它，而且要把你的一切关节地方摆正；你要重新学学如何生活，不是演戏，而是生活。"

关于他自己在这个戏里面所解决的一些大问题，他一点也没有告诉我们。这是他的一个不变的制度：在开手前什么也不说。

"你会做买卖吗？"他向我说。

"做买卖？"

"是的：贱买贵卖；你会欺骗吗？抬高自己，诬蔑别人的货物，压低

314

别人的价钱，愚弄可怜虫，称上帝是证人，用花言巧语骗人以及诸如此类的事情。"

"不行，对于这个我很不内行。"

"那么，你就要学习。这是你的角色的最要紧之处。"

在开初几次的排演里，史坦尼斯拉夫斯基和我单独在一起工作，来"纠正我的凌乱的关节之处"。他对于我的指导，极为周到关心，像一个医生对待一个病人一般，依照我现在的认识说来，我们所研究的主要目的，是组织和塑造乞乞科夫的外形的动作的根本型式，换句话说，是对于他的全般地掌握舞台形象的方法的实践的应用，或者通常所说的"外形的动作方法"的实践的应用。

史坦尼斯拉夫斯基终于把我们从云端领下来了。他所说明的问题是令人吃惊的简单、明白和具体。我甚至有点大失所望和进退两难——一切是极端的简单而平常，离我们的幻想所画的目标是那么遥远。加之我先前的努力把我的头脑弄昏了，有时候对于最简单的问题，我竟答不上来。

"请你告诉我，为什么乞乞科夫要去收买死魂灵？"这是史坦尼斯拉夫斯基有一天突然问我的问题之一。

我能够回答什么呢？这是每个人都知道的事情，而竟……

"你这'为什么'是什么意思？小说里告诉了我们：他的意思是把他们出售，把他们当作活人来抵押，从他们身上弄到钱。"

"但这是为了什么呀？"

"为什么？这是有利可图的……他可以在他们身上弄到钱。"

"为什么？"

"这个'为什么'是怎么一回事？"

"为什么这对于他是有利可图的？他要钱做什么，他用钱想干什么？这个你想过吗？"

"不，我从来没有那么周密地考虑过。"

"好，那么想一想。"

（一个长久的沉默）

"好，要是灵魂抵押出去了，钱也到手了——接着是什么呢？"

（另一个沉默）

"你要正确而具体地知道每一个可能的细节，你的一切所作所为的最终目的。把事情想透彻，跟着乞乞科夫的行状，为你在这个角色上的实践工作，收集材料。"

史坦尼斯拉夫斯基非常细致而巧妙地把我的思想引到我所需要的方向上去，但是他从来没有用任何现成的公式来强制我。他用一只技巧的手简单地刺激了我的想象。

"把你自己放在乞乞科夫的位置上。在他的环境下你要干些什么呢？"

"是的，不过我不是乞乞科夫，我不想发财。"

"但是如果某些事情使你热爱了，你将怎么办呢？"

在乞乞科夫的生活中，最简单的东西包含着最重大的因素，这就是在这些谈话中所解决的问题。这里没有这时代的形式主义所有的那么大的一种弱点：模糊不清和难以索解。

史坦尼斯拉夫斯基最先感到兴味是主人公的最简单的关系和事件。当乞乞科夫向救济局行贿的时候他有多少钱，以及贿赂有多么大等等。简而言之，他要我知道我的主人公的生活的每个最微小的细节。我自己解决了这一切的问题，于是，这时我开始我的角色的工作，我从来没有怀疑这个工作已经开始了，但这个方法则是一个极不平常的方法。

有一次，在史坦尼斯拉夫斯基书房的一次排演中，我们谈到了戏剧界的新风气。这时，史坦尼斯拉夫斯基自己已不再去跑戏院了，他带着极大的兴趣，倾听着我们对于流行在莫斯科的戏剧的叙述。我们告诉他关于形式主义者所玩弄的手段，这些人都是当时吃得开的几个戏剧团体的导演，他们认为他们的使命，是代替"过时的"艺术剧院的学院派风格。

"我们平静而勇敢地看待这一切，"史坦尼斯拉夫斯基说道，"我们正在完成着我们的艺术和技术。有时，艺术中的虚伪的探索和倾向，似乎是一大发现似的要盛极一时，而且要对高度的现实主义艺术的根据加以恫吓，但是他们没有力量把它摧毁净尽。形式主义是昙花一现的东西；我们在等着它的烟消云散，但同时我们要工作，不能袖手而坐。有些人在小心地保护着天才的幼芽，真正伟大的艺术现在被一些乌烟瘴气的东西室住气了。但是你可以确信这点：它们生长和繁荣的时间就要到来。乌烟瘴气的东西一定要灭绝，但是你要保护幼芽，这个艰巨的任务落在我们肩上。这是我们的神圣责任，我们对于艺术和对于我们祖国的责任。"

史坦尼斯拉夫斯基在"乞乞科夫在泼留西金家"这一场景的工作，是他作为一个演出者的现实主义的技巧、他的对于人类情欲的透彻理解和找出它们在舞台上的再现的最确切的形式这种才能的一个最突出的范例。

关于泼留西金的那一章，在果戈理的诗篇中是那么出色，在戏剧改编本里失掉的地方很多。泼留西金坐在他的屋子里。乞乞科夫走了进来，把泼留西金当成了女管家。过了一会，误会冰释之后，乞乞科夫向着这个毫无乐趣的老人，用一种伪装的慈善举动，表现出了他的计划，而获得了泼留西金出卖他的死魂灵的同意。列昂尼多夫扮演泼留西金，这是一个令人赞赏的演员，高度地适合于表演这个典型。他的年纪、他的透彻的、多疑的目光，他的粗壮的、间或带着低音语调的有时候像女人的声音，他的悲剧倾向，——这一切表示着泼留西金这一角的人选得宜，而且剧院在提供这个俄罗斯地主的深刻的悲剧形象上，必然会因此而获得成功。这个地主，曾经有过一个时候，是一个勤俭的一家之主，家庭中的受人尊敬的男子，但是现在却被他的致命的欲望弄得精疲力竭了。可是，如何把这个人物的复杂的性格，在诗篇中描写得那么细致、可爱和丰富的形象，在舞台上表现出来呢？果戈理的美丽的描绘和离题的抒情，不可能结合在舞台本中。在这个戏里，这仅是一个简单的插话，除去关于收买死魂灵的商业性的会谈，便再没有什么了。

这种条件，使列昂尼多夫陷入一种神经质的紧张状态。他感觉到作为一个演员，对于他的气质和他的潜在力，是无法假借的。

列昂尼多夫对于史坦尼斯拉夫斯基是尊崇备至的。有史坦尼斯拉夫斯基在场的每次排演，对他都是一个激动的事件。他盼望在这一场景的首次表演中——在史坦尼斯拉夫斯基面前，能有个合宜的演出，他工作得非常艰苦，而且对自己和对他的合伙者我，要求极为严苛。我的角色本来是拙劣的，而他却尽力地帮助了我，他深切地知道要是没有一个好的乞乞科夫，就会把他给弄得无法收拾。

这是明显的：这一场景是很棘手的。虽然列昂尼多夫的声调有时非常生动；他所扮的这个守财奴的形象，有时也足够令人佩服，但是这一场使人发生兴趣的只有某些部分。作为全体来看，则非常枯燥，吸引不住观众（我指的是常常参加排演的少数观众）。

第一次在史坦尼斯拉夫斯基面前演出泼留西金的那一天到来了。我认为我从来没有见过史坦尼斯拉夫斯基对一次排演表现得那么集中注意力。这一次，他的全部注意力都固定在列昂尼多夫身上。我演得很蹩脚，替自己的力气不足担一把心思，但是他完全忽视我，在他看来，我好像并不存在一样。他专一地跟随着列昂尼多夫的动作，害怕误掉一个简单的姿势、叹气或语调。他坐得像一个雕像，但是在他的脸上可以明显地读出他的思想，关于这一点，我必须承认，我是不时地注意着的。我所读到的大部分情况，是对我们不利的。

当我们表演完毕以后，随之而至的是一个悠长而痛苦的沉默。史坦尼斯拉夫斯基摘下他的眼镜，凝视着他的前面，好像是在斟酌着表白他这不祥的诊断所用的字句。列昂尼多夫面色苍白，两眼下垂，他站得挺直地等候着。至于我，我是那么完全地缺乏信心来装得镇静自若。导演和他们的助手，则在准备记下史坦尼斯拉夫斯基的意见。

"唔……唔……很好……你摸到了许多好的演法，列昂德·米若诺维契……（一个悠长的沉默）但是整个事情还是未成定形的，一切都是'一般化'的东西。这里没有典型的东西，你的个性缺乏色彩。这一场没有开端，没有发展，没有高潮，没有结尾。泼留西金是一个守财奴；寻找他的慈爱的一面是个麻烦……不，不是慈爱，甚而是慷慨，阔绰，他是一个绝顶的废物，要把那作为你的角色的强点，那就使你的吝啬性放出光彩，而且格外加强了这句话：'但是，且慢！还不如写在遗嘱里吧，等我死后，他才得到表，那么，他到后来也还记得我了。'你如何才能表现你的吝啬性呢？只有用你所碰到的东西。但你对它们注意得太不够了；你整个地热衷于你自己，你的内心世界去了；在整个场景中，你害怕倾泻出你的吝啬的情感，这就错了。你必须从今天的事件前进。在它的一切细节中，扮演每个枝节到它的终局。这是你能够表现人物的唯一办法。

"是怎样个情况呢？泼留西金在他的习惯地出外收捡破烂东西以后，回到了家里来，他拿回家里满满一篮子垃圾，把它堆在屋子地板上那一堆垃圾堆上。但是对他说来，这不是什么破烂或垃圾，而是一堆丰富的稀世珍玩。

"他外出了一个很长时间，离开了他的没有保护的家，而他却相信他的所有邻家，都是匪类的巢穴。当他带着那篮子'财富'未被抢劫而走回家的时候，那是一段多么紧张的时间呀！他进入屋子，焦急地往四下望了

318

一眼，以便证实他不在家的时候没有人进来过。待他心安了以后，他把自己安置在垃圾堆附近，开始把他捡来的东西加以计算和分类。这时，幕拉开了，你的那一场便开始了。

"这就是动作的开端。观众初次看到泼留西金和他的屋子，一定很感兴趣。你用不着慌张。你在这里有一大场戏好做：泼留西金在检验着他的财宝。你能演这个吗，仅仅是这个？你看出这对于精妙的演技是个很出色的材料吗？演出这一场景的一切细节，它的一切固有的特性，你就可以不说一句话完全抓住观众。但是你把机会轻轻地放掉了，在你着急地去等候和乞乞科夫的对话中，把它疏忽了。

"你想你的大显身手的地方在这里，但是你错了。在乞乞科夫开口以前的很久一段时间内，泼留西金有那么许多事情，那么许多感情要表演，这一切对于观众都是最大兴味的东西。我们看到一个像妇人的老年人在一堆垃圾里面搜索着，严格地和富于爱情地考查着每一件东西，不论是一个蹄掌，或是一个破鞋的后跟。他完全被他正在做着的工作所吸引了，没有注意到谨慎地推开门进来的乞乞科夫正在打量着他，不能辨认出他是个男人或女人。感觉到了陌生人的注视的泼留西金转过身来，他们的目光相遇了。

"对于泼留西金说来，这意味着什么呢？这就正是他最害怕的东西，像一个困扰着他的噩梦：一个偷儿来抢他的财宝了。这是怎样一个偷儿呢——不是住在他的田庄附近的那些人，他全认识他们——不是，这是个新手，这一带的一个生人，这显然是一个出名的强盗和杀人犯。

"他将怎么办呢？经过一阵的惊惶失措以后，泼留西金采取了一连串的救助自己的预防办法，他对于强人小心地不露出自己的恐惧，虽然，他的目的是骗过他，以便从屋子里逃出来呼救。

"在这种情况下，乞乞科夫很难去向他致候，这种互相之间的误解，他们的矛盾的瞬间的动机（一个想打开话匣子，一个要想从屋子里逃开），也提供了一幅极饶趣味的戏剧性的图画。

"终于说了第一句话了，情势多少得到澄清了，会谈开始。

"但是你却直截了当地陷在会话中去，漏掉了最富于兴趣的部分：那决定态度的瞬间，彼此的顺应。

"在真实的生活里，你决不会漏掉这种瞬间，但由于某些奇特的原因，在舞台上却常常给漏掉了。我敢向你担保，这是极端重要的，这最能使观众信服，而且把演员放到正确的道路上来，使他相信这是他的演技所在，是最重要的东西。

"决定态度的瞬间，可以是短暂的，仅仅可以感觉得出就行，或者按照环境情况，有时正好是相反的东西。决定态度的瞬间，彼此互相注视，在一方开始说话的时候，这并不要停止。在开初的几句话里，按照一般情形，声调仍然带着一些不踏实，因为任何一方对于对方都还没有起码的估量。他们的继续互相注视，决定了彼此接近的最适合的状态。对于像泼留西金那种禀性多疑的人，这应该是格外真实的。

"记住这一点：在他知道了乞乞科夫是什么人，而且相信这是一个真诚的从天上来的专使，来报答他的伟大善心和德行以前，他起初把他当作一个强盗，接着把他当成一个需要用一顿好吃喝来款待的地主，后来又把他当成一个来向他借钱的沦落的骠骑兵，以及诸如此类。这一切都是决定态度、顺应的瞬间，接着是在新的情况下的再次的决定态度和再次的顺应。

"这一切可以当作绪论，这一场景的第一部分：泼留西金认识乞乞科夫。在这个时间内，你应该做这一切。忘记其他一切东西，为这一个时间，集中你的全部注意力来做这个，而且要注意你的效果。

"第二部分：泼留西金终于认识了这是一个恩人。他该如何感谢他呢，他如何博得他的欢心，好使他大发慈悲呢？这就是泼留西金发动一个'宴会'的原因：他吩咐预备茶饮，把那块三年前一个亲戚送给他的又干又硬的饼干拿来。现在，他是一个富有的、招待殷勤的地主，正在举行一个无比的宴会。在这里，你要演出一个慷慨的、挥霍的泼留西金；忘掉他是一个吝啬鬼，把你自己放到款待你的恩人这一个问题上去，用你的巨大的慷慨大度来打动他，同时，促成出卖你的死魂灵的交易的结果。

"在这个场景的第二部分的过程中，有两个危险的关头，整个交易处在前功尽弃的危险中：一次是因为泼留西金不能够上市里去，一次是那张白纸的遗失。这都是极端严重关头；不要再让它们逃开你；把每一个都演得有头有尾。

"那张白纸的遗失，对泼留西金是一宗大事。你在这里的主要问题是知道如何适当地去找它。这全靠你寻找的模样来传达你的情绪的深度。这需要高度的镇静，真正的注意力。总而言之，你必须动作，而不是表现你的情绪。

"最后，一切障碍消除了，交易成功了：这个快活的恩人，保甫尔·伊凡诺维支·乞乞科夫，除死魂灵之外，把逃走的也弄到了手。

"现在是这一场景的第三部分：泼留西金全心充满敬意地热心地送走这个非凡的人，他用谢绝一切招待完成了泼留西金的厚道的举动。这是一个完整的场景：送走乞乞科夫。

"你只要想如何来表现对你的客人的爱，你对他的敬意和感恩就行了。要完全忘掉泼留西金是一个阴郁的、易怒的、口吐怨言的人，那个对人猜疑的泼留西金。不，他现在是格外殷勤，充满着对人热爱的人。照《旧式地主》中的阿非那西·伊万诺维奇的样子。

"现在是这个场景的最后一部分：泼留西金又剩下一个人了。最初，由于习惯性，他仍然被他的报答他的亲爱客人的热望弄得心神恍惚。突然地，他为他的没有充分地对客人表示感恩而不安起来了。他从窗户跑开——他在这里可以看到乞乞科夫正在爬进马车，——走向他的垃圾堆和桌子，和那种想做一些什么事情的渴望的心思斗争着。

"结果，他的厚道的、高尚的情感占了上风，他得出一个决定，而当他在狂热地翻着他的龌龊的抽屉的时候，他叫道：'我要送他一只怀表。'他终于找到了那只表。'他还是一个年轻人，倘要引得新娘子看得上眼……'等等。他拭去了表上的污垢，小心地查看了它，飞快地冲到门口去拦他的走开的客人，但在忽然之间，他又停下来了。

"在这里，你可以有一种所谓'戏剧的间歇'。一个刚燃起送礼的热望的人，受到这种恐怖的认识所打击：他是站在最不可宽恕的浪费的边沿上；而这则是一种可以使他毁灭的浪费。这并不是一种同时发生的认识。它的产生和发展必须在间歇中表现出来。当他终于把握了他的动作的全部意义的时候，这里就引起了这个问题：为这个几乎从他的手上溜掉的财物，寻找一个最安全的可能的隐藏处所。他把他的表从一个保管的地方转移到另一个地方，直到他终于相信它藏好了，这才恢复了他的镇静。

"表终于安全地藏好了……但是怎么对恩人呢？这不打紧：'还不如写在遗嘱里吧，等我死后，他才得到它，那么他到后来也还记得我了。'

"于是泼留西金又变成泼留西金了。他不安地转向他的财产：这个突如其来的客人没有顺手牵羊拿走什么吧？

"在这个场景上，幕落下来了。

"每一个部分，都必须照生活中表现的真实样子来表演，它的事件和感情要在逻辑的联系中彼此接头；每个场景必须是它的前一个场景的发展，全部场景必须连结在一条积累的动作的连续不断的线索中。

"关于形象，关于你的情绪，不要去想它。你有着许多广阔的和多样性的感情的色调的枝节要表演。它们不能染成千篇一律的吝啬、沉闷等类的色调。慈爱、慷慨和欢快也出现在这里。泼留西金的不同的动作要取得一致。完全相反的动作的常常不意地交替，将表现出这个守财奴的对于获利的顽强的追求。完美地完成每个枝节，使每样事件都有个终局。首先构思出在每个枝节中的你的外部动作，再把它们连结在一个单一的动作的线索中。这就是具现果戈理的泼留西金肖像后面的思想的最确实的办法。"

"我的方向应该是怎样的呢，康士坦丁·司尔盖耶维契？"我问道。

"你必须在每种情况下，使你自己适应你的同伴的性格。

"泼留西金是一个棘手的角色，但是你能够看穿他，而且能够找到使你自己迎合他的办法。这怎么办呢？把你自己放在他的地位上面想想：他需要什么？人都把他认为是守财奴，但你却惊异于他的宽厚和节俭，你这么做是要使他信任你。回想一下他关于他的邻居，那个大尉是怎么说的？'他说我是他的亲戚，老是伯伯长伯伯短地在我的手上接吻。但是说我是他的伯伯，倒不如说他是我的祖宗。'你看——对于凡是和他接近的人，他都不信。因此，你就显得更狡猾些。

"你必须忠实地为泼留西金设想，了解他的一切顾虑，和他肝胆相照，在这之间把你自己变成泼留西金。

"或者，在一般上，这对你有些好处：不仅对乞乞科夫要熟练，而且对于和他交易的一切地主也要下些功夫。是啊，这的确是有益的。"

彼提加，他像我自己一样，是从莫斯科喜剧剧院（从前的卡尔西剧院）到艺术剧院来的，在被当作列昂尼多夫的泼留西金一角的候补演员训练着。那时他虽然还年轻，但在扮角上很出色，当泼留西金这一角色的候补演员问题被提出来以后，他被选中了。主要的，是这给了史坦尼斯拉夫斯基看我们新演员工作的机会。

当舞台导演提列西娃和斯克哈诺夫斯基把他训练了一个时候以后，就布置了一个有史坦尼斯拉夫斯基参加的排演。彼提加事先被招呼了要早到一两个钟头，他告诉了我在没有我的时间内所发生的情况。

在指定的时间内，彼提加走进一个小院子，他看到史坦尼斯拉夫斯基坐在一把巨大的帆布伞的阴影下的桌子旁边。史坦尼斯拉夫斯基非常真诚地欢迎彼提加，他要导演们告诉他历次排演的经过，什么进行得顺利，以及在什么地方碰到困难。

在对于一系列的问题得到了满意的回答以后，他接着问道：

"但是关于年龄的差异怎么办呢？不要忘了泼留西金至少有七十岁。这是一件很难搞的事情。"

可是关于这一点，导演们也在努力安他的心。

"唔……唔……我非常害怕这会造成那种'一个做戏的老人'的情况，使人惊异于这么年轻的一个人竟把老年演得那么好。那就和果戈理的形象——这世界上的一切吝啬性的典型化——很少关系或毫无关系了。……好吧，让我们试试看。我来说乞乞科夫的话。那么，就开始吧。"

彼提加非常卖力，他使用着一切可信的和试验的方法，来体现一个老态龙钟的守财奴。史坦尼斯拉夫斯基给了一切的暗示，并且密切地注意着他。忽然，他停了一下，问道：

"你和谁在谈话？你现在面对着谁？"

"康士坦丁·司尔盖耶维契·史坦尼斯拉夫斯基……"

"这不对；是一个恶棍……"

"什么？"

"你看！原来你注意我比对于演戏还要关切。现在在这里就有着对生活的一种体会。如果你认为我是一个恶棍，在我们谈话时，你该怎么来注意我呢？当然，你对我的态度应该很简单，像对一个恶棍那样就行。你必须设法来揣测我的动静和意图。要是我藏着一把刀子怎么办呢？你对于这院子里最使你害怕的东西必须反复思量。不要去演任何东西，只为你自己设想就行。你存心要演其他的什么。你还不能去演任何东西，只积累思想就成了。"

当他说的时候，史坦尼斯拉夫斯基伸手到桌子上去拿笔，要记一点什么，但彼提加伸出手来，把笔推远了。

"这很对。现在你来揣测我的下一个动作。注意我。不，不要动作，只要认真地注意我就行。你又动作了……来，让我们在这院子里散散步。我就是你的邻居，这是你的庄园。详细地告诉我你的一切情况。这里贮藏着什么？"他指着一个厢房，用一种严肃的声音问道。

彼提加胡诌了一些模糊的答复，但史坦尼斯拉夫斯基不满意，而且要求关于每件事情的更多的细节。在这当中，一个车夫赶着一辆满载的车子进入院子。史坦尼斯拉夫斯基马上走向它，问彼提加载的是什么以及他拿它做什么用。

彼提加对他做了一些解释。史坦尼斯拉夫斯基专心地倾听着，并且一再盘问着他，直到他终于获得一个合适的答复为止。于是他们在院子里走着，非常认真地演着这一场。接着他们坐在桌旁，继续讨论着关于割草，收成，农奴等类问题。

我到场去排演的时候，他们正在这个谈话当中。我看到史坦尼斯拉夫斯基正在和彼提加做着一场认真的谈话，我绝想象不到他们是在排演，我站在较远的地方，等着合适的出面时机。

史坦尼斯拉夫斯基瞅了我一眼，低声地对彼提加说道：

"你看谁来了！对他要小心，和他要有一种距离才成，——他是一个恶棍。"

我体会到他们正在做什么，于是立即参加了进去。把动作的范围交给了我们，史坦尼斯拉夫斯基迅速地把他自己从地主回复到演出者的地位，注意地观察着我们。

我走近彼提加，但是他跳了起来，又跑开了。

"唔……唔……你那样来演，鲍立斯·雅卡维列维契。你仅仅只要退后点就行了……那么乞乞科夫就可以立即看到你害怕他，而你也把使自己立于安全之地的工作做好了。"

渐渐地，彼提加和我谈起来了，开初是即兴的东西，接着就滑到本剧的本题上来了。我们的谈话，每一次都装成演戏的形式，失去了它的本来的流畅活泼的气概。史坦尼斯拉夫斯基打断了我们，一再地把我们带回到这个真理上来：

"不要去演别的什么。你只要注意去听取和努力把握乞乞科夫的意图就够了。现在我所需要的一切，就是你的注意力。……努力去猜出这个意外的来客的目的所在。现在，请他坐下……不，不是这样：他可能去刺你一刀子……这也错了……找一个更合适的……并且完全的办法。"

一步一步地，史坦尼斯拉夫斯基发掘了演员的全部重要的特质，清除了他的剧场的、职业的习性。彼提加已经丢掉了他的那种特别的老年人的"调门"，克服了他的惯例的演技方式。他的脸色已经现出活气，他的两眼留心地狐疑地凝视着。我显然地用同样的方式应合着，我们两个人彼此都感到被一种利害关系的绳索束缚着。

我开始慎重地向他说明我的意图。他倾听着我而且努力去把握它的要点。

我们感到很好。有几个观众听着我们，紧跟着我们谈话的发展。

于是，临到了这个瞬间：当奉献给他的那种巨大的利益实现了的时候，彼提加·泼留西金的头脑昏乱了，而当乞乞科夫再对他这样一说："因为我尊敬你，所以由我自己来负担买卖合同的费用，"他的面孔似乎亮了起来，惊骇地望了我一阵。我们的观众带着兴趣地期待着更大的发展。彼提加的面孔痉挛地抽搐着。在这些时间内，一直静静地坐着的史坦尼斯拉夫斯基，不愿意去加入现在终于走上正当途径的这个场景，轻轻地提示着：

"现在你可以尽可能地在脸上做工夫。你有权这么来做，尽可能地在脸上做出皱纹——多些，再多些，……现在不要有顾虑……这里，对啦！"

当他说话的时候，捧腹地大笑着，别的人也都在笑着。史坦尼斯拉夫斯基这样结束了排演。

"对的，这很好……你看到吗，你是如何小心地在摸索这个角色，来编织人物的举动的活生生的有机体的结构的薄弱的纤细的线条，你如何小心地去编织它，以便不致破碎？不要把职业性演技的粗恶秘诀塞进里面去。耐心地把这些纤细的线条织入高度有机的艺术的构造中去；在时间中，它一定会获得力量，那么你对它也就不再需要恐惧了。要继续劳动，不要跑得太快，要小心地从最简单的、逼真的和基本的动作开始。当时不要去想形象。作为你的正确的动作的一种结果，形象会自己发展起来的。你刚才看到过一个例子，你如何小心地从一个微小的真实到另一个微小的真实地不断前进，铺平自己的道路，如何能抑制自己，来约束自己的想象力，而建立了生动的、富有特色的自然的动作。要沿着这条道路继续劳动。"

"你理解你做了什么吗？"他添加了一句，转向导演们，"等一会以后，来给我再表演这个场景。"

在《死魂灵》上舞台演出前，史坦尼斯拉夫斯基向演出者讲话时说道：

"我拿出的这个戏还不够成熟……这还不是《死魂灵》，不是果戈理，但在你们所做的工作中，我能够感觉得出一种未来的果戈理演出的活生生的萌芽。跟随着这条道路，你就必定能够找到果戈理。不过这还要一个长时间才行。"

他在私下并且对我说：

"你从你的毛病刚恢复过来；你学会了一点走路和动作。加强这个生活的但仍然软弱的动作方向。过上五年或十年工夫，你就必定会表现出一幅乞乞科夫的真实图画，过上二十年，你就可以真正地体会果戈理了。"

正如史坦尼斯拉夫斯基所预言的那样，《死魂灵》的演出，这个伟大的大师惨淡地培养的真正的生气勃勃的萌芽，深刻的艺术，继续在发展中。近二十年来，它以一定的成功占据了我们的舞台。

译自 *Voks Bulletin* 一九五二年三、四月号合刊

我为《塔拉斯·布尔巴》插画

基布里克著

从儿童时代起，果戈理便是我所心爱的作家。每当我重读他的时候，我发现他永远是新鲜的和使人喜欢的。《塔拉斯·布尔巴》在他的作品中所处的地位却多少有些不同。在他的其他作品中，他是一个空前的讽刺大家和一个最抒情的诗人，或者没有人曾比他更丰富地传达了生活、人和自然的美。《塔拉斯·布尔巴》则是乌克兰人民的巨大的画像，坚强、刚直，对于他们的祖国无上忠诚，而且尽忠到底。

故事发展于那个"残酷而痛苦的时代"，当时俄罗斯和乌克兰人民，他们的祖国，被敌人——鞑靼人、土耳其人、波兰贵族所侵略，他们毫不犹豫地为他们的独立而战斗。

这个故事的中心，是扎泡罗基哥萨克领域内的哥萨克首长塔拉斯·布尔巴和他的儿子奥司大普与安得莱。

塔拉斯是一个有着铁的意志的人，对他说来，生命的意义就是保卫祖国、在斗争中对同志忠实以及军事的功勋。当他的儿子安得莱和一个美丽的波兰姑娘发生了疯狂的爱情，而且变成了叛徒的时候，塔拉斯杀死了他。

塔拉斯的伟大事业，被他的儿子奥司大普所继续，他和塔拉斯都是勇敢地死去的。直到他的最后的呼吸，塔拉斯是一个骑士，一位英雄。他被在火刑柱上焚死，但是甚至在这俄顷，他对同志的关心甚于对自己，他的爱和遗言，指引着他们。

每当我打开它的时候，我被那种人格力量又重新激动了——他的勇敢、伟大的心胸、目光、精力、智慧，感情的热烈和深刻。

《塔拉斯·布尔巴》是俄罗斯文学中最富于人民性的作品之一，它的人民性，不仅是在于这种意义上：它把充满了力量和美的人民作为它的主要人物；而且还在于这种意义上：每一个俄国人——今天是每一个人——都能读这本书，理解这本书，爱这本书。

我拥护社会主义现实主义的论点，而且相信有生命的艺术的血统和现实始终是连结的，或者说得更正确些，是从现实发生的，所以，艺术家和现实结合得越坚固，他的艺术就越深刻和生动。这就是为什么我要选择那些通过它们能够最完整地表现我们人民的感情和思想的题材的原因。

《塔拉斯·布尔巴》的崇高的爱国主义精神，在伟大的卫国战争时代，被苏联人民，包括我自己在内，特别欣赏，是极其自然的。我在一九四三年，开始了为这本书插画的工作。

不顾战争的困难，我决定不放弃艺术的特性——在这点上，正像在其他方面一样，不向敌人屈服——使我的作品成为苏维埃艺术文化的代表。我对于复制这本书的意念，事实上，较之以前的任何此类工作，是更为复杂的。

在一九四五年夏天，我完成了包括五十幅画的这个工作。这本书立即付印，很快地就出现在书架上，这是战后首先出版的艺术文学作品之一。

我的石版画的主要目的，是帮助读者去认识这个作品的生动活泼和高度明晰的人民英雄，以及理解他们的内心世界和冲突。

在这一套关于扎泡罗基哥萨克领域的生活的画幅中，表现了和我们不同时代的人物们的活动，我努力使它对生活尽可能地忠实。

对于艺术的基本要素，我的意见如下：

力学的因素。生命首先就是运动。不过，我对运动的理解，是包括人物的情绪表现在内。我企图用这种办法去构成故事，并且说明每个形象：使读者可以清楚地领悟到在所描写的一定的瞬间内什么是先发生的，而且感觉到在它的基础上可能跟来什么东西。

作品所指示的思想和使命的一切组成因素中的全部的内部关系。我不打算仅仅为了"美"的原因而去插入任何东西，因为我相信美必须存在于所描写的最本质的东西之内。

表现力丰富，它的关键所在就是从基本观念的性质自然地发生的并列和对比。

完整性，依我看来，这是作品的一切因素对于它的中心思想服从的结果。我的目标永远是这样：必须使公众能立刻理解我的基本观念，但是对于作品的较久的思索，则必须显现在它的有趣的和重要的细节上，来发展和丰富基本观念。

我的一切作品的基础，照我看来，就是对生活的学习。

因此，当我在想象中构成了人物和场面以后，我便开始在我生活四周寻找和他们相近的人物，接着我赋予他们以独特的必须由我的想象来构成的活生生的细节，必须用这些来作补充。在这种特殊的情况下，举例说，我从不同职业和年龄的人民生活中作了许多幅画，寻求着具有着我们鲜明而生动的民族典型的各式各种表现勇敢的模型。

在我的工作中，最吃力的人物是塔拉斯的长子奥司大普。革命前所作的《塔拉斯·布尔巴》一切旧插画，多注意于次子安得莱和他的浪漫的爱情故事，而奥司大普这个人物，对我似乎有着不可比拟的更大的兴趣和意义。我想，这就是我所画的安得莱和波兰姑娘相会之所以不合格的解释了。

奥司大普是一个坚强的、决然的人物。当我画着奥司大普的全部时间内，他无畏地走在被俘的哥萨克前面去就义，使我想到我们的卓娅·柯斯莫捷绵斯卡亚和其他的卫国战争的英雄们，他们的慷慨赴义是对敌人的一个打击。

果戈理以他的天才的洞察力，描写了人民的非凡的精神力量，他们一到环境需要的时候，就像做他们的日常工作那样简单地变成为英雄。

艺术家在他的作品中，尽力来表现他的人民的最高的思想和感情，同时去显示他们人生观的某些凸出面。当艺术家在这方面成功了的时候，他的作品就是最真实的意义上的人民性的东西。

苏维埃文化有着最生动鲜明的人民性格。这是对艺术家最高的思想要求。

至于形式的问题——提供给我的，有多少年来的作品和别的苏联艺术家所作的结论：一个艺术作品的理想的形式是简单、清楚，以及和我们所表现着的思想实质有机地连接着的形式，是可以描写我们所生活的世界的丰富而欢乐的现实，同时是艺术家的明确的创造个性的表现的这种形式。但是首要的是形式必须依赖于优秀的技巧。

艺术家只有通过他自己的民族世界，他的艺术才能升高到全人类，被深刻的感受和理解。俄罗斯艺术家能够从事的最满足的工作，就是为尼古拉·果戈理的不朽的作品插图。

伟大的法国人道主义作家罗曼·罗兰在他写给我的一封信里说道："一个真正有生命的艺术作品的区别，是当作者一经产生了它，它出现在世界上的时候，它的存在便开始了。它发展着，它继续在生活和长成，而当它通过它的读者社会的时候，它被他们的香气所装饰了；正如拉丁谚语所云：'Vires acquirit eundo'（'它在运动中取得力量'）。"

这对于尼古拉·果戈理的神奇的艺术是完全适合的。

当我为他的作品插图的时候，我借着过去看到了生活，我学习了去爱它和更好地理解它，以及去评价现实。

我毫不疑惑：《塔拉斯·布尔巴》的将来的插画家必然也将找到它的无穷的灵感的源泉，发现靠近他们自己时代的永远的新的特性，因为每一件伟大的艺术作品，它的反映生活，正像生活本身的无穷一样。

译自 *Voks Bulletin* 一九五二年三、四月号合刊

别林斯基的美学

塞米茹诺娃著

　　社会主义美学是建立在对于艺术的本质和目的的一种科学的唯物的思想原则之上的。它所由以建立的基础是马克思列宁主义学说，它对于正确地解决把艺术作为一种社会意识形态的那些最复杂的问题，和把美学作为一种处理艺术（包括文学）的法则的科学，提供了一把钥匙。

　　但是，苏维埃的马克思列宁主义美学，并不是在荒野中跳出来的。它是和进步的俄国哲学的整个前进的发展密切联系着的。在为了唯物论的世界观、为了艺术忠实地反映现实以及在人民解放运动中艺术的任务的这些斗争中，有着它的根源，那是俄国社会思想中的革命民主趋向的代表们在十九世纪奋力从事的。这个趋向，发展于十九世纪四十年代与六十年代之间，它的代表人物是一些伟大的思想家和作家——别林斯基、赫尔岑、车尔尼雪夫斯基、杜勃洛留波夫、皮沙列夫以及他们的有天才的学生和后进。俄国革命民主派的理论活动是极为多方面的。他们创造了先进的哲学理论，这对于唯物论哲学的发展是一种重要的贡献，而且在社会学和政治经济学的领域中创立了一系列的重要的进步的课题。他们英勇地保卫了对于自然科学的进步态度，对于它在俄国的前进，他们的贡献是伟大的。革命民主派的著作强烈地表现了先进的俄国思想的最优美的特质：人道主义、民主主义、和现实的接触、有目的性的实践、爱国主义、对别的民族的尊重、历史的乐观主义、对于人类理性和科学的力量的信任、大胆的革新。

俄国革命民主派对科学的一种可注目的贡献，是先进美学原理的创造，它是十九世纪至二十世纪俄国艺术的丰富的思想武器，对于世界美学也是一种巨大的贡献。

别林斯基、车尔尼雪夫斯基和杜勃洛留波夫表现了曾对封建压迫从事长期斗争的俄国农民的利益和希望。俄国历史的事实，在十八世纪的下半期（蒲加乔夫的起义）和十九世纪的开端（一八一二年的卫国战争和十二月党人运动）证明了：俄国人民在为了解放自身的斗争中，用赫尔岑的话说来，显示了"一个力量和意志的世界"。国家的迅速发展和人民中间的民族意识的长成，增强了人民对自己力量的认识，帮助了民主思想在俄国社会的进步力量中间的广大传播。革命爱国潮流因而有了新的方向，这是革命民主派所领导的，它决定了他们的全部世界观，包括他们的美学观点。

十九世纪的第二个十五年是俄国文学的开花时期。紧接着伟大的普希金的足跟，是强力而热情的天才莱蒙托夫，《鞭笞的七弦琴》的果戈理则在文学上开辟了一个新的世界。在四十年代，文学中降临了赫尔岑、涅克拉索夫、屠格涅夫、萨尔蒂科夫—谢德林，他们普及了进步的解放思想，提出了重大的社会问题。所有这一切的转换就决定了文学批评的任务和意义。

革命民主派认为文学批评的基本任务，是说明一个文学作品的社会意义，指出作家提出了什么问题，他描写了什么样的现实情况，以及他对它们的描写忠实到怎么样的程度。批评同时必须是一种对于文学中所处理的生活事实和现象表示意见，它有责任指出它们在社会生活中的地位和作用，它们对人民的意义。文学批评同时是对读者和作家的教育，是对于文学发展的积极的帮助力量。

这样，由于提出了和解决了巨大的当代问题，以及结合了国家发展的重大的需要，俄国的文学批评学派变成了一种生长着的力量，得到了广泛的认识。历史唯物论的创始人之一的恩格斯写过：俄国文学中的历史和批评学派，是"无限地超越于德国和法国的官方历史科学所创造的任何东西的。"

革命民主派美学的原理，是从文学批评家和思想家维萨里昂·戈里戈罗维契·别林斯基（一八一一——一八四八年）的著作中得到了它们最初的合于法则的公式的。他可以称为俄国批评学派的创始者，他的传统活在今天苏维埃的美学中。

别林斯基不仅是一个卓越的文学批评家，而且是一个伟大的哲学家和社会学家。是一个革命的民主主义者和农奴制的专制统治的不可调和的敌人，他第一个把文学批评当作人民解放斗争的有效武器。他的论文给十八至十九世纪的俄国作家——罗孟诺索夫、捷尔查文、卡拉姆金、克雷洛夫、普希金、莱蒙托夫、果戈理、卡尔托索夫、涅克拉索夫、屠格涅夫以及其他人的作品做了深刻的分析。别林斯基是俄国第一个结合了文学批评和文学史的人，而且是第一个俄国文学史家。他非常精通外国文学，别林斯基写了许多有意义的对于欧洲和美国作家的具有卓识的评价的论文。他对于剧场和戏剧创作所写的论文和批评，在戏剧艺术和表演的问题和法则上显示了深刻的见解。

别林斯基赖以工作的环境，贯穿他的十四年的文学活动，都是非常艰巨的。他受着出版检查的迫害，反动文氓的中伤，而且经常地忍受着生活的困苦。然而这个伟大批评家的激励的文字发生了作用，各时代的进步青年贪婪地读着别林斯基的论文，为他的思想所感染。

别林斯基的美学观点形成和发展于围绕着俄国文学的现实主义道路的火热斗争中。这种斗争在本质上是一种社会斗争。各种不同阶级和政治派别的代表们相遇于文学界，这就赋予了文学论争和原则斗争以生命的内容和决定的性格。专制和农奴制度的仆役们反对文学中的现实主义和忠诚地表现现实中的否定事物。现实主义派为自由主义派所攻击，自由主义者们被批判的现实主义著作中那些"粗鄙""俗恶"的题材所震惊了，他们主张"纯"艺术，离开时代的迫切问题。

这种文学论争容纳了有关艺术和社会生活的范围广大的问题，关于一部具体文学作品的论争经常发展成为关于美学基本理论原则的斗争。什么是艺术的本质和目的？什么是它的应有的方向，它的"创作方法"？什么是艺术中的人民性，它的表现形态是些什么？支配创作的主要法则是什么？——关于这些问题，正如有关美学的其他问题一样，各种观点尖锐地分别出来了。

别林斯基在他的论文和批评中严正地批判了农奴制的仆役和自由主义者们的观点，对于美学上的根本问题提供了深刻的解决。

我并不打算在这里把需要包括在一个专门研究中的别林斯基美学的种

种问题都谈到，我仅只提出他的美学思想的决定性的特质，这个伟大的思想家和文学批评家在文学的要求上的一些基本观点，那种观点在今天依然保持着它们的生命力和正确性。

美学的基本问题是艺术对现实的态度问题。这个问题的解决直接依靠于批评家的政治和哲学观点。哲学上的唯心论者的门徒们，认为艺术是人类心灵活动的产物，超越物质现实（"自然"），它仅仅是心灵本身的、"观念"的天然的、感觉的外壳。艺术，他们说，它的对象并不是存在着的物质世界，而是脱离现实的观念。实际上这种观点同样是宣传"为艺术而艺术"，把艺术和现实分离，在艺术中把主观主义和反现实主义倾向加以正当化。

在另一方面，唯物论哲学的代表们，认为艺术正和人类意识的其他各种形态一样，是物质世界的产物。艺术是现实在艺术形象中的反映。当反映客观世界的时候，必须把认识那个世界作为服务目标，培养一种对现实的明确态度，帮助社会的前进运动。

这两种艺术观点彼此互相对抗，正如哲学中唯物论和唯心论的对立。

在艺术上的唯物论观点就是俄国革命民主派美学的特性。它是由别林斯基提出和具体化的。生活，他说，常常是高出于艺术。艺术是现实在艺术形象中的创造性之再现；而现实生活则是艺术的唯一土壤和原料。艺术再现现实，同时表现了人对现实的态度，他的思想和感情。所以，它是人民的世界观的一种表现，是社会意识的一种特殊形态。

别林斯基不像唯心论美学家那样，让艺术离开科学，或使他们互相对立。他认为艺术和科学的区别，并不是在于它们的内容，而是"处理那种内容的方法"。"哲学家，"他写道，"是用推论说话，诗人则用形象和画面，但两者说的是同一的东西。政治经济学家被统计图表武装着，用证明来打动他的读者或听众：社会中某个阶级的情况已经大大地改善了或是大大地衰退下去了，正是某种原因的一种结果。诗人，被鲜明而生动的现实描写武装着，用形象打动他的读者，用忠实的画面表现出：社会中的某个阶级，真正大大地改善了或大大地衰退下去了，正是某种原因的一种结果。一个是证明，另一个是表现，但两者都是说明，一个用逻辑，另一个用画面……在这里艺术和科学都是同等地不可或缺，而科学之不能代替艺

334

术正像艺术之不能代替科学。"

别林斯基建立了美学的批评和历史的批评的有机联系。"历史的批评没有美学的批评，或者反过来，美学的批评没有历史的批评，那必然是偏向，是虚妄，"别林斯基写道。"必须有一种一致的批评，而且它的多方面的见解必须出发于一个唯一的共同源泉，一个唯一的体系，一种唯一的对于艺术的思考。"

别林斯基认为，对于艺术的科学分析，只有当对于艺术做历史的理解的时候才有可能。美学中的历史方法，依照别林斯基的理解，包括于其中首要条件之一是：要求艺术必须被当作人民的世界观的一种形态，和他们生活的具体历史条件密切关联。别林斯基反对那种打算"把艺术当作一个绝对隔离的世界，脱离其他意识的活动范围，脱离历史而存在"；对他说来，艺术决不能离开人民生活的其他方面而存在。艺术自身，照他的意见，只能是人民历史生活的一种特定的表现。别林斯基的历史主义映射到未来。这个伟大的俄国革命民主主义者，社会主义者的理想的信徒，他热烈地相信艺术在未来的繁荣，新的社会关系必然为它的自由而丰盛的发展创造出最广大的时机。

别林斯基在美学中的历史方法的建立，是和他在艺术和文学中为人民性和民族性的斗争密切联系的，这经常是他的美学理论的基本原则之一，他的论旨建基于这个观点：人类前进的发展是通过诸民族的发展，把诸民族除外，人类仅只是"一种没有生命的、论理的抽象"，而每个民族都为人类的公共宝库提供了它自己的一份。"世界性的"东西在每个民族中的表现常常是用它自己的特殊的民族形式。别林斯基驳斥世界主义的"非民族"的艺术，正像他驳斥所有"一般的非民族的文化"。"是我们应该停止这样思考的时候了，"他写道，"把艺术比拟为那种无家无国的流浪汉，像一个吉卜赛人，或像一个追求她的职业不是为了金钱而是为了爱好的荡妇，而可以提高艺术。什么时候什么地方存在过这种艺术啊？"

一个各民族平等和亲善的代言人，别林斯基同时证明：文化和教育的长成，把各民族拉得更接近的时候，绝对无法降低不同民族的民族特性和它们的文化。一个民族的民族文化越是显著的和独创的，它对于世界文化长成上的贡献就越有实力。

别林斯基是一个无根的世界主义的坚决的反对者。他轻蔑地称呼世界主义者为"人类的流浪汉"。另一方面，他把真正的爱国主义看作一种正统的感情，它为人类的活动供给了一种高贵的鼓舞。"在一个热血的、健全的人身上，"他写道："他的祖国的命运在他们心坎上占着很重的分量；每一个高尚的人格都深切地明白他和他的祖国的血缘关系。"

别林斯基这种见解自然而然地发展为：真正的艺术家是他的祖国的儿子。当他密切地联系着他的祖国和人民的时候，他的作品就反映了民族的性格、精神状态和世界观的特点。每个伟大的艺术家都是极度民族的。"一个诗人越是伟大，他就越是民族的，因为所有民族精神的特点对他越是亲近。"

民族地历史地理解文学，变成了俄国文学批评学派最优秀的传统之一，它植根于革命民主主义。

别林斯基，一如后来的车尔尼雪夫斯基和杜勃洛留波夫，是从人民大众的生活和斗争、从人民的利益的观点，来处理文学史和分析作家的作品的。由于观察文学用革命民主派的眼光，使别林斯基有可能在一个作家的作品中看出他的阶级和社会阶层的烙印。因此，当他对司各德的历史小说从事赞赏的批评时，别林斯基同时在作品中注意到作者的阶级限制。

民主主义者和人道主义者的别林斯基证明："民族生命的火花"，燃烧在劳动人民当中。他号召文学和艺术面向人民，真实而生动地描写人民生活。他反对对农民的贵族式的轻视，他反对那种认为"下等阶级"的人物和生活毫无趣味可言、从而不值得在艺术中描写的意见。"农民不是人吗？"他愤怒地质问道。在回答那种什么是粗鲁无知的人的有趣味的东西的问题时，他说："怎么，他的灵魂、精神、心肠、情热和追求——一句话，有教养的人所具有的一切。"俄国的批判的现实主义文学的重要功绩之一，按照别林斯基的意见，是这一流派作家对于和他们一样的"地位和阶级的人的同伴感情"。

当倡导着艺术中的民族特性，和使它表现群众生活的时候，别林斯基反对把在他们那个时代已经过时的民族生活形态理想化。这种倾向，正是俄国和西欧的反动浪漫主义者的特征，这常常激起他的猛烈的抗议。他主张文学和艺术对于民族生活的落后部分不是赞美和使之永久化，而是相反的，对它应该加以批判和暴露，指引民族意识为了更美好的理想的胜利而斗争。

民族地历史地理解文学，被别林斯基显著地表现在他的一系列的分析俄国和外国的重要作家的作品里。在这点上，别林斯基对于普希金作品的深刻分析是一个重大的贡献。在关于这个课题的十一篇论文中，别林斯基指出普希金作为一个俄国诗人和在世界文学中的光辉的人物的伟大。他说明了普希金在俄国文学长成中所扮演的角色和地位。

和民族地历史地理解文学的原理相符合，别林斯基认为普希金是一个伟大的俄国民族诗人，他的创造天才植根于俄罗斯的民族土壤，他是俄国现实的产物和表现。

别林斯基正确地把普希金文学的出现归功于一八一二年抵抗拿破仑匪帮的卫国战争所产生的正义的民族觉醒。"一八一二年，"别林斯基写道，"是俄国生活上的伟大时代……和拿破仑的决死战斗唤醒了俄国沉睡的力量，而且由此向她显示了她自己的力量的无可置疑的源泉。"这种奋起给予民族意识的发展以一种巨大的推动力，同时反映在社会运动和俄国文学中。普希金的诗，植根于十九世纪早期的俄国生活中，表现了时代的宏大内容和它的典型的特征。

别林斯基认为，每个伟大诗人和作家的作品，把它放在一个国家文学的过去和现在的关系以外，就无从理解。"我们关于普希金想得越多，"他写道，"我们就会更深地认识到他和俄国文学的过去和现在的活的联系。"所以他分析普希金作品是以从罗孟诺索夫开始的俄国文学的历史的评论作为绪论。别林斯基指出：俄国文学之走向现实主义和人民性，是由于和俄国现实的愈加亲近。俄国文学的丰富的历史途径为普希金的现实主义铺平了道路。"普希金的诗神是受了早先的诗人们的创造培养和教育的。"

别林斯基认为普希金是一个现实主义艺术家的天才。"普希金诗的源泉，"他写道，"是活的现实和永远丰富的思想。"把现实分别为"平庸的"和"高尚的"是与普希金的现实主义不相符合的。"作为一个天才的艺术家，普希金不需要为他的作品选择'诗的'对象物，因为所有对象物对于他都是一样的诗的东西。"普希金是一个真正的"现实的诗人"。这个批评家预言了那样的时代：那时"普希金必然将是一个古典的俄国诗人，他的作品将被作为一种道德的规范，正像作为美学的感觉而被接受"。

别林斯基民族地历史地理解文学，在分析各式外国作家的作品上也是一个范例，如莎士比亚、歌德、席勒、拜伦、狄更司、乔治桑以及其他作家。他对于歌德和席勒的评价尤其明显。

别林斯基证明了：那种盛行的把歌德看作一个"纯粹的""永恒的"艺术的代表的见解，是不能解决问题的。"歌德，作为一个艺术家和诗人，"他写道，"完全是他的国家和时代的一个儿子。他完整地表现了许多，虽然并不是当时现实的一切本质的方面。这从他对于所有那些抽象的东西、朦胧的东西、神秘的东西的憎恶可以证明……另外这也可以证明：他竭力追求单纯、清楚、肯定、平易、真实、实在的东西，而他的对自然的热情的谐和，不仅反映在他的诗里的泛神论的哲学中，而且还反映在他的对从事自然科学的伟大的努力中。"

同时，别林斯基注意到歌德的矛盾，批判了这个伟大诗人对政治的不关心。引证歌德和席勒，莎士比亚和弥尔顿，司各德和拜伦作为例证，别林斯基令人信服地论证了存在于艺术与"社会的历史运动"之间的密切连结。

艺术的目的，根据别林斯基的深刻的辩解，不仅是再现现实，而且帮助现实的改造，为社会的进步运动的利益而服务。"否认艺术为公众利益服务的权利，"别林斯基争辩道，"等于败坏它，而不是提高它，因为那等于剥夺了它的生命力——思想，把它造成了淫乐的东西，游手好闲的懒汉的玩物。"

这个批评家要求在一篇小说中内容与形式的统一，而且强调在这个统一中内容有决定性的作用。在一个艺术作品中没有什么艺术价值能够躲开别林斯基的基本规定——思想内容。

在肯定了艺术的社会的——教育的目的、艺术的作为一种思想的手段以后，别林斯基认为艺术和时代现实的密切接触是极端重要的。在反对"为艺术而艺术"的信徒们当中，——他们劝告艺术家说"时事问题"的倾向会降低艺术，艺术家必须远离"世界的烦恼"，——别林斯基争论道，艺术正是从与现实和现实生活的主要问题的接触它才会取得力量。"诗人，"他写道，"不能再在梦境里安居乐业了；他已经是他的时代的现实王国中的一个公民，……社会不需要他是一个卖艺人，而是他的精神的理想生活的代表，一个可以回答那些最困难的问题的预言者。"

别林斯基嘲笑那些准备把自己和他的周围汹涌的生活隔开的作家，他们"退回到他们做梦的堡垒的精致的寝室里，从它的彩色的玻璃窗向外凝视，……像小鸟一般的婉转而鸣……"

他竭力地反对那种观点：服务于公共利益与创作自由是矛盾的，"写作自由和服务当代利益两者是易趋一致的，"他写道，"一个人不需要强迫他选择题材的意志，或使他的想象受到妨害；要紧的是他必须是一个公民，他的社会和时代的一个儿子，拥护它的利益，把它的希望和自己的希望化而为一；一个人最需要的是同情、爱、对于真理健康而实际的感情，不使信念脱离实践，文学脱离生活。"

这个批评家发觉了艺术前进的危险，并不像美学家们所要证明的那样是在于它和现实的接触，而是这种事实：艺术在变成买卖的对象，正像资产阶级社会的其他事物一样。别林斯基悲痛地写道："在我们的时代，天才、能力、学识、美、道德……的范围，容易被一种唯一的量器所衡量，它决定和包括所有一切——这就是金钱。"资产阶级骗子们的自私自利和精神上的庸俗使他深恶痛绝。"……这是些没有爱国主义、没有高尚情感的人。对他们说来，战争或和平仅仅是意味着股票的涨落——超过这个，他们什么也看不见。"艺术对于钱袋的奴从，使他愤怒。

别林斯基具有一种高超的才能，那就是一把撕破那些正人君子的面具，揭露出他们掩饰在漂亮言词后面的肮脏的反动本质。他也成功地揭穿了"纯艺术"理论的真正含义，那是企图使艺术离开为人民服务。

别林斯基对于"为艺术而艺术"的理论提供了一种深刻而尖锐的批判。他推翻了他的徒众的论点，而且指出：他们那种"纯正的抽象艺术"思想，本身就是"一种梦想的抽象"。

这个伟大的批评家在百年前的对"为艺术而艺术"的反动理论家的驳斥，直到今天还保持着它的力量和意义。

别林斯基的保卫为时代的先进思想服务的、有目的性的艺术，是和拥护现实主义的、真实的艺术、忠实地写出现实的真实相结合的。当要求文学的"社会良心"的任务，公众意见的"倾听者和监察人"的时候，别林斯基认为：文学正像一般艺术，只有在它变成"一面真实的社会镜子"时，才能完成这个任务。要求"对现实忠实""按照它的真实情况再现生活和现实""和生活与现实接触"，常常出现在别林斯基的论文里，而且构成了他的评论的主要因素，他的一般原则和具体评价。真实地表现现实，"是向诗提出的基本要求，它的基本任务，"别林斯基断言道："一个作家的诗的才能，首先必须从他迎接这个要求的程度，解决这个任务的程度来判断。"

别林斯基怎样理解在艺术中"对现实忠实"的呢？他对于现实主义艺术的作为"现实之最真实的再现"的定义所附的具体意见是什么呢？

对于"忠实于现实"的问题，在诸种不同情况和时机下的研究，使别林斯基对现实主义形成了一种完整的概念。

历史地忠实于现实的真实——也就是这个批评家所谓的"地方和时间的色彩"——按照他的意见，是在艺术中忠诚地再现生活的一个必要条件。这个观念是反对古典主义美学的。古典主义美学的主要缺点，别林斯基认为，是它"逃避现实"的倾向和它的把艺术看作是"装饰了的自然"的思想。"史诗，"别林斯基写道："按照假古典派的观念，是'歌颂'了人类生活或民族生活中的某些巨大事件，而这些事件可以发生在任何时代或民族，它被穿上高贵的紫袍或外衣，被剥夺了它的地方色彩，被超自然力量操纵着，被浮夸地和无生命地表现着——正像一切摹仿外来形式和外来生活方式的作品所需要的那样。"有力地反对这种"摹仿"，别林斯基和他的在美学中的历史方法的要求完全一致，主张艺术作品必须反映一个民族生活在特定时代的历史特质，用它的风习、方式和语言。

现实主义艺术的另一特点，依据别林斯基的意见，是在艺术中最大限度可能地再现生活。主张在艺术作品里不值得处理"卑下的"方面，对别林斯基是不存在的。那种企图把艺术限制于"高尚的"和"风雅的"范围内，引导它离开"生活的散文"，日常的现实，别林斯基认为是非常荒谬的，实际上助长了歪曲和伪造现实的真实。相反地，别林斯基要求艺术不要拒绝"卑下的自然"，而要"下降到地上"，认识和描写真实的朴素的真实。俄国文学的表现"生活的散文"这一事实，别林斯基认为是它的成熟的标记，是它采取了正确道路的标记。把普希金的《欧根·奥涅金》当作一部"奠定了我们今日的诗的基础"的著作，别林斯基认为诗人最伟大的功绩是他的"忠实地描绘了现实，连同它的一切优点和缺点，以及它的日常的斗争"。果戈理和果戈理派的功绩，据他的意见，是这些作家明确地和"修辞学的"倾向决裂，"依照现实的原来样子"描写了现实。

最后，对现实忠实的一个重要的条件，依据别林斯基的意见，是艺术的概括，典型人物的描绘，换句话说，是排除生活中的非主要的偶然性的东西，探究现实的根底，把握使人物活动的"秘密的内在动因"，只有这些方法，才能达到真正的忠实于现实，不同于奴隶式的摹写。"所以，一个伟大的艺术家所作的肖像，甚至比主人翁的照相还更像，因为伟大的艺术家抓出了隐藏在主人公身上的一切突出的特点，而这些特点的存在，甚至对主人翁自己都是一个秘密。"

艺术性质需要对生活做概括的描绘。但是对于概括它也设有一种限制，对于它的违背，就容易导向枯燥的象征主义。"没有面貌的形象"，——这是别林斯基对于那种型类的文学所爱好的形容。他对艺术要求具体的处理，但是那种具体性必须是含有"普遍性意义"的特殊的事件或人物。这种具体，"典型"和"形象"的范例，别林斯基曾引莎士比亚、歌德、普希金及果戈理的作品以为例证。

现象的典型化要求现实的真实必须"通过"艺术家的思想和想象。别林斯基尤其反对那种主张：认为艺术在创造的过程中不需要思想和理智的参加。正是思想帮助艺术家去"探索事物的内核"，明确他所描写的主要之点。别林斯基，代替了在理性和想象中间划一条线，而把他们放在一起，仅只是主张前者在科学中和后者在艺术中的优越性。他反对那种意见，认为诗人单只有情感就够了。这种确信，"对于现在的诗人尤其有害，"他写道，"一切诗人，甚至是伟大的诗人，现在必须是思想家和诗人，否则，他们的才能就不能发挥。活的科学，现代的科学在现在已经变成了艺术的前辈了，没有它，灵感就无能，才能就无力！"

思想，照别林斯基说来，赋予艺术作品以"活的灵魂"，是它的"真正的要素"。"思想，"他说，"使它自己在诗中感受，它是对于一定生活方面的一定的观点，赋予诗人著作以灵感和生命的元素。"

现实主义，依照别林斯基的理解，就是这样和宣传进步理论相连结的。

别林斯基美学的目的性，显著地表现在他那封有名的致果戈理的信里。这封信是俄国革命民主派为进步艺术而斗争的宣言，它是为人民利益服务的。

揭发植根于剥削的非正义的社会关系，唤醒人民对人的尊严的感觉，帮助人民的解放斗争，发展"文明开化和人道"——这些都是别林斯基所主张的俄国文学的高贵的任务。俄国文学接受和实践了这个伟大批评家的教导。别林斯基的后辈，杜勃洛留波夫，在一八五九年公正地写道："不论俄国文学可能发生些什么，不论它可能发展得如何丰富，别林斯基将永远是它的骄傲、光荣和灿烂的珍宝。"

别林斯基逝世以来的俄国文学的前进，显著地证明了杜勃洛留波夫的预言。

别林斯基逝世已经过了一个世纪，但是他的美学理论和文学批评原则在今天仍然活着。

一切进步的文学艺术工作者都在怀抱着别林斯基的高贵的理想而努力：艺术不能离开人民的利益，为人民服务，是艺术最崇高、最尊贵的使命，是它的神圣职责。别林斯基对于"为艺术而艺术"的徒众的批评，在今天具有现代的意义，深刻地剥开了今天的"纯"艺术理论家们，他们以此作为不使艺术为人民利益服务的掩护，实质上就是使艺术成为反动社会势力的帮凶。别林斯基对艺术的热情的呼声，要求它回答时代的迫切问题并和当时的进步思想一同前进，激励了今日全世界的进步文学。

今天，当美帝国主义者在世界主义"理论"的外衣下，向各国人民的民族主权展开了袭击并企图毁灭民族文化的时候，别林斯基的保卫文学和艺术的民族特性的话特别有力地鸣响着。别林斯基，像俄国的一切革命民主派，是一个民族平等的坚决信徒。是一个各民族独立发展权利的拥护者。别林斯基的民主主义理想和抱负和我们的时代是一致的。

俄国文学和苏联各民族文学的蓬勃的长成，明显地说明了具有社会思想的现实主义艺术的丰富的力量，为了它的前进，别林斯基曾从事了热情的斗争。苏联文学怀抱着十九世纪俄国文学的优良传统沿着新的方向发展着。"苏联文学的优良传统，"日丹诺夫说，"是十九世纪俄国文学优良传统的继续，是我们伟大的革命民主派别林斯基、杜勃洛留波夫、车尔尼雪夫斯基、萨尔蒂科夫—谢德林所创造的、普列汉诺夫所继续的，以及列宁和斯大林所科学地发挥和论证的传统的继续。"正是在这些传统的土壤上，苏维埃美学——社会主义现实主义美学长成了起来。

译自英文版《苏联文学》一九五三年一月号

赫尔岑论

维亭著

亚历山大·伊凡诺维契·赫尔岑站在建立现代俄国文化的最前列的人们中间。用列宁的话来说，他第一个"用自由的俄国人的话向群众号召，高举起斗争旗帜"。在欧洲文学中，他第一个指出了俄国人民的伟大的解放使命。

在那些残酷而黑暗的专制时代，庞大的俄罗斯帝国像一块巨大的冰块似的横卧着。诗人台约切夫曾表现了那时占优势的绝望感情，他说：甚至革命英雄的鲜血也不能溶掉这个"历万古而不变的北极"。西方民主主义者中间最敏锐的心灵只看到俄国是一座反动的堡垒。但是赫尔岑却有着较高的见识，他认识到在罗曼诺夫皇家的坚强的外壳下面，民族生命的火花永远不会熄灭。他用预言的力量理解了俄罗斯的历史使命，它的使人吃惊的对于公正的社会秩序的不可抑压的渴望。

赫尔岑诞生于一八一二年。莫斯科的大火是他在生命的道路上所遇见的第一次涤荡他的火焰。第二次则是圣彼得堡元老院广场起义的十二月党人燃起的火花所生长的自由火焰。赫尔岑的童年和青年时代是在人民奋起反对拿破仑的卫国战争时代以及俄罗斯贵族中的前进的、具有革命思想的部分的秘密的解放运动影响下度过的。"十二月党人唤醒了赫尔岑，"列宁写道。他是莫斯科一个知名的贵族的私生子，很早便认识了光辉灿烂的贵族文化的阴暗面。他父亲的农奴打开了他的眼睛，使他认识了令人发呕的上层社会的结构和他所生活的环境的卑劣性，尼古拉一世的反动统治则使他很早便熟知了监禁和流放。

一八二九年，赫尔岑进了莫斯科大学，那时，像别林斯基、史坦开维支、屠格涅夫这些人都是他的同学。学生们的兴趣在哲学和社会主义间分开了。在赫尔岑和他的朋友奥加略夫周围，形成了一个和他们志趣相同的年轻人的圈子，他们的兴趣主要是集中在社会和政治问题上面。尼古拉一世的宪兵们不大懂得哲学，但对于"政治"却很内行，赫尔岑他们的团体被警察所镇压，他自己在一八三四年六月二十一日被捕，过了八个半月后被流放，开始是在波尔姆，接着到了凡提卡。一八四〇年，赫尔岑从流放归来，但过了一年，他不小心说了一个单字，又引起了新的流放。直到一八四二年七月，他才被允许在警察的监视下面居住在莫斯科，但被剥夺了去圣彼得堡的权利。在他的两次流放的间隙，他和那时最伟大的民主主义战士、思想家和文学批评家别林斯基建立了友谊。别林斯基——他的影响仍然研究得不够充分——对于四十年代初期的赫尔岑的哲学和文学著作的影响是极为明显的。他的小说体的作品《谁之罪?》《偷窃的乌鸦》《克鲁波夫医生》，在题目的直接意义和它们的更深远的含蓄中都包含着对封建制度的猛烈的批评。但是赫尔岑在他的批评思想中走得甚至更远些。他在一般道德和社会问题上更突出。人类社会最重大的问题之一——性的关系——曾被赫尔岑深刻地分析过。他并不打算像车尔尼雪夫斯基在《做什么?》中所作的那样——社会主义地来解决这个问题；或像托尔斯泰在《克鲁采·朔拿大》和《安娜·卡列尼娜》中所作的那样——纯粹美学地来解决这个问题。突出这个问题的真正事实是包括在它本身中的一个要求——为了对人类关系予以根本的净化和整理。

赫尔岑的哲学著作——《科学中的玩物主义》《关于自然研究的书简集》——是一种唯物论的世界观的表现。他决然地否定了黑格尔学派的唯心论。他的哲学理论的基础是自然的无穷的物质，他的明白的理解，带着布鲁诺、培根、斯宾诺莎的富于雄辩的热烈的特性。《关于自然研究的书简集》推翻了机械唯物论和纯粹依据经验的自然科学。他的对于盲目的经验主义者的批评注解直到今天还有着它的泼辣性。赫尔岑对于自然辩证法有着卓越的知觉。在他的眼睛中，物质世界是一个活生生的、完整的有机体，具有着一种发展的内在力量。

消除理论和实践、哲学和自然科学、社会生活和哲学家的研究之间的抽象的相对——依照赫尔岑的意见，这是从西欧诸国传到俄国来的未完成的历史任务。

虽然，在一八四〇年，他依然热心于"西方和它的有权威的思想"。一八四七年一月，赫尔岑设法逃到国外。在这里，他在这些危机的年代中所看到的——二月革命的覆亡、卡卫尼克①的行为、狂怒的资产阶级的报复、财阀政治和专制主义的胜利——是一种痛苦的幻灭，对于他是一种深刻的内心悲剧。

"骑士的豪勇，"他在那个时候写道，"贵族的高雅，新教徒的严肃礼仪，英国人的光荣独立，意大利艺术家的豪华生活，百科全书派闪烁的机智和雅可宾党人倔强的精力——所有这些都融化和再现在新兴的资产阶级的风度和举止中去了……自从一八三〇年以后，政治问题变成了资产阶级的独占物，而当年的斗争则反映在支配财产的热情和癖好中去了。生活成了股票买卖的性质。每种事物——报纸社论、选举集会、官职——都变成市场和银钱兑换了。"

在五十年代开初他所写的卓越的著作（《自海岸的另一边》《法国和意大利书简》）中，赫尔岑悲叹着十九世纪第一个十五年的乌托邦社会主义和民主主义的巨大的希望、高贵的幻想的破灭。他预言了欧洲的不远的毁灭和一次以富翁对人民利益的胜利为终结的恐怖战争。

"全欧洲将从它的轨道中被掷出而投入普遍的糜烂；国界将被改变，人们将被组成各种新的集团，民族性将遭到灭裂和伤害。骚乱和抢劫的城市将变得贫困不堪，教育沦亡，工厂倒闭，农村十室九空，田园荒芜，一如三十年战争之后；颠沛饥馑的人民将甘心忍受一切，军事暴政将取一切法律和政府而代之。"

赫尔岑谈到法国的命运，这被他视为自由的降生之所的国家，带着深刻的痛苦感情。"没有一个国家竟敢对它的崩溃欢欣。他们用忧郁的眼光俯首在它的不幸之前。它们还不至堕落得那样——这点它们想必是满意的。庸人有着它的巨大的特权，但它要求它的所有者谦逊。如果法国犯了那么多的罪恶——它已经被惩罚得那么多了。"

赫尔岑对于那些蹂躏法兰西的光荣和它的优秀人民——自由思想家、

人民保护者、社会主义梦想家——的理想的人是没有宽恕的。他号召惩罚那些六月的暗杀者们。他预言道，历史将不可避免地要对于那些饱食终日、寄生的俗物们加以可怖的惩罚。

"怎么，先生？你已经为了一顿残羹出卖了自己的人权，你想能够允许你平安地把它吃下去吗？"历史上没有这种事情；它的法律的报复，反报的规律，是残酷的。赫尔岑预见到法国一八七〇年的军事失败。赫尔岑正确地评论了反动势力在巴黎和各县区的取得巨大胜利，普鲁士的头盔将冒过莱茵河。在苏妲②的前三年，他写了他的有名的句子："俾斯麦亲王，现在该是你了……"

赫尔岑的幻灭使他用怀疑的眼光来看西欧的将来。但是有种种不同的怀疑主义。赫尔岑的怀疑主义并没有趋使他走向政治冷淡和变节，而是对能够革新现代文化的进步力量走向更深刻的探求。他孕育着这种理想——俄国在世界的社会变革中必然要起一种巨大的历史作用。

"这样的一个时代：当半解放的西方骄傲地俯视着俄国，而俄国的启蒙知识分子则带着妒忌地望着它的长兄们的幸福。——那种时代已经过去了。

"我们现在目击着一个令人惊奇的景象：甚至在那些仍然有着若干自由制度的国家，甚至在那些要求专制主义的国家。人类未曾看到像康士坦丁时代以来的那样情况：当时为了逃避社会力量的逼迫，自由的罗马人要求变成奴隶。

"专制主义或是社会主义——二者必居其一。

"而欧洲则表示了一种对社会革命的可惊的无力。

"我们认为俄国并不像欧洲那样的无力，而且在这一点上我们同意斯拉夫派。我们对于它的前途的信仰就在这里。我从一八四八年末以来就在宣传这种信仰。"

赫尔岑这些著作里，保卫这种"信仰"：《俄国人民与社会主义》、《俄国革命思想的发展》（*Du Développement des idéas reveolutionaries en Russie*）、《受洗的财产》、《旧世界和俄国》，等等。他对于俄国的公社（Obschina）增添了许多重要东西，它的社会意义是被十九世纪的学者所发现的。暂搁起它的租税根源（沙皇专制政治保存公社的作用是把它作为封建租税制度的根基）这一点，赫尔岑认为农民公社（Mir——农村公同体）

是直接从古代斯拉夫的自治体的生活方式发展而来的。他把保存这种自治体的生活方式，看作俄国的最大利益——战胜个人的利己主义的人民大众的统治。赫尔岑从来没有对退到更初级的生活方式，退到祖宗传下来的方法（像斯拉夫派那样主张的），提出任何意见。他也没有轻视欧洲文化的进步价值。他仅仅把他的信任寄托在俄国农民的直觉的社会主义精神上，而且凭着他个人的才能相信跳过痛苦的资本主义时期过渡到较高级的生活方式。

一般说来，这是赫尔岑历史观点中的一个弱点，因为他的关于特殊的民族性和俄国人民的将来发展的概念虽然是辉煌的，但赫尔岑不可能把必须的中间环节——过渡的历史形式——具体化起来，像马克思和列宁所作的那样。在他的社会观点上，赫尔岑仍然停留在空想社会主义的地步。这说明了在他的民主主义观点、他的自由主义的摇摆中的某些缺点——相信亚历山大第二的用心良善等等。

虽然，这些特点，就他的整个世界观说来，并不是起根本作用的东西。他的自由主义幻想的破灭，使他的革命民主观点趋向深化。他对于保存农村自治体的作用的信仰，主要仅仅是为了给俄国的土地革命这种激进的要求找一个别名。——为了农民的解放和他们的平分土地。

一八五三年，赫尔岑在伦敦建立了他的自由俄罗斯印刷所。第一张从沙皇的检查制度轭下获得自由的报纸开始了工作。在他的首次宣言中，赫尔岑给了俄国贵族以有力的警告。他对地主们指出：他们对专制政治的可耻而又可厌的奴隶状态，是他们自己对封建农民统治的直接结果。

"我们之所以是奴隶，是因为我们祖先为了不仁的权利出卖了自己的人的尊严，而且我们在享受着这种权利。我们之所以是奴隶，是因为我们是主子。"

假如俄国贵族再不采取像法国贵族在七月四日所采取的那同一聪明的行动，人民的正当的复仇就等着它。赫尔岑接着写道，那么就只有面向我们被压迫的弟兄，指出斗争的有效意义：

"那么，兄弟们，现在举起斧头来吧。我们永远不要再在奴役中讨生活了，我们永远不要再在主人的田地和屋子里为他们做奴隶了。为了神圣的自由，我们要站起来！老爷们在我们身上寻欢作乐得太久了，他们玷污我们的女儿太久了，他们的棍子在老年人肋骨上打断得太久了……来吧，伙计们，在邸宅周围堆起麦草来吧，叫我们那些亲爱的老爷烤烤他们最后一次的火吧。”

赫尔岑实践了他的约言。沙皇从上面提出了极明显的以牺牲农民利益为代价的反动性质的农奴改革的时候，他号召俄罗斯兴起刀斧。

从一八五七年到一八六七年，赫尔岑在伦敦刊行他的有名的《钟》，题词是"Vivos Voco"（"我呼唤生命"）。它非法地渗入了沙皇俄国，成了一种可怖的力量。炙手可热的沙皇官吏们害怕着它的揭发。像卡维林那种类型的自由主义者——伪善的正人君子，咬文嚼字的大学教授，都和他绝交了。

"赫尔岑展开了革命鼓动，"列宁写道，"响应、扩大、加强和巩固它的，是知识分子革命家，从车尔尼雪夫斯基起，到民意社的英雄们止。战士的圈子扩大了，他们和人民的联系密切了。'将来暴风雨的年轻舵手'，——赫尔岑这样称呼他们。但这还不是暴风雨本身。暴风雨是群众自身的运动。"③

赫尔岑的文学杰作是他的《回忆录》。在全部世界文学中很难找出和它匹敌的作品。它在这类作品中是独一无二的。就它的行文的流畅，它的新闻记者的清朗和智慧来说，赫尔岑的《回忆录》可与海涅的散文相辉映。虽然，就海涅来说，主观的因素，机智，是占优势的东西。在他的自传性的作品中所表现的世界图画，常常是完全地渗透着讽刺的抒情。另一方面，赫尔岑则是比较客观的。叙述得流畅的他的生活故事，有着《圣经》的庄严境界，在俄国文学的自传性的作品中是极富于特色的。

赫尔岑的《回忆录》是现代灵魂的《奥德赛》。事件和人物以魅人的层出不穷互相衔接——拿破仑的侵俄、亚历山大一世时代的贵族生活，十二月党人的英雄起义，三十和四十年代的知识分子圈子，查达耶夫，别林斯基，斯拉夫派和西欧派，教授和宪兵，流放生活，尼古拉一世时的外省城镇，圣彼得堡和莫斯科，穿越国境和欧洲的最初一瞥，革命的巴黎，七月屠杀，保拿巴脱复辟，开云，阿赛尼，意大利事件，教皇，玛志尼，伦敦的国际侨民……所有这一切充塞在赫尔岑的非凡生活的广大结构中，说明了政治的、文学的和私人关系的十九世纪的伟大悲剧。

"你的《回忆录》，"维克多·雨果在一八六〇年六月十五日写给赫尔岑道，"是一种信仰、正直、崇高的理智和道德的记录。"

一个伟大革命者的品格，具有极深刻的辩证思想，一个历史性的新闻业的模范作家，赫尔岑身后所遗留的文学遗产，直到今天，还保持着它的生命性。赫尔岑所理解的德国军国主义——它的对于世界所表现的危险，是极富于他的观察力的特色的。

在八十年前，赫尔岑宣告了他的确信：德国人打算"把我们推回到乌拉尔去。"他认为他们必须"来面对超过德国军阀所理解的两种力量：俄国人民的潜在力和英国人保守主义的力量。"德国人必然要失败。

赫尔岑是那些人们之一：他第一个认识了德国军国主义的威胁，并且理解了在沙皇俄国的宫廷中的德国势力的全部危险性，国家的最重要地位的被他们所窃据，他们的渗入全部国家机器。

赫尔岑憎恨德国的统治阶级和德国军阀。他以一个伟大的俄罗斯作家和爱国者的身份来憎恨，他坚决相信：俄罗斯人民对于实现"那种全世界的共同生活体"，这一切社会学说所抱的希望，站得最为接近。一世纪的四分之三以前，他感觉到，正如我们今天所做的那样：德国军阀是俄罗斯人民和俄罗斯文化的死敌。

带着"铁血宰相"的面貌的俾斯麦亲王，结集了政治力量，打算来实现的那个疯狂的计划，就是希特勒所继承的他的对于俄罗斯和全体斯拉夫人民的仇恨。

赫尔岑断言说，那个德国的"爱国的哲学家和行动的人"（俾斯麦）认为俄罗斯和斯拉夫人一般是"被德国的专制政治在一个巨大的军事区域所组成的野蛮部落。"

对于俄罗斯的粉碎，搁延起来了，因为俾斯麦认为俄罗斯这颗果子还不成熟。他对俄罗斯讨好，甚至在他的遗著里——在他的众所周知的《回忆录》里。他在这本书里，用赫尔岑的话来说，"凭他自己的想象和意愿"胡说八道。在他看来，重要的是抚慰俄罗斯去沉睡。他的目标是要把对俄罗斯的征服的准备，用一种"第五纵队"之类的玩意——在这个关系上，如果我们借用一个现代名词来说的话。

赫尔岑在一个故事中说，他的一个德国论敌有一次写道："的确是这样：俄罗斯——德国也是如此——关于她的唯一事情，就是她的人民。"离赫尔岑说这话已经走得很远了：他把冬宫叫作尼瓦河畔挂着罗曼诺夫家的假旗号的德国旅馆。

照赫尔岑说来，德国人的感觉迟钝的头脑从来没有理解这一点：他们那样贱视的俄罗斯人民，有着他们自己伟大的文化，俄罗斯曾经解除了鞑靼人的重轭，它曲折地发展了起来，并且把它自己构成一个巨大的国家，打败了它的所有邻居，保持了自己的独立。他们在俄罗斯落了个一场空，或者，还要更坏些，他们竟为一六一二年和一八一二年而责骂她。

赫尔岑轻蔑地称呼在俄罗斯的德国统治者为圣彼得堡近卫军匪帮。作为一个爱国者和民主主义者，他相应地留意着德国军国主义的危险——它渴望地凝视着俄罗斯的财富和广大的空间，而"第五纵队"的历史上的前辈，他们在沙皇手下，依靠着俄罗斯土地和俄罗斯的出产物，养得非常肥胖。但是他并不为俄罗斯的命运而恐惧。他知道她必然能通过这个伟大的考验。他坚决地相信俄罗斯人民的潜在力量，他们曾通过了历史上的最严重的灾难，保持了他们的政治上的独立和他们的文化。他知道俄罗斯的人民大众对于他们的祖国的热爱感情的全部深度。

在国外的流亡生活中，赫尔岑清楚地注意到并且经常地写道，在欧洲，俄罗斯和社会主义，"已经成了它所憎恨的两极"，"两个有时被政府有时被人民所利用的彼此恫吓的稻草人，就是用一个声调说的俄罗斯和社会主义。"

这是在那样一个时代，那时在俄罗斯只有一个人自称为社会主义者，而这则是一个政治难民，他实际上住在英伦，这人便是赫尔岑自己。

所以，这种事实并不新鲜：今天俄罗斯和布尔什维克主义被当作那种稻草人来利用。这个作风和八十年前相同。

全欧洲的政治力量都能看见赫尔岑，其中包括凝视着东方的德国军阀眼睛。

赫尔岑给我们遗留下至堪注目的预言：关于反动势力的历史性的崩溃，这是把他当作一个爱国者和民主主义者而那么仇恨他的力量。关于圣彼得堡的近卫军匪帮，他写道，"一场强烈的暴风雪，它必然会完全消散，正如在从事武装调停一样，它要牺牲一如一场战事的那许多生命，而且要再度遭受着像一个整个战争一样的痛苦。它必然要消散，……对它不要留下任何怜悯的感情，或其他的任何痕迹，除非是那种对于档案中的尘封的公文的感情：惊讶于它的曾经存在，而它则曾经真正地存在过。"

赫尔岑相信新的社会秩序必然是首先在俄罗斯建立，因为他认为俄罗斯人民是欧洲最具有社会思想的人民。现在，赫尔岑所预言的真理——德国军国主义者什么也不会留下，除去档案柜中的一堆废纸和难以更改的臭名——甚至对于那些认为在地球上没有再比德国野兽更厉害的东西的人们，也已经变成明白的了。

译自 Voks Bulletin 一九四五年一、二月号合刊

注：

① 卡卫尼克（Louis-Eugène Cavaignac 1802—1857）：法国军人，镇压六月革命的刽子手。

② 法国南部都会。

③《纪念赫尔岑》（一九一二年），俄文版《全集》第一五卷四六四页。

奥加略夫论

今年（一九五三年）十二月六日是尼古拉·奥加略夫的诞生一百五十周年纪念，尼古拉·奥加略夫是一个卓越的俄罗斯革命民主主义者，天才的诗人，优秀的思想家和社会活动家。

赫尔岑的亲密友人和合作者——奥加略夫把他的毕生的活动都贡献给了为人民的自由和幸福的忘我斗争。

未来的诗人，在盆扎附近的乡间度过了他的童年。他的富裕的父亲在那里有一座庄园。他便是从那里的家庭的农奴那儿学习了他的人生第一课。

在早年时代，他的思想便转向了自由的思想。他已经看到了俄国农奴制度的赤裸裸的真实；他对于进步的俄国文学和一八一二年卫国战争以后的思想空气保持着热烈的兴趣。他学习了进步的西欧思想家和作家的革命传统和遗产。他还是一个孩子的时候，便和赫尔岑站在莫斯科郊外的麻雀山（现在的列宁山）上，起誓献身于反专制主义的斗争。不久，当他已是莫斯科大学的学生的时候，这种孩提时代的梦想变成了一种坚决的决定——他参加了革命斗争。

奥加略夫的人生观是由十二月党人一八二五年在圣彼得堡的起义所决定形成的。"我们都是十二月党人的儿子，"他关于他那一代的主导精神这么说道。

为十二月党人起义所震动的尼古拉一世政府，残酷地镇压了俄国贵族中间的进步青年的"政治狂热"的最轻微的形迹。一八三四年七月，奥加略夫以用诗讽刺沙皇和他的政府的罪名而被逮捕，并且被流放，置于警察的管制下面。正是这时，奥加略夫出版了他的第一个诗集：它们立即引起了文学批评家的注意，并且获得了广大的读者层。

在四十年代的思想的和政治的冲突中，奥加略夫采取了别林斯基和赫尔岑的同一道路，决然地和资产阶级与贵族阶级的自由主义圈子决裂了。他对于俄国唯物论哲学的发展，做了一种值得注目的贡献。在暂时的热心于唯心论的和神秘的学派以后，他的哲学的研究引导他达到关于自然的唯物论的立场。

奥加略夫参加四十年代的社会政治运动，培养了对于他的同胞的那种乐观主义，这在他的随着时间消逝而愈来愈加现实主义的诗篇中表现了出来。在四十年代，他以显著的真实写了关于人民生活的状况，描绘了俄国农奴的真实画幅，并且把知识分子的思想予以文学的表现（《即兴》《乡村》《地主》等）。在这些诗篇中，他继承了普希金的现实主义传统和预示了涅克拉索夫的诗篇。

奥加略夫的作品在进步圈子里宽泛地流行着。车尔尼雪夫斯基在当时俄国的权威杂志《现代人》著文，认为他的作品是"我们文学史上最光辉和纯洁的篇章之一"，属于那种事实——"我们社会发展的一个重要阶段在这个作品中得到了表现"；车尔尼雪夫斯基预言道，它将作为"我们历史的一部分"而流传下来，而奥加略夫的名字则将被俄国人民的后世子孙带着爱好记忆着。

西欧一八四八年革命以后的反动加深，在沙皇权力方面，为奥加略夫带来新的麻烦。一八五六年，他被迫永久地离开了俄国。他到伦敦和赫尔岑结合了，而且成了自由俄罗斯印刷所的工作上的积极角色。

列宁曾说过，在外国土地上组织这个印刷所，是赫尔岑对俄国革命的伟大贡献。奥加略夫和赫尔岑共有着这个功绩。是他提议创办《钟》，而这个驰名的杂志的卷首上就登载着他的诗。他的政论家的才能，在自由俄罗斯印刷所所出版的许多论文、传单、小册子和革命宣言上，得到了证明。他收集和印行了许多十九世纪俄国非法文学作品，尤其是十二月党人的诗篇。

一八六一——一八六二年，他作为革命民主主义组织"祖国与自由"的创始者之一而出现。跟随着赫尔岑的范例，他站在革命民主主义一面来反对自由主义，并且暴露了"解放农奴"的抢夺性质和被自由主义者大大赞扬了的所谓一八六一年的"农民改革"。

"农奴制度的旧形式，"奥加略夫在《钟》上写道，"被一种新形式代替了。事实上，农奴制度丝毫也没有废除。沙皇欺骗人民！"当他知道了俄国农民的反叛遭到了残酷的镇压的时候，他把亚历山大二世当作一个杀人犯和绞刑吏来加以痛斥。

奥加略夫的许多诗篇和政论文章包含着对于欧洲和美国的资产阶级社会的尖锐批评。在资本家的统治下，作家看到了"一种新的奴隶制度形式，在它下面，绝大部分的人民毫无公民权"。

在他的流亡生活中，奥加略夫从来没有对于俄国的社会和政治事件失去兴味。他经常地在探求着一条使他的祖国可以达到幸福的社会主义前途的道路。虽然，应该注意这一点：奥加略夫对于社会主义的概念，正像赫尔岑，它离马克思和恩格斯的科学社会主义还远。他的对于俄国大众的革命力量的信心，在他走上流亡之途以后不久，即采取了明确的民粹主义性质；而这种"俄国社会主义"的乌托邦理论，——他跟赫尔岑都是创始人——按照他的意见，它指出那条使俄国能够避免"一切西欧发展上的痛苦"的道路。

因之，奥加略夫革命学说的历史重要性，并不在于这些民粹主义的幻想，而是那种鼓舞了诗人的一切活动的战斗的民主主义。他在六十年代所写的诗篇，呼唤着一种对于专制政治的决死斗争（《恍惚》《致米凯海伊洛夫》《学生》等）。这些诗篇在俄国广泛地流传着，特别是在俄国地下革命者之间，他们把它印成了传单的形式；它们对于俄国民主主义诗人起着一种重大的影响。

一八六五年，奥加略夫从伦敦移居日内瓦，这里立即便成了俄国革命侨民的中心。五年以后，在赫尔岑死后，他返回伦敦。他在一八七七年七月十二日逝世于格林威治。

俄国解放运动中的一个不朽的形象，奥加略夫热烈地相信，未来的俄国进步文学是和群众的革命斗争不可分割地联系着的。他的诗篇充满着乐观主义。作为一个为人民幸福而斗争的诗人，作为农民民主主义的战士涅克拉索夫的直接先辈，他在俄国文学史上占有一个地位。

译自英文版《苏联文学》一九五三年十二月号，作者未署名

屠格涅夫论

彼得罗夫著

今年（一九五三年），苏联举行了伊凡·屠格涅夫的逝世七十周年纪念。

屠格涅夫生活在俄国和西欧历史中事变迭出的时代。他的长成年代是在农奴制度和尼古拉一世统治的黑暗时代。他经历了一八四八年七月的巴黎的革命事变，目送了普法战争和巴黎公社的进展。在上世纪的六十和七十年代，在农奴制度崩溃和俄国革命民主运动崛起的暴风雨时代，正是他的创作能力达到了旺盛期的时代。

屠格涅夫是他的时代的人。他力图通过自己的著作来影响他那一代人的心灵和精神。他直接和俄国社会运动与文化生活中的一切最卓越的人物——别林斯基、赫尔岑、车尔尼雪夫斯基、杜勃洛留波夫、涅克拉索夫、陀思妥耶夫斯基、列夫·托尔斯泰，以及西欧的福楼拜、左拉、莫泊桑通讯和结交。屠格涅夫自己是一个有着深厚的文化修养的人，毕业于两个大学。莫泊桑这样地谈到他："是一个出色的小说家，他的足迹遍及全欧，他熟悉他那时代的一切伟大人物，读遍了一个人可能读到的一切东西……"

作为一个作家，屠格涅夫是出色的，这是由于他对现实的深刻感情，他对新鲜事物的敏锐的反应，以及把他对周围生活的观察予以艺术表现的才能。俄国著名的批评家杜勃洛留波夫这样来写屠格涅夫："……他迅速地抓住了支配着公众头脑的新的要求，新的思想，而且作为他的作品中的一个规律，他集中注意（在环境许可的范围内）于业已开始模糊地搅动公众感情的萌芽状态的东西……由于作者对社会的现有的情绪的敏感性，他的对于一切刚开始燃起最优秀的人士的意念的高尚的思想和真诚的情感的即时感应的才能，我们以为是屠格涅夫在俄国经常享有的那种可贵的成功的评价的缘故。”

屠格涅夫踏入俄国文学是在它的发展中的一个最光辉的时代。普希金、莱蒙托夫、果戈理奠定了一种新的俄国文学基础，这种文学是和生活现实联系的。他们给它灌注了一种对沙皇专制和地主官僚社会的敌忾心。从此以后，文学变成了一种启蒙的工具，达到了民族的意义。代替了为满足上层阶级的知识界狭小圈子，它开始为整个社会的利益服务，它变成了讲坛，从这里来宣传人道主义和文明，它对群众发出了号召：起来结束农奴制度、落后和停滞，结束那种被封建地主和沙皇主义的官僚制度所统治的社会的庸俗和野蛮的生活。

到了上世纪的中叶，出现了一群作家，他们的作品决定了这个世纪的二十到五十年代的俄国文学的发展。他们是赫尔岑、萨尔蒂科夫—谢德林、涅克拉索夫、奥斯特洛夫斯基、冈察洛夫、列夫·托尔斯泰。屠格涅夫在这个出色的一群中也有着他的地位。

在屠格涅夫的精神的发展中，别林斯基起着极大的作用，别林斯基关于人格和艺术问题上的意见，屠格涅夫予以最深切的尊重。他和别林斯基的谈话培养了他对农奴制度和封建秩序的事物的憎恨。

屠格涅夫在文学上的得到认识，是他的描写农奴制度下的俄国农村生活的短篇集《猎人笔记》的出版。

通过他的那些纯朴的农民的画像，如聪敏而现实的霍尔，富于诗意的卡里涅奇，热情的真理追求者喀西央，英雄气派的马克西姆，目光锐利的奥维斯扬尼科夫，叛逆的巴维尔，天才的歌手雅科夫。托尔卡和他的朋友，来自白静草原的聪明而热心的农家孩子们，宽厚的、心地善良的农民妇女，屠格涅夫指出了俄国人民的巨大的生活力，他们的民族特性和高尚的精神，是多少世纪的奴隶制度无力摧毁的东西。

这本书散发着作者对他的祖国的自然风物的热烈的爱情，他的深刻的人道主义，他的对于他的被奴役的人民的深刻同情，以及他的坚强的信心——一种美好的未来在等候他们。

在《猎人笔记》出现的若干年以后，屠格涅夫和他的巴黎友人谈到作家在才能上的足以自豪的东西，他说道："如果我具有这种值得自豪的东西，我的志愿是在我的墓碑上只刻这么一句题铭：我的书帮助了农奴的解放。"事实上，《猎人笔记》在一八五二年以书籍的形式出现，是那样一个对农奴制度的强烈的控诉，终于使作者被逮捕和流放。

屠格涅夫的其他有名的长篇小说《罗亭》《贵族之家》《前夜》《父与子》，其中反映了俄罗斯生活的一个完整的时代，跟着《猎人笔记》的出版，一部接着一部地出现了。

在《罗亭》（一八五六年）和《贵族之家》（一八五八年）当中，屠格涅夫对于在那个时代的俄国社会起着重大作用的上世纪的三十和四十年代的自由主义知识分子做了历史性的描绘。

被唯心论哲学所迷醉的俄国自由主义知识分子，他们的兴趣主要是探究生命的奥秘，为社会的变革而劳动则在其次。屠格涅夫显示了这些人们的悲剧，他们玩弄着自己的文化和教养，对艺术的高超的鉴赏力和深奥的哲学知识，但和现实则是完全脱离的。罗亭，小说中的主人公，像他的朋友所批评的那样，他对自己的祖国毫无所知，对它的需要是愚昧的，而且和自己祖国的土壤割掉了联系。"他的不幸是因为他以为没有它可以活下去，"屠格涅夫在他的小说中这么写罗亭，"世界主义全是胡说八道；一个世界主义者是一个废物，甚至比废物还不如。没有祖国就没有艺术，没有真理，没有生命，什么也不会有。"罗亭正如《贵族之家》的主人公拉夫列茨基，是自由主义知识分子的典型代表，完全不适于实践性的活动。他们富有才能，心地高贵，梦想着人类的幸福，相信高贵的理想的胜利，而且热情地争辩着在生活中人的庄严的使命，关于启蒙和知识的重要性，严刻地攻击利己主义、心地怯懦和懒惰。但在决定性的关头，他们不可能征服最微小的障碍，不可能采取需要最微小的意志力量的任何行动。"美丽而不结果实"，赫尔岑对于这种典型的人说道。

不过他们对自由的热爱，和他们热情但无效验的对进步活动的渴望，在俄国青年的心坎上播种了许多优良的种子。而这里就存在着屠格涅夫时代的自由主义知识分子的历史意义。……"这种人不仅知道如何去打动你，他把你高举了起来，他不让你平稳地站着，他煽动你走向下层，而且鼓舞你去赴汤蹈火！"年轻的巴塞斯托夫这样谈着他所崇拜的罗亭。

虽然罗亭和拉夫列茨基所宣传的自由和人道思想是无力的，但他们不能容忍俄国的农奴制度和反动。沙皇尼古拉一世命令他的臣民盲目服从，而且严厉地镇压着任何有关自由思想和人道的宣传。

屠格涅夫早期小说中的主人公仅能够理解生活的不义性；他们没有提出积极性的行动计划，他们没有看出如何才能改变生活，最后他们则屈服于命运。罗亭给爱他的少女娜塔莉亚·拉桑斯卡娅的忠告，正是如此。她把他当作自己的导师，认真地看待他的激进的言论，结果却对他痛苦地幻灭了。……"我难过，因为我受了你的骗了……屈服！那么这就是你对你所说的独立、牺牲的解释了，"她对罗亭说。在这些语句中响着年轻一代的愤怒的谴责。

在《贵族之家》这部驰名的成功之作中，屠格涅夫倡导进步知识分子和人民、世界、现实建立密切联系的需要。这本书是对于俄国的农奴所有者贵族和"知识的权威们"的一个严厉的判决，这些"知识的权威们"在自由主义和人道主义的伪装下隐藏着罪恶的利己主义和贪婪，仇视每种有关俄国、俄国人民和俄国民族的事物。

在这本小说中，屠格涅夫描绘了一个令人惊异的俄罗斯少女丽沙·加里吉娜的肖像，她正像普希金的达狄亚娜①，在追求幸福中失败了。贯穿在小说中的忧郁的主题是：在一个充满了社会不义的世界中，对于任何有感觉的、头脑明敏的人不可能有幸福。

深刻而细腻的心理分析，情节构成上的戏剧性的力量，和出色的风景描写，使这部小说成为屠格涅夫的最优秀的创造之一。

屠格涅夫尤其注意于他的富于魅力的俄罗斯妇女的画像。他显示出她们的精神上的觉醒，她们对于生活中的高贵事物的追求，她们坚强的性格和可爱的心灵，她们对于庸俗、卑劣和软弱的憎恶，以及他们对于坚强、勇敢和真诚的羡慕，这是她们自己的道德和精神力量以及她们内心生活丰富的一种表现。这些就是《贵族之家》中的丽沙·加里吉娜和《前夜》中的爱伦娜·斯塔霍娃。"屠格涅夫的著作歌颂了女人世界的光荣，"高尔基写道。

在《贵族之家》中，正如《罗亭》中那样，屠格涅夫指出"贵族之家"已临末日，俄罗斯生活将走入一个时代，这就是当知识、文化和爱自由的思想必然地联合起来和共同劳动来改变事物的现存秩序的时代。他带着深刻的怜悯来描写他的人物们的悲剧。而当他在许多章节中对他们表示同情的时候，他还是在批判他们。他了解他们是在风烛残年的日子里，他向前眺望新的一代，向着具有民主思想的青年。

《前夜》和《父与子》写于农奴制度废除以前不久，当时民主运动正在俄国兴起，一种革命的情势正在酝酿中。在一面是封建地主和自由主义者的阵营而另一面是革命民主主义知识分子的阵营——以车尔尼雪夫斯基和杜勃洛留波夫为首，他们起来保卫人民——之间，阶级斗争正在加深，这时的俄国文学广泛地反映了这种情况。

屠格涅夫在这个斗争中所处的地位是温和的自由主义。他自称为"渐进主义者"，而且希望俄国的落后将来能被沙皇政府自己来消除，被由上而下地来改良。正如列宁所规定的那样，屠格涅夫"……向往温和的君主和贵族的立宪政治……"

他认为俄国社会内部的社会矛盾，即统治阶级和人民之间的矛盾，能够得到和解。但和这同时，作为一个心地纯真的艺术家，他热爱真理超过一切，他写道："勇敢而忠诚地再现真理和现实，是一个作家的最大的幸福，甚至那种真理和他自己所同情的东西并不一致。"

这个时期的他的两部小说反映了他那个时代的俄国所引起的激烈的矛盾。《前夜》背后的思想，屠格涅夫写道，是"需要自觉的英雄人物……来提出主张。"所谓"主张"，屠格涅夫暗指俄国的进步发展，首先是封建秩序的崩溃。

关于小说中的主要人物，优秀的俄罗斯青年妇女爱伦娜·斯塔霍娃，杜勃洛留波夫在一八六〇年写道，她表现了"对什么东西的模糊的渴望，那几乎是无意识的但不可抗拒的对一种新的生活，新的人物的渴望，这种渴望现在已经抓住了俄国社会的全体，不仅是所谓人口中的开化部分而已。在爱伦娜身上最生动地体现了我们时代的优美的灵感。"

感动爱伦娜的并不是善和美以及社会利益这些抽象的概念；她渴望着使她的祖国向善的具体行动。她欢喜她所爱的男子的爱国主义，这是一个来俄国学习的保加利亚人英莎诺夫。"解放自己的祖国！甚至喊出这些字眼都是可怕的，他们真是伟大！"当她听着她的爱人叙述时，爱伦娜说道。

在描写爱伦娜的环境时，屠格涅夫批判了资产阶级—地主的自由主义烙印。通过苏宾，这个没有责任感的艺术家，一个把自己的才能浪费在绘制对任何人都没有用处的画幅的审美家，屠格涅夫指出脱离现实，脱离人民生活的艺术之没有价值。另一种自由主义的烙印，是那种不可能获得思想严肃的年轻的"学院式"的自由主义，这一点在那个诚实但并不那么有名气的科学家伯尔森涅夫身上典型化了。

在英莎诺夫的形象上，他的简单但是光辉的生活，是用多量的感情和同情来描写的，屠格涅夫提出了使人鼓舞的爱国主义主题。他告诉我们，当英莎诺夫一谈到他的祖国，他的外形的改变是令人惊异的："……马上一种有力的感觉和深刻的前进的决心表现在他的整个人格上；他的嘴旁的皱纹变得坚强而不温和了，在他的眼睛深处焕发着一种顽强不屈的火焰……"而且他对爱伦娜说，"但是你问我现在爱不爱我的祖国。一个人在这世上还能爱另外的什么东西呢？什么是不能变，它无疑的高出于一切，一个人必须信任它的呢？"

在英莎诺夫身上，个人利益和社会利益之间并没有冲突，言行之间并没有裂痕。"他不仅是谈论，他有着行动，而且行动得很好。"爱伦娜这样谈到他。

《前夜》构思于克里米亚战争（一八五四——一八五五年）之前，当时土耳其统治下的巴尔干国家——保加利亚和其他斯拉夫国家正爆发着骚动，一种为了民族解放的新的起义运动正在迫近。

在一篇关于这部小说的论文中，杜勃洛留波夫特别强调它所提出的爱自由的思想，杜勃洛留波夫预言道，自由在俄国胜利的日子不久就要到来了。"我们对它的到来等待得很久了，"他写道，"对它的渴望，我们是以狂热而痛苦的忍耐在眺望着它。它对我们是必需的，没有它我们的生活就会没有光彩，每一天的本身并没有什么意义，只不过是被当作另一天的前夜罢了。这一天，它终必须要来！无论如何，那一天的前夜是不会远了，那只是它们之间的一个夜晚罢了！……"

《前夜》把俄国文学史导向一个新的时代，带来了它的新的英雄人物——革命知识分子，这些男女并不像罗亭那样，仅仅想去注意和解释自己周围的世界，而是要改造它。而屠格涅夫，敏锐地感应着他的时代的精神，不能放过这个俄国社会生活中的新的因素。

屠格涅夫一再表现的四十年代的有土地的知识分子的历史意义，现在却被民主知识分子，行动的人，所代替了。

他的小说中的杰作《父与子》，也是献给当代主题的。小说的行动是发生在一八五九年，而结尾所描写的事件，则是发生在一八六一年废除农奴制度以后。

小说中的乡绅典型是帕威尔·彼得洛维奇·基尔沙诺夫，这是一个贵胄子孙，他轻蔑任何俄国事物，却无条件地赞美外国文化。基尔沙诺夫是一个情感丰富的人，但他是一个个人主义者，而且是一个自己的精力的审美家。在他身上具有着自我满足的贵族的完整典型，他的全部生命已经浪费在单面恋爱上，而且对着过去怅惘。同时，基尔沙诺夫是一个像巴扎洛夫所体现的一切真正民主和进步力量的积极而凶恶的敌人。

和贵族地主世界相对的是乡村医生巴扎洛夫一家人，这是些平常的谦逊的俄国人民，他们的利益和人民是一致的。小说中的英雄形象——年轻的民主主义学生伊符勤尼·巴扎洛夫，在他身上含有着六十年代进步的民主主义知识分子的许多特点。屠格涅夫敬佩巴扎洛夫的对于牢固的权威和传统的批判性的去理解，他的非凡的头脑，唯物主义者的思想，对于实际行动的追求，以及他的正直、纯厚和光明磊落的民主主义。

《父与子》以后，接着是《烟》和《处女地》这两部小说，一部是暴露了他那个时代的反动贵族，另一部则记述了七十年代的民粹派运动。虽然他在政治上是个温情者，屠格涅夫仍然是以巨大的同情来写那些把自己奉献于为人民服务的进步青年，例如《处女地》中的魅人而果敢的少女玛丽安娜，她就是爱国主义、幸福、斗争和自由的独一无二的化身。

值得注意的一点，是《处女地》是俄国文学中出现工人阶级的代表人物的第一部小说。这是实在的，他是作为次要人物偶然地出现的，——这是七十年代俄国工人运动仍然处于萌芽状态这一事实的反映。但这个伟大的作家仍然预见到这个运动有着它的伟大的将来。"或许，"他在一八七八年十二月写道，"我应该把巴维尔，这个未来的领袖，写得更凸出些，但这是多么重大的一个人物。将来……他一定要成为一部新小说中的中心形象。"屠格涅夫的预言在他死后实现了。俄国工人阶级的英雄形象，——他们的斗争终结于俄国社会主义社会胜利——在马克沁·高尔基的小说中找到了它的地位。

屠格涅夫在国外度过了他的晚年生活，主要是在巴黎，他和他的朋友的家庭——著名的歌手坡林·维亚尔多——住在一起。

屠格涅夫密切地注视着欧洲政治和社会的发展。他痛恨拿破仑第三的军事统治,这个家伙压迫法国的每种进步事物,而且企图称霸全欧。同时,作家带着不安地观察着德国贵族的在长成起来的侵略行为。"拿破仑的卑劣的帝国的崩溃,给了我无限的欢快:这是在那么长久的等待之后的一个伟大的道德上的满足!"屠格涅夫在一八七〇年九月从巴登写给他朋友诗人波朗斯基的一封信里写道,"但是我不欺骗自己,认为未来的每种事物都是完善而良好的;业已支配了所有德国人的那种征服精神,并不是一种特别使人安心的景象。"

屠格涅夫对于卑劣的英国的侵略政策——煽动土耳其人反对为自己民族独立而斗争的保加利亚人——是愤怒的。他的立即被译成英文的散文诗《温德莎的槌球戏》,为千百万被杀戮的保加利亚和平人民在英国大门口提出抗议。

同时,屠格涅夫对于西欧的进步的领袖,尤其是法国伟大的作家和艺术家,有着最深的敬意。

屠格涅夫在法国作为一个作家享有着一如遥远的已往的五十年代的声誉。梅里美说,西欧文学界把屠格涅夫认为是写实派的领袖之一,他的才能的一种显著的特色是对真理的热爱。屠格涅夫的每本新著都立即被译为数种外文,而且他很快地获得了欧洲最伟大的现实主义作家的声誉。"没有别的俄国作家曾经像屠格涅夫那样在欧洲被那么热烈地读着。"乔治·勃兰兑斯写道。

在七十年代,屠格涅夫和一群法国的现实主义作家建立了一种亲密的交往,其中包括有福楼拜、都德、左拉和爱迪蒙德·龚枯尔。他们和屠格涅夫共同成立了有名的"星期五会",它的领导权属于屠格涅夫和福楼拜。后来年轻的莫泊桑参加了这个集团。

屠格涅夫在传播俄国的进步文化中的作用,不能予以过低的评价。他在使他的文学朋友熟悉俄国文学,尤其是列夫·托尔斯泰的著作这一点上,做了很多的工作。许多俄国著作的在法国出版,是由于他的推荐。

一八九九年,当普希金五十年纪念时,左拉在写给俄国作家的信中说道:"我开始认识他,主要是通过我的伟大的朋友屠格涅夫,他常常讲到普希金的光荣,告诉我们他是一个多方面的天才,是一个优秀而深刻的作家，而且是一个自由和进步的友人，对于你们的青年朋友在写作艺术和思想上都是一个完整的典范。而且我开始把他作为人类的伟大心灵之一而爱他，他的民族遗产是全人类遗产的一部分。"

和赫尔岑一样，屠格涅夫是进步的俄罗斯和俄罗斯人民在西欧的一个受人尊敬的代表，西欧有许多年仅只知道官僚的、专制的封建俄罗斯，住在外国的富有的俄罗斯上流社会人士，则把他们的生命浪费在淫逸的享乐中去了。而在对于俄罗斯的普遍的无知上获取利益、为它的力量和迅速长成的国际影响所震骇的西欧反动集团，则通过它们的作家，传播和保存关于俄国人民的最荒谬的观念。

在他对于现实中的否定现象的批判的理解上，屠格涅夫继承了普希金和果戈理的传统。正像他们，他在他的作品中反映了俄罗斯历史的一个整个时代。屠格涅夫和普希金、果戈理和托尔斯泰是使俄国文学获得了全世界认识的伟大的俄国现实主义小说的建立者之一。

屠格涅夫对于现实的逼真的描绘，他的对人类心理的洞察，是从对于他的题材的那种深刻的知识所产生的。

"需要多读和多学习，常常留心每种事物，不仅要努力观察生活的一切表现，而且要尽力理解它，要掌握它的时常不是显现在表面上的运动规律；必须能够通过同时并存的行动来发现典型，对于真理要永远忠实，切不要满足于现象的研究，并且常常要避开形式的效果和人工的东西。"

屠格涅夫通过艺术的媒介、燃起社会论争的感应的才能，他的精细的心理研究，他对于生活、人类性格和事件的描写的忠诚，他的文体的均整和简洁，他的自然描写的细致，他的风格的朴实和清澈，以及他的语言的可惊的丰富和纯洁，对于文学青年提供了一个范例，曾为许多作家所争相效法。

屠格涅夫为欧洲人民的文化交流，为人类思想中的人道主义和民主知识的加强，曾从事了长期而丰盛的劳动。他对于文学的贡献是无从估量的，他的名字被苏联人民和全体进步人类一致崇敬。

译自英文版《苏联文学》一九五三年十月号

注：

① 普希金诗体小说《欧根·奥涅金》中的女主人公。

车尔尼雪夫斯基论

塞都罗夫　卡若犹拉著

　　在十九世纪中叶的伟大的俄罗斯思想家当中，尼古拉·卡维里洛维契·车尔尼雪夫斯基，作为最生动的形象而高耸着。他的天才的光辉，在哲学、政治经济学和历史领域中，正如同在美学和创作领域中一样灿烂地照耀着。同时，他是一个革命领袖和为人民解放的战士。对他说来，科学活动是在实际上解决人民生活问题的方法和手段。列宁说他是一个伟大的思想家和革命家，他的著作呼吸着阶级斗争的气息。

　　车尔尼雪夫斯基在一八二八年诞生于萨拉托夫一个神父家庭里。他最初在一个神道学校学习，后来进了圣彼得堡大学。

　　车尔尼雪夫斯基的哲学的形成是在封建制度严重危机的时候——十九世纪四十和五十年代。封建关系束缚了国家的发展，也阻碍了新的社会关系的长成。主要的受害者是农民阶级，这是俄国在数量上最大的阶级，而且也是最受剥削的阶级。农民自发地起来反对地主和封建制度，农民起义经常地有增无已。

　　四十年代，在俄国以外也是有着重要的政治事变的年代。工人阶级的革命运动震撼了某些欧洲最大的国家。

　　车尔尼雪夫斯基对于农民斗争抱着深厚的同情，而且以最大的关心注视着西方的革命运动。当他在大学作学生的时候，他受到别林斯基、赫尔岑和俄国文学的自由思想，特别是普希金、莱蒙托夫、涅克拉索夫和卡尔提索夫的强烈影响。对于西欧社会主义者和有思想性的文学，他是一个渊博的学生。

一八五三年，他加入了《现代人》杂志，这时他已是一个成熟的思想家，不久之后，他成了这个杂志的领导力量，这是一个俄罗斯革命民主主义者的战斗机关。

在无产阶级革命在政治舞台上出现以前，为劳动人民从封建羁绊和资本家剥削解放而战斗的最有操守的党派，就是俄罗斯的革命民主主义派。它的领袖便是车尔尼雪夫斯基。

车尔尼雪夫斯基在一八五三年至一八六二年之间所写的每篇文章都登在《现代人》上面。在这个时代，他写了《艺术对于现实的美学关系》（一八五五年）；《果戈理时代的俄国文学概观》（一八五五——一八五六年）；《对于反对公社所有权的哲学偏见的批判》（一八五八年）；《哲学上的人类学原理》（一八○六年）；还有他的小说《做什么？》（一八六三年）。这些著作的基调，是反对封建制度和反动势力的坚强斗争。

一八六一年，在农民革命运动的压力下，沙皇政府开始了一种改革，宣布了农民的解放。这个由封建主所实施的改革结果使封建主致富了，农民则陷入极度的贫穷。在受检查的报纸上，车尔尼雪夫斯基竭力说明了这种改革的抢夺性质，并且坚决而巧妙地，"无视检查官们放在他的道路上的困难和障碍，为推翻一切旧势力的群众斗争的思想，一种农民革命的思想"①而战斗着。在他的《一个同情者向农民进一言》——这是一篇刊登在违法报纸上的控诉状——里，他鼓励组织人民起义。在车尔尼雪夫斯基的指导下，革命民主主义派草拟了一个俄国农民军事起义的计划。

这种革命活动的结果，是车尔尼雪夫斯基在一八六二年被捕和监禁在圣彼得堡的彼得罗巴夫诺夫斯基要塞里。反动派虽然没有攻击他的任何证据，但是它利用捏造的文件和图谋不轨的口实来对这个伟大的思想家提起公诉。

一八六四年五月十九日，车尔尼雪夫斯基被公审，并且遭到了被剥夺一切公权的耻辱。五月二十日，他被送至西伯利亚的诺琴斯克矿坑去服无期徒刑。

随之而至的他的二十一年生活，都是在流放和劳役中度过的，但是这些并没有摧毁他的精神和他的思想。甚至在西伯利亚，他仍然继续着他的为人民利益的斗争。一八八九年，他终于被允许返回故乡萨拉托夫。他死于一八八九年十月二十九日，对他的革命思想始终忠诚。

由于俄国发展的历史环境，进步的俄罗斯的社会思想常常直接的和群众利益相结合，而且强烈地反抗着国内社会生活中的敌视人民切身利益的事件。直到俄国革命阶级的无产阶级兴起以前，农民单独地反对着专制政治；它不为资产阶级所赞助，资产阶级是专制政治的同盟者。俄国农民的解放运动培养了进步的俄罗斯的社会思想，而且决定了它的战斗的、革命民主性格。

作为五十和六十年代的革命民主派的领袖的车尔尼雪夫斯基的全部活动，就是献身于推翻专制政治的革命思想，摧毁封建制度和它的一切残余以及在国内建立一种民主秩序。车尔尼雪夫斯基和他的战友把农民、革命群众当作社会变革的决定因素。

车尔尼雪夫斯基和他的战友是人口中最民主的部分的节操坚定的战士和劳动人民的利益的真正的代言人。车尔尼雪夫斯基看到统治阶级和群众、真正的民主政治的利益之间存在着一种基本矛盾，不仅是俄国如此，在西欧和美国亦复相同。他把资本主义制度当作是一种剥削的新形式。正如列宁所说，车尔尼雪夫斯基是资本主义的一个深刻的批评家。

车尔尼雪夫斯基揭露了资本家社会的诸矛盾和无产阶级悲惨处境的原因所在。"谁越有资本就越富，"他写道，"当一切别的人都在破产的时候，……垄断者的百万富翁却兴旺了起来，把一切据为己有；土地被债务压垮了；投机事业的精神把社会拖入绝望的冒险，政治危机则为其结局……市场充斥着卖不掉的商品；工厂倒闭了，工人饿着肚子离开。一切科学发明都成了奴役的一种手段，它又被科学进步本身所深化；无产阶级变成了机器的附属品，继续地被强迫着靠赈济过活。"

这样，车尔尼雪夫斯基从阶级观点、从劳动群众的观点达到了对一切社会现象的分析。他以一个革命思想家和真正的民主主义者的认识力，看到了反科学的马尔萨斯原理是一种替资产阶级秩序的辩护，并且否定了它对于人类社会所假定的"自然规律"的作用，依照这种假定，人口的增加是按照几何级数，而生活资料的增加则是数学级数。在他对于这种理论的毁灭性的攻击上面，他指出：这是使统治阶级把人民对于悲惨命运的抱怨，不要归咎于它所依属的资本主义制度，而是把责任推到人民自己身上，推到人口增加的倾向上面去。

从革命民主主义立场，车尔尼雪夫斯基也揭露了反动的人种主义理论的阶级内容，它的目的是使对于落后民族的奴役永久化。他科学地论证了：种族的差异是在变化着的条件下长期的历史发展过程的一种结果。因之，车尔尼雪夫斯基说，种族特性并不是不可改变的，不能把它作为把人类分为"低级"和"高级"种族的一种根据。"我对于人类历史过程的概念，在许多方面和科学界所流行的那些是有区别的。举例说，我在解释种族之间，以及进一步地在一个种族的民族之间、身份之间的区别时，是当作历史因素的唯一结果，并不是种族、民族和身份的特有的特征；而且我认为后者的观点——白种人是独一无二的，欧洲人是欧洲的统治民族以及有知识的人在民族中与众不同——是空洞而自夸的妄想。"

一个坚决的民主主义者，对于每种违反人民利益的迹象，他有着精确的眼睛和耳朵，车尔尼雪夫斯基站在被压迫的人民一边；他拥护波兰、意大利和希腊人民的解放斗争，并为他们的独立而战斗。

车尔尼雪夫斯基是一个唯物论哲学家，是一切形式的唯心论的坚决的敌人。列宁称他是一个伟大的俄国思想家，他终生保持了坚实的唯物论哲学，他能够"抛弃了新康德派、实证论者、马赫主义者以及其他思想糊涂的人们的可怜的胡说。"②继承了别林斯基、赫尔岑的脚步，他严厉地批判了一切形式的唯心论（尤其是康德、谢林和黑格尔），认为这是封建反动势力的哲学上的主要依据。当承认着黑格尔学说中的积极因素——即他的辩证法的时候，车尔尼雪夫斯基给他的政治演绎法盖上了矛盾性、脆弱性和反动性的烙印，认为这是他的唯心论体系的成果。"黑格尔的原理极为坚固而广阔，但是他的结论却是脆弱而狭隘，"车尔尼雪夫斯基说道。他是马克思以前第一个尝试着去阐明哲学论争的阶级的和党派的性质，和使人去注意许多哲学倾向的阶级性的思想家。在他的著作中，他坚决地向着这个论题前进：全部哲学史带着两种倾向之间的斗争的特征——唯物论和唯心论。

车尔尼雪夫斯基以为物质是基本的而意识是附属的，而且概括地证明了对于自然和作为自然的一部分的人的唯物论的观点。他大力地拥护对于一切自然现象和许多社会生活现象的科学理解。"众所周知，举例来说，"他写道，"伦理世界的一切现象是从彼此之间，从符合于因果律的外在环境而发生的；因之，关于某些现象的发端和先前的现象与外在环境无关的假定都是谬误的。"

车尔尼雪夫斯基的认识论中的一个重要之点，是对于实践的耽溺，他把它称之为一切虚伪的揭露者。和实践的结合，对于生活现象辩证法的理解，在发展和争斗中、在现实的具体条件中来观察事物和事变的能力——这些就是车尔尼雪夫斯基哲学中最强的地方。"没有抽象的真理，"他写道，"真理是具体的。"

俄国经济发展和阶级斗争的条件，阻止了车尔尼雪夫斯基去达到辩证法唯物论的高度。

不过，车尔尼雪夫斯基的革命学说，他的对于人民和社会变革的可能性的信任，使他站在他以前的一切空想社会主义者的前头并且高出于他们。

车尔尼雪夫斯基的思想在俄国唯物论哲学和自然科学的发展上面发挥了巨大的影响。

车尔尼雪夫斯基所提出的唯物论的美学原则，在俄国的艺术中起着一种伟大的革命作用。他直接或间接地提出的问题，都被整个进步的俄罗斯文学回答了，不论是号召群众革命，——像车尔尼雪夫斯基、杜勃洛留波夫、涅克拉索夫、萨尔蒂科夫—谢德林以及其他革命民主派作家，还是对于革命准备时代的描绘，俄国第一次革命的明晰的历史特色，它的力量和弱点——如列夫·托尔斯泰在他的主要著作中所作的。

车尔尼雪夫斯基说道，艺术必须是一种对生活的真实而现实主义的描绘，必须正确地解释现实，对于否定现象必须加以批判和对之战斗。他说道，美存在于现实本身，而不是存在于抽象的观念里。他极为重视艺术的社会意义。车尔尼雪夫斯基和他的战友所惨淡经营的艺术原则，在科学的、马克思主义美学的发展中是一个重要的阶段。

十九世纪二十年代到五十年代的俄罗斯现实主义绘画的繁荣，以及肖像画、历史和风俗画幅的杰作，都直接地和车尔尼雪夫斯基美学以及革命民主派的全部思想有着关联。

最出色的俄罗斯作曲家都从人民生活和人民的民主革命热望取得他们的音乐的灵感、思想和旋律的基础。

他自己就是一个光辉的作家和著名的小说《做什么?》以及中篇小说《序曲》的作者，车尔尼雪夫斯基在他的创作里，作为一个伟大的革命艺术家和民主主义与人民幸福的战士而耸立着。

小说《做什么?》是一幅充满了力量的、新的社会力量和私有财产的旧世界之间的斗争的、现实主义的和戏剧性的画幅。在这里面，车尔尼雪夫斯基描绘了人民的新典型，这是把他们的生命奉献给为了光辉的未来而斗争的人们——革命一代。他的对于进步的俄罗斯妇女微拉·巴甫洛夫娜的描绘，非常新鲜而抒情。妇女解放问题，是革命民主派最注意的问题之一。在《做什么?》里，它是被当作一个关于两性的独立和平等的问题来处理的。同时，它深刻地探索了爱情的问题，这是在资产阶级社会里被那么歪曲地表现的东西。在车尔尼雪夫斯基的小说里，爱情被当作一种同等者之间的欢乐的纽带和一种对于他们的知识和道德力量的激励物而描写的。

这部小说呈现了一幅多方面社会生活的图画，而且描写了社会发展的广阔前景。在其中，思想的诗和感情的诗的融合形成了一个单一的整体。小说中的主要人物的崇高品质成了各代革命者的楷模；他们高度的道德观点和行动，包括着一种对行为的崇高标准和呼吸着为自由的无畏的斗争。"在人身上，要看他的生活中所含有的美丽的和伟大的东西的多少……仅仅对于那些暗淡无光的人说来，生活才是空虚的和阴暗的。"车尔尼雪夫斯基在小说中告诉我们说。拉克梅托夫的形象，——一个品格高洁的人，他把他的生命献给了革命，——证实了这点。车尔尼雪夫斯基关于这个人给了我们一幅卓越的画幅，这是一个有着大无畏精神的知识分子，他有着铁的意志和一颗真诚而善良的心。拉克梅托夫是许多革命者所喜爱的英雄。

对于进步观点的人们说来，车尔尼雪夫斯基的小说《做什么?》是一篇革命思想的宣言，一个斗争的呼唤，一本生活的书。

"在它的崇高的影响下，谁没有被感动过，而变得更加纯洁、优秀、勇敢和乐观呢？谁没有被它的主要人物的道德的纯洁所激动呢？谁在读了这本书之后，不对他自己的生活反省得更深些，而严肃地去分析自己的志愿和希望呢？我们都从这本书获得了道德力量和对美好的未来的信仰。"这个颂辞是普列汉诺夫写的，他是俄国第一个马克思主义团体劳动解放社的组织者，俄国马克思主义的宣传家。

车尔尼雪夫斯基思想的革命影响远远超越了俄国境界。

关于俄国哲学，特别是车尔尼雪夫斯基的著作，在西欧哲学思想上和其他国家革命意识的形成上的影响，有着丰富的佐证。

车尔尼雪夫斯基的《做什么?》在一八六七年出版于瑞士，他的著作的五卷本全集，在一八六七和一八七〇年之间出现于日内瓦。在七十年代，他的著作出版于法国、意大利、瑞典、匈牙利和其他欧洲国家。马克思和恩格斯对于作为一个思想家、革命家和俄国革命党的领袖的车尔尼雪夫斯基的威力，曾做了高度的评价。法国工人政党的创造者和领导者之一的米利斯·盖斯德说，读车尔尼雪夫斯基把他带到了唯物论。一八八一年，维也纳的文学会，为了车尔尼雪夫斯基的释放，对亚历山大三世进行了请求。一八九一年，第二国际在布鲁塞尔召开了第二次会议。比利时的工人党举行了祝贺大会的集会，在大厅的旗帜上写着这个"伟大的社会主义代表人物"的名字，车尔尼雪夫斯基的名字写在马克思和圣西门的旁边。

车尔尼雪夫斯基对于斯拉夫国家的前进的思想家的观点的形成上影响尤其巨大。这不仅是由于斯拉夫民族间的历史渊源，而是他们国家所面对的社会的和经济的任务的非常相似性。

出色的保加利亚的革命民主主义者克里斯托·巴托夫是车尔尼雪夫斯基思想的热烈的提倡者和宣传者。巴托夫的弟子和后辈，革命思想家和作家伊凡·巴佐夫、华西里·列夫斯基、第米特·巴拉果耶夫和华西里·卡拉罗夫从车尔尼雪夫斯基的著作吸收了俄罗斯革命思想传统。

乔治·季米特洛夫说道，小说《做什么?》对他起了一种最为深刻而难忘的影响，当他还是一个青年工人，刚走进了保加利亚革命运动的时候。"我要这样说，任何文学作品都没有像车尔尼雪夫斯基的小说那样在我的革命教育上起着那么强烈的影响。"

出名的塞尔维亚思想家史维托查·马克维支研究了车尔尼雪夫斯基，

并普及了他的思想。车尔尼雪夫斯基在波兰革命思想发展中的影响也很大。

伟大的俄罗斯革命家车尔尼雪夫斯基，俄国社会民主党的先辈，是那些为马克思主义思想在俄国准备了先进的社会思想的人们之一。这就是他对于俄国人民和一般人类的历史功勋。

译自 Voks Bulletin 一九五三年七、八月号合刊

注：

① 《列宁全集》第一八卷，俄文版，三二二页。

② 参看列宁：《唯物论与经验批判论》第四章第一节的增补。

车尔尼雪夫斯基美学的主要特征

谢尔宾娜著

伟大的俄国革命民主主义者尼古拉·卡维里洛维契·车尔尼雪夫斯基的事业，以其广阔和多方面性而出众。他作为一个作家、社会学家、哲学家、历史家、经济学家而著称于世。但最主要的是他是他那个时代——上世纪的五十和六十年代的革命力量的领导中心和组织者。

那是这样的一个俄国：在那里人民受着专制政治和地主的蹂躏。克里米亚战争彻底暴露了封建王国的绝对腐败和虚弱，它使国家堕在落后和愚昧的深渊里。一八六一年的改革，农奴制废除了，这是地主为了适应自己的利益而实施的，然而它在实际上，不过是对农民的一场抢夺而已。

废除大土地所有制和推翻沙皇统治的革命理想深入人心。列宁在描写这段俄国历史时写道："……最稳重最谨慎的政治家，也应该承认一场革命爆发的十分可能和农民起义的危险的极端严重。"俄罗斯人民产生了车尔尼雪夫斯基这个人，他以无限的力量表现了群众的革命情绪和为了亿万农民的利益而战斗的崇高的、无我的献身。

车尔尼雪夫斯基于一八二八年诞生于伏尔加河上的萨拉托夫。他是一个神父的儿子，曾被送到神道学校学习，毕业后，他进了圣彼得堡大学。神道学校当局原希望有一天能看到这个有才华的青年成为教会的大人物；但是他们悲惨地失望了。事实上他选取了一条迥异的道路：他的第一本批评著作——《论艺术对现实之美学关系》——就是俄国革命民主主义的一个猛烈的宣言。

从一八五三年起，车尔尼雪夫斯基的论文和随笔开始出现在报刊上。有一个时期，他向《祖国记事》和《现代人》投稿，后者的主编是另一个卓越的民主领袖、诗人涅克拉索夫，他立即注意到了他的年轻的投稿者的气概，涅克拉索夫请他负责杂志的政治和文学评论栏，从此，车尔尼雪夫斯基便成了《现代人》的思想方面的领袖，它是当代整个进步俄国意见的集合中心。他的精神支配了俄国最前进分子的思想，沙皇主义对他的言论的威力深深地恐惧。他以巨大的令人信服的力量激励革命者推翻沙皇主义和封建制度，他的著作，在俄国的社会解放运动中，开辟了一个新的时代——革命民主主义时代。他领导了六十年代的光辉的革命民主主义者的队伍，而且整个俄国进步文学从这个时期开始在他的思想影响下发展。

封建顽固分子和所谓自由主义者仇恨革命，野蛮的报复寻到他头上来了。在臭名昭著的特务挑拨分子卡斯托马洛夫的协助下，他由于写了一张告农奴的革命宣言，而被"定罪"，被判了七年劳役和终身流放西伯利亚。近二十年时间，他一直住在这个区域的极荒僻的地方，被用强力与家庭分离，而且被剥夺了从事工作的每个机会。但是没有什么可以使他对专制政治低头。一八七四年，当东西伯利亚的总督打发他的副官要车尔尼雪夫斯基请求赦免时，他严正地拒绝了："多谢，"他对副官说，"但是我应该请求赦免些什么呢？这倒是个问题。我以为我的被流放只是因为我的头脑和宪兵长官苏凡洛夫的头脑构造不同的缘故，难道为了这个来请求赦免吗？谢谢你费神，至于请求赦免，我坚决地拒绝。"直到一八八三年，沙皇政府才在公众舆论的压迫下，允许车尔尼雪夫斯基移住阿斯特拉罕，后来被允许返回他的故乡萨拉托夫。但是他的健康早已毁坏了，在一八八九年十月二十九日，他与世长辞了。

车尔尼雪夫斯基深信革命的即将来临，社会主义能够造成一个现实。由于他那个时代俄国社会和经济的落后性，他还不可能达到科学的社会主义水平；但是他的观点较之那些空想的社会主义者如圣西门、傅利叶和欧文却是无限进步的，因为他决然地反对他们那种不要革命就可以走向社会主义的信仰。

早在尼古拉一世的时代，当时人民在专制政治的铁蹄下全然蒙昧和受着践踏，车尔尼雪夫斯基却看到了他们当中所潜在的巨大力量，并且信任群众的决定性的历史作用。他认为历史是劳动人民所创造的。他的全部著作，不论是关于经济学或文学，历史或当代政治方面，它们都是始终一贯的唯物主义论和对于革命的热烈的激励、为自由而斗争的号召。他的经典作品，特别是《艺术对于现实的美学关系》和《俄国文学中的果戈理时代概观》，它们不仅对于艺术批评和艺术史的发展起了重大的作用，而且对于一般思想的发展也起了重大的作用。

车尔尼雪夫斯基的艺术见解来自俄国革命民主主义美学的创始者别林斯基。他接受和发展了别林斯基的唯物论的原则，强调艺术必须是真实的，现实主义的，它必须是社会生活中的一个能动的力量。正如别林斯基，车尔尼雪夫斯基为俄国文化的优良的民族传统的发展、为那种和人民有着血缘关系的艺术、为那种服务于一种崇高的理想并和时代的最进步的斗争相连结的艺术而作了战斗。他大力强调艺术的革命改造的使命。他的观点，特别是在美学上，在俄国文化的发展中标志着一个巨大的前进；它们为马克思主义在俄国传播铺平了道路。

马克思和恩格斯极为崇敬车尔尼雪夫斯基，而且称赞了他的著作对世界历史和文化的卓越的价值。马克思称他是"一个伟大的俄国批评家和学者"，值得"重视"，而且称他的论文是"非凡的"。恩格斯在他的致俄国亡命者巴比罗滋的手札中（一八八四年）曾谈到车尔尼雪夫斯基和他的同伴们的著作："你对你的同乡们多少有些不够公平吧？我和马克思对他们却没有异议。即或有些学派他们的革命热情比起他们的科学研究是卓越的，即或在过去，在今天，有些还在到处摸索，但在另一方面，甚至在纯理论中，也有着一种批评和钻研精神，而这种纯理论是配得上那个从其行列中产生了杜勃洛留波夫和车尔尼雪夫斯基的民族的。我所说的不仅是活动的革命社会主义者，而且还有俄国文学中的历史的和批评的学派，它是无限地超越于一切德国和法国的官方历史科学的成就的。"

车尔尼雪夫斯基的美学思想今天还没有失掉它的意义。它是永远适用的。

"美是生活"——这就是车尔尼雪夫斯基的经典公式，他的艺术理论的根本教义。在这些字句中呼吸着一种对生活的热爱。

车尔尼雪夫斯基怎样达到这个公式的呢？"美在我们心中所产生的感觉，"他写道，"是一种欢乐的喜悦，像是我们的亲人出现在面前所唤起的那种喜悦。我们用一种忘我的爱来爱美丽的东西，我们爱好它，享受它，如同我们面对自己的亲人所做的那样。由此可见，在这美中有什么东西对我们的胸怀是可爱的和珍贵的。但是这个'什么东西'必定是广大无涯、能够承受最富变化的形式、最普遍的什么东西；因为美的印象产生于互相间毫不相似的变化多端的对象和存在。

"人一般最宝贵的东西，他在世上所最最宝贵的是生活；首先是他所愿意过的、他所喜爱的那种生活；但是这一点办不到，那就照生活去生活，因为生活总比不生活好：凡活的东西在本性上都爱恋生活而恐惧死亡、覆灭。所以这就是'美是生活'的定义：凡是在那里面有着依照我们应当如此生活的意愿而存在的东西，就是美的；凡是表现生活或使人想起生活的东西，就是美的。这个定义似乎可以充足地解释唤起我们美的感觉的一切事例。"

这个公式"美是生活"有着最大的理论价值。作为反对唯心论美学的概念，车尔尼雪夫斯基坚持美的客观性以及其他美学的范畴。形象的真实的诗意在于它和现实的一致。艺术创造的效果，愈是在其中能使人感到真实的生活呼吸，就愈是有力和深刻。现实以外没有真实的美；人的对于美的热望只有现实可以使他满足。美是现实所固有的，并不是从它以外的什么空间所产生的。

"美是生活"的定义恢复了艺术原有的旺盛活泼气概；这是一个对人爱生活、爱祖国和把它变成一个适于居住的乐园的号召。

对车尔尼雪夫斯基说来，现实应该包括人民为自由、为美好的社会组织的斗争。他的美的源泉就是生活的学说包含着这一种内容：对于生活必须从事革命的改造。

"艺术的范围，"车尔尼雪夫斯基说道，"并不是只限于美和它的'诸要素'，而是拥有现实中（自然和生活）使人——不是作为学者，而是简单地作为一个人——发生兴味的一切；生活中引起一般兴味的东西构成艺术的内容。"由于这样地启示了它的内容的广度，他帮助了艺术的变得更具民主性和对现实提供一种永远是真实的画幅。

艺术必须占有生活的所有多样的方面这个课题，是别林斯基思想的论理上的继续，即文学必须紧密地接近现实。车尔尼雪夫斯基的美学，正如别林斯基的美学成就那样，使俄国现实主义的更进一步地发展得到了有力的助力。

车尔尼雪夫斯基的美学指引艺术家去注意带着它的美和它的一切矛盾的真实生活。艺术和现实的这种牢固的结合使它认识了它在生活中的根据和它的现实主义的任务。

车尔尼雪夫斯基的敌人非难他的唯理论，他们把他说成是排斥幻想、理想。实际上，正如我们所看到的那样，这个革命民主派的领袖正是一个崇高理想的热烈宣传者。他的对生活的爱毫不含有对它做被动的承受。"现实的再现，"他说道，"不仅是拥有现在存在的东西，人为了走向一个美好的社会组织而努力，他对于未来的幻想也都属于现实。"

在他的关于亚里斯多德的《诗学》的论文中，车尔尼雪夫斯基表示了什么是艺术的主题，由于它艺术才能够再现生活的一切深度和多样性。他驳斥了唯心论者的观点：艺术的基础是某种抽象观念的具象化，他写道，诗和所有一般艺术的主题，是人，人的社会生活。在显示了车尔尼雪夫斯基对现实主义艺术的本质的概念上，这一点很重要。

一些美学的主要概念如崇高性、喜剧性、悲剧性也都在车尔尼雪夫斯基的著作中得到一个唯物论者的解释。他揭露了唯心论者把悲剧当作一种"命运""不可逃避的定命"的产物的这种说法的虚伪性，而且证明生活和艺术中的悲剧并不是发生于一种不可逃避的劫数，而是由于环境，更重要的，是由于社会的不义。

车尔尼雪夫斯基对于在艺术中再现生活的那些特点如何说明的呢？他指出：在艺术作品中，现实和思想是以具体的、活的事物和事件的形式出现的，而不是以抽象的观念的形式出现的。"美是一种独自的活的事物，并不是一种抽象的观念"，在美的领域中并没有抽象的观念而只有特定的、个别的现象。推论的结构对于文艺的形式说来，基本上是不合的——这便是车尔尼雪夫斯基在《艺术对于现实的美学关系》中所提出的艺术的再现生活的特点的思想。最富有意义的是这个批评家所说的关于在艺术作品中解决一般的和个别的之间的矛盾的方法：诗，他说，"承认个别的东西的高度优越性，是由于它是以自己的一切力量趋向于它的形象的生动的个性。"

377

在批判唯心论者的"思想和形象的一致"时，车尔尼雪夫斯基从唯物论者的立场证明了作家必须在具体的、个别的形式中来描写一般。他指出："形象"这个字本身表明了：在艺术中思想的表现并不是用抽象的概念而是生动的个别事实。"艺术是自然和生活的再现。"在自然和生活中，并没有抽象的存在，在它们当中每种事物都是具体的。所以车尔尼雪夫斯基的结论是："再现必须尽量地保持所再现的东西的本质；因之，艺术作品必须力争尽少地包含抽象的东西，它必须尽量地力争用活生生的图画、个别的形象来具体地表现每种事物。"

尤其有趣的是车尔尼雪夫斯基对于典型在表现上的说法。他论证说：典型的描写，并不仅仅是同类特征的总数。"人们惯常说：'诗人观察了一大堆活生生的个人，他们中间没有一个可以作为完整的典型；但是他注意到他们每个人身上都具有的共同的典型的东西。他把一切个别的东西抛弃，选取各式各样的人的特点合成一个艺术整体，这样就可以创造一个可以叫作实际存在的人物的精华。'假定这一切都十分正确，而且实际也正是如此吧；但是某种事物的精华通常总是不像事物本身。茶素并不是茶，酒精并不是酒。而且在实际的事实上，依照我们上述办法而行的人都是些'捏造家'，他不是给我们表现活人，而是用邪恶的怪物和凶残的英雄来体现英雄主义和罪恶行为的精华。"在这种反对各式公式主义的斗争中，在追求深刻的现实主义的真实中，通过了生动的典型人物的创造，艺术才获得了它的最有意义的成就。

追踪着别林斯基，车尔尼雪夫斯基为了文学中的典型的正确概念而战斗。回忆这一点是重要的：伟大的俄罗斯现实主义者所创造的讽刺典型，曾被反动批评家所攻击，宣称是非典型的性格，因为这些典型强调和夸张了现实的丑恶面。特别是果戈理的《巡按使》和《死魂灵》以及萨尔蒂科夫—谢德林极大部分作品中的形象，都被打上了非典型的烙印。车尔尼雪夫斯基论证了这种对果戈理和萨尔蒂科夫—谢德林的壮丽的现实主义形象的评价的虚伪性。他第一个指出了这些性格的典型性，它们是用凸出的浮雕来表现了地主资产阶级社会的阶级本质的。

车尔尼雪夫斯基所理解的艺术的真实和那种对现实的自然主义地模拟是极端相反的。他常常谈到"再现"和"模拟"现实之间的区别。这个问题——模拟或是创造性的再现——曾经常常是艺术中的生死攸关的问题之一。注重外表的逼肖必然要走向纯粹的表面的摹写；它使艺术家的注意力集中在琐屑上。再现是反对这种琐屑的描摹的，它的目的是忠实地描写现实现象中的最重要的东西，忠实地描写它们的本质的东西。

车尔尼雪夫斯基严正地从现实主义艺术的立场上宣告了自然主义的方法的虚伪性。他的阐明艺术的基本目的是再现"使人在现实的生活中最有兴味的东西"的理论，为现实主义文学的发展显示出一条康庄大道。

艺术家的创造顶峰，对车尔尼雪夫斯基来说，是那种结合了高贵的热情和进步思想忠实地再现生活的现实主义。

车尔尼雪夫斯基大力地和一贯地发展了的东西，是文学的社会意义、文学的任务是作为进步的、革命的思想的媒介物这一理论。车尔尼雪夫斯基美学理论的这种方向对于后来整个俄国文学和艺术的发展发生了巨大的影响。而且对我们的时代还仍然保持着它的重要性。车尔尼雪夫斯基在这个方面的论断对于艺术理论是最富有意义的贡献。

车尔尼雪夫斯基宣称，只有和当代最先进的思想有着血缘关系的艺术才能获得生命力和人民的喜爱。"只有这种倾向的文学得到光辉的荣誉：它产生于充满威力和活力的思想影响之下而且回答了时代迫切的需要。"一部未被进步思想所鼓舞的作品也不能具有美学价值。当文学"理解到需要用活生生的时代灵感来振作它的活动力"的时候，它便执行了它的高贵的使命，车尔尼雪夫斯基在《俄国文学中的果戈理时代概观》中写道；他并且用西欧文学为例来证明他的思想，他说道："现代欧洲文学所骄傲的一切作家，没有一个例外，都为我们时代的主导力量的精神所激动着。布朗吉、乔治桑、海涅、狄更司、萨克莱的作品，被人道主义、改善人的命运的思想激动着。在另一方面，那些未渗入这种精神的天才们，不是身后默默无闻便是博得了一种不为人所喜欢的名声，因为他们没有创造出应该成名的作品。"

追随着别林斯基的脚步，车尔尼雪夫斯基把艺术和生活坚实地连结了起来，使它成为一种社会斗争的强大武器，他主张艺术家必须是社会的教师，书籍应该是"生活的教科书"。

在艺术的作用是再现现实这个课题上，车尔尼雪夫斯基增添了一点：艺术还有更高一层的作用——解释现实，批判现实，帮助现实的激烈的革命的改造。他说，艺术作品有几层不同的意义，一切艺术创造的基本的和普遍的意义是再现生活的现象。除过这个普遍的意义之外，有些艺术创造还有着另外的意义：那就是解释他们所再现的现象。最后，如果艺术家是个有思想的人，有着他自己的见解，这种见解"必然会在他的创造中反映出来，不管他愿意不愿意，公开或是含蓄，有意或无意，因此，这就达到第三种意义：对于所再现的现象的思想批判……假如他仅仅是再现生活现象，艺术家就满足了我们的好奇心或促进了我们对生活的追想。但是如果他还解释和批判了这些现象，那么他就成了一个思想家，在他的作品的艺术价值上添加了一种更高的价值——一种科学价值。"

车尔尼雪夫斯基断然地反对那种唯心论的理论："超然性"是对生活的一种美学的感觉的最高的特征。他把这种"超然性"的艺术理论和古典传统对立了起来，后者是肯定艺术的社会和教育意义的。

正如他前面的别林斯基，车尔尼雪夫斯基一贯地从所谓"纯艺术"的论客的阻碍下，保卫了俄国文学的现实主义道路，并且倡导一种和进步的、革命的思想相结合的现实主义。俄国文学受惠于他的地方实在太多了：他把那时最先进的思想渗入文学，而且把文学的注意力集中在时代的切身利益上，他帮助它成了世界最前进的文学之一。

把超阶级的"纯艺术""纯科学"或者是"纯哲学"斥之为胡说八道，车尔尼雪夫斯基看到了这种纯艺术理论是什么东西：即对于反动的反人民势力的支持和拥护，他不遗余力地把它揭发了出来。

"文学，"他写道，"它只能是为这一个或那一个思想倾向服务，这是在它的天性上所固有的一种功能，是一种甚至想放弃而无法放弃的功能。那种纯艺术的信徒们的自以为是的超然物外的理论是自欺欺人的理论；他们大喊大叫的'艺术必须是一种脱离生活的东西'，常常只是用来掩饰反对他们那种人所不喜欢的文学倾向的斗争；以达到把文学变成另一种更合乎他们口味的倾向的仆役的目的。"

车尔尼雪夫斯基关于艺术的伟大的社会任务的课题，以及他的艺术必须对现实现象提出批判的主张，后来在文学的党性原则中得到了更大的发展和完成，它是被列宁所提出和科学地建立的。列宁和斯大林科学地发展和论证了革命民主派的传统，肯定了艺术的无限重大的社会任务，它必须教育青年坚强、勇敢、在困难前不低头、战胜任何每一个障碍。斯大林称作家是"灵魂的工程师",这个经典性的定义显出了苏维埃艺术的高贵目的,它的崇高社会使命。

苏维埃的文学和艺术批评强力地反对脱离政治的作品和无目的的"艺术",它揭露了形式主义的"为艺术而艺术"理论的反动本质。车尔尼雪夫斯基所从事的反对伪审美家、"纯艺术"的高级神父们的斗争,对于现代的意义是巨大的。

车尔尼雪夫斯基对于当代艺术家的作品的评价,是站在现实主义和社会主义者的思想立场上来进行的。

没有一个俄国作家在批判现实主义和讽刺的力量上可以和果戈理及谢德林相比拟;由于这些特色,车尔尼雪夫斯基对这两个作家予以最高的评价。在果戈理的著作中,他不仅看出这是文学上的杰出的著作,而且是俄国社会自觉之长成的一个标帜。在果戈理的著作中,普希金的现实主义传统得到了继承,俄国文学和现实、和人民的争取自由以及他们的爱国情绪的密切连系,得到了显著的前进。车尔尼雪夫斯基把果戈理作为"俄国散文之父"谈论着,而且认为他是俄国文学讽刺道路的创始人。他对于谢德林有着一种崇高的估价,因为在他的著作中,更进一步地发展了果戈理的现实主义和讽刺传统。

车尔尼雪夫斯基关于果戈理和谢德林的论文,在今天对于我们有着特别的亲切兴味,因为苏联作家必须以竭力发展讽刺作为他们的目标。当由社会主义逐渐过渡到共产主义的时代,反对不忠诚、不老实的个别人物,反对人们意识中的旧的残余,并与之展开不调和的斗争,关系特别重大。在这个斗争中,讽刺起着一种巨大的作用。"那是不正确的,"联共中央在十九次党代表大会上的报告中说,"认为我们苏维埃的现实没有可讽刺的材料。我们需要苏维埃的果戈理和谢德林,他们用讽刺的烈火,把生活中的一切反面的、腐朽的、垂死的东西,一切阻碍进步的东西都烧毁了。"

车尔尼雪夫斯基引证了果戈理和谢德林,强调艺术家必须透入到现象的本质中去,必须鞭打不合于人民的东西。在车尔尼雪夫斯基的观点说来,当讽刺指出反对社会罪恶、当它被那种帮助生活改造的高贵目的所鼓舞的时候,它就达到了它的目的。

和车尔尼雪夫斯基对于生活和美的热爱内在地连接着的是一种对于一切丑恶和罪恶的东西、对于人民敌人的深恶痛绝的憎恨。在他的著作中,他以超绝的力量表现了革命民主主义美学的最优美的特质——对于解放思想的献身。在俄国革命民主派批评家们的全部著作中充满了对剥削者和压迫者的火热的仇恨和一种为了人民从羁绊中获得解放、为了人民的开化、为了人民的文化的高贵的战斗。车尔尼雪夫斯基以巨大的力量鞭打了封建主义者、"自由主义者",以及阻碍国家进步的一切倒退和反动的现实特点。

车尔尼雪夫斯基渴望作家是一个革命者,一个为先进党派的理想而勇敢战斗的战士。这样的艺术家,他写道:"他有敌人,但是也有无数的朋友;'优雅的诗人'永远不会有像他所有的那种热情的仰慕者……他对一切卑劣的、庸俗的和有害的东西'满腔的仇恨',对一切下流的'说教着乐善'和真理的人用'仇视的语言加以驳斥'。凡是永远不敢触犯任何人的人……就永远做不出好事来,因为不谴责恶,善就不能存在。"

车尔尼雪夫斯基极力主张用一种不同于过去的英雄典型来充实文学,对于俄罗斯人性格给予一个更真实的面貌。英雄主义、对自由的热爱、爱国主义、对自我牺牲的准备、有目的性的实践、崇高的思想和感情——这些便是他所要求的新的英雄典型的特征,他把它和那些缺乏生活目的在俄国文学中早已很多的"多余的人"对立了起来。

车尔尼雪夫斯基自己在他的小说《做什么?》和《序曲》里面描绘了这样的英雄。他的拉克梅托夫[①]和伏尔金[②]是文学上第一次对于把生命献给人民解放事业的积极的革命者的描写。拉克梅托夫和伏尔金对于这个问题,《做什么?》提供了答案,而且对于富于革命思想的青年提供了一个生活的榜样。列宁衷心地敬仰这些英雄和车尔尼雪夫斯基本人。在谈到车尔尼雪夫斯基是"一个伟大的作家"的时候,列宁不仅是指他的哲学著作而言,而且还有《做什么?》和《序曲》,他非常喜爱它们而且对它们评价很高。车尔尼雪夫斯基的小说大大地扩展了文学所拥有的思想和典型的种类,而且有好几代帮助了在革命青年中传播社会主义思想。

这是乔治·季米特洛夫对《做什么?》的感激之词:

"这以前和以后的任何文学作品都没有像车尔尼雪夫斯基的小说那样在我的革命教育上起着那么强烈的影响。……拉克梅托夫尤其使我爱好。我确定自己必须坚决、刚直、无畏、忠诚,锻炼我的性格和意志使可以战胜一切困难与艰苦,把我的个人生活服从于伟大的工人阶级事业的利益——一句话，按照我想象中的车尔尼雪夫斯基这个光辉的英雄人物来生活。"

车尔尼雪夫斯基的小说在教育人民上所起的卓越作用，生动地说明了以现实主义方法并为一种高贵理想服务的艺术家的作品的真切的意义。它表示了那些真实的投合人民的作品，是产生于那些在艺术的形象中具现了他们时代最先进的思想，而且把他们的才能奉献于人民事业的作家。

涅克拉索夫、萨尔蒂科夫—谢德林以及其他许多俄国作家都在他们的作品中汲取了车尔尼雪夫斯基的思想，就是我国其他民族的一些最前进作家也都是在他的影响下发展的。特别是我们所提到的这些名字：乌克兰的谢夫钦科、伊凡·福仑科，格鲁吉亚诗人阿卡凯·德斯雷特里，奥塞蒂亚作家科斯达·赫达居洛夫，卡柴赫的歌手阿贝。车尔尼雪夫斯基的思想教导了他们去为人民服务。

当他主张俄国文化的民族特性和民族尊严的时候，车尔尼雪夫斯基激烈地反对了反动的民族主义。对于其他民族在思想、文学和艺术上的一切优良成果他有着一种高度的理解，而且他以巨大的关心谈了许多关于但丁、卜加丘、弥尔顿、莎士比亚、歌德、席勒、狄更司、萨克莱、乔治桑、巴尔扎克以及其他第一流外国作家的意义。他对于他们的著作曾经是进步思想的媒介物的外国经典作家予以衷心的赞许。我们可以提出他对于拉辛的崇敬来说明这一点，他关于拉辛曾写了一本渊博的研究著作，这本书到今天还保持着科学的价值。

各民族的友爱是车尔尼雪夫斯基最寄以希望的理想之一，而且像他所作的那样，他信任俄国革命的迫近胜利；一如别林斯基所自豪的，他认为他的祖国必将为世界树立一个建立正义的社会组织的范例。

和苏维埃人民的心连结得最密切的是活跃在车尔尼雪夫斯基一切著作中的那种深刻的爱国主义。车尔尼雪夫斯基在爱国主义思想里看到了进步的俄国文学批评的力量的源泉。"果戈理时代的文学批评具有着许多特征"，他写道，"但是它们是从一个唯一的灵感取得了它们的存在、意义和力量的，这就是炽热的爱国主义。……像果戈理时代那种产生于纯粹的爱国主义的文学批评，在我们文学史上并不是多见的现象。关心祖国福利是鼓舞这种文学批评的唯一的感情：在评价艺术中的每个事实上，它的标准是这个事实对俄国生活的意义。这个思想是它的一切活动的主要动机；这就是它的力量的秘密所在。"车尔尼雪夫斯基也出色地陈述了他自己美学的基本原则，几个世代以来，它对于俄国进步论坛发挥了一种那么巨大的影响。

车尔尼雪夫斯基的批评著作和关于文学批评的论断的最重要的一点，是对于原则的不偏不倚的坚持。他在他的论文《批评的真诚》中说：批评的作用是表现人民的精神，而不是表现一小撮美学家的口味。另外还有一点：车尔尼雪夫斯基以人民和祖国的利益为第一，而且他从来不把私人友谊或对某作家的威望的尊敬离开了他的革命要求来考虑。

当关涉到革命原则纯洁性的问题的时候，车尔尼雪夫斯基在斗争中甚至对他的同志也不放松。他毫不迟疑地去谴责赫尔岑的靠拢自由主义及其著文反对杜勃洛留波夫。这种高度原则性的革命批评，对于俄国解放运动和俄国艺术发展带来了说不尽的利益。

马克思主义文学批评是别林斯基、车尔尼雪夫斯基和杜勃洛留波夫的伟大传统的承受者和继续者。它拥护一种具有着社会目的的现实主义艺术。苏维埃的批评在其深刻的爱国主义、坚持原则和把人民利益放在一切之上的这些方面，追随了车尔尼雪夫斯基。只有把批评保持在原则的最高标准上，才能帮助作家和艺术家从他们工作的错误中解放出来，并达到一种更优秀的程度。在这方面，车尔尼雪夫斯基是一个辉煌的范例。

车尔尼雪夫斯基的名字为苏联千百万人民所尊崇。斯大林把车尔尼雪夫斯基的名字放在俄国人民的最先进的人物当中，在他身上表现了民族的革命精神和创造力量。

实践了车尔尼雪夫斯基、别林斯基和杜勃洛留波夫的美学的优秀传统，并且以列宁和斯大林的科学的思想作为它的基础的苏维埃艺术，正在努力解答这个时代的最大的和最迫切的问题，对于人民的为共产主义的斗争贡献活力。

对于车尔尼雪夫斯基——本年七月将在苏联纪念他的诞生一百二十五周年——的崇高纪念，将常常为他的人民所珍重，我们已经在生活中获得了他所为之劳动的自由和幸福。学者、作家、革命家的他是属于俄国人民最优秀的儿子的行列的，他们曾用他们的劳动、他们的斗争和他们的整个生命帮助了革命和社会主义在俄国开辟走向胜利的道路。

译自英文版《苏联文学》一九五三年六月号

注:

① 《做什么?》的主人公。

② 《序曲》的主人公。

杜勃洛留波夫的文学批评原理

阿尔克赫波夫著

尼古拉·亚历山大罗维契·杜勃洛留波夫所完成的文学批评中的工作，可以说是为革命民主派的美学体系加上了笠石①，它在俄国的民族文学的发展上，演着那么一种巨大的任务。别林斯基和赫尔岑的追随者，车尔尼雪夫斯基的伙伴杜勃洛留波夫，不仅应用了他们所开展的美学原理，而且他自己对美学理论做了极有意义的贡献。

杜勃洛留波夫的美学首先是现实主义的。正如别林斯基和车尔尼雪夫斯基②，对生活忠实，对现实忠实，是他的最基本的原则，基础之基础。现实是一种极端广大的东西，然而，这并不是说，它是无限的范畴，而对不同的美学家说来，忠实于生活意味着不同的东西；因为在他们对现实的理解中，人们之走向不同的道路，是依据于他们的社会阶级地位，而这也在他们的美学观点上捺下了印记。而且，现实本身经常是在流动和变化的状态中。今天的严肃的真理在明天可能就不再是真实的了；而在今天出现的一种无谓的浪漫的幻想在明天就可能在日常的事实中成为完全的实在。每种美学体系都必然包含着这一切。

在别林斯基和杜勃洛留波夫之间，在俄国社会的发展中，隔着一个整整的阶段。一八四八——一八五五年的黑暗日子已经让位给一个社会觉醒的时代。新的力量业已开始起作用。在别林斯基时代，在解放运动中，平民仅仅开始在替代贵族，在六十年代，这个过程完成了。政府的改革已经满足了贵族，它的进步部分的革命精神已经是一种过去的东西了，虽然人民的处境还是骇人听闻的。一八六一年的改革，离农民得到解放还很遥远，仅仅使他们掉进一种新的束缚之中。农民们用反抗回答了被自由主义者那么热烈地欢呼了的"皇上恩典"。在普遍的农民起义的威胁面前，自由主义贵族的进步精神消失了，昨天的进步分子迅速地摇摆到右翼方面去了。一种新的阶级力量的对比成立了。

在这些条件下面，文学的许多问题，在一种新的面貌中呈现了出来。说明了现实主义者美学的基本原理的车尔尼雪夫斯基的《艺术对于现实的美学关系》，被某些现实主义作家用极端敌意来迎接。换句话说，并不是所有现实主义者都接受了车尔尼雪夫斯基的现实主义原则。这个原因是容易看出的。对车尔尼雪夫斯基说来，文学的作用，必须是一种生活的教科书。而文学之能够履行这种作用，只有它是不模棱的而是真实的、不退缩地去再现现实的任何和每种现象，不管这种现象会是如何的"非美学的"东西。一切为自由主义思想的贵族文学所摈斥的事物，都属于追随车尔尼雪夫斯基的作家的范围之内的事物。革命民主派的领袖宣称道，按照生活的原来样子描写生活，是俄国作家的爱国的责任。但是要这么做，作家观察生活，就不能从"永恒"的抽象的立场出发，而要在当代社会需要、人民需要的光亮中来观察生活。

对于艺术使命的这种观点——在一个农民革命运动正在上升的时候——牵涉到对文学作品中的内容和主人公的一种新的理解，而这又影响了对美学理论的每个问题的理解。如果当面的社会任务，是用革命推翻专制政治和封建主义，如果人民的幸福所依靠的正是这，如果这只能够由人民自己来完成，那么，当然，文学选取作为它的主人公的是人民，而且，这种人民并不是作为好心肠的上流社会怜悯、担心和流泪的对象，而是作为历史的原动力。文学唤起人民的自觉，使他们认识他们自己的任务和他们所居住的世界。时代的主要对抗——那种只有用革命手段来解决的农民和地主之间的对抗——形成了文学作品中的基本冲突并且决定了它的情节的发展。随着新的任务和新的主人公，生活给文学带来了新的主题——劳动、社会斗争、人民革命的主题。

杜勃洛留波夫是车尔尼雪夫斯基的右手，他在战斗中的最亲密的友人和同志，他们对于每种有关政治、哲学和美学的争端，抱着同一的意见。生于一八三六年，在他的发展过程中，他和他的老友密切地并行着。他是尼日尼—诺夫哥罗德的一个牧师的儿子，当他是一个孩子的时候，便依照惯例，被送到神学校，一八五三年，他带着荣誉从那里毕了业。一个教会里的好前程在预期着他，但是代替了进神学院，这个青年所选择的是进圣彼得堡的中央师范学院。在首都那儿，在这个深刻的社会矛盾的焦点上，他接近了政治。当时的重大问题——农奴制的重压，克里米战争中的俄国败北，公众不满的长成——深刻地锻炼了他的思想；把他培养成了一个民主主义者和革命家，而且不久就成了青年学生所公认的领袖。在这个时间内，他一直刻苦地学习着，但是他感到非要学习不可的东西，并不是学院所教授的东西，而是那些被删削得一塌糊涂并且为官方学者所痛恨的著作。别林斯基的论文（他的名字在报纸上是严禁的）；从外国秘密运到俄国的赫尔岑的出版物；法国乌托邦社会主义者的著作；费尔巴哈的《基督教的本质》——这些正是他热心钻研的著作。他尤其敬重无视严酷的检查制度、力图在他的著作中讨论当代一切重大问题、设法用革命方向来影响公众思想，并且培养着革命者的车尔尼雪夫斯基的论文。

　　一八五六年，车尔尼雪夫斯基和杜勃洛留波夫见面了。这个年轻学生来到《现代人》的编辑部，接着在两者之间展开一场长谈，一场无所不谈的长谈，而且这不是学生同老师之间的谈话，而是两个同等身份的人的会谈。车尔尼雪夫斯基所面对的人并不是一个幼稚的青年，而是一个在人生观上、在人类关系上、在当代问题上、在政治上、在文学上成熟的人。当杜勃洛留波夫在一八五七年毕业于学院的时候，涅克拉索夫和车尔尼雪夫斯基约请他参加《现代人》，这个革命民主主义运动的大本营。他负责它的文学批评栏，并且成了杂志的领导人物之一。从这时起，开始了作为批评家和政论家的杜勃洛留波夫的光辉活动。这仅仅继续了四年，在一八六一年十一月十七日便以悲剧而告终结：杜勃洛留波夫因肺痨逝世，享年仅二十五岁。

　　"这个损失对人民是真正难以弥补的，他由于对人民的爱而燃烧起来，并且那么过早地燃烧尽了。啊，他曾经怎样地爱过你啊，人民！他的话不能达到你那里，但是当你一旦变作他所希望看到的样子时，你就会知道，这个光辉的青年，你的最优秀的儿子，已经为你做了多少事情，"车尔尼雪夫斯基那时写道。

杜勃洛留波夫学说的主要教义之一是：文学必须反映人民的生活并且代表人民的利益。在他早期的一篇论文《俄国文学发展中的人民性》以及其后的许多论文里，他宣称道：人民，物质财富的创造者和世界历史的主要力量，必须是文学中的主人公。"人民的党"必须在文学中领导，它的最高的使命，就是它是"人民的生活和人民的愿望的一种表现"。

这个原则，杜勃洛留波夫一贯地在他的对于文学作品的分析里应用着并且发展了。他的对于一个作家或一部作品的功绩的批评标准，是"它们对于一定时代和民族的普遍的愿望的表现达到如何程度"。才能、对于人民生活的知识和对于它的正确观点——对于任何重大的作品这些都是不可或缺的东西。而且甚至这些也还不够。要创造真正的艺术，杜勃洛留波夫说，"你不仅要知道那种生活，而且你自己必须深刻而强烈地感受过和体验过它，必须和人民有着生命的联系，你自己必须暂时用他们的眼睛来观察，用他们的思想来思想，以他们的意志为意志；你必须深入他们的外表，进入他们的灵魂。"

不过，这是杜勃洛留波夫学说中极端重要的一点：用普通人民的眼睛来观察事物，绝不是意味着死守着一种天真的朴实，来反映人民当中的落后分子的意见，仅只因为他是人民中的一分子。别林斯基早已把真正的人民艺术，人民所有的和为人民的艺术，和那种"艺术"——反映群众在尚未达到对他们的历史使命认识以前隐藏在他们身上的偏见和迷信的"艺术"——区别开了。而杜勃洛留波夫发展了别林斯基的思想，他说：如果作品是真正人民的作品，作家必须对于他的时代的事件和历程有一种清楚的理解，他还必须抓住群众的重大需要并为之而战斗，把那种需要当作历史的必然的一种表现。要产生这样的作品，作家必须站在人民斗争的前列，必须对它的对象和目的有一种明白的理解，必须指出它必然采取的方向和鼓励人民的自觉的长成。

这样，杜勃洛留波夫的人民的文学学说，要求作家具有先进的、进步的世界观，唯有它能够保证对于社会政治的需要和问题的真正的理解。要建立真正的人民性——革命民主派把它理解为一种具体的、历史的东西——作家必须永远和他的时代一同前进。

必须附带说明一点：人民文学的原则，并不是杜勃洛留波夫任意捏造的什么东西；它是作为文学发展的一种合乎逻辑地必然的产物而演绎出来的。我们所提到的论文，《俄国文学发展中的人民性》，正是这种文学历史的一个纲要。而在俯瞰了百年来的俄国文学以后，杜勃洛留波夫注意到它所开展的和人民生活的血缘关系的增进，更深刻地掌握了现实，突进了它所"疏远"的领域，再现了普通人的日常利害、挂念和需要，以及他的渴望和斗争。

这种文学的民主化的过程，就是现实主义发展的一个过程，而杜勃洛留波夫则追溯了它是如何向前进的。同时，由于它的题材领域的扩大，文学获得了实际的势力；它浸入了社会生活的各个领域，变成了历史发展中的一个重要因素。而且由于人民自觉的长成，文学达到了一种更有意义的思想内容和更广阔的艺术力量，而它的社会重要性增加得还要多些。因之，文学的民主化是民主在人民生活中获得了更大胜利的一种反映。杜勃洛留波夫所理解和感应到的，正是这两重过程，它的两方面的相互作用。具体化在他的那种人民文学原则中的，正是历史发展自身的逻辑。

现实主义和人民性在杜勃洛留波夫的美学学说中构成了一个有机的整体。在为现实主义战斗中，他坚决地为那种人民所有的和为人民的文学而奋斗；而在他为这样的一种文学的热情的战斗中，他主张要对生活忠实。这是易于理解的：生活在它的自然的、自由的发展中，是那么不可避免地导向那种人民的艺术思想，所以杜勃洛留波夫常常告诉文士们：只要明白这一点，你的作品是生活的真实，那么不论什么，最热烈的政治思想，最火热的革命想象，都能够自然而然地天生地包含于其中。

文学是社会发展的一个因素，——杜勃洛留波夫说道——它是社会的耳目，而一切在它们相互关系中的生活现象，必须反映、聚集和总合在其中。由于这种理由，他要求文学要有"一种特质，没有它，文学便不能有任何价值，这就是真实。作者所从事的事实，他给我们表现的东西，必须要忠实地来表现。如果他这一点失败，他的作品便毫无意义；事实上，它变成了有害的东西，因为它并不是为启迪心灵而服务，而是相反地，更把它弄混乱了。在这个情况下，我们在作者身上找不到任何才能，或者所能找到的，只是他的那种说谎的才能。"没有真实，便没有也不可能有艺术；

真实不仅是一种价值，而且在一部作品中，它是一种基本的特质，杜勃洛留波夫宣称道。没有什么才能可以拯救一部长篇小说、短篇小说或诗歌，如果它违犯了这个基本条件并和生活真实不是一致的。

杜勃洛留波夫要求真实，出发于他的对于艺术的巨大的社会作用的认识。在他那个时代的俄罗斯，文学是一个讲坛，在其上，人民的良心的呼声，他们的愤怒，能够发出声音来。对于革命民主派说来，这个讲坛常常是一个政治的讲坛，而他们要求对生活忠实，本质上是一种政治的要求。文学对于他们是一种和生活一致的东西，所以，他们把长篇小说、戏剧或短篇小说，当作一种政治的著作来考察。这就是构成杜勃洛留波夫的分析方法的基础的东西，它"在一个文学作品的基础上，解释生活现象的本身——不过，却不把任何先入的思想或目标强加在作者身上"。如果他相信了作者的忠实性，这个批评家便不辞劳苦地去考察人物的每个动静，每句话，并且以最大的注意衡量他的行动，以便在它的全体中来寻找出他的发展逻辑；通过这个三棱镜，使读者能够看见生活的复杂的相互交错关系，它的不同社会集团之间的利害冲突，它的发展的无情的逻辑。而当指出了生活运动的方向以后，杜勃洛留波夫继续提出社会所面对的任务；他的论文的几乎每一篇，都是导向一个实践目的的。这种植根于真实生活之中的文学变成了一种政治斗争的武器。

杜勃洛留波夫所提出的贡献之一，是在他的批评的分析中，他证明了文学中的政治的和美学的因素的完全统一。作家的人物是否惟妙惟肖和前后一致，他们的所作所为和他把他们安置的位置是否"像真有其事"——这些正是杜勃洛留波夫极细致地考查之点。当论到冈察洛夫的同名的长篇小说中的奥勃洛摩夫的性格，或是奥斯特洛夫斯基的《雷雨》中的加斯琳娜，或是像奥斯特洛夫斯基的《全家福》中的次要人物第西加的时候——在每一个场合，他常常首先是考查，——作为分析的一种基本的准备——人物是否是逼真的，它是否对它自己是真实的，作者是否违反艺术的真实。当他考查了这些——而且只是这时——他才觉得他有权利把文学人物当作现实的一种现象来处理，因为人物的内部运动反映了客观生活在其发展中的运动。在这里，美学的分析很自然地变成政治的分析。

杜勃洛留波夫的对于生活、对于它采取的进程、对于俄国社会发展的展望的那些最深刻的论断，都是在他对于俄国文学的突出作品，那些有着最高的艺术技巧的作品的分析的基础上得来的，这并不是无意义的。一部作品的美学价值，就是它的真实性，它对生活的忠实的一个标准。

杜勃洛留波夫的论文，在它们对一部作品的政治内容和它的艺术形式的分析的统一上，是值得作为范式的。当杜勃洛留波夫号召作家从生活取得他们的启示的时候，那是为着改变世界的事业的对于人民性、现实主义和真实诗意的要求。"注意观察生活的不停息的、完备的、巨大的、不可抗拒的洪流，要生气蓬勃，不要死气沉沉。"杜勃洛留波夫教导说。

说文学必须对现实忠实，它必须给我们一幅真实的生活图画，这对于我们的文学的再现的原则，并不是一种足够正确的定义。对真实的要求并没有什么特别，而且已经被观点那样不同的人们所提倡了，而一个人说他拥护真实，对于他的伪造甚至任意地歪曲现实，并不是一种足够的保证。

艺术的再现真实，是艺术哲学中最困难的范畴之一。杜勃洛留波夫很知道这一点。他指出：在每部文学作品中都有一定程度的真实：在细节上，在琐屑上、在生活外貌的描写上，以及其他方面的真实。但是对于问题的科学的理解，是要求本质上的真实，是现实的突出特征、它的发展的总的倾向的真实的描绘，以及艺术再现的完整性。许多长篇小说和通俗剧是虚伪的，杜勃洛留波夫写道，"恰好是因为它们所写的是生活的偶然的、虚假的方面，不是构成它的本质，它的突出特征的东西。"当一个艺术家把他的注意力集中在偶然的和非突出的东西上面，夸张附属的东西，而且把不足取的东西放在最显著的地位的时候，结果就是对艺术真实的违背，对现实的歪曲。当把偶然的东西抬高为本质的雕像的时候，再现的真实，必然要受损害。

不过，这个偶然的东西的问题也有着另外的一面：一件偶然的事物其中也可能具有一种巨大的真理，它可能代表一种新的、萌芽的倾向，虽然还没有完整地表现出来，但已经有存在权利的东西。杜勃洛留波夫并不是宣布说，一切偶然的东西都应该不加闻问。此外，认为排斥一切所有偶然的和附属的东西是合乎"严格的逻辑的必然性"的标准，在杜勃洛留波夫的眼里，是卖弄学问的装腔作势，对他说来，艺术是认识现实的一种手段，并不是妇孺皆知的大道理的演义，或是道德箴言，它们或许是很动人，但跟真实的生活却毫无共同之处。真正严格的逻辑——他说——也要求去注意偶然的特征——在其中，新的生活法则正在为它们自己夺取进路。如果一件偶然的东西是自然的，它就有在文学作品中被描写的权利。如果自然性要求违背那种所谓逻辑，作家就必须牺牲后者。

杜勃洛留波夫这个结论，是一个非常重要的结论。它打倒了"合乎逻辑的"先入之见的拘束，给了作家更大的自由，鼓励他不要对于从前未曾碰到过的事物逃避，忠告他不要为了遵奉某种固定的思想而来歪曲现实，帮助他更深入地渗进事物的本质更包括一切地表现出一幅现实现象的画幅。它扩大了文学题材的领域，并且使作家对新事物富于敏感。它要求他仅仅服从一种逻辑——永远在运动着的生活的逻辑——以及抛掉一切固定的模型和设计；它使作家由一个公式主义者一变而为一个生活的探索者。

艺术的真实的一个重要的因素，如在上面所指出过的，是再现的完整性；而为了能够产生完整而客观的形象，杜勃洛留波夫说，艺术上的镇静是主要的。这种镇静使作家可以去发现一种事物的一切特征和方面，揭露出它的一切种种的发展的可能性；它把他从片面的不正确的偏见中拯救出来，而且使他对犯错误警惕。

不用说，革命民主主义美学家的"镇静"和那种冷淡的、超然的对生活旁观，是毫无共同之处的。它绝不是说，作家应该消极地注视生活现象跟记录他眼前发生的任何事物。相反地，它包含着对客观世界的那种积极的、创造的态度。"一个艺术家，"杜勃洛留波夫说，"并不是一块仅仅记录一刹那间的照相板；如果他是那样，艺术作品里就即没有生活也没有意义了。艺术家用他的创造感觉来补充零碎的刹那间印象，把特殊现象总结在一般之中，从许多分散的特征中创造一个调和的整体，在外观上不相连续的事物之中找出那种活的联系和连续性，并且通过他的完整的世界观，把活的现实的有区别的和矛盾的现象加以消化和融合为一。"

再现的完整性要求活生生的细节，没有它，形象就不能自然；但是它的意义还不止如此而已。完整性是对于一种现象在其发展的一定阶段上的内部必然性的揭露。它和集大成了杜勃洛留波夫对于艺术真实的学说的关于典型的学说有着最密切的关系。

典型是某种现象的本质在艺术中的集中表现；其中吸收了许多单独的个体、行动或情况的突出特征，它并且表现了问题所在的现象的发展规律。发现典型，就是说挑选出转瞬即逝的事物中的那些永久的、普遍的因素；只有具有这样一种权力的艺术家，才能创造典型：他已经全部掌握了材料，他明白他所描写的生活的整个结构，并且具有着一种深入到它的最内部的趋向和本质中去的洞察力。由于它对于一般的广阔的包涵，典型形象使人明了了现实过程的意义，那种常常是不明显的和不容易看出的意义；它从内部照明了现象和过程、使每个人认识了它们的含意，并且帮助人民去寻找他们在生活中的方向。在典型形象中体现了艺术和文学的积极的、实际的力量。

典型问题常常是一个政治问题；杜勃洛留波夫在他的文学批评里，精确地集中地提出了人物的典型特征，那种重大的有社会意义的特征。当冈察洛夫出版了《奥勃洛摩夫》的时候，杜勃洛留波夫在他的论文《什么是奥勃洛摩夫主义?》里，特别着重冈察洛夫小说的远大的社会意义。这并不是说，在他的分析里，他忽视冈察洛夫的主人公的个人的特性：对他说来，奥勃洛摩夫是一个生动的、带着丰富的个性的显明的性格。不过在这许多各式各样的个人特性中间，他挑出了那些阻碍俄国社会发展的、对于封建的寄生的剥削阶级是共同的和典型的东西。而且因为他把冈察洛夫的书当作社会变化的一种反映，以及集中注意于在个体中的典型的表现，杜勃洛留波夫的论文是对于懒惰、停滞和寄生主义的一种毁灭性的告发，又是对于社会关系的革命民主主义的改造的一种热情的号召，不过批评家所讨论的只是这本书，并没有加上作者的嘴里所没有说过的话。

杜勃洛留波夫是这种美学分析方法的一个光辉的代表，作为这种方法的自然的结果，是导使拥护最进步的政治原则。但是使这样的分析成为可能的东西，则是俄国有着高度发展了的现实主义文学这一事实。在这里，我们可以并不是不适当地来详论杜勃洛留波夫关于现实的逻辑的和艺术的认识之间的关系、关于一个作品的思想内容以及关于一个作家的世界观对于他的写作的重要性这些问题的观点。

一个作家的知识，他的观察力，他的思想，确信、观点、他想得周到完整的一切和他还未曾想到的一切——这一切都在他所提供的现实画幅中出现在读者的眼前。别林斯基、车尔尼雪夫斯基、杜勃洛留波夫所怀抱的思想之一，是对于一种真实的艺术形象的无穷的表现力，它的无限丰富的内容。只有这种思想令人感服——它在一个形象中具体化，这是一种思想的活生生的，我们或者可以说是物质的形式。一部文学作品的艺术效果决定于作者的思想的健全和正确，以及他使自己和它完整地结合一致程度，但也决定于作者的才能，他理解生活的完整和充分的程度。别林斯基深恶那种浮浅的倾向性，所谓硬塞一种思想，强逼读者接受；当一个作家有着"露在他的口袋外面的他的装潢得光辉夺目的理想"的时候，他就会永远惹起别林斯基——一个真正伟大理想的倡导者，人民的真正战士——的愤怒。

在这一切方面，杜勃洛留波夫是别林斯基的一个很好的继承者。他指出道：抽象的概念化的作家所讲出来的话常常和他们表现在他们的艺术创作，他们所创造的活的形象中的东西，是非常矛盾的。一部作品的思想内容，杜勃洛留波夫的意思并不是指它的作者的宣言，或是作者当作自己的代言人的书中的人物的宣言，也不是作者写他的书时的意图，也不是作者企图告诉读者或强逼他接受的东西。一部文学作品的思想内容，是渗透着作品的整个结构和传达给读者的思想、观点和概念的总和。杜勃洛留波夫认为，为适合某些先入的思想来捏造其中的整个社会因素，这种作品，是不值得讨论的。这儿没有什么好讨论的，他说，除非谈谈作者运笔如何灵活巧妙。一部作品的思想，杜勃洛留波夫强调说，从它的忠实地描写生活流露出来。"我们绝不这样来想：每个作家必须在某种特殊的理论影响下来写他的作品；他可以随意抱有任何见解，只要他有感受生活真实的才能。一部文学作品之所以能够表现某种思想，并不是因于作者企图宣传那种思想，而是因为他被生活的真实事实所感动，从这里面，它自己流露了那种思想。"

不过杜勃洛留波夫的这个"它自己"，并不是主张思想不重要。恰巧相反，杜勃洛留波夫坚信进步思想的无限伟力，把它当作指挥现实的一种表现。这些思想和他所认识的具体现象一起急迫地侵入作家的头脑之中；没有障碍可以挡住它们，它们扫除了虚浮的概念和观点的阻塞，在作品中由生活逻辑自身而保持存在；从一个作品中删掉它们，就意味着杀死作为艺术的它。这就是我们从杜勃洛留波夫所读到的东西，他代表着他那个时代的最先进的政治倾向。他的关于这个题目的观点和后来恩格斯所说明的极为相似。

从这些理论的问题上，杜勃洛留波夫在策略上得出极重要的结论。他认为一个忠实的艺术家能够跨过一种被限制的甚至保守的世界观，成为人类最进步的理想的战士的政治上的同盟者：包含在他的作品中的活生生的真理必然造成他不由得那样。所以，人民的战士必须在他们的斗争中最充分地利用真诚的作家的作品，揭露他们作品中的真正意义，帮助作者从那种凭艺术的本能写作的人发展而为人类伟大真理的自觉的说明者。

不过，当评价了那种保持了一个作家对生活真实的关于"艺术家的本能""艺术家的直觉"的高度价值的同时，杜勃洛留波夫觉得甚至对于作家作品的纯粹艺术方面说来，没有再比一种进步的世界观更重要的东西，这是他认识现实的北极星。杜勃洛留波夫的理想是：一个艺术家是一个思想家和战士；这个批评家宣称道：艺术必须和科学结合。思想前进的作家，他说，较之思想落后的作家有着这种方便，"他可以更自由地获得对他的艺术本性的刺激。艺术家的本能会常常指引他正确方向；但是如果他的一般思想是错误的，在他身上必然会无可避免地引起一种矛盾，他必然会为疑惑和犹豫所苦，他的作品虽然作为一个结果来看不至于全部都是错误的，但它们会变得薄弱、没有色彩和不够调和。另一方面，当艺术家的一般思想是正确的并且和他的本性充分调和的时候，那种调和和统一就反映在他的作品中。他的作品中所反映的现实就会更光辉和生动，而他的作品就会更容易地引导思考的人达到正确的结论，并且结果将会对生活更重要些。"

这样，一个是一个思想家的艺术家，他就是一个对时代有着敏锐的感觉的人，他和千万人共有着痛苦和欢乐，即时地反映社会的需要，从事物一开始时就察觉出新的过程，并且能够看到萌芽的全部的长成形态；他就是一个发现一件事物的全部内在东西的人，他能够容易地区别偶然的东西和本质的东西，并且发现支配现象的规律；他就是一个从生活密林中获得他的观察的人，他能够在心中建立起一个形象并且接着完整而生动地把它表现出来；他就是一个能够给现实世界本身一个形象并且使它学习这个形象，通过形象获得对它自己的理解，并且在现在看到将来以便及早建立将来的人——依照杜勃洛留波夫说来，一个作家应当这样才成。这个伟大的批评家指出：这是一个理想。但是每个真正的艺术家身上都具有着这种理想的许多因素。

杜勃洛留波夫的全部作品，由于它的固有的调和，由于它的真正的艺

396

术上的统一，使人印象甚深。他以那样的确信，发展了忠实于生活，思想意识正确和艺术技巧之间的有机联系的思想。他的这三篇论文：《黑暗王国》《好日子何时会来?》和《黑暗王国的一线光明》，都是俄国文艺批评中压卷之作。当你考虑这些写于不同的时间，论的是奥斯特洛夫斯基和屠格涅夫的不同作品的论文的时候，你清楚地看见这一点：它们构成一个完整的作品，在这个整体中无从更易其部分。这些并不是三篇分开来的论文；它们，在形式上，是那类批评的三部曲。而且在内容上，它们不仅是单纯地对于奥斯特洛夫斯基的喜剧，屠格涅夫的《前夜》和奥斯特洛夫斯基的戏剧《雷雨》的一种光辉夺目的分析，而是对于一八五九年至一八六一年间革命形势正在成熟的那些年代俄国生活的精到的研究。

当杜勃洛留波夫在《黑暗王国》中谈到奥斯特洛夫斯基的商人巴拉夏夫③的时候，大家都知道他其实指的是沙皇尼古拉和亚历山大·罗曼诺夫。当他谈到这个俄国商人对他周围的人们施行虐待的时候，大家都明白这其实是在讨论整个俄罗斯的命运……不过，他是否是在解说着奥斯特洛夫斯基的喜剧里所没有的那些东西呢？他是否是用他自己的非常不同的观点和结论来解说着这个戏剧家的作品呢？不，他并非如此。它们都在那里。因为这就是现实主义艺术的性质：它所反映的看来是细小的，和个别的现象，却是巨大的和一般的东西。而对于奥斯特洛夫斯基的作品所具有的深长意义说来，要使人充分地理解，就必须需要杜勃洛留波夫的智慧的巨大光亮来加以照耀。这种说法并非全然是不对的：杜勃洛留波夫曾创造了奥斯特洛夫斯基，这正如说奥斯特洛夫斯基曾创造了杜勃洛留波夫一样的真实。没有伟大的现实主义艺术，就不可能产生伟大的现实主义批评。

如果奥斯特洛夫斯基的喜剧是为这个批评家能够指出一种反暴政的斗争是需要和可能的而提供了材料，那么屠格涅夫的《前夜》便是使他能够指出那种斗争立即就要开始的证明。屠格涅夫的女主人公爱伦娜·斯塔霍娃渴望找到一个真正的英雄，一个行动的人，她热烈地等候着这样气概的男子。围绕着她的是有教养的，可爱的"屠格涅夫式"的人物，但她对他们毫不注意：屠格涅夫的英雄，杜勃洛留波夫那么适当地描写为"前夜的英雄"，引不起爱伦娜的注意，她只能够爱那个英雄行为的男子，因为她自己渴望英雄的行动。并且她以参加巴尔干国家的解放斗争把她的愿望变成了现实。《前夜》标志着屠格涅夫的英雄——"前夜的英雄"的危机；

而且在某种程度内，它标志着屠格涅夫小说本身的危机，在这部小说中，在行动开始前，便把幕布落下来了。

杜勃洛留波夫抓住了这一切，他用一种热情的希望表示结束了《好日子何时会来?》：那一天必然要来，一种新的英雄必然要在文学中出现。

杜勃洛留波夫并没有看见光辉的日子的到来。但是在他的生活的晚年，他高兴地看到一线光明已经穿过了黑暗王国的阴影。这样就产生了三部曲的最后一篇——《黑暗王国中的一线光明》。一出看来似乎应该是家庭戏剧的东西——一个为爱情而死的妇女的故事——杜勃洛留波夫则指明它应该是社会悲剧，并且是一出其中含有乐观主义意义的悲剧。在杜勃洛留波夫说来，加斯琳娜身上突出的东西，并不是她的英勇的爱情，不是她的热情的力量，不是她的良心的痛苦，而是她的本性。加斯琳娜并不是在一阵狂乱之下自杀的，而是因为她不能没有爱没有幸福而活下去。正是这种为幸福的自然的斗争，这种对它难以抑压的渴望，这种不惜任何代价来获得它并为它而死的准备和决心，构成了加斯琳娜的性格的哲学基础，作为一种人民的性格和奥斯特洛夫斯基戏剧的哲学内容，——这就是被杜勃洛留波夫以那样的天才力量显示出来的东西。在《雷雨》中描写的加斯琳娜的性格，杜勃洛留波夫写道，标志着"不仅是奥斯特洛夫斯基的戏剧艺术的前进一步，而且是我们整个文学的前进一步。它是符合于我们民族生活的新的形势的……"它"在她的死亡中向我们所显示的东西，呼吸着一种新的生活"。这就是激励了《黑暗王国中的一线光明》的性格，这一篇著名的论文就是杜勃洛留波夫的文学批评在思想上达到极致的论文。

俄国革命民主主义批评家们建立了现实主义、艺术作为认识现实的理论。他们建立了把文学作为社会发展的有力工具的观点。忠实于生活就是他们理论的基石；这是决定一部作品的思想和艺术价值，从而是它的社会意义和教育效果的东西。在对于艺术天才的优秀作品的分析中，他们指示道，只有这样的东西在艺术上才是真实的：把应该是当时使人民生活振奋的最前进的思想的真理、历史发展的进步倾向的真理，具体化了的东西。没有也不能有比这个更是真理的其他东西；这是艺术再现的完整性的依据，并且唯有在这个基础上，艺术的技巧才能牢固地建立起来。

这个现实主义理论的结论，在我们今天还保持着它的全部生气，其中最高的生活真理，就是人类为和平、民主和社会主义的斗争。生活的一切道路都导向这种斗争，只要是真诚的作家，就只有为它而尽力。美学批评的使命，就是帮助作家对于生活真理的敏感，成为它的一个自觉的说明者和战士。

译自英文版《苏联文学》一九五三年十二月号

注：

① 意为完成了最后的工作。

② 请参阅《别林斯基的美学》，《苏联文学》一九五三年一月号；《车尔尼雪夫斯基美学的基本特征》，《苏联文学》一九五三年六月号。——原注

③ 巴拉夏夫，奥斯特洛夫斯基喜剧《自己人》中的主人公。

涅克拉索夫论

阿尔克赫波夫著

涅克拉索夫说：在这个世界上有两条路，奴隶之路和自由之路。这个伟大俄国诗人的每一行诗都是对于追求自由之路的一个热情的呼吁。他的诗是尖锐的社会矛盾的诗篇，是俄国人民经久以来求解放斗争、他们争取幸福生活、争取祖国的伟大和庄严的一面忠实的镜子。

劳动和斗争是涅克拉索夫诗篇中的主要的特征和支配性的主题。作为劳动的歌手，涅克拉索夫在俄国文学史上开辟了新的天地，他在普希金、莱蒙托夫和果戈理之后，喊出了他们留下而未曾出口的新的口号，从而丰富了俄国诗歌的宝库，开阔了它的境界。

较之他以前的任何人，诗人更完整地感到了创造性劳动，这一切物质和精神财富的源泉，它的庄严、美丽和欢乐。铁路工人、石匠、油漆工人、农夫、伐木者、作家、建筑工人、矿工的劳动，——每一种劳动都变成了涅克拉索夫的抒情的灵感的题材，每一种劳动对于他都充满了诗意。

涅克拉索夫的全部诗篇中的中枢人物就是人民。他们以日常生活活动显现在他的全部作品中。他显示了人民的朴实的日常行动的世界史的意义，他们是世界历史的主要行动者。这些英雄——农夫和兵士，劳动者和战士——在诗人的作品中以不可分割的纽带连结着劳动的主题和斗争的主题。涅克拉索夫称呼农民是土地的"耕种者和保卫者"。这就正确而完满地反映了人民的历史，他们的命运和他们所耕种的土地是永远连结着的。劳动锻炼了和土地的这种不可割断的血肉联系，它被人民的血汗所灌溉，而播种者则像自己的初生的婴儿似的保卫着它。因为劳动的诗篇的伟大爱国内容，不可避免地使它自己体现在斗争的诗篇之中。

当他号召着他的祖国的播种者和保卫者的农民的时候，涅克拉索夫以同样的力量谈到那时俄国人民的悲剧。祖国土地的播种者，他的神圣祖国的保卫者，俄罗斯农民同时是在农奴制的镣铐中痛苦着。"我看见没有一个乡村的农民不叹气的"，涅克拉索夫说。使人民受苦的可怖的社会不公正折磨着诗人的心。他的诗，充满着对于人民的全心全意的爱情，呼吸着对于压迫者的不共戴天的仇恨。它们唤起人民走向斗争，惊醒了奴隶的心。这样，英雄性劳动的主题从镣铐中寻求着自由而产生了人民革命斗争的主题。

尼古拉·阿列赛耶维契·涅克拉索夫于一八二一年十二月十日诞生于卡明涅茨—波多里斯克省、涅米洛夫县的乡间，他父亲服务的联队驻扎在这里。不久之后，家族移住在雅洛斯洛夫尔省的靠近伏尔加河的格列希涅沃县的祖传庄园。诗人在这里度过了他的童年。这是些阴暗的日子。在他还不满十七岁的时候，他便和地主的父亲决裂，而开始营着一个文学工作者的独立生活。

涅克拉索夫到了圣彼得堡，这是一个有着富丽的宫室和龌龊的贫民窟的都城，是一个封建地主社会的一切矛盾——从它的母胎里初生的资本主义正在上升——显著地纵露着的都城。

这个北国的京城对待诗人是残酷的。"圣彼得堡的辛酸，"这是他的自传中描写四年来的京城生活这一部分的标题。涅克拉索夫生活在贫民中，在被社会所遗弃者的世界里。残酷的生活学校就是他的政治的和诗的学校。如果他没有通过它，涅克拉索夫便没有产生他所写的伟大作品的可能，因为它们都是从深刻的直接的对现实的知识产生，而由他的情感力量所深化的。在涅克拉索夫的每个人物身上，不论是受苦的儿童、赤贫的妇女、疲惫的铁路工人、或反抗压迫的农民，我们看到诗人自己，我们听到他的叹息，感到他的苦痛，体味到他的强大的力量。涅克拉索夫史诗的事件带着主观力量的明晰的标记，但是他的诗篇的主观精神常常把史诗描绘导向气吞斗牛的地步。这一切是因为他生根在人民之中，和人民共同着命运的缘故。

涅克拉索夫的第一部作品是叙述俄国的农民、都市的劳动者、被压迫和无权的人。诗人用劳动者的眼睛来看，以他的生活为生活，以他的爱来爱，以他的恨来恨。

他和伟大的俄国批评家别林斯基的相识，巩固了他所选择的道路。个人的体验达到了理论上的认识，私人的观察升高到一般的原则。他把自己的生活经验作为典型的现象，成为他的人物研究的根据。

"俄国今天最为重大的国家问题，是废除农奴制。"别林斯基在一八四七年阐明俄国文学的任务时说。别林斯基给果戈理的信，即我们所引用的上句话的出处，被涅克拉索夫当作他的创作纲领。这时，人民除过农奴制度，还有另外一个敌人。资产阶级关系正从封建制度中长成起来，致使农村兴起了富农，城镇中产生了商人、高利贷者和制造商。自由民，和那些缴纳免役税的人们一样，掉在新的形成物的欺诈的魔掌中了。新兴的资本主义的代表们，获得了剥夺人民利益的地位，去抢夺人民，封建剥削和资产阶级剥削结合了起来。资产阶级寻求专制政治的荫庇来抵抗加深的社会矛盾；专制政治欣然给予资本家豺狼们以帮助；这样，在地主、官僚和资本家之间形成了一种联合。专制统治者给予资产阶级剥削的最野蛮的形式以完全的自由。俄国解放运动的代表们，尖锐地批判了资本主义，热烈地寻求着一种正确的革命理论。

对于资本主义的批评，在三十年代和四十年代，当社会主义思想成为革命民主派旗帜的时候，变得更加锐利了。涅克拉索夫的老师别林斯基，在一八四一年末得到了极为重要的结论。"社会主义思想，"他写道，"已经变成了我的思想中的思想，存在中的存在，问题中的问题，信仰和知识的始末，一切的一切。它是问题和它的解决。……那样的时代必然到来——我热烈地相信——再没有一个人被烧死，再没有人被砍头……这里不再有贫富之分，不再有国王和臣民，人类皆兄弟……理性将重掌权威，但这个时代是在一个新的天堂和新的世界里……"

别林斯基这样批评着资本主义："资本家的统治已经给现代法国蒙上了永远的耻辱……法国的无产阶级在法律面前和富翁与资本家是平等的……但问题是这种平等对无产阶级并没有什么好处，一个工人永远是为了富翁和资本家做工的，无产阶级完全在他的控制下，整个儿是他的奴隶……"

这样，当和专制政治与农奴制战斗的时候，别林斯基同时揭露了资产阶级剥削的抢夺本质，而且批判了资产阶级民主。

涅克拉索夫站在四十年代的革命民主主义运动的中心，它丰富了这个伟大诗人的写作。他的诗篇，在显示了他是专制政治和农奴制的一个敌人的时候，也证明了他是一个资本主义的出色的批评家。

在涅克拉索夫全集的卷首诗《大路上》，诗人描写了一个单纯的农村姑娘嫁给一个农奴的悲剧，暴露了农奴制的反人道的性质。

"你认识你是一个诗人，一个真正的诗人吗?"当涅克拉索夫把他的诗读给别林斯基以后，后者惊喜地喊道。这以前的俄国诗从来不曾这么巧妙地再现过单纯的农民语言（在这首诗中，叙述者是农民）。在这首他的第一首诗中，涅克拉索夫并不是仅仅作为一个熟知农民生活的人而说话，而是作为人民的传声筒而说话。在涅克拉索夫的诗中，并没像自由主义作家的作品中那样，把农民描写成"劣败者"。涅克拉索夫并不是"下降到农民的水平"。他的诗并不是一个置身局外的旁观者的故事。他和人民是一体的，那是人民通过诗人的口在说话。

涅克拉索夫的诗篇，接续不断地出现，它向读者揭露了抢夺和伪善的罪恶王国，在那里，占有欲统治着生活，在那里，每种事物——首先是人，可以被买卖。涅克拉索夫记载了资本主义的罪恶，写下了它的历史，开始于所谓原始资本积蓄的英雄们的"功业"——个别的抢掠者以个别的牺牲者为鱼肉，而终止于这样一个时代——骗子们的巨大的公司蹂躏了一切国家。他指出了资本怪兽在压碎着一切活的和人性的东西，野蛮地浪费了国家的自然财富，把剥削推向它的最大限度，剥夺了人的基本权利，毁灭了生命中一切美丽的东西，而且在大地上建立了冷酷的利己主义打算的统治。

这个爱国诗人首先控诉的，就是世界主义者的资本家们，他们为了个人的利润，作恶多端，违反人性，把人民驱向血腥的战争。诗人斥责了那种人，他们开始了"一场暴行与不义的狼吞虎咽的宴席"，并且建立了"枪弹和刺刀的胜利"。涅克拉索夫从事了对资产阶级罪恶的调查工作，他号召人民，永远不要忘记他们:

你想我们能够忘记
　　那一切强盗——大盗和小贼吗，
　　在我们流汗的时候
　　他们正享受着闲散？

　　涅克拉索夫在他的诗篇中描绘了一幅完整的资本家剥削的画幅，这就是《铁道》（一八六四年）。在这里，每个字都包含着深刻的意义。饥饿王的形象具有着非常的权力。涅克拉索夫以可惊的观察力和生动性显示了资产阶级社会和资本主义剥削的主动力，是建立在所谓"强制的经济学"上面的。

　　　　这里有一个沙皇，这是个无情的沙皇，
　　　　他的名字就是饥饿。

　　　　他领导军队，在海上他是首领，
　　　　他把人们一起驱逐在劳动得筋疲力竭的羁绊中，
　　　　他监视着农夫，而且无情地
　　　　紧站在织工和雕石匠之旁。

　　　　他把千万人驱赶到这里，
　　　　他又用劳役把他们压碎：
　　　　在生命所委弃的这个荒野的恶斗中，
　　　　许多人在这里发现了坟墓。

　　这是一幅多么真实而深刻的图画！马克思在政治经济学术语中用公式表示的分类，以及从资本主义生产方式的周密分析所得的推论，用形象的手段在诗中传达出来了，用真实的知识和感受说明了。人民的眼泪和血汗——这就是资本家的利润的意义；痛苦、饥饿和死亡——这就是资本主义带给人民的东西，这就是涅克拉索夫在他的诗篇《铁道》中所说的。诗人所描绘的残酷的剥削的画幅，同时又是一幅反对劳动产物为私人占有的

404

巨大的劳动声音的图画。一方面，我们则有着整个国家的劳动人口：

> 他们来自伏尔科夫，和我们的母亲伏尔加河；
> 他们来自奥加，和整个的国土。

工人们成群结队地走向建筑物的位置。这是社会性的劳动。另一方面，他们成了为剥夺他们的承包人而劳动。

人民的痛苦虽然是千千万万的，但他们仍然是英雄主义的。不顾他们的严重的贫困状况，"劳动之子"为他们的创造物而骄傲。这或许就是涅克拉索夫的伟大的诗篇的最突出的特征之一。在他的诗篇中英雄性劳动的主题给人一种充满力量的印象，它预言着：

> 对于我们国家的命运并不觉着担心，
> 俄罗斯的人民经受过许多，
> 甚至铁的重荷也没有压碎他们，
> 他们将忍耐上帝的任何意志。
> 他们将负担一切。他们将用他们肌肉的力量来铺下
> 一条宽阔而光明的大道……

劳动的英雄气魄产生了对于人民光明未来的信仰。"我信任人民！"涅克拉索夫一再说道。这些话句响着一个和人民血肉连结着的人的确信，一个明白人民之中潜在着巨大力量的人。涅克拉索夫的诗篇是明朗的和乐观主义的。它们的英雄并不是奴隶，因为奴隶否定劳动的自觉的快乐。涅克拉索夫的英雄摆脱了奴隶的镣铐，因为镣铐和劳动是对立的。革命的思想，一种不可避免的摧毁奴隶所有制的征兆，包含在劳动的诗篇之中。

但是还有另外一种力量，它暴露了资本主义的天生的弱点和预示了它的不可避免的命运。这个力量就是爱。

在涅克拉索夫逝世前三年，他写了一首题为《老诺姆的忧楚》的诗，描写了一个没有爱的公社的毁灭。

这是一首有着深刻的哲学意义的诗篇，在这里，爱对于资产阶级社会

的腐败道德获得了胜利。贪婪自认失败。建筑在财富上的幸福，证明是过眼烟云。只有爱是幸福和生命的唯一源泉。诗人说：

> 勇敢起来吧，甚至赴汤蹈火而不辞，
> 为了你的祖国，
> 为了你的信仰，你的爱。

涅克拉索夫的诗篇是一种为了爱的巨大的战斗，对于它，伟大的诗人集中了他的创造天才的一切力量。没有爱就没有生命。爱的斗争就是生命的斗争，人的斗争。这个爱正像劳动那样被镣铐所束缚的世界，是注定了要灭亡的。

在他的《严寒通红的鼻子》一诗中，涅克拉索夫描绘了一个快乐的劳动生命（多里亚在森林中的幻梦）的普通的理想，给了我们对于"一个庄严的斯拉夫女儿"的性格的研究，把人民的力和美个性化了。这个形象有着巨大的意义。它总括了诗人的创造俄罗斯农妇的典型的工作。多里亚是涅克拉索夫的成就的最高点，而且是革命民主派的首领车尔尼雪夫斯基热情地倡导的那种美的理想的一种突出的体现。它在俄国文学的发展中构成了一个整个的局面，把美学导向一种新的体系，它使人认识了劳动人民身上的真正的美。这个俄罗斯农妇的高贵的形象向俄国文学开辟了新的地平线，并且丰富了对于"诗学"的概念。劳动人民从此变成了诗里的领导人物。

涅克拉索夫诗篇中的真正的民间精神及其不朽的意义包含在这种事实中——它表现了他的时代人民生活中的所有真正高贵和美丽的东西。涅克拉索夫对于他的时代的伟大理想，对于他的时代的伟大人物，是极为共鸣的。他歌颂了他们的光荣和豪勇。当诗人的诗句中谈到她的正直的儿子们的时候，他为他的祖国发出多么一种丰富的纯真的热情，狂喜和赞美啊。涅克拉索夫传给我们一个爱国者的肖像，这是一个真正的民主主义者，具有着崇高的诗人的品格、心地纯洁和巨大的道德力量，在他的为了人民的福利的忘我的劳动中，诗人看到了他的祖国未来幸福的保证。涅克拉索夫给他的伟大的友人们——别林斯基、杜勃洛留波夫、车尔尼雪夫斯基和谢夫钦科——画了肖像，他们的生涯提供了全心全意为祖国服务的高贵的范例，而他们的行动、思想和功绩则是民族性格在它的最高级的发展中的完整的反映。

一八五五年，涅克拉索夫创作了对于一个革命者的性格的研究，这是一个人民的保护者和他的祖国的忠实的儿子，诗的题名就是《别林斯基》。《诗人与公民》这首诗，表现了同一的那时所有的典型的形象。

一八五六年，涅克拉索夫在意大利住的时候，他写了一首关于一个被流放的革命者的诗，他虽然被判决了在矿坑服苦役，但他拒绝改变自己的观点和信仰。这个诗篇的英雄，受沙皇主义者的虐待，过早地死去了，但始终坚持着他的理想，并且用他最后的呼吸号召人民继续战斗。

只有伟大的思想才能产生这种气概，这种性格。涅克拉索夫的诗篇坚决相信：革命是不可征服的。它监禁不了，投入土牢，流放西伯利亚，都不行。革命思想生活在民族中，而且民族从这种思想走向生活。革命者的形象，在涅克拉索夫的笔下，生动地表现着民族的特征：富于理智，在斗争中的百折不挠，在达到伟大目标中的坚持和忍耐，——这一切品格造成了涅克拉索夫的英雄的真实的活的形象。

在一八六四年，产生了涅克拉索夫最好的诗篇之一——《纪念杜勃洛留波夫》——一首呈献给这个伟大的民主主义者的庄严的圣乐。他用巨大的力量描绘了这个爱国者、革命者和思想家的形象。诗篇中的这几行：

> 啊，一盏理性的明灯熄灭了，
> 啊，一颗伟大的心灵停止了跳动！

曾被列宁用作他的呈献给纪念恩格斯的论文的题词。

除去他的友人们，革命民主主义者史诗的形象以外，涅克拉索夫追溯到历史的主题而写了关于十二月党人（《祖父》《特罗毕司加娅公主》《瓦尔卡斯卡娅公主》）的组诗。贯穿在这个组诗中的主导线索是历史的连续性思想。三十年的劳役并没有动摇老十二月党人的观点。他是不可征服的，光阴虽然使他的头发花白了，但他的青年气概的理想火焰依然炽烈地燃烧着，他把他的理想的梦传给了他的孙儿。就是十二月党人们的妻子们也没有被压碎。专制暴君是无能为力来阻碍她们的道路的，而且她们克服了她们与她们的丈夫在荒凉的西伯利亚共度艰苦的流放生活的一切障碍。

涅克拉索夫所记录的十二月党人革命的编年史在对于车尔尼雪夫斯基的英雄主义的描绘中达到了最高度。诗人称他为先知。事实上，这个革命民主派的领导者的形象，是一个无可比拟的伟大、高贵和永不枯竭的道德力量的形象，是这样一个人的形象：没有恐惧和迟疑，为了他的祖国甘冒一切危险——他显示了革命的必然胜利。

涅克拉索夫所写的革命是受逼害和受难的革命，但是他的诗句则是把它作为制胜力量的赞歌。

涅克拉索夫所写的劳动是受压制的，囚禁在镣铐中的，但是他的诗句则是不变地对自由和胜利劳动的赞歌。

涅克拉索夫所写的爱是受凌辱，被否决和禁止的，但是他的诗句则是不变地对于征服一切的爱的赞歌。

他的诗篇预示了人民——伟大的劳动英雄，"为了伟大的爱"的战士——的迅速而必然的胜利。诗人用希望和信仰的眼光凝视着人民。

涅克拉索夫的斗争和劳动的诗篇，当然是爱国主义的。资产阶级的贩子们的世界主义反对热爱祖国，诗人则和人民一同地爱着它。"爱你的祖国！保卫你的生存权！爱你的劳动得来的面包"——这些就是伟大的人民诗人的遗言。

当涅克拉索夫旅行在国外的时候，他的思念常常转向俄罗斯。他的祖国经常地站在他的眼前。"只有在俄罗斯，我才能是一个诗人"，涅克拉索夫说道。这种强烈的民族气质，使他不致与人民和其他国家的诗人隔绝，形成了和他们的密切联系、友好的理解和感情的基础。涅克拉索夫对于那个欢乐的苏格兰人朋斯①非常倾慕，而胡德②的忧郁的调子则在他的灵魂中激起了一种回应的心弦。涅克拉索夫憎恨法国人民的刽子手们的对于伟大的雨果的仇视。

爱国主义的热诚和对人民的信任赋予涅克拉索夫的诗篇以预言的力量。诗人察见了未来的真实而明白的轮廓。当他漫步在伏尔加——"人民的保姆"——河岸的时候，他的心灵上的眼睛看到一条迥异的伏尔加河。

> ……我想象到那种开始
> 那种不同的时候和场景，
> 在简单的人民的胡乱的生活里，

沿着我的故乡的河流。

当他们摔掉他们的轭的时候

他们将跃起，震动，

繁殖荒漠的空地，

征服自然，

凿深河流，而越过它的颜面，

科学所造成的巨大轮船

将从南到北地进行贸易，

分配着劳动的果实……

涅克拉索夫所描绘的这个画幅，显出这样一种现代的印记，它超越了最奇特的预言的界限。

涅克拉索夫的创造天才的最卓越的成就，是他的诗篇《在俄国谁生活得好?》，别林斯基公正地称它是一部"俄国生活的百科全书"，描写了它的发展的最重要的一个阶段。由于构思的大胆，现实主义的雄浑，探索了将要在俄国发生的变化的分析眼力，由于涅克拉索夫所提供的人物之多样和丰富，这个诗篇至少在十九世纪是无匹的。诗人着手描绘当时社会的各阶层，审查俄国生活的一切情况，从社会阶梯底层到顶端，直至"王公大臣"以及沙皇本人，于是留给人民去批评与决定是谁在俄国生活得好，千万俄国人的劳动是为了什么和为了谁人，这是否应该让它继续下去，以及幸福的俄国道路在什么地方。

那结果是涅克拉索夫的驰名的似非而实是的论点：大地上的统治阶级的代表们，并不能认为他们是幸福的，在革命者当中却找到了幸福的人，这正触到了俄国现实的根本。这个伟大的艺术家和现实主义者敏锐地判断了这种局势而且在诗篇中以鲜明的逼真性描写了它，强调这三点：群众的贫困、危机的严重、人民的不满在寻觅着一条出路。正像我们所看到的那样，涅克拉索夫不仅对现状提出了见解，而且眺望了未来，预见到契诃夫、库普林和高尔基的主要的特征的主题。这些作家，特别是高尔基，在他们的作品中表现了支配着统治阶级的焦急和不安，以及他们狂乱地在探寻着一条冲出死巷的道路。

涅克拉索夫以可惊的明确性，在实际材料的基础上，提出了俄国革命的不可避免的问题，这以后，在许多方面以及在很久的时间内，规定着俄国文学的基本主题。

当农民反对新的资产阶级秩序的感情高涨、即当旧的生活方式业已破裂而新的事物并没有允许给农民什么好处的时候，涅克拉索夫孕育了他的史诗的梗概，在这里他决定描绘整个俄罗斯的新面貌。这个目的，在涅克拉索夫和提出了革命思想的车尔尼雪夫斯基密切联系的那时，得到了实现。这说明了这个诗篇和车尔尼雪夫斯基的小说《做什么?》和《序曲》的血缘的特点。

《在俄国谁生活得好?》描写了人民生活的那幅阴惨可怖的形状。涅克拉索夫由此指出了当时已经涌起的革命局势的一个主要征候。

自然啰，一个单独的特征并不能构成一幅完整的画幅。其实涅克拉索夫并不限定自己仅仅去描写农民的贫困。饥饿和灭亡激起群众去行动，乡村站起来了，到处爆发暴动，而且"仇恨的大山"命令市集骚动起来了。这便是这个诗篇的要点，它的最显著的情绪。

涅克拉索夫诗篇的人物一个接连一个地走过我们的眼前——农民们，不屈服的人们，他们理直气壮地为自由与真理而战斗。比如克鲁庇里尼科夫、阿盖甫·彼特洛夫、雅诺斯·列雅普希金、耶格那提·普鲁克哈洛夫。在他们之上矗立着苏维里·克若切金的史诗形象，他体现了人民的不可摧毁的力量，它的不可动摇的拼死战斗的决心。

人民英雄苏维里的形象具有着巨大的意义。他是人民的物质的和精神的力量的具象化。

这个农民的民主力量的代表人物的形象，带来了众多的含义。首先，它证明了从农民中间有产生忠诚而可靠的战士的可能性。这是一个具有巨大历史意义的事实。人民通过了自己斗争的经验，达到了以车尔尼雪夫斯基为首的革命民主派在农民中间所努力传播的同一理想。以令人难以置信的牺牲和痛苦为代价的摸索着的盲动的群众，投入了他们伟大的领袖所指示他们的唯一的道路。这就构成了革命的不可征服的力量，革命思想的活力和普及。

《在俄国谁生活得好?》描写了一个青年革命者，一个"平民"知识分子格里夏·杜勃罗斯克洛诺夫。

涅克拉索夫把他的朋友杜勃洛留波夫的许多可爱的特征赋予了格里

夏。他是作为一个群众领袖而出现的。他是来自群众的；他是人民所选择的代表。

> 俄罗斯送了
> 她的无数儿子
> 走上这条光荣的大道。

格里夏以伟大的人类幸福为快乐。他为人民而战斗。但是这个诗篇不仅只是简单地叙述了革命斗争的欢乐。涅克拉索夫所说的是一种胜利的革命，一种胜利的人民。革命者不仅由于认识了他是为了正义的理由而劳动感到快乐；而且因为他是"为胜利而战斗"而感到快乐。因此，这个诗篇以欢呼而结尾。

这个诗篇体现了一个讯息，真实、直接而激动——关于俄国人民威势和伟大，它的巨大的力量和光辉的未来这个伟大的真理。俄国民族的英雄精神的主题在这里第一次作为俄国革命英雄主义的主题而响彻开来。

这个伟大的爱国诗人并不是闭目无视的。他看到了那个时代的运动的力量和弱点。在这些语句中流露着清醒的真理：

> 你是这样可怜
> 贫穷而又悲哀
> 然而你又是这样的强壮而富足，
> 我的俄罗斯妈妈呀！

人民的领袖和导师列宁和斯大林，认为这些诗句用来看旧俄国是真实的。但是甚至在那些充满痛苦的灾难和可怕的贫困的年头里，涅克拉索夫却看出了一个完全不同的俄国：

> ……一个主人她将聚合
> 无穷的力量，
> 以无限的勇气
> 奋战到底。

涅克拉索夫的写作，预示了人民的迫近的胜利。

> 你是这样强盛
> 我的俄罗斯妈妈呀！

这就是对于他的祖国信任和永远热爱的、这个诗篇的最终的心声。在最末音调消逝以后，在涅克拉索夫的英雄的灵魂里于是又产生了一个"比前一个更美"的新歌。这是他的心在歌唱：

> 崇高的赞歌的和谐的旋律，
> 在歌唱人民的和平和欢乐。

只有在梦中，诗人才看见了人民幸福的景象。

涅克拉索夫生活的时代，俄国的无产阶级还没有走上历史舞台。诗人还不可能明确地认识人民建立幸福的道路。但是他知道有着这样一条道路，那就是革命的道路，人民必将走上这条道路，而且俄国必然要变得富足而强盛。在我们巨大成就的时代，当人民获得了生存权，而整个国家正在向共产主义迈进的时候，涅克拉索夫被当作我们自己时代生活着的、激励人的诗人而读着，他歌唱着他的祖国的光荣和伟大，他可爱的伏尔加河的美，自由劳动的万能和无穷：

> 劳动将像这条不朽的河流
> 而永远不朽……
> 啊，罗斯！

涅克拉索夫在俄国民族文化的历史上标志着一个重大的阶段。他的作品是不朽的。革命爱国主义、肯定性的英雄理想和劳动的激情，结合着对资本主义的无情的批评——涅克拉索夫诗篇的这些因素，显露着现代的印记。涅克拉索夫不仅是社会主义文化的伟大先驱，高尔基和马雅可夫斯基的直接先辈，而且就他的作品中的主要趋向看来，他是我们时代的一个同代人，这是创造的时代，充满了欢乐和可惊的成就，这是被诗人所赞美的人的意志和劳动在创造着奇迹的时代。

译自英文版《苏联文学》一九五三年一月号

注：

① 朋斯（Robert Burns 1759—1796）：苏格兰诗人。

② 胡德（Thomas Hood 1799—1845）：英国诗人。

萨尔蒂科夫—谢德林论

维斯特谢夫著

与别林斯基、杜勃洛留波夫和车尔尼雪夫斯基一起，萨尔蒂科夫—谢德林属于伟大的俄国革命民主派作家和批评家的光辉行列。正像他们，谢德林是一个热烈的爱国者，他毫不吝惜地把他的全部智慧力量和创造能力献给反对劳动人民的压迫者和剥削者的战斗。农奴制度和沙皇专制的一个不可调和的敌人，谢德林激情地指斥了资本家的抢夺，他是个令人信服的资产阶级的自由主义的反对者，他号召对旧社会来个彻底的革命的审查，使人民从奴役和压迫下得到解放。

萨尔蒂科夫—谢德林认为艺术必须与伟大的理想相结合，它必须为劳动人民的最高理想而斗争。他把文学作为促进人民福利的有效工具。像其他的伟大的俄国革命民主主义者，他主张文学决不能和生活隔离，它必须指导人民正确地认识社会现象，它必须对当时的紧迫问题提供答案。

谢德林的创作活动的顶峰，是和时代相一致的，那是在上世纪的六十至八十年代，沙皇俄国的旧"支柱"开始动摇和崩溃的时候。农奴所有者贵族所施行的改革，并没有改变农民的命运，而是抢夺他们，从他们拿去最好的土地，地主仍然继续残酷地压迫农民。从此开始在群众中滋长着对现状的不满；他们开始盼望着一个重新组织的社会，那时地主的权力已经崩坏并且由他们夺回来土地。

萨尔蒂科夫—谢德林鼓舞了有革命头脑的农民群众的希望和志气，他们对于封建主义残余和不断抢夺的抗议和斗争。

萨尔蒂科夫—谢德林于一八二六年正月二十七日诞生于泰弗省卡里柴斯基县斯巴司—乌格尔村。他的父亲是一个贵族地主。未来作家的童年是在封建领地上度过的，在这里，农奴制度的真实以它们全部赤裸裸的恐怖姿态面对着他。他进了为贵族子弟所设的莫斯科学院，后来又进入亚历山大维斯基（从前的沙皇村）学园。从学园毕业的时候，他被派至陆军部。其后，他在内政部做到高级官员，里亚赞省与泰弗省的副总督。这样，他就有可能深入地研究他的祖国的官僚政治机器。

萨尔蒂科夫—谢德林在观念形态的形成上，走过了漫长而艰苦的道路。他的哲学显示了他那时代最前进的思想的冲击力。对于这个未来的俄国伟大作家的有决定性影响的东西，是革命民主派的宣传，尤其是别林斯基有力而火热的教义。加之生活本身，——农奴制度的恐怖，他周围的可怕的社会不公平，驱使萨尔蒂科夫—谢德林只有走向革命的道路。

不过，谢德林的哲学是受他的时代条件限制的。革命的启蒙者谢德林的见解是马克思以前的社会主义。他虽然暴露和鞭打了沙皇统治的反人民性格和统治阶级的剥削本质，以及热烈地盼望着劳动群众的翻身，但是他还不能看到走向胜利的正确道路。他不认识，也不可能认识使俄国人民获得自由的力量，他不了解无产阶级注定地在劳动人民的解放斗争中扮演决定性的角色。

然而，谢德林的创作活动，彻头彻尾是革命的。这个伟大的讽刺家对沙皇专制的酷烈的批评和对"显贵们"和"塔什干们"①以及其他人民的压迫者的暴露，帮助了俄国无产阶级的阶级自觉，对前进的民主知识分子灌注了革命思想。

谢德林的作品记录了俄国生活的一个整个时代。在他的《外省速写》中，他无情地宣判了农奴制度和沙皇的官僚统治。他提供了一系列的吃衙门饭的剥削者的画像，这些家伙作威作福，抢夺劳动人民；他煽起了对封建俄国全部制度的否定。

他的另一个驰名的作品《官老爷与官太太》无情地抨击了农奴制的遗风，这甚至在一八六一年的改革后，还在俄国生活中扎着根。在这个作品里，他描绘了沙皇官僚的另一个展览室，那些庸碌无知的"官老爷们"，他们唯一的思想是镇压"犯上作乱"和在农民的纳税上面营私舞弊。

作家的革命民主观点，在他的名篇《某小城的历史》中，得到了最深刻的表现。这是对沙皇的专制统治，关于统治阶级的政体和政策的一个辉煌的讽刺。世界文学中还不曾有过这样对于专制主义基础的毁灭性的批评。它提供了一群不朽的讽刺性的典型形象：贝鲁得斯特、波洛得维金、乌格利—勃且耶夫跟其他的愚蠢的市长们（每个名字本身就是一个嘲笑，意如：肚皮、肿瘤、哼哼—唧唧），他们每个都象征着可怖的罪恶，而广大人民就被这些东西统治着。作家追求着反对沙皇专制的、使人振奋的革命的高尚目标，给了在即将到来的解放运动中的人民以信心。

在他的《塔什干特们》中，谢德林撕破了那些令人作呕的专制的官僚制度和沙皇主义的殖民者的面孔。他暴露了那些有爵位的行政官、财政家和法律家集团，这些家伙成群结队地到了中央亚细亚、塔什干，团团围着他们国家的"糕饼"，"给自己切成碎块"。作家把塔什干主义作为政治制度的象征，它是半封建半资本主义俄国的性格化。"……塔什干是一个国家，它坐落在老百姓被人虐待的地方……"他写道。

《戈略夫列夫家族》是一部长篇，写一个农奴所有者地主的故事，这家伙为了占有和积累财产，掩藏着他的贪婪；他的狼心狗肺和残酷不仁，被说谎和伪善掩盖着。道德的破产和精神的堕落，使犹独式加·戈略夫列夫[②]成了一个不朽的形象，是欺骗、伪善和心口不一的普通名词。

《普舍洪尼耶的往昔》是他的接近晚年的作品。这个优秀的作品，用残酷的真实描写了封建制度下农奴的被压迫和剥削。这本出色的书的每一页都有着反对农奴制的激昂的抗议。

在他的出色的短篇小说中，萨尔蒂科夫—谢德林当众揭发了沙皇的专制统治。这个伟大的讽刺家对于压迫和剥削的世界给以致命的打击；他鞭打了初生的资产阶级的丑恶，它的对利润的贪婪。没有一个十九世纪的作品能那么深刻而真实地理解和描写了资本家世界的典型特征。

在《漂亮的演讲》和《孟莱波的隐家》中，正像在他的许多作品中那样，萨尔蒂科夫—谢德林以出色的真实性和艺术的完整描写了抢夺的剥削者的新典型的出现和长成，罗惹维耶夫、德罗诺夫、克鲁巴耶夫以及其他等等的私有财产世界的支柱们，他用愤怒和轻蔑来谈他们，这些家伙在一些招牌，例如"神圣的私有财产""神圣的家庭""神圣的国家"后面，鼓励窃偷和抢劫，进行荒淫和无耻的勾当，唯一关心的是对这块"国家糕饼"自己切上一块。

萨尔蒂科夫—谢德林蔑视这个资产阶级世界和它的兽性法律。他撕下它的面具，为那些为资产阶级的抢夺者德罗诺夫、罗惹维耶夫、克鲁巴耶夫而受苦的劳动农民而战斗。

继续着别林斯基、杜勃洛留波夫和车尔尼雪夫斯基的高贵传统，这个伟大的俄国讽刺家粉碎了统治阶级的市侩气的、反爱国主义的思想意识，地主和资本家们，并不真的爱他们的祖国。他用辛辣的讽刺谈到沙皇官吏，这些家伙"对于他们的祖国漠不关心，而仅把它当作他们指定的薪水的源泉"。资产阶级的吸血兽们，不理解这个神圣的字眼——祖国。祖国仅仅是"他和别的肉食野兽去狼吞虎咽的臭肉"。

谢德林嘲笑了奴从西方资产阶级的俄国寄生阶级，并且说他们是"食物性的世界主义"的牺牲品。他对于俄国贵族和资产阶级中间的"懒汉和淫棍"投掷了轻蔑，这些东西对欧洲趋之唯恐不及，而且"被它的荒淫无耻的气派弄得大惊小怪"。

对于这些寄生者和无家的世界主义者，谢德林以平凡的俄国劳动者来对照，这祖国的物质和精神财富的创造者，"感到自己是俄罗斯家庭中的必要的一员。"

谢德林就是从这种平凡的俄国劳动者的地位来观察西方资产阶级，揭露了西方资产阶级的愚蠢的特性，它的资产阶级假民主，以及它的思想意识上的拥护者。在这方面，尤其有意义的是他的那一系列讽刺的速写《国外》，列宁对于这一系列出色的速写写道："谢德林曾以模范的胜利嘲笑了谋杀了公社的法国，那个在俄国的暴君们面前摇尾乞怜的银行家们的法国，当它是一个没有共和主义者的共和国。"（《全集》，俄文第四版，十一卷，第三八四页)

在《国外》中，讽刺家指出：法国的资产阶级为了个人的贪欲和对资本积累的追求，已经把雅可宾党的革命思想踩在脚底下了。他粉碎了资产阶级的理论家围绕在那些曾真正保护了资本家的剥削的领袖们的头上的虚假的革命光圈。谢德林剥掉了法兰西共和国的政治外皮，而且揭露了它的真正本质是资产阶级专政。"那里曾经有过一盏灯，"他辛辣地写道，"但是现在在它曾经发光的地方坐着肥胖的银钱商和他们的废话连篇。"他斥责了资产阶级法国的领袖们克里孟梭、甘必大等人的机会主义、伪善和无行。

这个光辉的讽刺家以巨大的热情告发了自由主义。如列宁所说："谢德林无情地嘲笑了自由主义者，而且当他给他们加上这样一条标记的时候，这就成了他们永远的烙印：'现存罪恶的同流合污者。'"（同前书，卷十八，第二八七页）谢德林清楚地看到了：封建地主和自由主义者之间的争端，是统治阶级内部的争吵。在《官老爷和官太太》中，他嘲笑了这种"斗争"，而且指出"堕落的自由主义者"和"自由主义者的堕落"的两方是被血缘的阶级利益互相联系的，他们对于人民的利益都是绝不关心。

在许多作品中（如《一个在圣彼得堡的外省人日记》《现代牧歌》等），谢德林讽刺了资产阶级自由主义者，甫洛列斯特诺夫，巴列列金以及其他的他称作"抢劫的颂扬者"和"Penkosnimateli"——照字义说来，"拍马屁的人"。他揭发了他们真正的社会性格，指出他们是剥削阶级的辩护者。"食肉兽"，他写道，"实行抢掠；'拍马屁的人'却把它化作一种定理或发明种种教条证明抢夺的勾当是如何的完美。"

谢德林撕开了自由主义者们的俗恶的装饰——花言巧语。他指给读者自由主义者的全部赤裸裸的丑态，这是一种资产阶级的贪婪和政治上的卑怯的结合体。自由主义者害怕人民和革命；他们觉得在专制政治的荫庇下更安全些，在那里抢掠高于一切。他们为了剥削者的食桌上扔下来的残羹剩肴，欺骗劳动人民和出卖自己同伴。

谢德林在他的《官老爷和官太太》《一个在圣彼得堡的外省人日记》《现代牧歌》《生活琐事》以及其他作品中，描绘了自由主义者。他描写了官老爷费得尼加·克鲁提科夫如何自然而然地从一个自由主义者变为一个反动分子，"拍马屁的人"米奈德·波里列斯特诺夫如何变成一个"沉着的、喊喊喳喳的、抢掠的颂扬者"。在他的《塔什干特》们中，他说"自由主义者"和"卑劣的小人"是同义语。他揭露了资产阶级自由主义者的妥协和背信的策略。由于暴露了在八十年代反动情况下的自由主义者，谢德林给予反革命力量以正确而有效的打击。

谢德林写了一个关于一个卑劣的自由主义者的短篇，这个家伙无耻地逢迎资产阶级，他的行为是以对"现存罪恶的同流合污"为指导原则。在这个典型人物身上集中了俄国资产阶级自由主义的典型特征，正如列宁在一八九四年所写的《什么是"人民之友"以及他们如何攻击社会民主党人》中所指出的那样。在批判竭力主张"修正和补缀"资产阶级社会的民粹派分子时，列宁说道：

"说到这里，令人不禁想起谢德林对于俄国自由主义者的演变的出色描写。这个自由主义者开始请求当局'尽可能地施行改革'；继而哀求'多少给点什么'，最后采取了永久的和坚定的对'现存罪恶的同流合污'的立场。实在，关于'人民之友'谁都是这么说；他们正是采取了这个永久和坚定的立场。……"（同前书，卷一，第二四三页）

谢德林的这个短篇，表现了自由主义者的基本特质——机会主义，这是立宪民主党、社会革命党、孟什维克的天生的特质之一。列宁借助了谢德林的短篇《自由主义者》中所表现的讽刺的描写，暴露了他们。

谢德林是一个伟大的俄罗斯爱国者。"我爱俄国爱到心疼的地步，而且不住在俄国，对我简直是不堪设想的。"他在《孟莱波的隐家》中写道。

萨尔蒂科夫—谢德林的文学遗产是苏维埃人民最伟大的民族宝藏之一。他的作品在苏维埃政府建立以来一共印行了三百七十九版，用了卅一种不同的文字印行，总数在一千一百万册以上。苏维埃人民带着赤诚的爱和感激来读这位光辉的俄罗斯讽刺家。他仍然是我们时代的人，而且帮助着我们在培养共产主义社会的积极的建设者。

谢德林的作品是高度有益的，而且具有伟大的教育价值。它们对十九世纪后半期的俄国历史提供了显著的例证。

当用他那时代的历史现实的知识武装了我们的时候，谢德林的著作同时教导我们去仇恨俄国生活的可怖的过去状态，那种把人民生活转到不幸的奴隶状态的沙皇专制的、地主资本家制度。谢德林的讽刺引起了我们对于旧世界——剥削和压迫的世界，这个世界所产生的情绪和习惯，旧的资产阶级心理残余的仇恨和憎恶感情。所有这一切就给了他的讽刺以巨大的思想和教育力量，而且使它们成为永远的东西。

列宁和斯大林为了暴露工人阶级的敌人，在他们的报告中广泛地引用了萨尔蒂科夫—谢德林的著作，并不是偶然的。他们指出了在新的政治环境中所出现的谢德林的讽刺典型的具体实例。

谢德林的讽刺在劳动人民对资本主义的抢掠者、对新的战争的挑拨家帝国主义者的斗争中，是一种有力的工具。

谢德林的讽刺形象是仍然活着的，他们仍然在苏联领土以外的资本主义国家中从事着他们的万恶的活动。美国的乌格利—勃且耶夫们和同类的"统治者们"，这些嗜血的家伙依然可以在美国找到。美国的毕列夫娃特—柴里夫娃茨基们③已经发动了一个反对进步文化和艺术的运动，残酷地迫害着民主的科学家、作家和艺术家。在杜鲁门们的美国，谢德林的作品中的法律家枯洛里塞契给共产党的领袖们戴上了手铐，为了他们的政治观点。

正如资产阶级的自由主义批评家所预言的那样，他在我们时代决没有变成陈旧的东西——萨尔蒂科夫—谢德林在苏维埃的读者社会中找到了千万真实的朋友，他们在这个伟大的讽刺家对旧世界的仇恨里、他的对被蹂躏者的爱情里，看到了他的伟大的人道主义的表现，这是那些对剥削社会的残余从事着积极的斗争的、英雄地建造着新的共产主义世界的人们。

译自 *Voks Bulletin* 一九五一年六、七月号

注：

① 这是对于从塔什干的运输费中揩油的官吏的绰号。

② 犹独式加俄语意为小犹大。犹大就是出卖耶稣的叛徒。

③ 这是《某小城的历史》中市长之一，正和乌格利—勃且耶夫的身份相同。俄文意为粗鲁。

托尔斯泰论

乌斯宾斯基著

列夫·托尔斯泰的伟大天才，是俄罗斯文化的骄傲和光荣；它表现了整个人类在艺术发展上前进了一步。

托尔斯泰的生活和工作跨过了俄国发展中的一个长的历史时期，包括了解放运动的三个阶段的时期。

托尔斯泰的童年时代正当俄国社会的进步部分的脉搏已经被十二月党人起义所刺激起来的时候。这个运动，是一八一二年的爱国热情所唤起的，其后对于吸引托尔斯泰发生了一种巨大的力量，像我们所知道的那样，托尔斯泰曾对十二月党人时期做过一番研究，而且写了关于他们的一部长篇小说的一章。

托尔斯泰青年时代的空气，是被革命民主派别林斯基和车尔尼雪夫斯基、涅克拉索夫和萨尔蒂科夫—谢德林的思想所支配的。一八六一年的改革——"解放"农奴——导致了资本主义在俄国的开始迅速发展，与此同时，也导致了人民中间反对农奴制度压迫的革命运动的开始发展。正是俄国生活中的这一个时期，在托尔斯泰的作品里得到深刻而广阔的处理。

作家工作的最后时期，和解放运动的第三个阶段——一九〇五年革命——是一致的，这是由无产阶级领导的群众自己的运动。

这一切重大的历史事件在托尔斯泰的生活和著作上留下了它们的印记

而且在他的著作中看到了反映。

正如高尔基正确规定的那样，托尔斯泰的工作把"整个十九世纪俄国社会经验的总和"艺术地具象化了。托尔斯泰"所告诉我们的关于俄国生活，几乎正如其余我们所有的文学加起来一样的多"。

以真实为英雄

托尔斯泰的作品是在普希金和果戈理的现实主义艺术传统的基础上发展的。他把普希金和果戈理当作自己的老师。普希金散文的结构上的力学的发展和矛盾的特征的正确的明了程度，他的风格的美和纯净，对于托尔斯泰有着强烈的影响。这种影响，在《安娜·卡列尼娜》中尤其鲜明。他始终欢喜果戈理的作品，甚至写了两篇关于他的论文。托尔斯泰也很敬服屠格涅夫，尤其是他的《猎人笔记》（托尔斯泰把自己的小说《伐木》献给屠格涅夫）。至于赫尔岑这个伟大的俄国思想家和革命民主主义者，年轻的托尔斯泰崇拜得五体投地。在戏剧艺术的领域内，他的第一个师傅和严格的批评者是俄国最伟大的剧作家奥斯特洛夫斯基。托尔斯泰的早期作品都是由民主主义诗人涅克拉索夫登在《现代人》上面的，而对他的作品首先给以深刻分析的，则是俄国革命民主派领袖车尔尼雪夫斯基。进步的俄国文学的兴趣就是托尔斯泰的兴趣，而它对于他的伟大的非凡的才能上的影响，则是最强烈的。

早在五十年代，托尔斯泰便宣布了他的作品的首要的和基本的原则——生活的真实。他用这些字句结束了他的小说《五月的塞瓦斯托波尔》（一八五五年）："我的小说里的英雄——那个我以我的全心灵爱他，我在努力去完整地再现他的美，他本来是而将来还是美的——就是真实。"

托尔斯泰的优秀的同代人指出了他的作品的这种特质，其中之一是涅克拉索夫，他写给托尔斯泰道：

"真实——这正是俄国社会现在所需要的东西。自从果戈理死后，真实在俄国文学中剩下的便很有限了。你是正确的：这是你的才能最可贵的特点。"

列宁在他的分析这个伟大作家的作品的论文里，把托尔斯泰作品中的生活真实，称为最清醒的现实主义。

在对真实的追求中，托尔斯泰力图把俄国社会生活中的矛盾"挖到根"，对于他的时代的道德的、政治的、哲学的和经济的问题，予以鲜明的定义，这就决定了他的作品的艺术特色和民主主义倾向。

在他早期著作《幼年》（一八五三年）《童年》（一八五四年）和《青年》（一八五七年）里，他业已用非凡的艺术力量，刻画了封建俄罗斯的鲜明的浮雕。这些作品描绘了一个贵族家庭里的一个儿童、少年和青年时代。在他的青年主人公的观察、感情和思想里，托尔斯泰从内部表现了贵族生活，显示了它的缺乏真正的正直、高贵和荣誉。

他的对于儿童内在世界的理解是非凡的。除去描写了儿童生活以外，他还表现了他们眼中的世界，一个儿童的心灵所感觉的世界。

车尔尼雪夫斯基在他的对于托尔斯泰的早期作品的评价中，注意到两种突出的特质：在描绘"心灵的辩证"上的使人吃惊的技巧，即对于人的"心灵的秘密发展"的知识，和"道德感情的纯洁"。

当他在高加索的时候，托尔斯泰一方面观察了哥萨克人和士兵的生活，一方面观察了本地的上流社会和身广体胖的官僚的生活，而且体会了普通人民在道德上的优越性。

在他的《一个地主的早晨》里，他以深刻的同情描写了农奴生活。在这篇小说里的农民，是一些有着很大的差别的典型的人们，但是他们有着一个共同的特征，那便是他们对于地主的敌对性的不信任。这篇小说无疑地会给读者留下这样的印象：把剥削阶级和被他们奴役的农民的敌对利害加以调解，是没有希望的。车尔尼雪夫斯基指出了托尔斯泰在这篇小说里所再现的不朽的东西，"不仅是乡民生活的外在环境，而更重要的是他们看取事物的方法。他走进了乡民的感情和思想：他的农民在性格上极为真实，而且他的农民的语言，是用他们自己真正的声音来表现的，并没有修辞学的东西。托尔斯泰伯爵所描写的农民的思想方法，其真实性和鲜明性正如他所描写的我们士兵的性格。……他熟悉农民的茅舍正如熟悉高加索兵营的生活。"

他的小说《三死》（一八五九年）和《蒲列库西加》（一八六二年），呼吸着一种对于农民命运的深刻同情。《蒲列库西加》写一个受贫穷灾害的名叫蒲列克依的农民，他因遗失了女主人的钱财而自戕。关于这篇小说，屠格涅夫写道，它包括了"真正完美的篇章"，那"使读者的背发冷的"东西。

作家的兴趣主要集中于真诚的劳动的人们和他们的真实的感情。他的小说《哥萨克》（一八五三——一八六三年）中的主人公贵族奥列宁，也具有这种特性，在他的思想和感情上，托尔斯泰表现了他自己对于人生目的的意见。经过数年闲散的、时髦的生活以后，奥列宁发现了自己身在高加索，他被哥萨克人的生活的自然和单纯吸引住了。他和他们在一起感到安适，尤其是和一个老猎人——雅罗西加叔叔，一个勇敢的自由爱好者——在一起。《哥萨克》所以使托尔斯泰的同代人感到欢喜，是因为它勇敢地否定了时髦社会的丑恶面目，而且把它和普通人民精神上的美丽加以对照。再引屠格涅夫的说法，《哥萨克》"是具有非常巨大的力量的真正使人吃惊的作品"。

他的对于生活真实的观察，使这个伟大作家达到这个结论：历史是人民所创造的。从一八六三年到一八六九年，他在写着他的关于一八一二年卫国战争的史诗式的历史小说《战争与和平》。

"我打算来写人民的历史，"他关于这部小说这么说道，在其中，正如他有一次对他的妻子所说的，他必须珍重和"爱好人民的思想方法"。

在生动的画幅中，托尔斯泰表现了：驱逐拿破仑军队出俄国这唯一高尚的目标鼓舞了他祖国的一切爱国者——农民游击队员、鲍罗的诺战役和童山战役中的士兵以及这一英雄的胜利的统率者、勇敢的俄国巴格拉齐昂将军和俄国军队的富于智慧的总司令，苏沃洛夫的弟子，伟大的库图佐夫将军——的奋斗。

上层社会的代表人物——朝廷、地主贵族、俄军的高级军官，以及其他人物，也被描绘在这部史诗里面。但是作家把这些圈子里的成员分为两个世界——那些和人民站得靠近的人们和那些远离人民的人们。作者的论点是这样的：一个上层社会的人，他和人民站得越靠近，他的道德品质就好些，他的内心生活就丰富些和光辉些。典型的例子是真理追求者安德烈·保尔康斯基亲王和他的朋友彼挨尔·别素号夫——真正的爱国者，他们追寻人民的利益，胜于他们自己的。反之，统治阶级中一些更多的和人民站远的人们，他们的道德品质就更缺乏光彩，心肠就更坚硬和更自私。这种典型的例子，是奸臣发西利·库拉根亲王和野心家别尔格。

爱国的保尔康斯基家和罗士托夫家是以真挚的感情而靠近的。安德烈·保尔康斯基亲王在鲍罗的诺的战斗中负了致命重伤。他的父亲因国难而忧亡。安德烈的妹妹玛丽亚郡主勇敢地担负起一切，通过了这个对祖国的考验时代。罗士托夫家的青年分子也参加了爱国活动。尼可莱随库图佐夫的军队走上战场，他的幼弟彼特夏作为一个英勇的游击队员而在行动中被杀。敏感的、欢乐而勇敢的那塔夏·罗士托娃是一个魅人的形象。她对于共同的灾难极为关心，当法国人逼近莫斯科的时候，她强迫双亲放弃全部财产，并且把家里的车辆让给撤退的负伤者。

托尔斯泰描绘了一幅令人吃惊的生动而庄严的鲍罗的诺战役的画幅。出现在读者眼前的他所描绘的这个有名战役的参加者，有如古代传说中的英雄。

不过，在托尔斯泰这个第一部长篇小说里，正如在他的早期著作中那样，他的观点中的矛盾，明白地显露着。托尔斯泰认为人民参加历史事变是由于宿命，并不是作为一种自觉的意志的行动。他相信，只有富于才智的领导人，能够懂得上天如何规定历史过程，和允许事变的发展不受阻碍。

这些错误的观点，在某些方面，使托尔斯泰离开了历史真理。例如，在对库图佐夫的描写上，我们就看到了它们的表现。在许多方面，托尔斯泰正确地描写了这个伟大的将军——他的朴素，他对于士兵和俄国人民的爱，他的果敢、深刻的智慧等，但同时，他硬说库图佐夫没有行动的计划，他所依靠的是事件的自然发展。

托尔斯泰的光芒四射的长篇小说，以非凡的力量描写了一八一二年事变——伟大的爱国奋起——的主要特征，俄国人民的勇敢和力量。

在一八七三——一八七七年之间，托尔斯泰写了他的第二部长篇小说《安娜·卡列尼娜》。在这部小说里，他描写了一八六一年改革后的俄国生活，揭露了这个时期的社会矛盾，勇敢地抨击了各种道德的和精神上的问题。

改革后的第一个十年间，是以新的经济关系渗进了俄国经济生活因而引起家长制农村的旧基础的深刻的瓦解为标帜的。在描写列文作为地主的活动上，通过地主们关于收获、雇工等项谈话，作者对于旧经济秩序的崩溃，描绘了一幅鲜明的画幅。"现在在这里的俄国，每种事物已经颠倒了过来并且刚在形成中。"列文说道。

史提娃·奥勃浪斯基的疏懒的、不用脑筋的生活，就是地主灭亡和他们财产被贪婪的雷毕宁这一典型的商人篡夺的说明。虽然，亲戚朋友合力来挽救像史提娃这种毁灭了的地主，对他指出"不吃亏的地位"。但他们所作的工作并无意义；它毫无社会价值，甚且对人民有害。

一切大小地主和发胖的年轻官吏和官僚的生活，都是空虚的和无目的的。他们唯一的渴望是发财致富，是一种阔气的坐吃生活。统治他们的世界的是虚伪、心地狭窄的恶毒、嫉妒、自夸的"性情高尚"和内心的卑劣。

小说的中心围绕着一个年轻的俄国妇女的命运，她为了自己伟大的爱情，反抗了高等社会的伪善。

勇敢、直白，真诚的安娜·卡列尼娜，不能使自己去顺从虚伪，而这则是上层社会的常规对她的命令。她的婚姻，是那种上流社会之间的习俗的执行，一种方便的结婚，但是对安娜说来，它却变成了一种痛苦和卑屈的镣铐。托尔斯泰憎恶和鄙视那种驱使安娜走向毁灭和残酷地蹂躏着她的孩子的灵魂的环境。

托尔斯泰把放荡的贵族和人民与人民的对于创造性劳动的热爱，加以对照。

用着完全异样的色彩，艺术家在这同一小说中，描写了农村的劳动人民和美丽的俄国大自然。意味特别深长的，是刈草的那个场面——那种对劳动的礼赞。劳动使人高尚，它给予人以精神的力量和欢乐——这便是托尔斯泰在刈草这个场面中的命意。

小说中的英雄康士坦丁·列文，他只有在普通的人民中间才会觉得幸福，列文的这种反应，正是作者自己的反应。

《安娜·卡列尼娜》反映了托尔斯泰对人民的关心的增长。托尔斯泰愈加密切地观察俄国生活，就愈加尊重劳动人民，他也就愈加强烈地蔑视一切压迫者。

通过人民的眼睛

在八十年代，托尔斯泰背弃了那个他在出生和教养上所属的上层贵族社会，而且沿用了家长制的小农阶级观点，把他自己造成它的理论家。他通过艺术手段，从广大的农民群众观点来说明社会现象，在他开始写他的暴露小说《复活》的时候所写的日记中，雄辩地证明了这一事实。

一八九〇年一月三日，托尔斯泰在他的日记中写道："一个预言者，一个真正的预言者，是这样的一个人：他能提前想到和认识到别人和他自己后来会感觉到的东西。我是那种关于我自己的预言家。我常想到我还未感觉到的东西，例如富人生活的不义，劳动的需要，等等，于是马上便也开始感觉到它。"

而且托尔斯泰不仅力图要去表现他自己所感觉到的东西；重要的是他需要去表现人民的感觉，就是说，人民的情感。他企图从那与他的心灵密切的劳动农民观点去"感觉"他那时代的社会现实。

托尔斯泰对于当代艺术提出同样要求。他尖锐地批评了西欧资产阶级文学，尤其是颓废派的诗歌、散文和戏剧艺术，它们由于丢弃了去反映人民对于现实的观点，并且相反地，表现了它们自己对于人民的恶毒的仇视态度。

"缺乏对于劳动人民的生活和利益的理解，以及把各个劳动人民描写为只是由于肉欲而冲动的半野兽，恶毒和自私便成了现代法国作家主要的和重要的缺点之一，"托尔斯泰在他为莫泊桑的小说集所写的序言上写道。更进一步，他指出道：法国的"劳动人民"，正如别的国度的"劳动人民"那样，具有着"人的伟大的精神品质"。

托尔斯泰是旧俄农民阶级的思想家，就是说，是一九〇五年以前的俄国的思想家，是站在资产阶级农民革命边沿的家长制的俄国的思想家。"托尔斯泰的思想，"列宁在他的时代写道，"是我们的农民暴动的弱点和缺点的一面镜子，是家长制农村的软弱的一种反映……"而且更进一步，"托尔斯泰反映了热烈的憎恨，一种对于更好的命运的成熟的憧憬，一种摆脱过去的愿望，——也反映了不成熟的梦想，政治上的无知和革命上的软弱。"①

在他的《忏悔》（一八八二年）和论文集《我信仰什么》（一八八四年）及《到底我们该怎么办？》（一八八六年）里面，作家斥责了有产阶级，他们对农民和工人的剥削，沙皇的专制政治，官立教会的伪善，资产阶级艺术的空洞无物。

俄国和别的一切国家的工人和农民的处境，他公正地把它叫作"我们时代的奴隶制度"，至于统治阶级，则是吃人民血长胖的寄生虫。这就是贯穿在暴露小说《复活》（一八六九——一八九九年）中的思想。在其中，作家撕破了那些愚弄和虐待人民的东西的假面具，并且指出：富人坐下审问穷人，是一出可耻的滑稽剧。懒惰的、狡猾的人坐在摇椅上对完全无辜的普通人民加以刑罚——这就是他对于他的女主人公卡邱莎·马斯洛娃的被审判所流露的思想。

托尔斯泰在这本书里描写了一系列的"有权有势的"代表人物，资产阶级地主国家的残酷的代表们，他们"无动于衷"地面对着人民眼泪的海洋：高官显贵、元老院议员、大臣、总督、政府和教会的官吏、典狱长、卫兵、看守、警察。

"人肉宴席开始了……在各部、会、局里面"，小说中的主人公涅赫留道夫愤怒地沉思着。

涅赫留道夫真实而尖锐地揭发了地主资产阶级秩序的社会丑恶。但是反对社会罪恶的积极斗争道路却与他无关，因之，在揭发了"凡人凡事"的时候，他转向神和圣经，以便从尘世的不幸中求得抚慰。

尽管有着这个显著的矛盾，《复活》仍然是一部伟大的暴露著作，它的价值，不仅在于他对资产阶级地主国家的无情的批评，而且还由于它尖锐地表现了群众反对有产阶级的横暴的统治的自发性抗议。

不管作家的主观目的是什么，他的对于专制政治和它的一切机构的客观批评，则起着一种鼓动革命思想的作用，帮助了人民对于他们的权利和统治阶级的无法无天在认识上的增进。

托尔斯泰倡导废除土地的大规模私有制。他的目的，本质地反映了农民的渴望的是：接收大地主、寺院、包税人手里的土地。作家认为这可以被沙皇自己和统治阶级内部的专制制度的结构来完成。因之，他上书沙皇和向大地主呼吁。不过，为时不久，托尔斯泰就明白"说服"沙皇和地主为了人民利益放弃他们的特权是不可能的。但是他继续相信，在高级社会圈子内用道德说教，下面的群众仅仅用消极对抗，就可以废除农奴制度。

托尔斯泰的勿抗恶的要求是反动的，因为它把群众从革命斗争转移开了。但是托尔斯泰的真实感情，他的对于社会罪恶的暴露和坚决为农民要求土地，要求废除租税和阶级限制，则反映了千百万俄国劳动农民的革命情绪。因之，不管他的目的如何，他的作品则是为革命服务的。

托尔斯泰在他的戏剧作品里，也发出了对社会制度的无情的痛斥声音。一八八六年，他写了《黑暗的势力》，这是一个出色的关于农民生活的戏剧，而在三年以后，是光辉的喜剧《文明的果实》。《活尸首》则出现于一九〇〇年。

黑暗的势力统治着农民的生活，但这是一种丑恶的制度毁坏了人的灵魂的结果。黑暗的势力可以在社会的上层阶级的"文明的"愚昧中找到。但这是统治阶级寄生的结果。而在《文明的果实》里，作者辛辣地讽刺了"文明的"上流社会的莫名其妙的迷信，他们相信唯灵论和种种其他的邪说。

《活尸首》是对于统治阶级的伪善的热烈的抗议。它继续和发展了《安娜·卡列尼娜》的主题。通过戏剧中的主人公普鲁塔索夫，托尔斯泰无情地暴露了上层阶级的家庭生活的伪善。

对于一切形式的社会罪恶的热情的愤怒，贯穿在托尔斯泰晚年所写的作品的篇页中：《哈泽·穆拉得》（一八九六——一九〇四年）、《舞会之后》（一九〇三年）、《塞尔吉神父》（一九〇三年）、《假利券》（一九〇四年）。

列夫·托尔斯泰著作的伟大的进步意义，最主要的一点，在于它的深刻的现实主义。他的作品，是一个天才的手笔所描绘的历史的活的篇章。

在这个伟大作家逝世的那年，列宁写道：

"托尔斯泰死了，革命前的俄国也过去了，它的弱点和无力被这位艺术上的天才表现在他的哲学里和描写在他的作品里。但是在他留给我们的遗产里，包括着某些没有成为过去而是属于未来的东西。"②

托尔斯泰留下的遗产，正像一切过去进步的文化，它能够成为祖国的广大人民群众所有的东西，仅仅在伟大的十月社会主义革命以后。他的全集，一点不再受检查官的伤害了，现在它包括了这个伟大作家所写的一切东西。托尔斯泰的全集，被专家研究着，是苏维埃学校课程的重要部分。他的书被印行了巨大的版数，他的戏剧在苏维埃舞台上流行不衰。苏维埃人民热爱托尔斯泰——这个社会罪恶的暴露者，高贵的人道主义者，伟大的语言大师。

苏维埃作家正确地把他们自己看作列夫·托尔斯泰的伟大的人道主义的继承者。在他们致联合国安全理事会的电报里，他们宣称道："我们相信自己是为了真正人道主义的伟大理想的胜利而奋斗的继承者，它是世界有名的俄国古典作家列夫·托尔斯泰和马克沁·高尔基所从事的。"

托尔斯泰的天才，他的伟大的艺术，对于世界一切进步的作家，有着和继续有着一种有益的影响。"我继承了托尔斯泰对于社会和特权者的艺术的严厉的批评，"罗曼·罗兰宣称道。"作为一个史诗的作家，托尔斯泰是我们大家的老师，"另一个优秀的法国作家安那托·法朗士说道。伟大的人道主义者马丁·安德生·尼克索写道："列夫·托尔斯泰并列于人类伟大天才之列。在两个极端——新的和旧的——的斗争中，他采取的是革命的道路，本能地感到旧的是敌人，并且他发挥了他的全部力量来征服这个敌人。"

在高贵的人道主义者和真理追求者的世界作家名字当中，托尔斯泰当然在前列中占一个地位。托尔斯泰，由于他的天才的艺术力量，他的对于他那时代的社会中的社会罪恶的无情暴露，他的广阔的、史诗的描写技巧，他的纤细的心理分析，他的出色的自然描写，他对于人物的谈话的光辉的表现，他的语言和风格的纯洁和美，是突出的。他的作品，是生活真理和它的简洁而美丽的艺术表现的惊人的统一。

译自 *Voks Bulletin* N·5（28）

注：

① 见列宁：《列夫·托尔斯泰，俄国革命的一面镜子》（一九〇八年）。
② 列宁：《列夫·托尔斯泰》（一九一〇年）。

列宁与托尔斯泰

西伦著

在《和列宁相处的日子》里，马克沁·高尔基回忆着他有一次去拜候这个十月革命的领导者，发现他那里有一卷《战争与和平》。"是的，托尔斯泰，"列宁说，"我想读一读打猎的那个场面……"于是，他微笑了，眯起眼睛，用一种低小的声音说：

"怎样的一个巨匠啊，呃？这才是一个艺术家呢，你知道还有什么更惊人的东西吗？在这位伯爵走上台以前，你能在文学里找出一个真正农民来吗？你能把欧洲什么人和他并列吗？一个也没有。"

这种热诚，也被他的夫人克鲁普斯卡娅在她的列宁回忆录中记载着。《安娜·卡列尼娜》这本书，在他们一九一七年以前的流放中，"被读了总有一百遍。"在日内瓦他们去看俄国演员所上演的托尔斯泰的《活尸首》，而且，"伊里奇深深地激动了，他还想看第二遍。"

所幸列宁终于自己写了关于这个现代小说家中的巨人的文章。在一九〇八年到一九一一年的时候，他发表了关于托尔斯泰的七篇论文。它们出现在种种不同的时机里，如一九〇八年九月这个小说家的八十诞辰，一九一〇年十一月他的逝世……

列宁的论文，今天对于我们有其巨大的价值。因为它们不仅照亮了托尔斯泰，而且一般地也对于文艺的学习，提供了科学的指示。像马克思和恩格斯的关于巴尔扎克的著作，斯大林关于语言学的论文，这是应用历史唯物论来解决文化问题的一个光辉的范例。

真的，只有掌握了列宁的批评方法，我们才能够在这个国家①中和那些阻碍马克思主义文学批评开展的顽固的混乱现象作斗争。列宁的分析教导我们如何对两种慢性的痼疾战斗，一种是典型的、貌似左倾的理解，它对于艺术作品的复杂性质无知，而企图把它们压缩在一个狭窄的模型里；另一种是无原则的、"无阶级"的理解，它们在不偏狭的名义下，欢迎那种仇视工人阶级的观点和利益的评价。这种机会主义，不论是左的或右的，都在艺术上和列宁主义毫无相同之处，正如在政治上一样。

什么是判断艺术作品的基本标准呢？艺术家作为"艺术家"和作为"思想家"之间的关系是什么呢？如何认识艺术家的矛盾，他的优点和缺点呢？这些都是列宁在他的论托尔斯泰的文章中解决了的基本问题。

没有严肃的文学分析能够不把握它所反映的具体历史条件的。这种指导思想包含在列宁的第一篇论文的题目里。列夫·托尔斯泰，一面俄国革命的镜子。

列宁认为许多读者会为这种观念所迷乱：

"把这个伟大的艺术家的名字和他显然没有了解的革命，他所显然疏远的革命，连在一起，在第一眼看来，可能显得奇怪而勉强。老实说，怎么能够把没有正确的反映事物的东西叫作镜子呢？"

当这样直爽地提出了一个在形式上最带挑战性质的困难问题以后，正像他所特有的那样，列宁对于他的解释给了一把钥匙：

"但是我们的革命是一个极端复杂的东西。在直接执行和参加这个革命的群众中间，有许多社会成分，他们显然也没有了解事情的经过，也避开事变的过程对他们所提出来的真正的历史任务，所以，如果我们所讨论的艺术家真正是个伟大的艺术家，那么，他至少应当在他的作品里面反映了革命的某些重要的方面。"

而且列宁继续指出——在所有七篇论文里——托尔斯泰的作品如何忠实地反映着他的时代的主要特质；就是说，从一八六一年的废除农奴制到一九〇五年第一次俄国革命时期。这是那样的一个时代，正像《安娜·卡列尼娜》中的一个人物所说："一切这些都翻了个身而刚刚在形成中。"

在托尔斯泰的这些主要写作活动的年代，他看见了封建俄国的崩溃和资本主义的迅速长成。

这种激变的时代，被各种矛盾的社会条件所标志着。农奴制的残余渗透着俄国的经济政治生活。从农奴制解放的农民群众所得到的，只是他们被地主和资本家抢夺，经受着新的江河日下、穷困和毁灭。"整个过去，"列宁写道，"教导了农民去仇恨地主和政府官吏，但是没有教导，也不可能教导他们在什么地方找到对这一切问题的答案。"于是我们看到，并列着的是：抗议和失望，沸腾的怨恨和无力的梦想，一种为了改善情况的成熟的斗争和政治上的无知。

托尔斯泰反映了这些矛盾。在他的作品中，我们看到，群众革命斗争要求的高涨，和他们对于这个斗争的没有准备：

"托尔斯泰，作为俄国千百万农民在俄国资产阶级革命到来的时期所形成的那些思想和情绪的表现者，是伟大的。托尔斯泰是特出的，因为他的观点的总和，整个说来，恰恰表现着我们的革命是一个'农民的'资产阶级性质革命的特点。从这个观点来看，托尔斯泰观点里的矛盾，确实是我们革命中农民的历史行动所处的矛盾情况的镜子。"

这些矛盾是怎样反映在托尔斯泰的作品中的呢？在一系列的生动的对比中，列宁描写了现实主义的天才和软弱无力的神学家，统治阶级伪善的无情的批评家和"宇宙精神"的宣传者，压迫阶级的勇敢的敌人和"不抵抗"的倡导者。这样，列宁同时在托尔斯泰的作品中看到了一九〇五年以前的农民运动的力量和限制。

他鲜明地、真实地、大胆地、忠实地描写了整个时代。

"托尔斯泰能以在他的作品里提出那么多的重大问题，能以达到那种高度的艺术力量，所以他的作品在世界小说的前列中占一个位置。感谢托尔斯泰的天才光亮，一个呻吟在封建地主统治下的国家的革命准备时代，作为整个人类艺术发展的前进一步而自己表现了出来。"

在达到他的结论上，列宁对于批评方法的几个主要问题做了指示。我打算在这里提出其中的几点。

首先，比较一下列宁和他的较前的同代人普列汉诺夫对于托尔斯泰的理解，那将是有益的。普列汉诺夫对于马克思主义的批评论做了许多有价值的贡献，可是他的某些论文却贯穿着非科学的思想。在积极的一方面，他在他的关于托尔斯泰的著作中，对于对托尔斯泰的反动解释作了斗争，并暴露了撷拾托尔斯泰的一点宗教学说来"修正"马克思的第二国际的努力。在他的著作《从这儿到那儿》里，普列汉诺夫指出了托尔斯泰的内在矛盾，并且设定了这个作家应该被接受的"从这儿到那儿"的界限。

但他是怎样来解释这些矛盾呢？对普列汉诺夫说来，托尔斯泰是"上层阶级的理论家，上流社会生活的荷马"。所以，托尔斯泰是被一种狭隘的阶级观所激发，以一种主观的努力借用反动理论来保存他所代表的垂死阶级封建地主。托尔斯泰对于农民道德的赞美也是被用这同一的原则来解释的；就是说，上流社会在抵抗新兴的资产阶级秩序中需要农民的拥护。

列宁所采取的则是一个完全不同的观点。他考察托尔斯泰根本不是从他的原来的阶级出身或地位，而是他的作品中所反映的现实。在事实上：

"农村的俄国的一切'旧基础'的剧烈的破坏，增强了他的观察力，加深了他对周围所发生的事变的关心，而且引起了他的整个世界观的改变。从出身和教养来说，托尔斯泰属于俄国高等地主贵族阶层，但是他对于这个环境的习惯观点舍弃了。"

这个小说家的前后矛盾并不是单独的植根于他自己的心理或他自己的阶级：

"它们是极端复杂的、矛盾的条件，社会的影响，和历史传统的反映，这些东西塑造了改革'以后'革命'以前'那个时代里俄国社会各个阶级和各个阶层的精神面貌。"

所以，他的天才的基本尺度，就是他的作品里面的真理，那具体化的现实。他，正如恩格斯论巴尔扎克所说，是"现实主义最大的胜利之一"。作为一个"真正伟大的艺术家"，他打破了他的阶级的狭隘观点，虽然他不可能建立工人阶级的科学观点。

普列汉诺夫的错误，必须注意的一点是，它是和一种更显著的政治错误相连结的；就是说，他和他所参加的孟什维克的失败，是在对于农民问题的革命意义的理解上。列宁的深刻的认识力在社会主义革命及其以后的苏联的整个发展中被考验和巩固了。

如果普列汉诺夫对于托尔斯泰的过于简单化的理解，是发源于他的对于农民作用的轻视，那么这里还有着他与列宁完全不同的另外一个重要之点。因为列宁并不赞成普列汉诺夫所提议的在"作为艺术家"的托尔斯泰和"作为思想家"的托尔斯泰之间的分界。这也是太简单的东西。列宁强调在托尔斯泰著作中"作为一个艺术家和一个思想家与传道者"之间的相互联系。在这个作家的"无与伦比的笔画"和他的神秘的顽固观念之间，在现实主义者托尔斯泰和预言者托尔斯泰之间，是一种矛盾，这种对立，并不是偶然的；它们是一个有机体的存在；列宁写道：它们两者都起源于矛盾的社会条件。

不过，我们可以无批判地接受托尔斯泰的所有一切吗？或者说"从这儿到那儿"是正确的？如何估定他的遗产呢？

自然，沙皇俄国的御用文学批评家所注意的并不是托尔斯泰的积极的革命意义，而是他的最落后的特性。列宁的论文驳斥了那些当时具有资产阶级的批评的特性的反动解释。他观察到资产阶级的作家们，包括"自由主义者"，他们赞扬托尔斯泰的弱点，目的是回避他所尖锐地提出的一切民主主义和社会主义的具体问题。俄国的和外国的"托尔斯泰主义者"，列宁认为全是一些卑劣的坏货，因为他们要想"深谋远虑地把他的理论的最弱的方面变成一种教规"。

列宁对于资产阶级批评家们的分析，一直到今天，还是有意义的：

"他们'不能'直率地明白地说出他们对于托尔斯泰对国家、对教会、对土地私有制度，对资本主义的见解的意见，但这并不是因为检查制度；相反地，检查制度正帮着他们解脱困难！他们不能这么做，那是因为，在托尔斯泰批评里的每一个论题都是给资产阶级自由主义的耳光；那是因为，托尔斯泰无畏的、公开的、严厉尖锐的'提出'我们现代最迫切最棘手的问题，这就'打了'我们自由主义派的（以及自由主义民粹派的）政论的老套的字句、陈腐的花言巧语、躲躲闪闪的'文明'的谎话的'嘴巴'。"

这就是为什么资产阶级"摆在第一位的，是表现托尔斯泰的偏见，而不是他的理智的东西；是属于他的过去而不是属于未来的东西；是他的对于政治的否认和道德的自我完成的说教，而不是他的反对一切阶级统治的猛烈的抗议。"只有从工人阶级、这个与农民联盟为人民的自由而斗争的领导者的观点，才能做出一种正确的评价。

这样，对于解释遗产，列宁给了我们两重的原则，而且这个原则在这些论文里重复了好几遍。第一，需要区别那些已"属于过去"和那些是"属于未来"的东西。第二，这样一种批评上的区别，只有从工人阶级的观点才能建立。在托尔斯泰逝世的时节，列宁已经能够注意到"这个遗产只有为俄国的无产阶级接受和研究"。

这里，我们可以看到一种令人感动的预见，那是列宁反对十月革命后早期的所谓"无产阶级文化派"的斗争。无产阶级文化派蔑视过去产生于封建或资产阶级社会里的优美文化。列宁痛击了这些文化上的假革命家。他教导说，苏维埃的文化，并不是一种"专家们"所发明的东西，而是无产阶级从过去各代所接受的文化的合理的发展。他强调说：社会主义文化的建立，首先要在过去所有文化的优良成果中批判地吸收和创造性地改造。

同时，列宁斥责对于资产阶级文化的奴隶式的崇拜，和痛击了那些忘记它的阶级性的人。他指出：在帝国主义时代，资产阶级的文化已无可救药的腐朽了；它的神秘主义，反人民的思想，仅只服务于支持摇摇欲坠的资本家统治。这样，对于那些想去"救护"一下福克纳②的人们，列宁是无从给他们以安慰的。我们说，那是对于对托尔斯泰的分析的一种歪曲的运用。对于文学的才能的明显的悬殊姑置不论，我们仅仅需要比较一下托尔斯泰对于沙皇俄国的被压迫的群众的关系，和福克纳对于被压迫群众，尤其是在顽固的南方对黑人民族的关系。列宁方法仅只提供了这一点：它指出了福克纳们的本质的非现实主义的和反动的性格。

在我们对于理解美国的古典作家如马洛维尔、马克·吐温、德莱赛——不用说，还有被忽视的有权威的黑人小说家如却斯耐特③中，我们也从列宁学习了许多东西。而尤其是在今天，当统治阶级的知识仆役们正在千方百计地涂抹我们伟大作家们的真正的意义，把它们塑造成沙文主义和蒙昧主义的形象的时候。

列宁在一九一○年写道：

"艺术家托尔斯泰，甚至在俄国也只有极少数人知道他。要使他的伟大作品真正地对一切人亲近，就需要斗争，为反对那使千千万万人陷于愚昧、压迫、奴隶劳动和贫困的社会制度而斗争；就必须要有一个社会主义革命。……托尔斯泰所写的小说作品，会永远地被群众所爱好和阅读，一当他们推翻了地主和资本家的统治，创造了人的生活条件的时候。……"

曾有比这更绰然有余的应验了的任何预言吗？在苏联，托尔斯泰是全民所珍贵的财产。他的作品被千万人阅读着和爱好着。他的书已印行了三千万册，各民族的男女——格鲁吉亚人、阿尔美尼亚人、乌兹别克人、库兹克汗人——用他们自己的民族语言读着他。他的戏剧和小说改编的脚本在苏维埃舞台上非常普遍化。无数的仰慕者拜访着他的在雅斯那亚·波列亚那的故居，而青年人们则成群地谈着他的作品。

是的，在这个列宁逝世的二十九周年，他所创立的真正的"人的条件"已经实现了。而苏联社会，像斯大林在他的《苏联社会主义经济问题》中所指示的，正向着共产主义的高级阶段前进，在那里，人的多方面的能力，将必然地得到它们的完整的表现。

译自《群众与主流》一九五三年一月号

注：

① 作者在这里所指的"国家"是帝国主义的国家——美国。

② 福克纳（William Faulkner 1897—1962）：美国作家。

③ 却斯耐特（Charles W.Chesnutt 1858—1932）：美国黑人小说家。

皮沙列夫论

雅罗斯拉夫斯基著

　　一百年以前，一八四〇年十月十四日，在一个没落的贵族家里诞生了一个孩子，这孩子注定在俄国许多代的革命青年的文化和政治发展中演一个重大的角色。这就是狄米特·伊凡诺维契·皮沙列夫。

　　他的伟大的才华在早年便显露了头角。年仅十六岁的时候，他便带着荣誉毕业于高等学校，十八岁从事文学生涯，而两年以后，他成了俄国的卓越的政论家之一，启蒙阵营的明确方向的领导者。

　　他时常说自己和任何党派、任何革命圈子没有联系，形式上正是这样；但是皮沙列夫的每篇新作，都被整个有教养的俄罗斯当作代表一定党派观点的论文，并引起了激动的讨论。不仅一直到一八六〇年底，而且到一八七〇年，甚至到后来的一八八〇年和一八九〇年，皮沙列夫的名字，在革命青年的脑海中，是和激烈地反对暴政以及每种形式的社会的和文化的反动的观念相连结的。在搜查住宅中找到皮沙列夫的著作，警察便把它作为不容抵赖的"证据"，认为这个人在政治上"不可靠"和犯了"自由思想"的罪。

　　为皮沙列夫所引起的激动，永远不会是平淡的。他的著作被青年们热心地读着，唤醒了他们的头脑，引导他们去学习、斗争。皮沙列夫不仅是他的时代的激进的革命启蒙者，而且是他身后若干代的革命启蒙者。

我们是在这样的一个时代来认识皮沙列夫的诞生百年纪念的：这时，不仅俄国社会民主党的前辈、革命的启蒙者的最壮烈的希望已经实现，而且科学的共产主义的创造者的伟大的希望也已经实现了。苏联的青年一代应该更多地知道这个出色的社会活动家和批评家，他把自己整个生命——不幸的，是他的生命的短促——都奉献给唤醒人民这个目的。年轻的一代应该知道：如何"几乎有半个世纪——大概从上世纪的四十年代到九十年代——俄罗斯的先进思想家，在一种空前未有的、野蛮和反动的沙皇主义的压迫下，热诚地寻找着正确的革命理论。……"（列宁：《选集》第十卷，第六二页）

俄罗斯从马克思主义的伟大的学说中找到了革命理论。

"俄罗斯得到了马克思主义，这唯一正确的革命理论，实际上经过了苦难，经过半个世纪的空前的痛苦和牺牲、空前的革命英雄主义、使人难以相信的毅力、热诚地追求和学习、在实践中的考验、失望、挫折和欧洲的经验的对照。"（同上书）

皮沙列夫正是那些热诚地寻找这种唯一正确的革命理论的人物之一。

一

克里米亚战争，一如我们所知道的那样，在"农奴改革"以前的俄国历史上，代表着一个转捩点。马克思和恩格斯对于沙皇主义在克里米亚战争中的败北认为关系重大。这是明显的：俄国开始走向革命危机。为了防止危机，沙皇亚历山大二世，在一八六一年颁布了虚假的改革（废除农奴制），虽然，它并没有使任何人满足。这个改革是这个封建地主国家转向资产阶级君主国的第一步；它保存了众多的农奴制的残余，如对土地的高价的赎身金，就使农民陷入一种奴役的状态中；原来由农民所使用的小块土地（所谓 Otrezki）都给了地主，保存了对于农民阶级的不平等的待遇，等等。这种事实的状况，为新的革命危机创造了条件。

在这种不满增长着的气氛中，形成了皮沙列夫的性格和他的世界观。在这些年代中，"狂暴的"维沙里昂·别林斯基的火热的语言，仍然是一个活的传统，而赫尔岑的《钟》仍然呼唤着向农奴制度斗争；车尔尼雪夫斯基和杜勃洛留波夫的活跃的思想仍然激动着青年人的头脑，在俄国的城

439

市，甚至乡间，到处发现着革命传单。

在一张一八六二年所散布的、署名"青年俄罗斯"的传单上，皮沙列夫读到这样几行："俄罗斯在它的生存中正进入了革命的时代，"以及"俄罗斯社会现在分成了两部分，它们的利害完全相反，而且经常地像敌人般地对峙着。"（参看李姆克：《政治案件》）一方面，"是被压迫和受虐待的党派，代表人民的党派"，另一方面是"皇党"。

"青年俄罗斯"所注视的是什么路子呢？

"摆脱这种驱使现代人走向灭亡和使他要用自己全副精力和它作战的使人窒息的可怖的地位只有一条路，那就是革命的道路，——一种流血的和残酷的革命，它必然带给一切的——绝对是一切的——现代社会的根基一个激烈的改变和毁灭现存统治的依附者。"（同前书）"青年俄罗斯"的信条，——"社会的和民主的俄罗斯共和国万岁！"——变成了年轻的皮沙列夫的生命信条。

皮沙列夫在一八六二年七月二日被捕，这是由于被警察所发现的属于一个学生团体的地下"袖珍印刷所"而牵连的。这个印刷所曾发行了一个皮沙列夫所写的小册子，它反对一个沙皇特务席多·菲罗梯，这个家伙曾发表了一种对赫尔岑的下流的攻击。在这个小册子里，皮沙列夫已经作为一个热烈的共和主义者和革命民主主义者而站出来了。他这样宣称道："所有正直的公民的独一无二的目标和希望，"就是颠覆沙皇政府和改变政治社会制度。"在目前的状况下，一个人除非是完全没有头脑或完全是贪图罪恶的统治者的小恩小惠，他才不需要革命，"他写道。

皮沙列夫号召用革命来结束这种"被一种神圣权利的绝对形式"所神圣化的凶残。"这里不能有和解，"皮沙列夫写道，"政府得到拥护，仅只是由于用暴力和欺诈从穷人身上弄来的金钱的肮脏的贿赂。人民的目的为一切年轻而生气勃勃的人所拥护，被一切能够思想和行动的人所拥护。"

"罗曼诺夫王朝，"皮沙列夫继续写道，"和圣彼得堡的官僚统治必须毁灭。……"

"这一切的死亡和腐臭的东西自己必然要滚进坟墓。给我们留下的工作，就是给它以最后的一击，和用铁锹往他们的墓中填垃圾，来掩埋它们的发臭的尸体。"

皮沙列夫被囚禁在彼得和保罗的要塞中，伟大的革命启蒙者车尔尼雪夫斯基那时也囚禁在这里。侦查工作一直拖了两年多。在一八六四年五月二十五日，元老院通过了一个决议，这才被当作判决皮沙列夫在这个要塞中囚禁二年零八个月的根据。这个决议被沙皇批准了，在一八六四年十二月五日，这"皇上的圣意"才通知了皮沙列夫和他的同伴们。

所幸圣彼得堡的总督苏凡洛夫掌管着监狱和要塞，他允诺皮沙列夫（正像车尔尼雪夫斯基所得到的允许一样）在要塞的时候可以从事文学工作，而且得到了所需要的书籍。皮沙列夫的著作的大部分都是在要塞时写的，他在那里囚禁了大约四年半。他的论文按时发表在《俄罗斯语言》上。

皮沙列夫有着一种可惊的工作能力。在十四个月中，从一八六四年十一月到一八六五年年底，他写了一千多个印刷页，都是工笔写成的，一个错误也没有。这些作品包括批评论文、历史和哲学著作，通俗的科学论文，以及教育问题的论文。皮沙列夫知识和兴趣的渊博的，的确是可惊的。

当在牢狱中的时候，他从没有屈辱自己而去请求矜怜。他只请求一件事：允许他工作和读书，以及得机看看母亲。虽然，监狱生活，损害了他的健康。

在要塞中度过四年半以后，他活得不长。他死（溺死）于一八六八年七月十六日。一如杜勃洛留波夫，他死得很年轻。虽然，正如维拉·柴苏列奇正确地指出的：他不如杜勃洛留波夫幸运，因为后者直接有一个朋友和顾问——车尔尼雪夫斯基。

二

作为一个启蒙者，皮沙列夫认为知识、对于科学的研究，是一切罪恶的万灵药。皮沙列夫认为：知识分子——"思想的现实主义者"或"思想的无产阶级"，——的最重要的目标，是在科学和生活之间的有害的鸿沟上（用他自己的说法）架起桥梁。他把这种鸿沟和"脑力劳动与体力劳动之间"的鸿沟视为一体。"科学长久地成了一种贵族的奢侈品了，"他写道，"它长久地不是每个健康的人的日常食粮了，而且没有浸入工匠的头脑里，工厂中的工人，原野上的农民，劳动大众的贫困和无知将要不断地增长着……人类的唯一罪恶，那就是愚昧；只有一种药剂来对抗这种罪

441

恶，那就是知识。但它是那样的一种药剂，不是用同种疗法的配药可以取得，而是要用满桶满罐才可以取得。"

作为一个唯理论者，皮沙列夫有一个时候曾想到资本家也可以教化和变成"人民劳动中的思想领导者"。他认为"人民的命运并不决定于公立学校里，而是在大学里"。

我们知道无产阶级革命如何解决了这个复杂的问题。无产阶级革命，在工农群众未曾进入知识之门前，得到了胜利。一九二三年一月，列宁在他的论文《我们的革命》中答复孟什维克分子苏克哈诺夫说：

"假如建立社会主义需要一种一定的文化水平，……我们为什么不能够用一种革命方法来着手建立这些先决条件，一定的文化水平，而且，接着，在一个工农政府和一个苏维埃制度的帮助下，迎头赶上别的国家呢？"（《选集》第六卷，第五一一页）

历史已经充分地证明了列宁所采取的这个观点。无产阶级革命为劳动人民在文化上的胜利进军，为在脑力劳动和体力劳动之间的鸿沟上架设桥梁，创造了先决条件。但在皮沙列夫时代，在一八六〇年的开端，不论是创立一个独立的工人阶级政党或是社会主义革命，都并不具备先决条件。皮沙列夫所宣传的观点，即只有知识才代表力量，是和历史事件无关的，它能够唤起公众意见和形成工人的思想领袖，尤其对准了那个时代的巴枯宁阵营的初期的民粹派的反抗者，他们抱着这种看法：人民不需要教育，而且也没有什么可教育的，因为一切农民都是天生的共产主义者，而且已准备好革命了，唯一需要的，是唤起他们反叛。

皮沙列夫贡献了一种无可置辩的成绩：把科学——尤其是自然科学，加以普及化。

三

皮沙列夫对社会主义、社会主义革命、社会主义社会的组织，是什么态度呢？对于这些问题，很难做一个彻底的答复，因为在他的短促的生活和活动中，皮沙列夫的世界观曾经历了深刻的改变。

在一篇关于《台南的阿普鲁奈司》的论文中，皮沙列夫对于古代罗马哲人的共产主义观点，表示了一种否定的态度。不过，开初皮沙列夫还不是一个革命者，虽然他的最早的文学作品业已浸透了反对当时俄国的君主统治的精神。

在他的论文《十九世纪的经院哲学》中，皮沙列夫已经站到革命方面了。不过，甚至在这篇论文以后，皮沙列夫曾再三地说明：假如有可能用和平改革来解决社会矛盾，人民利益的思想战士首先就会申明革命是一种体力和智力的无益的浪费。

为了写一本关于席多·菲罗梯的小册子，皮沙列夫蹲了四年半监牢，但他不为所屈。在他在要塞监狱中所写的一系列论文中，皮沙列夫论证了革命行动，而且对于一个未成年的革命活动赋予了伟大的意义。在这个意义上，他可以被描写为一个俄国的勃兰基主义者①。不过，皮沙列夫仍然是一个中庸的勃兰基主义者。通过他的一生，他对于政治活动的贡献不如对于科学知识——尤其是自然科学知识的传播。

皮沙列夫的观点所经历的改变，较之对于革命的态度，影响更大的，是他的对于社会主义的态度。在开始说明前，必须指出：皮沙列夫从来不是一个无产阶级革命者。（由于这些时代俄国的一般条件，他也不可能是一个无产阶级革命者）这是没有疑问的：一八六一年（农奴"解放"）以后，他同情社会主义，但是他的同情，是一种朦胧而不确定的性质。他对于马克思和恩格斯的著作，几乎毫无所知；他从来没有提到过他们的名字，虽然，他应该从《现代人》上的一篇文章知道一点点关于第一国际的活动以及"成立宣言"②的情形。阶级斗争在皮沙列夫的任何论文中都没有显著的表现。在他的论文《十九世纪的经院哲学》（一八六一年）中，他甚至提出这种意见：中等阶级表现了民族的自觉性。

皮沙列夫所说的中等阶级是工匠、知识分子和工厂主。虽然并不是一个始终一贯的空想社会主义的追从者，皮沙列夫却把他们的理想当作人类头脑从桎梏中得到解放的光辉的创造和以不可抑制的力量前进的东西而敬慕。进一步的研究，使皮沙列夫信服了：劳动大众从资本家的剥削中得到解放，没有一个社会革命是不可能的。他看到在过去的诸革命中，仅只是剥削形式的改变。一七八九年的法国革命情形亦复如此。"一个新的富豪政治在旧的封建主义的毁灭上自己已建立了起来，"皮沙列夫在他的论文《海涅》中写道，"金融的贵族、银行家、商人、掮客、制造商，以及各式各类的骗子，一点也不愿意把他们地位的利益分给人民。"

在这同一篇论文中，皮沙列夫对《海涅》的对于社会主义者学说的怀疑态度，持有异议。"热望的意义，"他写道，"海涅把它描写成为一个'灰色老年的愿望'，它仅仅包括在这种争论里：千万人不能为了使少数人可以欣赏名画、听美好的音乐和朗诵美丽的诗篇，而赤脚走路和吃糠生活。"

在要塞中，皮沙列夫写了《论工人史》，在这篇论文中，他表示了他的确信：只有社会主义的社会组织才能解决现代社会矛盾——反之，欧洲已临末日。他确信资本主义已临末日。中世纪的神权政治已经没落了，封建主义已经没落了，绝对主义已经没落了；资本的独裁统治，也命定要有一天没落。

整个说来，皮沙列夫在以后的年岁中，继续信仰着这种形势。虽然，在这个时代，由于俄国无产阶级的弱小和还不存在像工人阶级政党一类的东西，以及皮沙列夫对于科学的社会主义学说的毫无所知，他在这个题目上的观点，还有些模糊和未定形。

但皮沙列夫有一种伟大的贡献，那时他已经这样主张（当然是用一种独特的形式）：工人阶级的解放必须是工人阶级自己的工作。在他的论文《孔德的历史思想》（一八六五年）中，皮沙列夫率直地说明：假如要解决饥饿的人民的问题，必须注意两个条件：第一，它必须被这些人来解决，他们依靠自己获得合理的解决，就是说，劳动人民自己来解决；第二，解决问题并不是为了造成个人的令名，而是改变社会制度和社会关系。

四

皮沙列夫的哲学观点也是值得重视的。他是一个唯物论者。但是当他的前辈和同时代人——别林斯基、赫尔岑、车尔尼雪夫斯基、杜勃洛留波夫——这样或那样地把费尔巴哈的唯物论和黑格尔的辩证法结合了起来的时候，把黑格尔认为是一个唯心论者的皮沙列夫，常常讽刺地谈到"辩证法"，把它当作一种浪费时间和精力的扯淡，一出徒具形式毫无内容的戏剧；他把辩证法和经院哲学与诡辩论一视同仁。仅只有一次，在他的论文《莫斯科思想家》中，他从顽固派的攻击中保卫了车尔尼雪夫斯基，皮沙列夫发表了这种见解：辩证法在斗争中可以作为有用的武器，可以作为捣毁偏见的手段。

虽然，在皮沙列夫看来，在唯物论的理论上甚至费尔巴哈也不算是够格的权威。他的老师是卡尔·伏格特、马利斯克特、布其诺——庸俗的唯物论者和自然科学家。他专一地用自己的全部才能和热情去普及他们的思想。这个时代的英雄——屠格涅夫的《父与子》中的巴扎洛夫（皮沙列夫醉心于巴扎洛夫）——就是被作为一个布其诺学说的狂热的追随者来描绘的。

皮沙列夫不知疲倦地工作着，普及着自然科学。他是俄国一个出色的达尔文主义的宣传家。皮沙列夫这种活动的情况，在季米梁宰夫的小册子《六十年代的自然科学发展》中曾有提及。

"一个有修养的语言家，"季米梁宰夫写道，"并且是一个自然科学的涉猎家，他仅从书本上认识它；皮沙列夫被自己的热诚所鼓舞，但是他亦能点燃别人的热诚，他是作为一个在一般上——而在当时的俄国社会上则是特殊的自然科学的教化使命的使人信服的战士而挺立起来的。"

皮沙列夫亦普及了孔德和巴克莱的社会原理。在某一点上，皮沙列夫从费尔巴哈和车尔尼雪夫斯基退到布其诺和伏格特，以至孔德。

皮沙列夫是一个唯物论者，但他是一个机械的、形而上的唯物论者。但在同时，也必须记得这一点：皮沙列夫给予唯心论的理论以尖锐的批评，并且对于唯心论的意识形态的基础以唯物的分析。僧侣主义者憎恨皮沙列夫，因为他是一切宗教的公开敌人，僧侣主义的敌人。为了反对宗教和僧侣，他写了论文《柏拉图的唯心论》和《俄国的吉诃德先生》。

作为一个科学普及者，皮沙列夫是光辉的。对于普及科学，以及经常借助自然科学作为一种宣传政治的、革命的思想的手段，他的贡献是伟大的。

俄国的较老各代的革命者，都记得在地下团体里读皮沙列夫的《蜜蜂》时所发生的使人吃惊的印象。在这篇论文中，皮沙列夫在人类社会和蜜蜂社会之间划了一个等号。不用说，这种生物学的对比很难正确，而且难以令人信服。但皮沙列夫的《蜜蜂》却尖刻地讽刺了地主资产阶级社会。在蜂房中包括工蜂，它为蜂王和雄蜂，这个特权阶级，供应一切东西。冬季降临的时候，工蜂酿蜜，首先是供应雄蜂。皮沙列夫才气横溢地描写着雄蜂们如何向蜂王请求特权，以及蜂王如何准其所请，说是雄蜂的存在关系国家利益。皮沙列夫用下列几行意义深长的文字结束了他的蜂房生活的描写："现时，无产阶级正为百花的凋谢而苦恼，也正在成群的集合起来商议事情。"

在一八六二年的俄国，这还为时尚早。那时，无产阶级，工人们，还没有成群地集合起来讨论他们的处境。但是，各代的革命者利用了皮沙列夫的论文和他的推论来论证资本家阶级社会的不公平。到了十九世纪的八十和九十年代，当马克思和恩格斯的学说取启蒙者和民粹派而代之的时候，宣传家在工人圈子里利用了皮沙列夫的著作。

皮沙列夫指示我们：在宣传中必须用生动的事实。他的信条是：争辩和妄想灭亡，只有事实永存。

五

较之他的社会主义理论和革命观点，或是社会经济观点和他的认为历史是一种科学的概念，皮沙列夫所引起的最大的争论，是关于他的美学原理。他的美学思想，在皮沙列夫的短促的生活活动中，亦可以分出几个阶段。

他起先是一个不受任何社会的倾向所限制的自由艺术创造的辩护人（"为艺术而艺术"的理论）。但在不久之后，他就接受和继承了别林斯基、车尔尼雪夫斯基、杜勃洛留波夫的优良传统。一如这些先进者，他对于把艺术作为一种沿着一定的方向教育社会的手段这一点，增添了伟大的要点。艺术家要用美学的手段去说服人们保卫正确的社会理想和对社会的罪恶斗争。他在这里看到了艺术的社会任务。

但是当皮沙列夫看到部分的当代文学开始避开社会的迫切问题，以及一种反动势力开始恫吓这种文学的一切最优良的解放传统的时候，他对于迷恋艺术发出了愤慨的攻击，他现在看出一种对于掌握知识和科学的障碍物。而皮沙列夫所说的科学，基本上是指自然科学和工艺学而言。他声明：任谁要把青年从工艺学和自然科学的兴趣转移开，就是阻碍社会发展。这就是他为什么会开始怀疑别林斯基和车尔尼雪夫斯基的美学观点和艺术的意义，以至皮沙列夫竟这样大胆断言：要是别林斯基和车尔尼雪夫斯基仍然活在世上的话，他们自己一定要修正他们对艺术的态度。他把他的这些论点总结在题为《美学的崩溃》的论文中。

在这方面，皮沙列夫是深深地错了。

他解释他的对于艺术和美学的否定态度，是由于要注意于最严重的"经济势力"的需要。他声称需要集中于关系最重大的东西。而据他的意见，关系最重要的东西，就是自然科学，它必然影响于人类一切活动的面貌和知识的一切部门。正是为了这种"经济势力"的缘故，皮沙列夫才嘲笑任何对艺术对美学的喜爱：

"我们需要排斥美学的真正原因，是因为我们需要集中注意和把社会的知识力量放在一些极少数的最迫切而不可避免的极端重要的问题上面。"

由于看到他那时俄国知识力量的缺乏，皮沙列夫认为青年之喜爱创作的艺术家而不喜爱科学家确实是危险的。这就是他攻击普希金、莱蒙托夫、格林卡、勃柳洛夫，而代之以达尔文、利比希、贝那德、布其诺、赫克尔、伏格特、莫莱斯束特的原因。

而且，当美学的学徒们把普希金当作指路明星的时候，他们就成了皮沙列夫激烈攻击的对象。他的关于普希金诗的意见是不公正的——在我们时代，当我们重读它的时候，我们尤其这样感到。但是皮沙列夫的攻击越是激烈，反动阵营和他的斗争就越是利害，"虚无主义者"找到了普希金作为掩护。这样，关于艺术问题的争论变成了一种政治的争论，皮沙列夫对此是毫无犹疑的。

在他的关于《欧根·奥涅金》的评论里，皮沙列夫指出：由于赋予了因生活放荡而精神疲惫的地主以及小说中其他的人物以高贵的特性，普希金培养了读者对于腐朽的人物、思想和风习的同情。

这种错误的观点，加上他对艺术和它的作用的关心，使这个天才的批评家对于奥斯特洛夫斯基、萨尔蒂科夫—谢德林、冈察洛夫以及其他作家的许多作品，发表了不公正的判断。

皮沙列夫指出了小说中的两个人物作为正面英雄：屠格涅夫的巴扎洛夫和车尔尼雪夫斯基的拉克梅托夫。皮沙列夫期望这些"思想的无产阶级"代表在俄国将来的历史上起最重大的作用。后来反动报纸特别尖锐地攻击了巴扎洛夫和拉克梅托夫，而且激进的《现代人》也和屠格涅夫争论了起来，认为巴扎洛夫是一个被歪曲的革命主义者的代表人物，这种对于屠格涅夫的小说和它的主要英雄——巴扎洛夫——的态度的争论，显出了一种特别激烈的政治党派争论的性格。

这种争论帮助了青年人沿着政治路线来学习思考，和在复杂的哲学问题中去获得他们的方向。因为这些争论超越了美学的范围；关于美学的争论必然转化为政治的争论。在这个争论里，出色的是皮沙列夫在把艺术问题和当时最迫切的问题的结合上，显示了巨大的才能。他对于垂死阶级的思想意识给予了不断的打击，而在保卫俄国社会发展的进步方向上，显示了他的热情和天才。在这点上，皮沙列夫也光辉地继承了他的先辈启蒙者的传统。

六

皮沙列夫在六十年代的启蒙者当中占有着一个地位。车尔尼雪夫斯基已被送去服役，而在他的政治遗产后面，他为激进的革命青年留下他的小说《做什么?》。车尔尼雪夫斯基和杜勃洛留波夫创立了一种确定方向。沙皇的宪兵特务不可能从进步人民的意识中抹去那些勇敢的人们号召斗争的声音。沙皇的走狗们不可能熄灭他们所散布的思想的光亮。但像马克思所说的这两个"俄国的莱辛"所想象的农民，并没有"举起斧头来"。农民革命并没有实现。

于是广大的青年开始热心地阅读皮沙列夫的光辉的、鼓舞的论文。皮沙列夫指摘了所有已经建立了的传统和权威。"在一八六四到一八六五年，皮沙列夫或者是那些刚进入生活的、觉醒的、准备着的青年——尤其是外省地方的青年的最显著的代表和最完整的表现。"这是维拉·柴苏列奇所典型化了的皮沙列夫在这些年代的作用，那时青年人在他的论文中来寻找激动着他们的问题的解答，而且在那时是需要教给青年人批判地去思考的。

皮沙列夫执行这个任务时显出了非凡的天才，而且在对于生活传授唯物论的观念这一点上，他的贡献是伟大的。六十年代和七十年代的革命人物，诸如伯克、阿鲁提克门和莫洛左夫都承认柴苏列奇对于皮沙列夫的意见。莫洛左夫说，皮沙列夫是这个时代的青年人的偶像。

关于这个时代的主要问题，现实问题，皮沙列夫追随着车尔尼雪夫斯基。像车尔尼雪夫斯基，他是农奴所有者的地主的一个不可调和的敌人。同时，皮沙列夫对于俄国的工业化抱着莫大的希望。他看到了和说明了俄国政治和经济的落后，而且提出显著的证据证明俄国需要发展工业，修造铁路，介绍先进的科学的农业技术。皮沙列夫认为知识的普及，尤其是自然科学，是达到这个结果的适当方法。在那个时代，这种活动具有显著的进步意义，因为它对于俄国资本主义的"古老的亚细亚式"的形式、农奴制度的残余，和那种想保持俄国作为一个纯粹的农业国的反动的理想，是一种打击。

在他的著作的各处，皮沙列夫对于感化资本家和地主寄以很大的希望。但这并不减低他的这种确信：只有劳动人民自己努力才可以给俄罗斯带来解放。知识与劳动——是两种拯救人类的决定力量。"劳动把人的性格锻炼成钢。"皮沙列夫说道，"而从来不曾为他的面包劳动的人，则是一个软弱、昏沉而麻木的人。这意思是说，一切希望都属于那些为自己的生存而劳动的人民。"

这是真实的，在某种程度上，皮沙列夫所致力的这种论点是和无数其他的论点相矛盾的：只有知识分子能够为生活道路铺砌新的观念和新的方式。这是皮沙列夫世界观的最弱的一环。皮沙列夫的"思想的现实主义者"和"知识的无产阶级"是民粹派的"批判的思考的个人"的前驱者。皮沙列夫的观念形态的这一点，被民粹派中间的"社会学的主观主义者"拉维洛夫、米海洛夫斯基以及其他人拼命地利用了。

皮沙列夫在俄国社会思想发展和训练各代革命者上起了一种重大的正面作用。列宁非常喜爱皮沙列夫。克鲁普斯卡娅在她的《回忆录》里记着，列宁多么喜欢读皮沙列夫。列宁在西伯利亚的流放中所带的心爱作家的照片，就有一张是皮沙列夫的。

在他的《做什么?》这本书里，列宁谈到他所梦想的时代，那时，工人阶级的政党必然组织成了，那时，这个党必定产生了领导干部，"他们会指挥那已经动员的军队，发动全体人民去铲除俄罗斯可耻可咒的制度。

"这便是我们所要幻想做到的事情!"（《选集》卷二，第一八○页）

但是列宁预见到，为了怀着这种梦想机会主义者们必定会扑击他。而且列宁在关于梦想和现实之间的分歧的问题上，引证了皮沙列夫的话：

"只要幻想的人真正相信自己的幻想，仔细地考察生活，把自己的阅历与自己的空中楼阁相比较，且一般就诚恳努力地实现自己的幻想，那么幻想与现实分歧就不会有什么害处。当幻想与生活有多少接触时，那就一切都会顺利了。"（同前，第一八一页）

在皮沙列夫——六十年代的革命民主主义者和启蒙者——的情况下，他的梦想和生活之间，是最密切地连结着的。这就是给了皮沙列夫的著作——对于他的时代是生动的、有天才的、清楚的和深刻的进步的——以确信的东西。

这就是我们为什么要带着尊敬来纪念这个作为一个启蒙者和革命民主主义者而走过了俄国社会思想史的还是青年的作家。

译自英文版《国际文学》一九四一年第二号

注：

① 勃兰基（Louis Auguste Blanqui 1805—1881）：法国的革命家，经济学家，他代表一种革命冒险主义思想，称之为勃兰基主义的特点是：否认阶级斗争，妄想不依靠无产阶级斗争，而用极少数的知识分子的阴谋行动，便可以使人类摆脱资本主义的剥削制度，实际上是一种小资产阶级的反动空想。

② 指一八六四年在伦敦成立的第一国际的宣言，它是马克思草拟的。

契诃夫论

—— 关于他的小说《在峡谷中》

高尔基著

"……生活是长远的！往后还要有好事情和坏事情，每种事情都会有啊！俄罗斯母亲是广大的！我走遍了俄罗斯，我什么都见识过。你听我的话，我亲爱的。将来还会有好事情，也会有坏事情的。"这是契诃夫的新小说《在峡谷中》的一个人物说的话，其实这是契诃夫自己说的话，他用同情和鼓舞的微笑，对读者说的话。我并不打算去叙述小说的内容，因为它是那种比文字本身包括着更多的东西的小说之一。作为一个文体家的契诃夫，他是我们时代唯一的一个在最高程度上学会了这种写作艺术方法的人，——"用字不多而思想丰富"。如果我要按部就班地详细叙述这个故事的内容，我的描写一定要比这个小说的本身长得多。这似乎是可笑的，不过真理往往是显得可笑的。还有另外一个不可能去叙述契诃夫小说内容的原因：它们都像某种精致而值钱的花边，要求小心加意地处理，用粗糙的手接触，一定要压坏的。

契诃夫新作中的主人公，是一个乡村的商人，他是一个强盗和骗子手；他的儿子，是警察局的侦探；另一个儿子是聋子加白痴；商人的老婆，是一个心地善良的妇女；他的两个媳妇，一个是好人一个是坏蛋；富于智慧的老木匠卡斯托尔则像儿童一样的可爱。

"凡是劳动的人，凡是受苦的人，才是上等人。"木匠天真地说。

这一切好人和坏人，都活在契诃夫的小说里，正如同他们生活在现实中那样。在契诃夫的小说里，没有现实中不存在的东西。他的才能的骇人的力量，恰好就在于这一事实：他从来不自己杜撰，从来不描写任何不存在的东西，哪怕那是好极了的东西和非常合意的东西。他从来不使得他的人物比他们原来好，而那些不喜欢他的人们——顺便说，这是些很快就要死光了的人们——之所以憎恶他，正是这个原因，虽然他们常常另外找些憎恨他的理由。这样的人，当他们看到他们自己反映在作者的心灵里——这个伟大而神异的镜子——的时候，简单地觉得是给伤害了。他们自己觉得害羞，而且还有点恼火。这一切是难怪的；我们所有同代人多少都能玩一套不下于年老的骚妇的装腔作势。他们在崇拜塞巴耶柯夫教授①上，浪费了许多感情，他们把他的著作，像《万尼亚舅舅》那样，二十五年来奉为生活的教科书，同时，却失去了生活本身。契诃夫写了许多关于失去了生活意义的人们的小喜剧，而且由于这样做，树立了许多敌人。

自从《一个乏味的事件》出现以后，人们开始谈到契诃夫，"是呵，他当然是一个非常伟大的天才，不过……"于是，仿照着圣柏甫②，他们用模糊的称赞尽量地作践他。契诃夫听着他们——或者，说得更适当些，他不理那一套——继续努力。在契诃夫的艰巨的文学工作刚开始的时候，我们一个批评家（此人极端低能，所以和别的略有小才小慧的低能的批评家是有分别的）③预言过：他将因酗酒死在阴沟里。这位批评家还活着，我不愿和他一般见识，当然，除非他立即忘记了他所写的那种东西。这位批评家有一天死的时候，人们在一刹那间想起他，写几句关于他的话说，于是马上就把他忘掉了。但是当契诃夫死了的时候，俄罗斯将失去了她的一个最好的朋友，一个富于智慧的、正直的、真诚的朋友，一位爱她的、共有着她的一切苦难的朋友。整个俄罗斯将为忧伤所激动，而且在一个长时间内不会忘记他；她将在一个长时期内通过他的被他的仁慈的心的忧郁的微笑所照明的作品，通过他的充满了深刻的生活知识，充满了明智的公和对人民同情——不是怜悯，而是精明而敏感的完全理解的朋友的同情，——的短篇小说，去学习理解生活。

那些什么全明白的人，就是最不幸的人。他们不可避免地有着那种痛苦的心灵上的裂口，正如海涅所说的那样。这样的一个人看见生活的本来样子：单独的生活像线，许多生活集合在一起，就像一个巨大而可怕的混乱的线球。这个生活的球吊在空间的什么地方，因许多热情和追求的矛盾的力量而乱晃着，而且同一的线被扯向不同的方向。

店主祝百金的老婆对她儿子侦探说：

"我们过得不错，我们要什么有什么，但是我不舒服。我们待老百姓太不像话了。我的心都痛了，我的孩子，因为我们待人家太那个了。"

她不愿意去恶待人，但是他们那种生活方式使她身不由主。她的儿子，那个正要动身前去伪造卢布的侦探，说道：

"大家现在都说，世界末日到了，因为人都走到邪道上去了，他们不敬重父母，等等。这全是废话。依照我的意见说来，一切苦恼都是由于人黑了良心。"

他自己的良心曾经责备了他一个长时间，但这并没有妨碍他去造假卢布。这个被契诃夫观察得真是美丽而可惊的真实。不过，先生们，如果我们去想一下，我们每一位不是都是伪造者和伪币制造者吗？我们不是假造我们的字句成色，把一些人工的热情放在里面吗？拿公正来说吧，我们的公正其实常常都是虚伪的。我们大家都知道，甚至当我们谈到真理、敬爱邻人和同胞的必要的时候，我们说谎话的程度。我们每个人，正像阿尼西莫·祝百金一样，经常地被扯向相反的方向——一方面是朝向渴望把真理和正义放在生活里面，一方面 是朝向渴望骑在邻人头上。两种相互排斥的倾向在每个人身上斗争着：做一个好人的愿望和活得好一点的愿望；在我们目前的生活深渊里，把这两种愿望结成一个调和一致的整体那是不可能的。

契诃夫比任何人都更明白我们身上的裂缝，而且比任何人都更好地用一种朴素的、光辉夺目的鲜明形式来描写从其中所发生的悲喜剧。他所说的并没有什么新鲜的东西，但是他用着那种极端的简洁性和明白性，那种使人无法加以辩驳的真实，说得是那么使人信服和朴素。而且他所说的东西常常包含在一种令人惊异的美丽、也仍然是朴素得自然的形式里面，那是一种加强了他的命意的力量的形式。作为一个文体家，契诃夫是无人能比的，未来的俄国文学史家在谈到俄国语言发展的时候，必然会这样说：这个语言是由普希金、屠格涅夫和契诃夫所创造的。契诃夫曾被人斥责为没有世界观。这是一种荒谬的批评！世界观这个字眼就广义上说来，是一种不可分离地属于每个人的东西，因为这是他对于世界、对于他自己在这个世界上的任务的个人的看法。

契诃夫有着一种比世界观更多的某些东西，因为他是驾驭了他的人生观点的，所以他就变得高出于人生之上。他从一种更高的观点上对于阴惨、荒谬、挣扎和混沌的生活投掷了光亮，虽然这种观点是难以把捉的和难以确定的——或者因为它是更高的观点的缘故——它常常使人在他的小说里感觉到并且甚而更鲜明地出现在它们的表面上。我们的耳朵往往在他的小说里把捉到忧郁但是严肃而应当的对那些不知道如何生活的人的责备；然而同时，却更分明地洋溢着他对于人的同情。

在生活现象上投射这样的光亮，意味着从一个高度的正义标准来批判它。这就是契诃夫所作的，而且正是由于他的这种深刻人性的客观态度，他曾经被人目为写冷淡和卑劣。曾经有人说，他对于他所描写的不论是什么东西，花朵、死尸、儿童或青蛙，他都不关心，他描写它们一律用一样的技巧和一样的冷淡的无感觉态度。很少别的作家在他的文学生活的开始受过像契诃夫这样不公正的待遇。

但问题并不在这里。

问题是：契诃夫所写的每篇新小说，都着重在某些我们非常需要的东西，从而它对我们有着很大的价值：对于生活的鼓舞和热爱。

"生活是长远的！往后还有好事情和坏事情，每件事情都会有啊！俄罗斯母亲是广大的！"

在这篇悲惨和邪恶达到可怕地步的新小说里，这种调子比以前还要强烈。它使我们为我们也为他——这个冷森森的现实的抒情诗人，那些可哀的不幸的人们的悲哀和痛苦的忧郁的歌者——喜悦。

注视着生活和我们的悲哀的契诃夫，起先被我们的一塌糊涂的生存弄混乱了，他和我们一同呻吟和叹息；但是现在他提高到一种更高的高度，他已经掌握了他的印象，像某种巨大的探照灯，他向自己集合了生活的全部光线，它们全部的色彩，而且在自己心里衡量了善与恶，向我们说：

"生活是长远的！往后还有好事情和坏事情，每种事情都会有啊！俄罗斯母亲是广大的！我走遍了俄罗斯，我什么都见识过。你听我的话，我亲爱的。将来还会有好事情，也会有坏事情的。我徒步上过西伯利亚，曾去过黑龙江和阿尔泰山，我是西伯利亚的一个居民，在那里种过地；后来我想念俄罗斯母亲，我就回到家乡来了。我走着回到俄罗斯，我记得我们有一回坐渡船过一条河；我骨瘦如柴，一身破烂，赤着脚，冷得直打哆嗦，啃着一块面包皮，渡船上有一位不认识的老爷——要是他过世了，上帝保佑他的灵魂吧——怜悯地望着我，眼泪一直淌到他的双颊上：'唉，'他说'你的面包是黑的，你的日子是黑的。'当我一到家，我一无所有。我的老婆，我把她丢在西伯利亚那儿的墓地里了。从这时起，我打长工了，为什么不呢？我告诉你，后来有过很多的好事情也有过许多的坏事情，但是我不想死，我亲爱的，我还要再活它二十年，这意思是说，在生活里好事情比坏事情还是多些。俄罗斯母亲是广大的啊！"

是的，俄罗斯是广大的，在她那里有着优美而深刻的心灵，她生育了有伟大天才的人们。让我们这么相信：不仅在生活里好事情曾经比坏事情要多些，而且在未来的生活里好事情还要更多些！

一九〇〇年

译自 M.Gorky: *Literature and Life*，Hutchinson International Authors，London，1946。

注：

① 契诃夫戏剧《万尼亚舅舅》中的主人公，这是一个道貌岸然的市侩，一条蛔虫。

② 圣柏甫（Sainte-Beuve 1804—1869）：法国文艺批评家。

③ 这里所指的是民粹派批评家米哈伊洛夫斯基（1842—1904）。

柯洛连科论

柯托夫著

苏维埃公众近来举行了俄罗斯民主主义文学中的一个卓越的人物——伏拉的密尔·格拉卡沁诺维契·柯洛连科的诞生一百周年纪念。

柯洛连科从事文学创作工作垂四十年。他的第一本短篇小说集出现于八十年代初期，当谢德林和屠格涅夫依然健在的时候。他的最后著作，一部自传性的长篇小说——《我的同代人的故事》，完成于伟大的十月社会主义革命以后。

伏拉的密尔·格拉卡沁诺维契·柯洛连科于一八五三年七月二十七日诞生于乌克兰。他的早年消磨在柴托穆尔和内地小城镇罗维诺。一八七一年，他进入圣彼得堡的工艺学院。一开始他便把自己卷入抓住当时进步青年的社会思想的旋涡中去了。三年以后，我们发现他在莫斯科的农林学院，听着伟大的俄罗斯科学家季米梁宰夫的讲课。一八七六年，柯洛连科因参加学生运动被学院开除，接着便被逮捕和从莫斯科被流放出去。有数年之久，他作为一个流放犯居住在凡提卡省的北部；但在一八八一年，由于他拒绝宣誓向沙皇亚历山大三世效忠，而被流放在遥远的雅库提雅县。直到一八八五年，他才被允许回到欧俄，他在这里继续从事他在被流放前不久就已开始的文学工作。

柯洛连科的命运是和他同类的那许多人们一样的命运。他是一个民主主义作家，他把民主主义思想带到他对文学的社会任务的理解中来了。柯洛连科著作的民主主义一面，表现得最为强烈的是他的对于资本家和地主统治的批评以及他的为了人类自由对于战斗要求的坚持。

他的处女作短篇小说《一个真理追求者的生涯中的插话》，是在民粹主义的影响下写成的。它的范围被限制在一个民粹主义思想的学生的浪漫世界里，他意欲把农民雅库柏的犹豫不决的精神状态理想化。知识分子对事物的理解是混乱的和摇摆的。他认为是真理的东西很容易被现实证明其谬误；所以，雅库柏的生活是被带着他自己的那种特殊的意义和目的的某种智能较高的力量所支配的。

但是柯洛连科的浪漫的民粹主义观点，不久就被一种对于生活较为现实主义的概念所代替了。在这以后的短篇小说里，他对于社会的批评和对于人民的"不正常"的生活方式的痛苦的怜悯就变得较为尖锐和更定形了。但是接着就开始了那些被流放的年代，这个年轻作家在一个长时间里沉默下来了。

然而，柯洛连科并不愿意流放把他和生活割断。作为一个观察细密的艺术家，有着一个人种志学者的全部坚持性的他，研究了辽远的雅库提雅的人民和那里的流放者的日常生活。流放给柯洛连科提供了许多小说题材。他在流放回来许多年以后所写的一系列散文和短篇小说，也是依据他在雅库提雅所收集的材料而写的。

柯洛连科给文学带来了新的人物和新的题材。一个作家对于"下等社会"的人民和居住在俄罗斯最遥远和荒凉的角落里的西伯利亚农民付以那样的注意，这还是第一次。通过了他们所遭受的艰苦和剥削所产生的愚昧和偏见的外壳，柯洛连科能够发现人民身上的坚强和美丽的东西。他是人类反对私有财产恶势力的一个热烈的拥护者，一个自由、勇敢和自由思想的战士。这就立即把柯洛连科带到那些继承着俄罗斯的民主主义文学传统，以人民的幸福为目的的作家的前列。他的写于流放归来以后的短篇小说《马加尔的梦》，是非常驰名的作品。柯洛连科写了他自己所看到的东西，一个雅库特农民的生活，"他的一生都在被追逐着——被乡村中的长老和警官所勒索的年赋所追逐、被需要和饥饿所追逐；被严寒和酷热，淫雨和旱魃所追逐；被冻结的大地和可怖的森林地带所追逐……"但是它不只是一个农民的艰苦的命运的故事而已。由于把一种幻想的因素带进了故事，柯洛连科就使他的主人公有可能公开地说出反对社会不公平以及为了他自己对于人类幸福的要求。

柯洛连科在他的别的短篇小说里告诉了我们那些不屈服于他们的苛酷的命运，对于真理和自由燃烧着难以抑压的渴望的人民。一个临危不屈的勇敢的被流放的少女，一个革命者，便是柯洛连科早期短篇之一——《陌生者》的题材。他的另一个短篇小说《雅西加》的主人公是一个农民，他揭穿了他的压迫者而且准备为"整个祖国和全体人民"去受难。雅西加相信他在离自觉的反抗依然很远的时候喊出声音来是值得的，但是作者在他身上正确地看到觉醒的人民的强大的力量，他们对于未来幸福的热烈的梦想。

在他的《西伯利亚故事集》里，柯洛连科表现了一个英雄，在他身上他看出"生命，充满了力量和精神，为自由的热情的斗争"。

"对于生命的完整性的渴望"这个主题，在他的小说《盲音乐师》里得到了非凡的处理。抱着一种作为心理学的研究的目的的《盲音乐师》，也表现了人类对于幸福和光明的追求的理想。小说中的主人公之对黑暗获得胜利，是由于和人民的密切接触，并且分担了他们的忧伤、思想和渴望。正是这个主人公的精神上的认识力，才赋予了这个盲音乐师的黑暗世界的悲剧故事以深刻的乐观主义。

"在《盲音乐师》里，伟大的艺术家柯洛连科，清楚地表现了个人的幸福是如何的不足持和不坚固，"加里宁说道，"一个人……只有当他以他的心灵的每个细胞，以他的整个身体和灵魂跟他的阶级结合起来的时候，他才会幸福；只有这样，他的生命才会充实和完整。"

在这方面最富于特征的是柯洛连科的另一篇小说《怪论》。"人生下来要幸福就像鸟要飞翔一样，"作品中的一个人物说道，但是生活无情地把这个乐观主义的格言转入一种怪论中去了：在社会不平等的条件下，人的幸福被从他的身上拿掉了。

从最初开始，柯洛连科便是文学必须有一种社会目的这种思想的热烈的拥护者，并且是一个可信服的对资产阶级文艺中的客观主义的反对者。遵从着革命民主主义者车尔尼雪夫斯基和杜勃洛留波夫的教义——他们把文学当作为新形式的社会而战斗的一种武器——柯洛连科把他的文学工作看作一种改变社会生活的积极的攻击力量。在他的一八八八年的日记里，我们读到："如果……生活就是运动和斗争，那么艺术——生活的真实反映——就必须再现这同一运动，这同一的意见和思想的矛盾。"把文学呼为"生活的镜子"，柯洛连科写道，"除去'反映'生活，文学也摧毁旧的，并且从它的毁灭中来创造新的。它同时否定和要求……可以这样说，正如一个人的双足把他由寒冷和黑暗带到光明和温暖，艺术和文学帮助人类在它的运动中从过去走向未来。"

在柯洛连科开始写作的时候，带着它的神秘主义和个人主义以及柯洛连科所称的"它的送葬心情"的颓废派，开始在文学中现出了它的最初的征兆。另一方面，使文学对生活陷于被动的反映水平的自然主义，也正在长成。好像是回答这个一样，柯洛连科在他的日记中写道，"它的用意是不是……文学除去反映社会和它的生活的现在状况，便没有其他目的，并且也不要求任何东西，不反对，也不责备，也不祝福？"

柯洛连科反对从生活退却，并且也反对对它的那种被动的自然主义态度。在描写人民生活的时候，柯洛连科离开了民粹派小说的传统。当回忆到八十年代末期和九十年代初期产生于民粹主义者们影响中间的柯洛连科的那些作品的时候，高尔基写道，"他是在流放中，并且写了《马加尔的梦》，这自然是使他站在前列的东西。但是在他的小说集里，有些可疑的东西，有些和人民的思想感情不合的东西，他被那些关于乡间生活的、把俄罗斯农民理想化的长篇小说迷住了。"柯洛连科描写了人民的性格，敢作敢为的英雄主义，一种从群众长成着的反对社会压迫所产生的英雄主义。

小说《嬉戏的河流》是柯洛连科在俄罗斯乡村长期观察生活的一个结果。在这篇小说里，在它的中心人物图林——一个伏特路加河上的渡船夫——身上，柯洛连科显示了在俄国农民身上潜伏着一种如何真正巨大的力量。

十月革命以后，高尔基写道："……由图林的性格所表现的真理是一种莫大的真理。在这个人物身上，我们对于伟大的俄罗斯人——那个打碎了死掉的过去的坚固的枷锁和现在能够按照他的意愿建设着生活的人——获得了一个历史性的真实典型。"

像《马罗斯亚的田地》《严寒》《卑微的人》《皇上的马车夫》《不可怕的东西》《采邑》等小说，它们的主题都是对生活的积极态度的赞美，企图改造生活，反对社会压迫和警察专横。

柯洛连科暴露了小资产阶级的自我满足，对于职责的畏惧，胸襟窄隘的自卑。布德尼科夫，《不可怕的东西》中的一个人物，从前的激烈派和"有思想的人"，一变而成为一个发财狂。他从社会斗争落荒而逃，他的灵魂"空虚而贫乏"。作家显示了在"不可怕"的东西里所存在的可怕的东西——在容忍里，小资产阶级的生活方式，把生命变成卑劣而无意义的东西。"是的，"柯洛连科写道，"这种表面平静的日常生活和卑贱的满足有着它自己的可怕性……这是一种特殊种类的，可以说初看起来并不显著的，无色的东西。这里谁到底是恶棍和谁是牺牲者，谁是对的和谁是错的？……这使你渴望能有那么一线生活真理来穿透这个烟雾。"由于它暴露了资产阶级知识分子把"平静的生活"作为避难所，这篇印行于一九〇三年的《不可怕的东西》或者可以说是柯洛连科所写的最好的小说之一，它表示了需要一场风暴，只有它才能够使社会更向前进。

甚至当他写着悲剧性的事物的时候，这个人道主义的作家也没有失掉对于人民胜利的信心。在他的断片《光亮》里，柯洛连科说："……生命在这一个险恶的堤岸之间流荡着，光亮仍然很远很远。而你重又操起你的桨……光亮仍然在那里，在前面！"

柯洛连科虽然严厉地批评了沙皇俄罗斯的社会秩序，但并没有驱使自己的抗议达到那种"残酷的结论"。坚决相信着未来社会的正义，柯洛连科并不能指示出达到这个社会的道路；对于社会变革，他并没有明白确定的纲领。他为自由主义报纸写作，他对于真正革命道路的理解是很混乱的。但他认为正在长成中的群众的自觉，是"社会发展的最好的保证，如果我们真诚而严肃地对待它……"而且常常准备为人民走向自由所取的每一步骤辩护。

对于柯洛连科的小说作品和他的各色各样的报纸文章，这些思想都是突出的。正如柯洛连科自己所说，他在他的政论家的工作里看到积极加入生活的意义；它回答了他的"渴望……在窒息的房子里打开一扇窗户，对社会大声呐喊，打破可怕的沉默"。柯洛连科的报纸文章和小说的主题常常是十分一致的。在他的小说作品里，作家处理了社会主题，他的许多短篇小说都是对生活里面的具体问题的直接回答。

柯洛连科在所谓"莫尔顿案件"里演着一个重要的角色。一群乌德穆特的农民被加的教仪上的谋杀罪——为异教的神牺牲人类生命。柯洛连科在报上发表的文章和他在法庭的讲演，是对于揭穿沙皇政府企图惹起民族仇恨的挑拨的一个大的帮助。作为这个作家干预的结果，被冤枉的农民得到了昭雪。

当所谓乌克兰的"农民骚动"的时候，柯洛连科参与了卡尔科夫和波尔塔瓦两地农民被审讯时的辩护。他在报纸上要求不要审问农民，而是要审问使农村的贫民流血的警察。

一九○二年，柯洛连科大力地反对取消高尔基被选任至科学院。作为一个文艺上的名誉院士，柯洛连科曾在承认高尔基入科学院上投过票，但是，由于尼古拉二世的命令，选任的结果被取消了，而取消的通告则是科学院具名的。

在为这件事获得公开讨论而用尽一切办法之后，柯洛连科向科学院提出辞呈。他写道："因为科学院具名的通告所引起的结果是俄罗斯文学和生活中的重大事件之一；因为它曾被赋以集体行动的形式；因为作为一个作家的我的良心，对于那种根本上和我真正的见解相反对而被认为是属于我的意见，我不能默然承认；因为在科学院的身份的活动范围以内我找不出脱离这种地位的办法，我发现我自己被迫为科学院所具名的'通告'去否认道德的责任，我面前的唯一道路，就是连同我的名誉院士的头衔一起否认这个通告。"

契诃夫也发出一个同样的声明，柯洛连科曾去雅尔达访问他，讨论他们对于高尔基的被压迫应该采取的联合一致态度。

柯洛连科的小说《不是一种语言》，发表于一八九三年他参观芝加哥展览会之后。在这个以资产阶级民主自夸的土地上，作家所看到的是失业、贫困和无法无天，对于黑人的压迫和金圆的统治。在他停留在美国的期间，柯洛连科在他的日记里写下一种愤慨的记载："当一个黑人碰到一个美国人的时候，他必须让路。假如两个黑人站在马路上谈话，他们都得避开——要是教一个美国人来避开，他就会勃然而怒。有色人口在恐怖中生活着。不时大叫大喊地说黑人不服教化，所以，初次犯了一点小过失，便是私刑和死刑……经济关系纯然是抢夺……黑人被强迫只能在某些摊子上买东西，那里价钱高出二三倍；他们在无知和无穷无尽的债务中生活着。"

在他的小说《不是一种语言》里，柯洛连科描写了一个到美国来的乌克兰农民马特威·拉任斯基的悲惨的冒险记。柯洛连科之所以赋予他的小说以这一个名称，是由于他要强调这一点：除去不懂他来到的国家的语言之外，马特威·拉任斯基的整个精神状态，他的性格的优点——天生的真诚、正派和对于人的尊敬——证明了他和新大陆的资产阶级那一套毫无共同之处。这个人像是不会说话似的生活着，他不明白要他遵守的这个资本家城市的兽性习惯。

马特威所遇见的大多数人，都是被资本主义剥夺了生存权利的失业者。在中央公园的一次失业者的集会上，马特威开始感到他自己是一个巨大的集体的一部分，并且和他们找到了一种共同的语言。"这是他到美国以来第一次站在群众中间，他理解他们的感情，共有这种感情，他们的感情就是他自己的感情……但是这还不够；他需要这些人看到他并且听听他的遭遇，他需要他们理解到他也理解他们，他需要他们和他休戚相关，正像他现在对他们所感到的那样……他不知道他要去什么地方或是他要干什么；他忘掉了他在这个国家内是一个漂泊者，并且既不懂得语言又没有护照。他忘掉了一切。他充满了推动自己前进的期望，他在单人孤独的感情以后，被巨大的群众所陶醉了，这种感情汹涌澎湃，像巍然的大海之间的岩石。"

柯洛连科的家书明白地显出了他对资本家的美国的尖锐的憎恶。他的反感是被资产阶级社会的反人道的原则、是被那种奴役制度所造成的生活方式所引起的。在这种制度之下，全体人民，正如柯洛连科所说，"像草在火上那样，在大地上哭泣着。"

柯洛连科也没有在英国的巴列门制度中找到他的社会理想。"这使人真难以相信，"他在他的论文《议会的争噪》中写道，"自由的英国连废除奴役制度的形式上的条文也没有。还是依然如故。而且英国也没有关于所谓'出版自由'的任何法规。"

柯洛连科花了近二十年时间来写他的最大的著作——四卷的《我的同代人的故事》。

这部别致的自传性的小说的写作，开始于一九〇二年，当中经过间歇，完稿于作者逝世时为止。它的叙述一直延长到一八八五年，这是柯洛连科从流放归来的那一年。

《我的同代人的故事》是整整一代的俄罗斯知识分子的故事。它是柯洛连科首次以那样的深度所创造的一个时代的画幅，拥抱了很多历史资料。

在谈到关于他自己、关于他的时代的时候，由于"微妙的想象工作"受到限制，柯洛连科重述了他的早期作品里的许多章节，不过，他是用一种新的、富于艺术变化的形式来表现它们的。柯洛连科向读者介绍了从一八六〇到一八八〇年的进步运动的主要特色，以及那个时代中的突出的历史事件。这个故事给了我们许多参加运动的、并且是柯洛连科在监狱和流放中曾遇到的那些人们的画像。民粹派知识分子的活动在最后几章里最完整的记载着，这些都是在伟大的十月社会主义革命以后所写的。

柯洛连科看到：革命的胜利，是由于绝大多数的人民群众参加了它，是由于它所解决的历史任务，不仅对于工人阶级绝对重要，而且对于亿万农民也同等重要。

胜利的社会主义革命的人民性使他更清楚地认识了过去民粹派运动的全部无益。他说明了民粹派竟那么天真，只依靠"少数杰出人物"的英雄主义，不要群众的支持来干。柯洛连科认为民粹派团体的活动——远离人民，用个人恐怖主义为手段来和沙皇主义战斗——是一种"绝望的行动"，"不要人民的悲剧的战斗。"

柯洛连科的《回忆录》，当然不能要求它对时代做出完整的解释。有时作者对于人民和事变的评价非常主观；有时他对于有着不可忽视的历史意义的事件反而不如对于不足道的事件的注意。但是总的说来，这个《回忆录》对于读者具有很大的兴趣，他们在其中看到了俄国社会发展中的一个重要时期的生动描写。

柯洛连科抓住了当时最迫切的问题，运用了一切种类的文学形式——从杂志论文到抒情故事。他用一种非常的方法，把教训和风习描写结合了起来，把用出色的天才详细描写社会现象的新闻记者和能够自由运用像传说和神话故事这样形式的艺术家结合了起来。

要之，在流畅的叙述上，柯洛连科在经验和行动上具有无限的储蓄。人们对于他的小说中的诗意的精炼，不禁其仰慕之情。契诃夫强烈地感到了柯洛连科才能的这个突出的一面；在一八八八年一月九日的信里，他写到关于柯洛连科的短篇小说《梭科伦茨》："写来好像一首上好的乐曲，忠实于一个艺术家的天赋所提示的东西。"

柯洛连科丢弃了文学情节的传统形式。他的目的是对于人生提供一幅社会图画，而且，正如乌斯宾斯基，他时常强调人的社会心理因素。他企图尽可能如实地再现生活，而且常把真人真事带到他的作品中来。他自己不时在他的短篇小说上用这样的副题来指出他的作品的这种特色，例如：《一本旅行册的速写》《一个遥远的地方的生活之一瞥》《一个访员的手记》《旅人札记》，等等。

在柯洛连科的小说里，人从来不和自然分离。他的自然描写，在对性格说明上，常起着一种重要作用。有时，自然似乎和人的情欲是对立的，有时，它帮助去显现人的内心世界。在他的短篇小说《艺术家阿洛摩夫》里，柯洛连科写道，"俄罗斯大地上的一切忧伤和魅力，它的一切忧患的历史和暧昧的希冀——没有一处像在伏尔加似的那么强烈，那么有力地进入心坎，带着那样心疼的坚决要求刻画和表现，尤其是在一个恬静的、阴郁的雾深的黄昏，带着一颗郁积的落日和一片冷寒的阴云，或者先头是一阵暴风雨，从遥远的群山走近而来。"在《嬉戏的河流》里，用对于摆渡夫极亲切的维提流加河的艺术暗示来使人联想起图林的性格来。在《森林的絮语》里，一个造反的农民的逃亡的悲剧的叙述，和一片浓密的森林的描写并联着——"那群阴郁的……高大的百年古松"似乎差不多是活的。在《马罗斯亚的田地》里，女主人的性格是用一棵"年轻的、破裂的落叶松"来暗示。柯洛连科的风景常常包括了对小说的意义的暗示。同时它反映了俄罗斯乡间的无穷变化之美丽。俄罗斯中部的森林和乌克兰的草原的描写让步于难测的西伯利亚森林地带，伏尔加平静的美，列那的苍茫的旷野的壮丽的景象的描写。

柯洛连科的语言是出奇地富于表情，充满感情，音调丰富，同时又极为简洁。他绝不依赖表面的做作，去假造对"自然语言"的模仿。他的人物的谈话是他们性格上的一个必要部分。它常常具有着口头语的活泼味道。

柯洛连科遗留下一大批文学遗产。他的九卷的作品集，刊行于一九一四年，包括了将近两百种小说、报纸杂志文章和文学批评，而这还不过是柯洛连科所写的半数。在苏维埃时代，《我的同代人的故事》已经印行了全本。许多一直未刊行或失散在孤本中的短篇小说、论文和随笔，还有几卷书简、日记和手记，近几年内已经印出来了，这使我们深入地看到了柯洛连科的使人吃惊的多才多艺的文学活动。

柯洛连科的作品具有重大的社会意义。高尔基关于他曾写道："在一八八七年，他用伯尔格的诗句结束了他的小说《蚀》：

> 在神圣的俄罗斯，雄鸡们啼着，
> 不久，神圣的俄罗斯就要天亮了。

"他的一生走着向白昼前进的一个英雄的苦难道路，而且，柯洛连科为了促使白昼的到来而做的工作，是多得无从计算的。"①

一九一三年，柯洛连科六十寿辰的时候，革命前的《真理报》曾著文论及他的文学工作和社会活动："他的现实主义绝不是对于生活的照相式的再现；他的每一种作品都被一种仁爱的、富于人情味的感情所温暖着。柯洛连科时时在追求着生命的意义；他在人民生活里发现了道德的价值……柯洛连科对于工人运动是敬而远之的……但他无疑地是一个民主主义者；人民在民主道路上的每一步前进，常常一定获得了他的同情和支持。像柯洛连科这种人为数不多，而且是可贵的。

"我们是把他作为一个敏感的、鼓舞人的艺术家—— 一个公民作家，一个民主主义作家来敬重的。"

在苏联，柯洛连科的作品享有着巨大的普遍性。他的著作成千成百卷地被印行着；而且它们已经被译成了苏联许多民族语言，这其中包括那些民族，当柯洛连科正在写作的时候，他们还没有他们自己的文字，而且生活在沙皇主义的可怕的压迫之下。他的内容丰富、思想高尚和艺术形式完整的著作，是俄国古典文学的一个不可或缺的部分。

柯洛连科于一九二一年十二月二十五日逝世于波尔塔瓦。当时正在开会的苏维埃全联盟第九次会议，在十二月二十七日早会上，把柯洛连科尊之为"一个陨落的战士和真理的战士"。在一九四六年柯洛连科逝世二十五周年的时候，苏联部长会议规定了要永恒地纪念这个伟大的俄国民主主义作家的名字。

译自英文版《苏联文学》一九五三年八月号

注：

① 见高尔基：《柯洛连科》。

高尔基论

　　高尔基作为一个作家在苏维埃的读者社会享有着最大的名望。我们之所以更尊重他，是因为他的创造劳动在十九世纪俄国文学中最优良的东西和新的以高尔基自己为创造者和鼓舞者之一的苏维埃文学之间形成了一种活的联系。普希金的多方面的、拥抱一切的天才，他的那种令人惊异的清新精神，他的对于人和人的理智的赞美；莱蒙托夫的对于自由的不朽的热爱，他的对于尊严的骄傲感，他的猛烈的热情，他的英雄的浪漫主义；列夫·托尔斯泰和陀思妥耶夫斯基的压倒一切的强度和深刻的道德的心灵探索；涅克拉索夫对于被压迫群众的痛苦的深刻的同情和他的热衷于人民自己的诗篇；契诃夫对于平凡事件的引人注目的观察力和他的对于一种有意义的生活以及高贵的人类的向往——所有这一切，在高尔基自己的作品里找到了一种有力的反应和一种更新的生命。

　　在表彰十九世纪俄国文学——这是他不时地带着热烈的感情和正当的骄傲谈到的——的时候，高尔基写道："俄国文学之所以始终有力，是由于它的民主主义的感情，它的对于人道的拥护，它的对于自由的赞美，它的对于普通人民生活的关心，它的对于妇女的高尚的态度，它的对于某种全世界的、普照万物的真理的不屈不挠的追求。旧的俄国作家是真正的'生活教师'，他们的读者的忠实而共鸣的友人，真理的殉道者，自由的使徒……"这一切特点，都在高尔基自己的作品里找到了生动的表现。

不过，高尔基当然不仅是十九世纪俄国现实主义的伟大的古典作家的继承者，他并且是一个勇敢的革新者，他的作品在俄国文学史上开辟了新的一章；他还是现代苏维埃文学的一个先驱者。高尔基带给俄国文学的新的特质，是这样形成的：一方面，是由于俄国生活本身所采取的道路，这个国家历史上所开始的新的时代；另一方面，则是由于作者自己的思想立场，他自己对于世界的独特的看法。

两次革命在高尔基的时代上捺下了印记：一九〇五年和一九一七年的革命。这个国家的人民那时在政治和经济两方面都是落后的，这是经历了数世纪的农奴制度，长期的沙皇专制暴政的压迫，用巨大的努力摆脱了束缚它的镣铐并且建立了完整的社会自由的国家。在一九〇五——一九一七年革命当中，高尔基正像列宁和布尔什维克们那样，他已经认识了这个震动的无限的力量，它深入地搅动了群众，并且预示了一个新的胜利的革命之到来。"在数年以前，"高尔基写道，"我们人民曾做了一种根本的而且巨大的努力来解放他的双手和开启他的嘴唇。这种努力没有成功，但是仍然应该把它认为是最有价值的，因为这是在我们全部历史上由我们全体人民所做的协力一致的努力……俄国革命是一个有着最伟大的文化意义的事件。由于它，西方对俄国侧目而视，而且不能忘记这在民族精神上有着一种更生的意义，虽然某些人渴望把它送进坟墓去……"高尔基的时代是我们人民伟大的更生时代，在这个时代里，民族精神恢复了健康，扫除了几世纪来封建压迫、家长制的愚昧和落后对于伟大的俄国农民大众的影响。

斯拉夫派，在他们那时，曾经称赞的正是俄国农民的这些特质：他们的"长期忍受"，他们的"卑屈"。这种态度的一个例子是诗人柴切夫。同类的倾向也可以在列夫·托尔斯泰身上找到，他是一个充满了尖锐矛盾的作家，他曾把俄国人民反对拿破仑侵略军的斗争作成伟大的英雄史诗，但是由于他的宗教和道德学说，他宣传忍从和"勿抗恶"，他赞美农民普拉东·卡洛泰耶夫的温顺。陀思妥耶夫斯基以无比的精力表现了个人对于束缚他的一切力量的反叛，但却以号召"骄傲的人"卑屈作为结论。高尔基热爱和敬慕艺术家的托尔斯泰，而且认为陀思妥耶夫斯基是个只有莎士比亚可以与之相比的天才。然而，在他的全部作品里，从上世纪九十年代他开始尝试写作为起点，他不断地反对忍从、宿命论、卑屈、长期忍受、勿

467

抗恶的道德观，即陀思妥耶夫斯基和托尔斯泰的道德学说，他在其中看到了对于俄国农民的愚昧、落后和衰弱的反映和承认，把旧的"死气沉沉的俄罗斯"的家长制度，古代的偏见和迷信当作俄国人民的真正气质。高尔基在一九〇五年以后所写的每一篇文章都鼓吹了一种和列宁的意见深刻一致的思想："我们历史上的这个第一次革命，把受封建农奴制度压迫的农民群众在从可咒的记忆转入到开始认识他的权利和开始对他的力量变得自觉的国家。"①对于高尔基说来，正如对于列宁一样，"一九〇五年是'东方式'的忍从结束的开端。由于这个理由，它也标志着托尔斯泰主义的历史的结束，整个时代的结束……"②

高尔基表现了国家生活中的新的英雄时代，从一个最忠实地显示了人民的真正的追求、可能做的事情和愿望的角度描写了它。

高尔基诞生于一八六八年。他的父亲是一个细木工匠，家庭在贫穷中生活着。在早年他便成了一个孤儿，从童年时代起，他就被迫去打短工来维持自己生活。他在商店当"学徒"，轮船上当帮厨；在他成为一个作家以前，有十七年工夫，他干了许多行当；他干过面包师傅，脚夫，普通工人，更夫等活；他经历了繁重的体力劳动和极度的贫困。托尔斯泰对于年轻的高尔基和他的作品的主要印象，用他自己的话来说，是"这是人民的一个真正儿子"。当莫洛托夫一九三六年在高尔基的灵柩前发表他的葬词时说道，没有一个我国或任何一国的作家像高尔基似的曾对于"下层阶级"生活认识得那样深切，曾亲身经历了那么多的现代社会的残酷和不义。他个人的生活环境使高尔基成了人民的艰辛和痛苦的见证人和分担者。在他的青年时代（即上世纪的八十年代末期和九十年代开初），在他成为一个作家以前，他被热爱祖国的感情所鼓舞，流浪着，从俄罗斯的这一头到那一头，为了"去看人民如何生活"，去理解人民的精神。高尔基研究呻吟在沙皇暴政压迫之下的人民的主要结果，是对于这种伟大的人民的解放的热烈渴望，这种伟大的人民充满了无限的创造精力，但却被束缚着和在忍耐的极限上痛苦着。他的遍历祖国大地的浪游，他的对于社会正义的不疲倦的追求，使他站在人民的最前列，走入俄国无产阶级和进步的革命知识分子阵营。从这个世纪开始，这个伟大的俄国作家把他的社会活动和文学工作与布尔什维克党的斗争、列宁与斯大林的目的联结了起来。

甚至更早些，在上世纪的九十年代，高尔基的浪漫主义作品，用它们自己的方式，反映了俄罗斯生活中的新的形势的开始；它们表现了人民的先锋队在准备战斗和成熟时期的高涨的、积极的、斗争的情绪。高尔基是他那时代的俄国作家中第一个感到即将来临的事变的重大性并且以他的预见洞察到未来的人。

在回想到他的青年时代的时候，高尔基惯于这样说，他憎恶尼采简单地用公式套在这句格言中的那种"征服者的道德"："打那些倒下来的人"；当陀思妥耶夫斯基劝告"屈服吧，骄傲的人！"的时候，高尔基发现了一种"奴才道德"的反响。他写道："我却产生了第三种戒律：'帮助一个往起站的人！'"这种态度，表现在浪漫主义的形式里，渗透着青年高尔基的短篇小说和诗篇。他的浪漫主义作品的基本主题是自由的梦想，行动的号召，英雄的伟绩，英雄的生活。在体现这些情绪上，高尔基喜欢用民间传说的形象和主题。对照着一种浪漫的空想的背景，高尔基塑造了他的英雄的形象：解放者，人民的大公无私的战士（《伊斯吉尔婆婆》中的邓珂，《苏柯尔之歌》中的苏柯尔等）。

在俄国社会觉醒的那些日子里，在二十世纪的开端，高尔基写了一系列的纪念碑式的现实主义的长篇小说（《福玛·高尔杰耶夫》、《三人》、后来的《母亲》，《马特威·卡若维涅科夫的一生》和最后的《阿尔托莫夫的一家》和《克里姆·萨木金的一生》），它们总和起来，就是俄国社会全部横断面的一部完整的"百科全书"。在这些长篇里，高尔基展开了从普通人民的利益、反抗和理想的观点来看的半世纪来俄国生活的一幅广阔而变动着的活的图景。高尔基艺术地表现俄国社会历史的概念，在他的写于一九一七年十月以后的最后两部长篇《阿尔托莫夫的一家》和《克里姆·萨木金的一生》里得到最完整的表现。前者是"家族小说"杰作之一，这是在二十世纪的西欧小说中被高尔斯华绥的《法尔塞蒂家世》和托马斯·曼的《巴丁布洛克一家》以及其他人所描写了的。这里使高尔基感到兴趣的东西，并不是驱使左拉去从事他的《罗贡·马加尔一族》丛书的生理遗传问题，而是希望在一个连续的整体中来表现出一八六一年改革以后出现的俄国社会的新的阶级的历史发展的每一阶段。在《阿尔托莫夫一家》里，正如在许多别的作品中那样，高尔基以非凡的深刻的历史理解力，令人信服的艺术的真实和力量，显示了在几十年的时间内俄国生活的进程，它必然而不可避免地为一九一七年伟大的十月革命铺平道路。高尔基最后的长篇《克里姆·萨木金的一生》，在长篇小说的形式里展开了俄国社会的思潮史，社会的和思想的摸索以及俄国知识分子的动摇的历史，显现了从十九世纪末期至一九一七年的历史事变的背景。这个长篇揭露了思想趋势的深刻危机和道德的破灭，以及驱使他们反对人民和人民解放斗争的知识分子的探索。这些最后的长篇小说，正如较早的《母亲》和其他作品一样，都渗透着俄国人民的最优秀和最进步的力量——农民、产业工人和知识分子——自觉地或不自觉地坚持社会解放的目的。

高尔基的有名的长篇《母亲》（一九〇六年）复活了英雄的人民史诗的特征，这是在新时代的文学中已经迷失了的东西，但它却是跟随着高尔基脚步的苏联文学的典型东西。在他最初的长篇《福玛·高尔杰耶夫》（一八九九年）和《三人》（一九〇一年）里，我们所看到的还是一个浪漫主义的英雄，一个个人叛逆者，他猛烈地反抗着现存的事物秩序、社会不义，他拼命地在冲出限制自己的环境。但在《母亲》里（正如他的戏剧《仇敌》中那样），高尔基已经找到了个人和社会之间的新的关系。在这里，冲突已不复是个人之间的抵触了，"个别的人"虽为他们自己的环境、个人的利益所驱使，但他们的共同的斗争，则是为了生活的基本的目的和理想。在这里，已没有了反抗社会的单独的个人，他使他的反抗成了一种理想的接受者的反抗；在这本书里跃动着集体主义的精神，在其中，个人已从他的狭隘的、自私的欲望中得到了解放，他已被集体所吞没，并且在它的高尚的理想和道德热情上获得了灵感。和十九世纪的浪漫主义的和现实主义的文学大大不同，高尔基给我们表现了一个"正面的"英雄，他为了一种理想，在自己的社会实际行动中，在集体的支持下，为这种理想的实现而战斗。高尔基用巨大的心理学上的精细入微极有力地说明了：集体的共同斗争是如何渗透着个人的灵魂，并且使他从这里认识了个人的价值。但整个说来，《母亲》中的人物，并没有纯理论上的捏造，没有抽象的空想的罗曼蒂克；它们是在具体的历史条件下塑造的，反映了二十世纪初期俄国社会中的进步男女的实际生活和活动。

高尔基的人类命运的画幅带着他的对于人类的积极的爱的气味。十九世纪的现实主义者，尤其是西欧的那些现实主义者，以左拉派的自然主义者为最甚，他们力图把人描写成环境、遗传和教养的产物；他们把这个过程描写为：人使他自己适应他的环境，对于统治的力量，他必须用一种机械的必然性来服从。在他的最早的"自传性"的长篇小说里（《福玛·高尔杰耶夫》和《三人》），高尔基在叙述一个青年人的故事的时候，已经强调了他的英雄对于他们的环境，对于遗传和教育的影响的积极斗争。高尔基的个人英雄们对于他们环境，他们的阶级和行为的流行标准的不可抗拒的力量的反抗常是一种悲剧的结果；但和巴尔扎克或冈察洛夫的英雄们加以对照，他们终究是反抗者和彻底的不能和解的人。一条战胜环境的黑暗、卑劣的势力的真正道路，发展人类真正才能的真正道路，在那些参加了人民先锋队的正义的追求者的面前打开了。

《母亲》不仅是一首社会斗争的史诗，它也是一部关于新的"人类的人"的教育的长篇。它描写了被压迫者的变化；在其中，普通的俄罗斯男女，伸直了他们的腰，扫除了由于多少年来的压迫而存在于他们灵魂中的痕迹，一切抑制和扭歪他们的真正的人格的东西。巴维尔·伏洛沙夫，他的母亲和他的同志们，反叛了阻障和妨害了他们的黑暗而愚昧的环境；他们参加了前进的人民先锋队，被对于一种崇高的理想的热诚，被一种对于他们的祖国——他们坚信它有一天将是"大地上最光辉的民主国家"——的热爱领导前进。

在他的初期的长篇小说里，高尔基用伟大的深刻性和独创性改造了巴尔扎克、司汤达和福楼拜尔在他以前用过的一个主题，"幻灭"的主题。福玛·高尔杰耶夫和伊里亚·列尼夫（《三人》中的主人公）的故事就是他们如何发现了生活现实的阴郁的故事，是一种失掉了幻想和美梦的故事。生活中一切卑劣的、罪恶的和畸形的东西显现在福玛和伊里亚的眼前。和人民先锋队的割断，使他们看不见面前的积极道路而毁灭了。在《母亲》里，这种文学中的新倾向的突出特点，不仅是对于现存秩序的使人难以忍受的罪恶和不义的深刻认识，而且还有这一事实：小说中的英雄尼洛伏娜及其他诸人的眼睛经常注视的是生活中的高贵而美丽的事物。在他们面前显出了一个新的和奇异的世界，他们看到了文化所堆积的财富，那些为崇高的理想而斗争的人们的英雄主义，在他们的集体里所产生的道德的热诚和人类的团结一致，对于祖国的那种觉醒了的热爱。这样，十九世纪俄国文学常常那么同情的被压迫的、受苦的、谦卑的普通人民中的"小人物"，在高尔基的笔下发展成为一种坚强的、骄傲的、积极的形象了。

高尔基的作品，以一种巨大的和空前的信心突出地描写了人民群众，他们的精神纯洁和创造力量，他们的活动和高尚的品格。他具有一种出色的才能，即深入人的性格和描写它的常常矛盾的和错综的全部特性。这一点的最好证据，是他的对于列夫·托尔斯泰以及在《我的日记断片》和其他作品里对于普通俄罗斯人民的许多速写中的描写。但是他的最卓越的成就之一是那种使他成为最伟大的文学描写者的描写人民群众的方法。甚至在他早期的短篇小说里，他已经描写了许多典型的形象和描绘了"下层阶级"的生活图画；描绘了许多男女，他们在具有他们自己的富于色彩的个性的同时，又是俄罗斯人民的巨大集体的代表者。福契特瓦格关于他写道："当我们读着高尔基的时候，我们看到了俄罗斯——不是个别的俄罗斯人，而是俄罗斯人民的巨大的集体；他们每个人都有着他自己的面貌，但是他们全体加在一起，就表现出了群众的面貌。我知道没有别的作家能够这样来描写群众而不把他自己掉在抽象中去的。"我们可以说，在文艺的领域内，高尔基继承和发展了他所敬爱的这样的俄罗斯画家，如列宾和苏尔科夫，这样的作曲家，如莫索尔斯基，这样的诗人，如涅克拉索夫的伟大传统。高尔基长篇小说的一个特质，它们和十九世纪典型的西欧长篇小说的尖锐的区别是：他在人民群众的生活所构成的背景下表现了个人和家庭的悲剧以及某个社会集团的生活。这些人民群众在高尔基初期的长篇小说里虽然仍然被当作一种潜伏的力量，但是他们已经在觉醒中。在《母亲》里，群众作为小说的集体英雄已被提到最显著的地位；故事就是他们觉醒和积极参加历史的故事。在这里，高尔基以伟大的心理学上的精妙和变化，表现了群众中如何出现英雄和产生与他们密切联系的领袖。在这一点上，另一部长篇小说《克里姆·萨木金的一生》也有着巨大的意义；在这里，知识分子的历史是和历史事变——在其中，逐渐增加其活动的人民群众起着一种前所未有的实际作用——的描绘互相交织着的。小说的主人公克里姆·萨木金和他的同伴都是"反面的"人物，而小说中的"正面的"英雄则是列宁和斯大林的战友，在他们领导下出现在远景中的人民运动，逐渐变动到最显著的地位，他们通过了历史的暴风雨，引导人民达到解放。

在他的写于一九一二和一九一七年之间、在《通过俄罗斯》的书名下出版的短篇小说集里，高尔基描绘了一个不朽的、人民中的男女的生动的个别肖像和他们日常生活的展览室。在这些短篇中，正如他早期的短篇中那样，高尔基自己再次地作为他的祖国大地上的浪游者而出现。被压迫群众的悲剧的命运在这里是用一种强烈的批判精神来表现的，但在同时，高尔基显示了他在他的祖国人民当中所发现的他们的全部的美，他们的优秀的品格，他们灵魂中的珍贵的财富。"人民群众在任何地方都是那种使人惊异的可能性的源泉；但是在每一个国家里，无数的天才，成百的伟大人物都可以在劳动负担和压迫下毁灭，压碎。"安那托·法朗士在一封给高尔基的信中这样写道。这个主题，在《通过俄罗斯》的小说里，不变地返回来了，在其中，高尔基的注意力较少趋向于被人民的先锋队所照亮了的英雄们（像在《母亲》中那样的），而是趋向于卑微的劳动者、生活的下层社会的建造者的巨大群众的代表。贯穿在这个集子里的全部小说中的思想是人民的不朽，那些"卑微而伟大的人们"，他们一代又一代地，用他们的手艺，他们的未见经传的英雄主义行为和他们优秀的工作丰富和美化了他们的祖国。

那一组题名为《意大利故事》的短篇小说，是关于一个民族的使人鼓舞的诗篇，它甚至在穷困和压迫之下，也没有失掉它的崇高的品格，它的对于生活的光辉而欢乐的爱，它的对于美的感情，它的创造才能。这些故事是生活的赞歌，是对于生活中的每种美丽的东西，和一切美丽之中的最美丽的东西——人自己的赞歌。《意大利故事》是一部充满了人道主义感情和创造性的劳动精神的欢乐的杰作；它叙述了一个民族，在它那里，团结一致的集体在变得越来越强大，它正在进入了为自由和民主的斗争。

在他的理论性的著作里，正像在他的长篇、短篇小说和戏剧中那样，高尔基常常强调文化与劳动之间的密切关系，人民群众在文化的形成上所起的积极作用。他认为任何伟大的文化，除非它和群众有着密切的联系，就不可能产生。这就是贯穿在他在一九〇五年革命以前所写的关于知识分子的一系列戏剧中的思想，在其中，他号召知识分子去参加普通人民的行列。在《太阳的孩子们》里，他描写了一个知识分子，科学的狂热者甫鲁塔索夫的悲剧，他具有许多可以使他成为一个真正的文化建造者的才能，但由于他远离人民群众，是一个对于人民日常生活陌生的人，所以注定地失败了。在他的戏剧《野蛮人》里，高尔基并不把卡杭这类的工程师看作一个真正的文化英雄，他把最近的技术成就搬到了国家的最偏僻的角落，但却缺乏精神力量和道德的持续力，还看不起他所与之接触的"土包子"。在另一个戏剧《消夏客》里，高尔基暴露了那种知识分子，他们对于人民和自己的祖国的命运漠不关心，对他们说来，文化活动仅仅是获得物质利益和自肥的一种手段。相同的主题，在高尔基关于知识分子的最后一部长篇小说《克里姆·萨木金的一生》里，得到了深刻的发展。萨木金代表了那种典型的知识分子：他把自己放在和人民对立的地位，想象自己是文化价值的一个独立的创造者。高尔基用了精巧的细节表现了萨木金性格的退化和空虚，当他离开了人民和人民的为自由的斗争的时候，他便失去了文化的创造能力。

但是，高尔基在他的论文和小说作品里常常反驳那种毁谤性的讽示：说工人阶级拒绝世界文化遗产。在他早期的短篇小说（《卡诺维洛夫》）和长篇小说（《三人》）里，高尔基已经描写了渴望着艺术、文化和精神创造的俄罗斯工人。《母亲》的主题之一就是人民中的男女的文化发展问题。

高尔基认为人民的创造力的解放，它的从剥削和社会不义获得自由，是艺术的空前未有的发展的不可或缺的必要条件。在他看来，创造性地推进文化建设，必须和热爱人民、祖国、人民为自由的斗争结合起来，这才能为文化的生长培养土壤。"对我说来，"高尔基写道，"一个艺术家常常是而且应该常常是他的祖国的一个优秀儿子，比别人更热烈地爱他的祖国和更富于理智。他比任何人更清楚，没有自由就不会有文化和艺术；所以，在他祖国受难的日子，他必须努力鼓舞人民的英雄精神，思想和感情。"他坚决相信，一个社会主义的社会能够为文化活动提供最良好的条件，最大的自由，最广阔的范围。他在苏联看到了他的夙愿的实现，他看到了一种真正文化的巨大的实验室由那种解放了的和团结一致的人民的努力而创立起来了，这种人民已经使他们自己成了他们祖国的主人。

在多民族的苏联，高尔基所注视的，不仅是俄罗斯文化的发展，而且还有其他生活在苏联的兄弟民族的文化的发展。这巩固了高尔基的观点：文化的发展是取决于俄国境内所有民族自由和社会解放。

这个伟大作家的艺术作品带着一种真正的俄罗斯印记。在他九十年代末期所写的短篇小说及以后的《通过俄罗斯》里，高尔基记录了他漫游他的祖国时所收集的印象。这里我们看到一幅用强烈的感情所描绘的俄罗斯风景的生动的全景；一个来自"底层"的典型的广泛的展览室；宗法的、古老的、传统生活方式的景色和自由的"流浪的俄罗斯"的浮浪生活的景色交错着。俄罗斯的民族色彩在高尔基第一部长篇小说《福玛·高尔杰耶夫》里非常显著。在这里，伟大的俄罗斯的宽阔的伏尔加河形成了故事的背景，在它前面走过人民的行列和具有俄罗斯典型特征的商人们。这里有小说的主人公福玛的广阔的想象和大胆，还有他的不能满足的渴望，他的对于真理和正义的追求，他的对于一种自由和美丽生活的混乱的梦想，是天生的俄罗斯民歌调子。高尔基的伏尔加是嘈杂的，不仅有着被压迫和被剥削者的呻吟，而且还有着他们的愤怒的呼声，有着他们的可爱的歌声的自由的调子和他们劳动的巨大声音。

十九世纪的文学主要描写了由知识分子的代表和贵族及上流社会的子孙所担承的对于真理和正义的追求，但高尔基却表现了"底层"男女在一种对于道德和社会追求的永无休止的狂热中的颠簸，对于真理、正义和美的梦想，渴望自由，为了优美的生活方式的奋斗。

高尔基自己所说明的民族性格，他用理解、多样和逼真所描绘的他的人民的民族特征，被他的外国读者所深刻地感觉到和予以极高的评价不下于他自己的同胞。在很久以前，当俄国第一次革命的时候，有名的俄国诗人亚历山大·布洛克写道："如果真正存在着像俄罗斯——说得更恰当点是罗斯——这样一件东西，就是说，我们惯常去描写的那个伟大的、无限的、广阔的、使人思念的有希望的土地，名叫罗斯，那么，高尔基，在最大限度上，应该认为是它的表现。"斯提芬·茨威格在谈到高尔基对外国读者的印象时说道："他是全体俄罗斯人中的最俄罗斯的人……在成千的典型和形象里，他给全世界表现了一如它实在的情况的活的俄罗斯。"

但是高尔基的思想、感情和写作，并不是排他性地关心俄罗斯人民的生活和文化。他具有着高度的普希金式的对于其他民族的生活和特性的敏锐的理解才能。在他的写于上世纪九十年代的故事和速写里，青年高尔基曾经描绘了居住于俄罗斯的别的民族的富于特征的画幅；乌克兰人，莫尔德温人、塔什干人、鞑靼人、哥萨克人都用爱和同情的笔触描写到了。在这些年代，高尔基喜欢从这些民族的传说、谣曲里借用形象、题材和主题。在他的后期，高尔基也曾再三地从他们当中选取"正面的"英雄：《母亲》里的浪漫的革命者安德列·奈诃候德加，短篇《莫尔达维亚妇女》中的那个可爱的、和蔼的莫尔达维亚妇女，《马特威·卡若维涅科夫的一生》中的敏感的人民良心的体现者，高尚的鞑靼人谢克尔，《一个犹太人的生活》里的那个英勇地抗抵压迫者而招致悲剧的灭亡的犹太人，《意大利故事》里的争取民主权利的意大利工人们，等等。这些肖像表现了对于属于不同的民族的人们的民族性的同情的理解，同时又显示了他们的普遍的人类特征。固有的民族性和最高度的人类普遍感情在一个性格上的结合以及高尔基自己的工作常常被外国读者感到和注意到了。

高尔基永远反对一切社会的和民族的压迫，反对一切仇视普通人民和自由与民主的要求的哲学及行动。从他的文学生涯的开端，高尔基便开始了一种广阔而深刻的争论：反对尼采的反民主主义思想，他所鼓吹的社会和种族不平等，他的侵略倾向。所以，在他的初期的一篇短篇小说《伊斯吉尔婆婆》里，高尔基在传说的拉若身上暴露了侵略的个人主义者，他自称是一个"超人"，对他说来，"可以为所欲为"。在一篇《意大利故事》里，高尔基再次在传说的形式里描写了另一个自私自利的个人主义者，一个强取豪夺的雇佣兵队长，他通过他的"意志权力"，为了他个人的飞黄腾达，变成了一个祖国的叛徒和人民的公敌。高尔基否定尼采学说的意义，是因为它不仅暴露了包括在其中的贪婪的个人主义，而且也揭发了作为"主人哲学"，作为一个阶级的意识形态，作为追求无限权力的大商业的握主权的积累者的意识形态的尼采主义的社会作用。在他的现实主义的长篇小说《福玛·高尔杰耶夫》和戏剧《仇敌》里，同样地照亮了尼采的伦理学的社会内容，这种意识形态的表现者是雅科夫·马雅金和米海尔·苏柯罗勃托夫，这两个渴望着权力的大商人。在后来的一个短篇《一个英雄的故事》里，尼采的信徒是些宪兵官吏，用暴力镇压群众运动者，梦想有一个反革命的独裁者的人们，像沙皇大臣斯托雷平这样的一个"超人"，希特勒后来就曾奉之为自己的"老师"之一。

高尔基对于反动的资产阶级的一贯的批判，也是同样使人感到很大兴趣的。这开始于上世纪的九十年代，完成于《克里姆·萨木金的一生》。许多俄国作家曾猛烈地反对了资产阶级；在八十年代的反动期，高尔基的先辈们，像萨尔蒂科夫—谢德林和契诃夫曾献身于这个斗争。他们暴露了中间阶级生活的蒙昧和停滞，被官僚统治所造成的阴暗和无意义的生存。但没有人像高尔基在他的小说《苏古洛夫镇》和《一个废物的一生》——写于俄国第一次革命被镇压以后的反动年代，当时反动的资产阶级积极地帮助了镇压解放运动——中那样，敢于揭发好战的资产阶级的野蛮、兽性的破坏本能和无政府的虚无主义。在瓦拉维·布尔米斯托洛夫身上，高尔基把资产阶级的疯狂的乱冲乱干，被沙皇政府雇佣来布置屠杀犹太人计划的虚无主义者的流氓，参加了黑百人团的反动的小资产阶级个性化了。

高尔基常常要求一种对社会罪恶的积极的、无妥协余地的、坚持到底的斗争。他的最优秀的作品之一《下层》就是从事于去揭发那种麻痹战斗精神的虚伪的人道主义，无益的同情，各式各样的取得安慰的幻想。高尔基在其中坚决地反对了忍受、屈从，对罪恶不抵抗和对痛苦的消极态度的崇拜——那种奴才道德。在他的长篇小说《三人》和后来的《一个废物的一生》（写于一九〇五年以后）里，他揭露了那一切有意把脑袋埋在沙漠里的人，对生活采取妥协政策的人，和打算退却到某些安静的避难所来逃避罪恶的人。高尔基表明了这种企图的典型人物像雅科夫·费里马诺夫或爱维塞·卡里米科夫的必然失败，因为这种驯服的忍受者和无抵抗主义者不可避免地变成了压迫者手里的工具，人民的敌人、奸细。

他以前的全部作品，已经为高尔基准备好了他在俄国的工人阶级开始建设他们社会主义国家时候所演的角色——他是苏联人民为自由、民主和社会公平的理想，为了建设一种新的文化的一个伟大的领导者。他的遗产到今天还是一面新鲜的鼓舞的旗帜。

译自 M.Gorky: *Literature and Life* 序言，Hutchinson International Authors, London，1946.

注：

① 《列宁全集》，俄文版第十五卷，一一〇页。——原注

② 列宁：《托尔斯泰和他的时代》。——原注

排印后记

　　这本书是近年来我在教授俄国文学过程中——其实是在学习俄国文学的过程中，作为一种学习方式，从期刊和书籍上随手译下来的论文，经过一番取舍和整理的工夫后的结集印行。

　　这本书虽然是零星地"集"起来的，但从目录或内容上看，它却有着分明的内在联系和突出特点。就是说，它不仅显示出伟大的永远震撼着人类心灵的俄国现实主义文学的发展历史——从十八世纪后期拉吉舍夫起至本世纪开初高尔基为止一贯的发展线索及其特征，也显示出这一个世纪多以来俄国战斗的文学传统的重要代表们的各自的独特的创作风貌、战斗品格，同时从其中也更深刻地说明了俄国现实主义文学和俄国人民的解放运动的血缘关系：人民的劳动和斗争养育了俄国文学，俄国文学丰富和推动了人民解放运动的前进。伟大的俄国作家，没有一个不是"在人民的默默无言的爱抚下"（高尔基语）长大起来的，同时，他们也用了自己的艺术、斗争甚至生命奉献给了人民和祖国，革命和未来。他们的作为伟大的现实主义艺术家的基础，是由于他们是伟大的爱国者和革命者，他们的天才是这么长成起来的，他们之所以能够那么深刻地反映了现实的某些本质方面，秘密也正在这里。

　　但另一方面，不可否认的是，这些作家一般地受着历史时代和阶级出身的限制，就是说，他们也还存在着一些不可避免的弱点甚至"悲剧"的东西；不过缺点或弱点既然是限制的一种表现，那就不能说是纯粹主观的东西了，更何况这些伟大的作家们并不是在限制的圈子内安居乐业，而是曾从事了悲壮的扑击和斗争，企图冲破限制的藩篱，而且也终究对藩篱的被撤和拔掉，就是说，对于历史的前进，贡献了劳动甚至生命。这一点，必须用马克思列宁主义的光亮来照明，才能得到真正的理解和感激。

收录在本集中的文章，除去西伦的一篇外，都是苏联文艺学者近年来研究的成果，我从这里获得了许多教益和激励。它们对我们应该是一种启发和鼓舞。至于美国进步杂志《群众与主流》的主编人西伦的文章，从文字的呼吸里，我们感到马克思列宁主义在美国生活中的巨大胜利和前进，现实主义的胜利和前进！他对于列宁关于托尔斯泰的七篇经典论文的朴实的阐发，也有着很大的参考价值。至于高尔基在一九〇〇年写的《契诃夫论》一文，已经是经典著作了，虽然文章所触及的只是契诃夫的一篇小说，但它很不同于一般的书报评论，它实在概括了契诃夫创作的全部精神实质。今年七月正是契诃夫逝世五十周年纪念，兹谨译出此篇，以奉献于契诃夫的亡灵，借表敬意。

关于本书的构成，也附带说几句。首先，它受材料的限制。因之，从目录一眼望去，颇显出一种不很调和的精神：有的作家分量较重，有的较轻，甚至有些应该列入的作家还付之阙如。内容亦复如此。不过译者个人的打算却是这样的：在材料许可的范围内，对于某些作家不妨来个重点介绍，如果戈理，便算一个极端；有的作家很重要，但我们介绍不多，或尚无介绍，在有材料的前提下，则务必希望介绍一下，如拉吉舍夫、奥加略夫、皮沙列夫等；有的为了较有系统地说明问题，如关于革命民主派的美学思想，便介绍了三篇有连续性的论文；有的作家，虽或已有介绍，但由于苏联文艺科学的飞跃前进，很有一种新的评论，便也收译进书，如柯托夫的《柯洛连科论》一文，这新写的一篇便有了许多长处，也说得更为详尽；至于有的理应列入的作家，或已有介绍，或因缺乏新鲜材料，便暂付阙如，如冈察洛夫、奥斯特洛夫斯基等便是。好在这并不是一本严格的俄国文学史，只能作为史论来看罢了。书名冠以"研究"字样，则不过取其通俗一般耳。

至于书中所引证的作家原作或经典论文，凡已有中译者，译时大半都参照过，但因为译时零星，并未能一一注明，谨在此一并道谢；书中注释之处，除原作者所加予以标明外，凡译者所加则不另标明。

贾植芳

一九五四年五月初在上海筑庄